L'ALGÉRIE.

MACON, IMPRIMERIE DE ROMAND.

VOULEZ-VOUS CONNAITRE

L'ALGÉRIE

Tous les usages des Arabes, leur vie
intime et extérieure, ainsi que
celle des Européens dans
la Colonie?

PAR

C. CARTERON.

L'AUTEUR AU LECTEUR.

Ceci n'est pas un ouvrage littéraire, c'est simplement le journal, le souvenir exact et intime de tout ce que j'ai vu, fait, et éprouvé pendant un long voyage dans l'Afrique française.

Si quelquefois, ému par le poétique silence du Désert, ou la nuit, veillant, réfléchissant seul sous la tente d'une pittoresque tribu arabe ; ou bien, si en contemplant et dessinant les montagnes sauvages et grandioses ou la magnifique nature de l'Afrique, je me suis enthousiasmé et laissé entrainer par l'admiration ; il n'y aura rien d'exagéré pour les *artistes*, qui me feront l'honneur de me lire : tout sera encore bien au-dessous des beautés et du calme mouvementé de la vie arabe.

Pour le *touriste*, qui ne voyage que pour se distraire et afin de pouvoir dire : «J'ai vu cette variété de pays, je connais cela, » qu'il saute les pages enthousiastes et qu'il lise, qu'il suive mon itinéraire d'un lieu à un autre, en regardant les dessins de mon album : mon livre alors deviendra pour lui un cicerone généreux et fidèle. Car, ma prétention a été celle-ci : c'est — en contant tout naturellement ce que j'ai vu, ce que j'ai éprouvé et en faisant tous mes dessins sur les lieux — c'est, dis-je, de faire assister le lecteur au spectacle de l'Afrique et de lui faire connaître l'aspect de la vie arabe et de l'Algérie, exactement comme s'il avait fait avec moi le voyage.

Du reste, — pour être exact — on trouvera après mon admiration et mon enthousiasme des pages bien réalistes et bien dépoétisantes; car un voyage au milieu des Arabes de l'Algérie est loin d'être une promenade toute merveilleuse et orientale, comme on le pense peut-être.

L'ALGÉRIE.

A MARSEILLE.

Parti de chez moi le 12 février, j'arrivai le 15 à Marseille. Allant griller en Afrique, croyant déjà trouver le chaud dans le Midi, je fus très-étonné d'y trouver du froid et de la neige. On me dit que cela ne s'était pas vu depuis longtemps ; mais je fus peu flatté d'assister à ce singulier caprice de la température, car ce n'était pas ce genre de pittoresque que je cherchais.

Aussi, j'avais l'intention de dessiner la ville maritime, mais il faisait trop froid, et je ne puis que vous donner le portrait des Marseillaises. Les femmes du peuple, très-brunes et assez jolies, sont généralement grasses et petites ; elles portent presque toutes un schall enroulé à la taille et noué par derrière, et invariablement, sur le chignon de la tête, un petit bonnet blanc dont les attaches et les garnitures du bas, très-larges et très-étoffées, viennent encadrer le menton et flottent avec assez de coquetterie sur les épaules et la poitrine.

Du reste, en passant, je n'ai aperçu que le caractère principal des choses : la politesse des habitants dans toutes les classes, la belle vue des jardins publics qui dominent la mer, la forêt des navires qui sert de fond et d'embellissement à la fameuse *Canebière*, le musée de peintures mal éclairé, la richesse du jardin zoologique, et les cafés qui sont très-grands et très-beaux.

Le lendemain j'allais faire viser mon passe-port, et en suivant la rue *Paradis* je montai par un chemin escarpé, pénible et raboteux comme le chemin du paradis même ; je montai, dis-je, à Notre-Dame-de-la-Garde que je désirais visiter. Il soufflait un *mistral* terrible ; au point que j'avais grande peine à me tenir, en gravissant le chemin rapide et découvert, qui conduit au haut de la montagne où est construite la vénérable chapelle. Je rencontrai quelques rares pèlerins ou visiteurs aussi courageux que moi ; mais, soit qu'ils montassent ou descendissent, je ne pus apercevoir leurs figures, cachées qu'elles étaient par leur robe, leur blouse ou les pans agités de leur paletot que soulevait continuellement le vent froid et impétueux...

Cependant, je m'arrêtai et me retournai pour voir le panorama de la ville. Pour cela il fallut me blottir contre de petits monuments carrés, de la hauteur d'un homme et surmontés d'une niche de saint, qui sont des stations religieuses sur la route. Seulement, abrité ainsi, la position n'était guère tenable, et je me hâte de vous dire ce que je voyais : D'abord une ville en forme d'équerre ; devant moi, à mes pieds dans une large gorge, des toits, des toits, des toits de maisons, de monuments et d'églises ; plus loin des salines et des champs d'oliviers en remontant à de hauts mamelons suisses, garnis de villas, de villas, de villas entourées de jardins et admirablement bien situées. A gauche, au bas des villas, des mamelons et des falaises : la mer avec le nouveau port et le nouveau quai, majestueux et immenses. Enfin toujours à gauche et à l'angle de l'équerre, le vieux port, plus long que large et encombré de vaisseaux, s'avance dans la ville et en ressort par un étroit passage entre le fort Saint-Jean et le fort St.-Nicolas ; derrière lequel fort St.-Nicolas, s'étendent et s'élèvent la Quarantaine, le Palais de l'Empereur et Notre-Dame-de-la-Garde qui domine tout le panorama.

Aussitôt ce coup-d'œil jeté, je poursuivis mon ascension et j'arrivai à la vieille chapelle qui n'a aucune forme pittoresque ni remarquable, pas même à l'intérieur qui ne présente qu'un grand carré monotone, entièrement garni d'ex voto, de tableaux de naufrages et de petits vaisseaux, pendus au plafond en manière de lustres. Je me permets cette critique parce que le correctif s'élève, comme on le sait, tout à côté. En effet, la nouvelle construction est une église superbe, toute incrustée de marbre blanc d'Italie et de marbre rouge du Var.

Après avoir examiné ce luxueux édifice, alors inachevé, j'allais descendre, lorsque je lus à la porte de l'ancienne chapelle, sur un méchant écriteau : —*Escalier pour aller voir le bourdon.* Je montai cet escalier de bois, assez semblable à un escalier de grenier en ruine... et, par une porte de planches mal clouées et mal ajustées, fermant avec une loquetière de bois, j'arrivai près de la magnifique cloche fondue il y a quinze ans et destinée à la nouvelle église. Elle contrastait beaucoup par le luxe de ses ornements avec son clocher et son entourage. Un homme, tirant une corde attachée au battant, sonnait; lorsqu'il eut fini il me dit en me tendant la main :

— Vous avez lu sur la porte ?

— Non ; quoi donc ?

— ... *Trois sous pour voir le bourdon.*

— C'est pas cher, lui dis-je, en m'acquittant.

— Et vous pouvez encore monter plus haut, me dit-il, par ce petit escalier de bois en plein air; il forme terrasse.

— Est-il solide ?

— Ah ! ma foi, le vent souffle fort aujourd'hui...

— Est-ce qu'il y a danger sur mer ? Est-ce qu'il est arrivé des accidents cette nuit ?

— J'ai pas encore entendu parler ; mais regardez, vous ne verrez pas sortir de navire du port. Et il s'en alla.

En effet, je ne voyais rien sur la mer que d'innombrables lignes d'écume. Cependant, en examinant bien, j'aperçus un trois mâts qui faisait tous ses efforts pour rentrer : mais il plongeait à chaque instant dans les vagues qui l'entraînaient au loin, et lorsqu'il reparaissait, je ne distinguais bien que la gerbe d'écume blanche qui rejaillissait devant sa proue et qui, poussée par la violence du vent, l'inondait, le couvrait d'un bout à l'autre.

Je me cramponnai avec mes deux mains au méchant garde fou du petit escalier, qui craquait et tremblait sous moi; assis sur les marches, j'avais mis mon chapeau entre mes jambes pour le disputer au vent, et je regardais attentivement la mer en furie. C'était le mois de février, le mistral me pénétrait, j'avais froid... Là, je me sentais seul, et je pensai à ma demeure que j'avais quittée pour faire un voyage pénible et aventureux...

Tout-à-coup j'entendis une voix intérieure qui me disait : « A quoi penses-tu ? Je crois que tu as peur... Pourquoi ne pas oser faire ce que d'autres hommes font ? » Cette voix disait vrai. Je quittai mon vilain poste d'observation qui m'avait refroidi; j'oubliai ce que j'avais vu, et, lorsque redescendu de la montagne je passai vers la cascade du jardin public, j'étais convenu avec moi-même que si le paquebot partait le lendemain je partirais quel temps qu'il fît.

EN MER DE MARSEILLE A STORA.

Le 17, en effet, je m'embarquai à midi sur un paquebot des messageries impériales, le *Cephyse*.

Dans le port, bien qu'on soit sur un navire, il ne semble pas qu'on aille faire un voyage sur mer : on y arrive presqu'en voiture, il est au niveau des quais, on y entre de plain pied par un embarcadère et sans sentir aucun mouvement. Un domestique, qui n'a pas du tout l'air marin, prend votre bulletin, voit votre numéro et vous conduit à votre cabine, et tout se passe sans difficulté exactement comme dans un hôtel sur terre.

Seulement peu à peu le pont s'encombre de voyageurs et de bagages, de paquets, de ballots, de caisses et de toute sorte de colis. Une large écoutille est ouverte ; un palan, attaché à une vergue qui tourne au pied du grand mât, descend tout cela dans la cale et chaque chose se case à son tour : malgré les réclamations et les cris de ce monsieur dont on écorche la malle, de cette dame dont on écrase la caisse, de ce militaire dont on engage le sac, et de cette femme à qui on ne veut pas rendre le cabas, la couverture et l'oreiller dont elle aura besoin pendant la nuit! Enfin tout s'arrange, au milieu du bruit des manœuvres, des chaînes, des ordres et des cris d'adieu qui se croisent de tous côtés. Bientôt le vacarme diminue, il n'est plus soutenu que par les offres bruyantes et de plus en plus réitérées des marchandes de goutte, d'oranges et de petits pains ; les hommes de bonne volonté tournent au cabestan avec les marins du bord, l'ancre est dérapée, le navire bouge et se dégage lentement des autres; puis, la vapeur chauffe, les roues tournent et l'on sort du port. Là seulement commence le voyage.

Le mistral s'était un peu calmé, mais la mer, trop agitée la veille, était encore très-forte. Nous passâmes, à distance, devant de gros rochers noirs et nus sur lesquels les vagues lançaient leur écume à une assez grande hauteur ; puis, nous perdîmes insensiblement de vue Marseille et les côtes de France.

Le paquebot était très-grand, très-long et très-confortablement établi, mais malgré cela le mouvement des vagues se faisait fortement sentir. Aussi, ceux qui avaient le pied marin se donnaient l'innocent plaisir de se promener et de se faire admirer ; tandis que les nouveaux embarqués trébuchaient, roulaient les uns sur les autres et avaient la plus grande peine pour changer de place, tout en se cramponnant aux parapets et aux cordages du navire. Cela divertissait beaucoup tout le monde et surtout les soldats — qui étaient en grand nombre couchés sur le pont — lorsqu'une malheureuse femme venait à leur tomber dessus, ou lorsque l'un d'eux, voulant faire le galant et aider quelqu'un, ils roulaient tous deux à terre....

Cependant, le soir, lorsqu'on entra dans le golfe de Lyon, la mer devint encore plus mauvaise et les plaisanteries cessèrent car tout le monde était malade. Pour moi, après avoir bravé quelque temps une pluie froide qui, je l'espérais, devait m'empêcher de prendre mal au cœur, je fus forcé de me réfugier dans ma cabine, qui était déjà occupée par cinq passagers. Je me jetai tout habillé sur mon lit, et c'est dans cette seule position horizontale que je trouvai du soulagement. Bien mieux, je parvins même à m'endormir, et je ne me réveillai qu'au milieu de la nuit aux secousses plus fortes du paquebot. J'entendis du tonnerre, un vent très-violent, et, malgré mon malaise, je ne voulus pas manquer cette occasion de voir une tempête : je me levai, traversai la salle à manger en me cramponnant aux bancs et à la table, et je me hissai au haut de l'escalier en heurtant le mur à droite et à gauche ; la sortie était fermée, je fis glisser, à tâtons, l'écoutille dans sa coulisse et je tendis la tête. La nuit était si noire que je ne distinguai rien ; mais, soit la pluie, soit l'eau de la mer soulevée par le vent, je me sentis inondé en quelques secondes. A la lueur des éclairs, j'apercevais par moment des montagnes d'eau et d'écume qui s'avançaient sur le paquebot, elles le soulevaient et ensuite je le sentais, dans l'obscurité, rouler et descendre avec un bruit effroyable ; il semblait que le plancher manquait sous mes pieds.

Je ne pus pas assister longtemps à ce spectacle qui augmentait encore mon mal, et je redescendis glacé et étourdi. En retraversant la salle à manger, qui était cependant éclairée, je marchai sans rien voir sur quelque chose de remuant, je perdis l'équilibre et je tombai sur un tas d'hommes qui se prirent à gémir. C'étaient les soldats et les passagers des troisièmes — qu'on n'avait pas pu laisser sur le pont avec le temps affreux qu'il y faisait, — et qui étaient couchés là tout autour des murs où je ne les avais pas vus en passant. Je me relevai et retombai plusieurs fois jusqu'à ce que je fusse arrivé à ma cabine. Je m'étendis sur mon lit, beaucoup plus malade qu'auparavant, et j'y restai sans bouger la fin de la nuit et toute la journée du lendemain ; écoutant, avec le bruit sourd et impétueux des vagues qui frappaient les flancs du navire, le bruit régulier et monotone d'une grosse poulie qui roulait sur le pont au-dessus de moi ; écoutant le bruit de ma porte que le roulis faisait continuellement ouvrir et fermer ; de plus, dans les cabines les bruits rauques que vous savez... Ma seule consolation était de me voir moins malade encore que mes cinq voisins, qui à chaque instant étaient forcés de descendre de leur lit...

19 Février.

Enfin le troisième jour la mer se calma, le soleil parut, et, à l'heure du déjeûner, les garçons de service, contrariés de voir la table toujours déserte et craignant pour leurs étrennes, nous engagèrent à venir prendre un potage, quelque chose. Je n'avais rien pris depuis que j'étais embarqué. Je me levai et passai à la salle à manger. Il y avait encore la table à roulis qui est, comme vous le savez, un système de cordelettes tendues sur la nappe, maintenant, serrés à leur place, les verres les plats et les bouteilles. Nous nous réunimes plusieurs passagers, apportant tous une figure jaune, fatiguée, malade... Un seul paraissait gai et bien portant : c'était un jeune Tunisien qui retournait dans son pays avec trois de ses compatriotes, qui étaient beaucoup moins bien disposés que lui. Il avait une figure agréable et paraissait très-joyeux et très-fier d'avoir résisté au mal de mer, car il sortait et rentrait à chaque instant, changeait ses vestes brodées, bleues, rouges et vertes ; refaisait à plaisir son vaste turban blanc, et reserrait sa large ceinture rouge dont les bouts se perdaient dans son ample culotte.

Après midi on annonça la terre et nous montâmes tous sur le pont, qui heureusement avait changé de physionomie. Les passagers des premières et des secondes avaient refait leur toilette et se promenaient ; la population des troisièmes et des militaires chantait et plaisantait, et de nombreux groupes assis à terre mangeaient, partageant leurs provisions la plupart encore intactes ; enfin tout paraissait joyeux, jusqu'à un cheval qui, emprisonné dans sa caisse de bois solidement amarrée au pont, hennissait à son maître, un colonel de cavalerie qui se rendait à Constantine. Du reste la mer était calmée, un chaud soleil éclairait tout cela, nous avions vu l'hiver et ses frimas la veille, et il était impossible de ne pas se sentir content.

Bientôt nous aperçûmes à l'œil nu la terre et les hautes montagnes de la petite Kabylie ; puis nous vîmes se dessiner, en avant, un gros rocher isolé dans la mer et surmonté d'un phare ; et insensiblement nous distinguâmes, au fond d'un golfe, une ligne de maisons blanches un peu en amphithéâtre avec un petit clocher au milieu ; c'était le village de Stora devant lequel nous vînmes jeter l'ancre. En face et à cinq kilomètres de Stora, sur le bord de la mer, est Philippeville.

J'ai oublié de vous dire que les trois provinces de l'Algérie : *Oran*, *Alger* et *Constantine* ont chacune des paquebots qui y vont directement. Moi je me rendais d'abord à celle de Constantine, tant parce que — artistement parlant —, elle est la plus arabe et la plus curieuse, que parce que j'avais alors des amis habitant à Lacalle, qui est, à l'est, l'extrême frontière de nos possessions d'Afrique. Il me fallait donc aller jusqu'à Bône et, pour cela, attendre à Stora le départ du *Cephyse*, qui allait jusqu'à Tunis mais ne repartait que le surlendemain après avoir reçu les dépêches de Constantine.

Aussitôt que l'ancre fut jetée, le navire fut entouré et envahi par une foule de bateliers maltais qui se disputèrent les bagages. Je remarquai que les officiers, habitués à ce peuple braillard et avide, leur donnaient des coups de canne pour les forcer à lâcher leurs malles. Mais cela paraissait leur faire un médiocre effet.

Moi, je laissai mes bagages à bord où je devais revenir le surlendemain, et j'entrai dans une barque, emportant seulement dans mon sac mon album et ce qui m'était indispensable pour passer deux nuits à l'hôtel. Je pensais débarquer à Stora qui me semblait un endroit pittoresque et qui n'était qu'à quelques coups de rames, mais le bateau où j'étais descendu tourna à gauche et m'emmena à Philippeville. Du reste cela m'était égal, car il fallait bien que je visitasse les deux localités.

Pendant les 20 ou 30 minutes que nous mîmes pour

nous y rendre à la rame, nous côtoyâmes le chemin tracé sur le rivage. Il serpente sur les versants de montagnes rondes et pittoresques qui forment tantôt un petit golfe, une baie; une anse, où clapote et joue tranquillement la mer lorsqu'elle n'y engouffre pas ses vagues furieuses. J'appris aussi que les navires ne jettent pas l'ancre devant Philippeville, parce que le fond n'est pas sûr et qu'ensuite ils y seraient exposés à tous les vents; tandis qu'à Stora ils sont abrités du côté de l'ouest. Du reste, je puis vous dire tout de suite que notre belle colonie n'a pas un bon port sur toute la côte, excepté Alger, et encore...

Nous débarquâmes sur l'escalier de bois d'une grande charpente au milieu de l'eau, qui sert de débarcadère, et j'arrivai sur la place publique qui forme terrasse sur la mer. La vue en est belle un jour d'orage; mais en me retournant du côté de la ville je vis des maisons, des rues toutes françaises, pas le plus petit Arabe mais des promeneurs, des passants en paletots, en crinolines, en blouses; je lus: *Place du Commerce, Douanes Impériales*... enfin je ne vis rien d'étranger qui ressemblât à l'Afrique que je venais visiter. Aussi, sans m'arrêter plus longtemps, je tournai le dos aux garçons d'hôtel qui me poursuivaient, me crispaient par leurs offres obséquieuses et trop connues, et je retournai à pied à Stora.

Je passai sous une voûte, précédant une porte fortifiée, et je m'élançai sur la route encore encombrée de promeneurs européens... c'était un dimanche. Enfin je marchai très-vite et à mesure que je m'éloignais la route devenait déserte, c'est-à-dire plus belle. D'un côté, j'avais de hautes montagnes, couvertes de broussailles et de buissons de grande cactus ; et de l'autre, la mer que je voyais tantôt à mes pieds, tantôt en face de moi au-delà d'une pente de massifs d'arbousiers. J'allais m'arrêter pour contempler cela, lorsque je vis paraître au détour du chemin un pensionnat de petites demoiselles conduites par des religieuses... et je continuai plus loin : mais plus loin, je rencontrai encore une espèce de cabaret et une voiture pleine de dames et de messieurs en gants blancs... Alors je repris ma course et je ne m'arrêtai qu'en vue de Stora. Là, je descendis par un petit sentier, frayé dans les broussailles, sur le bord de la mer ; je circulai pendant un moment entre de gros rochers écroulés ; puis je remontai sur le chemin, près d'un pont qu'on me dit avoir été construit sur une ancienne ruine romaine. Je m'assis à côté et le dessinai. (N° 2.)

Cependant, comme la nuit approchait, je me décidai à entrer à Stora. Au commencement du village — qui ne possède aucune auberge — je rencontrai une maisonnette précédée d'un berceau de vigne et d'un écriteau où il y avait : « *Narbla, logeur* » Je montai les quelques escaliers en... sable et je demandai si l'on pouvait me loger? On me dit « oui » et j'entrai. Les propriétaires étaient une famille composée d'un homme d'une quarantaine d'années, affublé d'un caban à capuchon ; d'une femme à la physionomie honnête mais très-fatiguée et très-négligée de mise ; et de quatre enfants beaucoup plus débraillés encore. Tout ce monde était à table et commençait de dîner. Leur repas n'était pas trop bon mais il semblait assez propre: je n'avais presque rien mangé depuis plusieurs jours; j'avais marché, mon mal de mer était entièrement dissipé ; je fis prix avec eux et je m'attablai.

Tandis que je causais, j'examinais la figure du marin qui était alternativement douce et dure, c'est-à-dire bonne ou méchante... Je ne décidai mon jugement que le lendemain lorsque je sus que c'était un marin de confiance, le pilote de Stora, qui tenait en même temps un cabaret pour les pêcheurs maltais ; ce qui le forçait à être complaisant, sans cesser d'être sérieux et raide avec de pareils gaillards. La femme, qui d'après mon accent prétendit être du même département que moi, me prit en affection et j'en profitai pour avoir au moins des draps propres dans mon lit. C'est même ce que je réclamai aussitôt après le dîner, car les clients maltais commençaient à arriver.

Pour aller trouver mon lit on me fit sortir au chemin, puis monter un petit escalier de bois derrière la maison, et j'entrai dans ma chambre à tâtons, car le vent avait éteint la chandelle dans le trajet. J'étais fatigué, je me couchai et dormis très-bien.

STORA ET PHILIPPEVILLE.

20 Février.

Dès que le jour parut, j'examinai mon logis : il n'était ni vaste ni luxueux.

Si le bas de la maison était en méchante maçonnerie le haut était simplement en planches mal jointes ; le lit était raccommodé en plusieurs endroits avec des cordes et du fil de fer ; la table était une caisse de bois renversée, et les chaises... il n'y en avait pas : mais j'avais le droit de tirer mon lit là où je voulais pour m'asseoir dessus... il n'était guère lourd. Seulement, ce qui rachetait tout cela c'était la vue magnifique que m'offrait la fenêtre — où il manquait bien quelques vitres... — J'avais, en face, la mer avec tous ses beaux effets de lumière et ses grands mouvements ; à gauche, les hautes murailles de montagnes kabyles, boisées et rocheuses, qui forment le golfe où se balancent les barques et les navires ; puis, à droite, des brisants au-dessus desquels passe la route de Stora, qui se déroule comme un long et pittoresque serpent jusqu'à Philippeville : Philippeville, dont les masifs de maisons blanches se détachent en clair sur deux lignes de grands plateaux qui barrent la mer et l'horizon. (N° 3.) (*)

(*) Les numéros intercalés ici sont ceux de dessins faits sur les lieux, correspondant avec le texte, et qui forment un grand album qui ne paraîtra que par souscription, attendu qu'on ne

Je descendis de mon belvéder pour visiter Stora et j'eus bientôt fait. Figurez-vous une seule ligne de petites maisons, resserrées entre une montagne et la mer qui arrive souvent jusqu'au seuil des portes ; une plage étroite ou plutôt un chemin où l'on enfonce dans le sable jusqu'à la cheville ; et au bout, ce chemin monte par une pente rapide à l'église et aux anciennes citernes romaines dont l'eau est excellente. Il y a un magasin de charbon pour la marine, un commandant du port, un bureau de poste, et rien autre d'important.

Delà j'allai à Philippeville pour retirer mon passeport. A moitié chemin, je quittai la route sinueuse pour suivre un sentier qui me parut abréger et qui passait dans un bois de chênes liéges à l'écorse noueuse, spongieuse et légère. Ce sentier au contraire montait en lacet dans des montagnes boisées et bizarres, ayant l'aspect de grands cônes qui, rapprochés et nombreux, formaient des ravins sombres et profonds. J'en voyais descendre quelques personnages blancs et c'étaient des Arabes. L'endroit était charmant, pittoresque et sauvage ; je m'assis sur un tertre pour regarder tout à mon aise ce spectacle qui était nouveau pour moi, et je tirai quelques provisions de bouche que j'avais dans mon sac.

Tandis que j'y goûtais, il sortit d'entre les broussailles

peut tirer au hasard un grand nombre d'épreuves. L'on peut souscrire dès aujourd'hui en écrivant à l'auteur (à Péronne, Saône-et-Loire) et l'on ne paiera qu'en recevant les dessins.

L'album composé de 70 grands dessins, représentant des vues de toutes les localités ou régions de l'Algérie et des scènes d'intérieurs arabes, toutes avec personnages ; prix : 70 francs.

un Arabe encapuchonné dans son burnous ; il s'approcha de moi et, avec une expression de figure assez dure et une voix plaignarde, il me dit en me tendant sa main plus sombre en dehors qu'en dedans : « *Je mangerais bien aussi, moi...* » Je lui donnai un morceau de pain et de saucisson qu'il avala en un clin d'œil ; et comme il me tendait encore sa longue main crochue, qu'il s'approchait trop près de moi en regardant avec des yeux avides mon couteau et ma personne, et surtout, comme — nouveau débarqué — je ne connaissais encore les Arabes et l'Afrique que par les relations sanglantes et terribles des expéditions militaires ; je me levai brusquement et m'éloignai de cet endroit isolé. L'Arabe étonné ou se méfiant de cette retraite subite, au lieu de me suivre se jeta aussitôt dans les broussailles.

Je regagnai la route. Je la trouvai déserte, mais après avoir marché quelque temps j'aperçus devant moi un groupe d'Arabes et je pressai le pas pour les rejoindre. Ils étaient quatre, tous vêtus d'un burnous de laine très-sale qui leur tombait jusque sur les talons. Les uns le laissaient flotter autour d'eux ou le relevaient devant leur poitrine, les autres en rejetaient à chaque instant un des coins sur l'épaule droite, ce qui laissait leur bras libre pour gesticuler, car ils discutaient ou parlaient très-bruyamment. Ceux qui n'avaient pas le capuchon relevé, étaient coiffés d'une pièce de grosse mousseline blanc sale qui, posée, enroulée et nouée sur la tête avec une corde de laine, formait cette espèce de coiffe bédouine que tout le monde connaît et qui s'appelle un *haik*. Dessous, ils portaient une chemise de toile serrée à la taille par une courroie; et le seul des quatre qui n'était pas pieds nus avait des souliers de cuir sans talons, très-larges, très-ronds et très-découverts sur le devant. Ils poussaient devant eux trois petits bœufs maigres, tachetés de noir et de blanc.

Je les laissai me devancer pour écouter un son de musette que j'entendais au loin derrière moi. En suivant les contours du chemin serpentant au flanc des montagnes, ce son continu et champêtre, qui s'affaiblissait, s'assourdissait et devenait par moment plus sonore, faisait dans ces lieux un effet tout particulier. Bientôt je vis paraître un grand Nègre à la face luisante et réjouie. Il était costumé avec un vieux pantalon rouge de soldat qui, coupé ou déchiré dans le bas, laissait ses jambes nues jusqu'aux genoux; il avait une ceinture bleue, la poitrine découverte, une veste turque vert clair, brodée de blanc, et un bonnet ou *chéchia* de zouave. De plus, il portait sur son dos une petite guitarre carrée, à une seule corde, avec des fleurs pendant au bout, et sous son bras une musette italienne dont il jouait sans interruption. Lorsqu'il me croisa dans sa marche rapide et joyeuse, il me dit, en me montrant ses dents blanches : « *Bojour! signor, bojour!* » et il continua son chemin et sa musique en l'accompagnant grotesquement de la voix.

Ces aspects et ces accents étrangers m'avaient mis moi-même en bonne humeur ; et quelques instants après j'entrai, sans appréhension, dans la cité française de Philippeville.

Je passai comme la veille sous la porte et la voûte fortifiées, d'où part, en montant et formant des angles stratégiques sur la montagne, un mur qui forme une enceinte continue et éloignée autour de la ville : ce mur est percé de distance en distance de meurtrières en briques rouges. Je traversai la place publique et je suivis la grande rue qui va d'un bout à l'autre de la ville. Elle a de chaque côté, pour garantir du soleil, des portiques à arcades comme dans presque toutes les villes françaises d'Afrique ; elle occupe le centre d'un vallon où est assise la ville, et de distance en distance des rues transversales et à escaliers montent aux quartiers supérieurs. Au nord, un très-long chemin, aussi à escaliers, conduit au plateau le plus élevé où sont bâties les casernes. Je montai là, traversai un campement militaire et j'en redescendis par un charmant sentier du côté de la mer, contournant les inégalités du plateau au milieu de massifs de verdure, de figuiers de Barbarie, de cactus et de plantes grimpantes et étrangères. C'est une promenade d'où la vue est superbe.

Au milieu de la rue à arcades est l'église, précédée d'une place où était naguère une statue romaine. Cette église, assez grande, n'a qu'un clocher ; l'intérieur du chœur est simplement peint en bleu clair et les vitraux des fenêtres latérales représentent une croix jaune avec bordure rouge. De là, en me promenant sous les arcades et en inspectant les magasins de toutes choses, j'arrivai à l'extrémité de la rue qui aboutit à une autre porte fortifiée, qui ouvre elle-même sur une plaine cultivée et traversée par la grande route de Constantine. Grande route d'Afrique s'entend.... où il y a peu

de pierres, mais beaucoup de boue et d'ornières !...
Comme nous le verrons souvent dans le cours de ce
voyage.

En ce moment le temps changea, le ciel s'assombrit
et il se mit à tomber une pluie très-épaisse. En un
instant des ruisseaux d'eau coulèrent de tous côtés, et
je vis rentrer à la hâte, par la porte de la ville, différents personnages.

D'abord quelques charretiers européens avec leurs
attelages; puis un cavalier arabe, complètement entortillé dans son burnous blanc qui ne laissait voir que sa
sombre figure, et dont le cheval, fumant au milieu de
la pluie, traversa la place et la rue avant que j'aie bien
eu le temps de le voir; et puis deux Arabes piétinant
dans la boue noire, leurs burnous relevés jusqu'aux
cuisses, et frappant à qui mieux mieux sur un petit
âne qui portait sur son dos un énorme sanglier mort.

Cependant, j'avais à peine remonté la grande rue,
que la pluie avait cessé. Il se faisait tard, je pris mon
passeport à la police, et je regagnai Stora sur une
étroite et mauvaise patache qui avait la prétention
d'être un omnibus.

Je vous dirai, en route, que ce Philippeville si français, est une ancienne ville romaine, appelée jadis
Rosicata— nom que portait la plus belle femme d'alors
lorsque les Romains s'y établirent. — Quand les Français s'en emparèrent il n'y avait que quelques méchantes
maisons arabes, construites avec les anciennes ruines,
et qui depuis ont toutes été détruites et rebâties. Dans
le moment on s'y casa, on y fit quelques travaux ur-

gents de défense, puis on les augmenta, on répara, on construisit, le noyau s'élargit et on éleva là — par hasard ou par la force des choses — une véritable ville, qui y est assez mal placée attendu qu'elle n'a pas de port et ne peut pas en avoir avec le mauvais fond de la mer. De telle sorte, qu'il faut aborder Philippeville en débarquant à Stora qui en est à cinq kilomètres et n'est pas du tout fortifié.

LES EMBARCADÈRES D'AFRIQUE EN HIVER. — UN CABARET MALTAIS.

21 Février.

Le paquebot partait ce jour là pour Bône et je devais être à bord à midi.

C'était le Mardi-Gras ; il y avait mascarades et cavalcade à Philippeville, mais je me gardai bien d'y retourner, d'autant plus qu'il pleuvait à chaque instant. Néanmoins ces pluies d'Afrique, qui tombent très-abondamment tout l'hiver et quelquefois jusqu'au mois d'avril, sont beaucoup moins désagréables qu'en France : un quart d'heure après que la pluie a cessé, le soleil reparaît, la terre sèche et l'on peut sortir, car, malgré le temps humide, la température est, sinon chaude, du moins tiède et possible. Aussi, malgré plusieurs averses, je bravai le mauvais temps et je visitai une montagne très fréquentée par des singes, bien qu'on les y chasse et détruise trop souvent. (N° 2 *bis.*)

Plus tard, lorsque je me rapprochai du port pour m'embarquer, je vis tous les bateliers maltais très-occupés à retirer leurs barques sur le sable et les faisant glisser à l'aide de rouleaux jusque contre les maisons. Je leur en demandai la raison et tous me firent cette même réponse : » *La mer vient.* » Je ne compris rien à ces mots et, tout en les regardant faire, je m'acheminai lentement vers l'embarcadère. En y arrivant, je trouvai un groupe de passagers et des gens du port qui me dirent qu'on ne pourrait pas embarquer de la journée parce que la mer devenait mauvaise... Pourtant je ne voyais que des vagues houleuses qui n'avaient rien en apparence d'extraordinaire ; mais, après avoir questionné tout le monde et m'être bien assuré de cette mauvaise nouvelle je me décidai à regagner mon auberge.

Croyant partir, j'avais dit adieu à mon hôte, et grand fut mon désappointement lorsqu'il m'apprit qu'il venait de louer ma chambre et mon lit à deux voyageurs qui, n'ayant pu embarquer, étaient obligés comme moi d'attendre et de passer la nuit à Stora... Le père Narbla parut autant que moi désolé de ce contre-temps, mais, comme ils étaient déjà installés et que la seule chambre qui lui restât était occupée par lui, sa femme et ses quatre enfants, il ne pût me promettre qu'un lit sur une table de son cabaret. Ce que forcément j'acceptai.

Après avoir dîné en compagnie des deux voyageurs, qui m'avaient mis à la porte de ma chambre, ils s'y retirèrent et je restai seul dans le cabaret. Quand je dis *seul* je me trompe beaucoup, car il s'emplit peu à peu de pêcheurs et de Maltais qui occupèrent bientôt tous les bancs et toutes les tables. C'est ici le moment de vous décrire les lieux.

Figurez-vous une pièce enfumée et dégradée, avec un plafond noir et irrégulier, soutenu dans le milieu par deux petites colonnes de bois, polies par les mains caleuses ou les vêtements huileux des clients qui s'y frottent et s'y appuient chaque jour. Dans un angle est un trou, ménagé au-dessous d'un petit mur qui monte au plafond, et c'est la cheminée où brûlent quelques débris de barque détruite; dans l'autre angle un baquet, masqué par un vieux rideau, sert de lavoir ou d'évier; dans le milieu est une banque de bois de sapin, couverte de verres grands et petits; et au-dessus, sur des planches placées dans le mur et formant rayons, des bouteilles de vin et de liqueurs. Aux angles en face, sont d'un côté la fenêtre et de l'autre la porte, toujours ouverte. Attablés, entassés dans cette taverne, une quarantaine d'hommes jouent, boivent, fument, causent, discutent dans leur patois ou se querellent bruyamment. Par moment, un Maltais attardé entre: il porte le lourd bonnet napolitain, une camisole de laine rayée, une ceinture rouge, et un large et court pantalon bleu qui laisse voir ses pieds et ses jambes nus. Il s'arrête au milieu du cabaret, pose prétentieusement une main sur sa hanche et empoigne de l'autre l'un des deux piliers de bois; tandis que ses yeux noirs, brillant sous ses épais sourcils et sa bouche souriante cherchent un camarade qui veuille lui payer quelque chose. Puis tout à coup, après avoir tourné deux ou trois fois en se pendant au pilier, il s'avance en se déhanchant vers une table de joueurs, tape sur l'épaule de l'un d'eux qui a un reste de pain devant lui, le lui prend et le mange sans vergogne. Un autre, après avoir discuté en frappant des coups de poing sur la table, se lève brusquement pour rallumer sa pipe et demander l'avis des voisins ou du patron; et, à part que sa culotte est déchirée et sa camisole en guenilles, il ressemble exactement à l'autre car ils se ressemblent tous. Seulement dans un coin, un groupe de matelots étrangers causent et fument avec plus de calme : c'est l'équipage d'un brick mouillé dans le port, et chacun d'eux porte une casquette de cuir ciré, une vareuse de laine brune, de grandes bottes et une jupe goudronnée.

Il me fallut attendre assez avant dans la nuit que le vacarme eut cessé ; et, quand le dernier Maltais eut dépensé son dernier sou et vidé son dernier verre, le pilote me prépara mon lit sur une table. Il se composait de son gros caban d'hiver pour matelas et d'un autre caban pour couverture... Je fis contre mauvaise fortune bon cœur et je m'étendis là dedans sans sourciller. Du reste, c'était un apprentissage utile pour quelqu'un qui allait voyager et coucher parmi les Arabes.

22 Février.

Le matin, au premier chant du coq de l'auberge, je saute à bas de ma dure couchette et j'ouvre ma porte, car j'ai hâte de connaître l'état du temps qui est cause de ma captivité. La mer, qui déferle ses vagues à quelques pas de la maison, m'a fait entendre toute la nuit un bruit effroyable qui est de mauvais augure.

En effet, elle est toujours aussi furieuse et mauvaise, et le pilote, qui survient en ce moment, me dit qu'un brick s'est perdu pendant la nuit.

— Comment! lui dis-je, je n'ai pas dormi et n'ai entendu aucun bruit d'alarme...

— Et le capitaine non plus. Ce matin il n'a plus vu son brick, dont la chaîne ou l'ancre s'est brisée et qui est parti sans l'appeler...

— Mais le capitaine n'était donc pas à bord?

— Ah! je voudrais bien vous y voir par des temps comme celui-là... A quoi sert de faire noyer des hommes. Le port n'a pas de jetée, il n'est pas sûr et rien qu'un coup de vent du Nord-Est jetterait tous les navires à la côte, sans qu'on puisse en empêcher.

— Mais alors c'est pas un port ici?

— C'est un port quand le vent ne souffle pas du N. ou du N.-E. En 1841, il venait du côté de la mer et il y a eu 28 bâtiments jetés à la côte en une demi-heure et 150 hommes perdus sur une corvette de l'Etat, la *Marne*.

— De sorte que dans tous ces navires qui sont mouillés là il n'y a pas d'équipage ?

— Pas un, hormis dans les vapeurs qui peuvent filer au large s'il y a danger. Les autres ne sont gardés que par leurs ancres, et si la chaîne casse, bonsoir... ils viennent se briser sur les rochers...

C'était l'exacte vérité.

Cependant peu à peu la mer s'apaisait. J'allais, en me promenant, à la direction des postes qui réglait le départ du paquebot, parce qu'elle avait ses papiers et qu'elle ne les lui remettait qu'avec les dépêches de Constantine qu'il devait emporter à Bône. On me dit qu'il était probable que vers midi on pourrait mettre une chaloupe à la mer. Car la plus grande difficulté était là, c'était de faire franchir par un bateau le bord de la mer où elle venait jeter et briser ses hautes vagues écumantes.

A midi je revins, et en effet le bateau de la Direction, —mais celui-là seul,—avait été mis à flot. En attendant qu'il revînt du paquebot pour reprendre les passagers, chacun de ceux-ci faisait apporter ses bagages. L'embarcadère était un simple trottoir, garanti du côté de la mer par un mur ; et les vagues étaient si fortes qu'à chaque instant elles submergeaient le trottoir ou rejaillissaient par-dessus le mur, faisant tomber une pluie torrentielle sur ceux qui ne s'étaient pas sauvés à temps. Ces coups de mer et de vagues provoquaient une grande hilarité chez ceux qui n'avaient pas été mouillés, mais chacun l'était plus ou moins à son tour.

Pendant ce temps-là, je m'intéressais à examiner un

petit groupe d'Arabes qui venaient aussi pour s'embarquer. C'était le fils de quelque chef avec deux serviteurs. Ce jeune homme portait un *haik* (*) de fine laine à rayures de soie, deux burnous blancs l'un sur l'autre et des savates de peau jaune. Les deux autres, petits, barbus et vilains de figure, n'avaient qu'un burnous sale, les jambes nues et ils portaient tous deux des provisions dans un mauvais sac de peau de bouc.

Je ne sais par quelle raison, mais ils avaient leur passage gratis pour Bône et c'était l'agent de police qui était chargé de les faire embarquer. Il les appela, les fit mettre tous les trois à côté les uns des autres assez brusquement et leur ordonna de ne plus changer de place. Dès que la chaloupe, qui avait porté les dépêches au paquebot, revint et eut accosté, il cria : « embarquez les Arabes ! » Et d'un bond ceux-ci se jetèrent dans le bateau.

Mais les bateliers maltais annoncèrent que le commandant du *Cephyse* faisait lever l'ancre et n'attendait pas les passagers ; puis aussitôt ils voulurent faire sortir

---

(*) Echarpe de mousseline, plus ou moins longue et plus ou moins belle, qui se pose sur la tête, s'y enroule quelques tours, retombe derrière le dos, passe sous le bras, puis devant le bas du corps et vient se renouer et pendre à un foulard attaché à l'épaule droite. Une corde en poil de chameau, grise, jaune ou noire, fixe par plusieurs tours cette coiffure sur la tête. Elle est portée sur une ou plusieurs calottes de cuir par tous les Arabes, depuis l'état de guenille de coton sale jusqu'à celui de belle écharpe en fine laine brochée de soie, de six mètres de longueur. Cette masse d'étoffe blanche sur la tête garantit très-bien de l'ardeur du soleil.

les Arabes de la chaloupe, afin de prendre les passagers d'un autre paquebot qui était aussi sous vapeur.

Cela paraissait si peu vraisemblable que le commissaire dit aux Arabes de rester, ce que ceux-ci firent malgré les jurons insolents et bruyants des bateliers. Alors ces derniers, exaspérés qu'on leur fît prendre des Arabes qui ne payaient pas au lieu d'autres passagers, se mirent à les pousser et à les tirer brutalement par leur burnous pour les forcer à débarquer, accentuant leurs sottises d'énergiques coups de poing. Mais les Arabes se cramponnaient aux bancs du bateau sans riposter et sans aucunement changer de place. Si bien que le commissaire frappant lui-même à coups de canne sur les bateliers pour les faire obéir, ils démarrèrent de l'embarcadère, emmenant seulement les Arabes et moi qui, n'ayant pas de bagage, m'était aussi embarqué pendant la bagarre.

Après avoir vogué à peu près 500 mètres, les Maltais tout en ramant se consultèrent; ils parlèrent un instant dans leur incompréhensible jargon et ils abordèrent une grosse gondole qui flottait à l'ancre à côté des autres. Ils me dirent qu'ils n'étaient pas assez chargés pour faire la course et me prièrent de monter sur la gondole tandis qu'ils allaient retourner embarquer d'autres voyageurs, après quoi ils me reprendraient en passant; puis, se retournant vers les Arabes, ils leur firent le geste brusque et impératif d'enjamber la gondole, en leur criant: « *Aya! les Arabes, aya! aya! canailles!* » Et, comme ceux-ci ne se souciaient pas d'obéir, ils les abimèrent tellement de coups de poing que je craignis que l'embarcation ne chavirât dans la lutte, car les vagues étaient excessivement fortes; et je me hâtai de quitter le petit bateau où avait lieu le combat. Les Arabes furent forcés de suivre mon exemple et les Maltais retournèrent à l'embarcadère.

Je restai donc seul sur la gondole avec les trois Kaybles, tout frémissant de colère à cause du mauvais traitement des Européens, et, comme ils me regardaient en parlant entre eux avec beaucoup de vivacité, je crus qu'ils voulaient se venger sur moi... Cependant quelque temps après, lorsque je connus mieux le caractère et les habitudes des Arabes, je compris que je n'avais rien risqué de ce côté là ; car ils étaient bien loin d'oser attaquer un Français ailleurs que dans un ravin de leurs montagnes.

Le danger le plus réel était que ces misérables bateliers nous avaient laissés sur une gondole (*) en très-mauvais état, ayant des plats-bords à moitié pourris ou brisés; et comme la mer était très-grosse et le roulis très-fort, je risquais de rouler à l'eau... Pour m'en empêcher, je me casai dans l'écoutille ouverte ou plutôt sans porte et je m'y tins debout en m'accoudant sur le pont. Le jeune chef arabe, qui avait probablement plus l'habitude de la mer que moi, s'accroupit contre un reste du plat bord ; il tira du capuchon de son burnous une orange et se prit à manger avec beaucoup de calme et de dignité, tandis que les deux autres, sur le milieu du pont, se cramponnaient au mât.

(*) Bateau ne portant que dix tonneaux.

Tout-à-coup, l'un d'eux me dit quelques mots,— que je ne compris pas, — puis, en me montrant la pleine mer où était notre paquebot, il fit avec le bras un geste en demi-rond, très-significatif, en s'écriant : « *Bapour! bapour! fuuuuuit!...* » Je regardai aussitôt dans la direction du *Cephise*, et je vis qu'il partait sans attendre les passagers..... emportant à Tunis mes bagages qui étaient restés sur son bord..... Vous dire l'impression fâcheuse et la contrariété que cela me donna dans le moment, ça m'est impossible aujourd'hui que j'en suis consolé; mais je fus horriblement vexé de me voir laissé en route et de commencer mon voyage en perdant tous ce que j'avais apporté en Afrique...

En ce moment, pour achever mon chagrin, les bateliers maltais repassèrent près de nous sans s'arrêter et se contentèrent de nous crier insolemment : « Si vous avez des cartes vous pouvez faire une partie avant que nous revenions vous prendre, vous en aurez le temps! » Je compris alors leur ruse. Eux, qui savaient que nous n'avions pas le temps d'arriver au *Céphyse* avant qu'il partît, jugèrent que leur course serait perdue; et ils nous avaient déposés en route afin d'aller embarquer les passagers d'un autre vapeur qui chauffait pour France. Mais, comme ce dernier était très-loin en mer, il nous fallut rester près de deux heures à les attendre...

Pendant cette longue attente, ma conversation du matin avec le pilote me revint à l'idée, et je pensais que si la chaîne, ou peut-être la corde, qui amarrait cette mauvaise gondole à son ancre venait à casser,

nous serions jetés sur les rochers et bel et bien perdus...
Donc, pour éloigner cette idée et distraire ma vexation, je sortis mon album de mon sac, — qui était la seule chose que j'eusse avec moi, — et je dessinai cette scène critique en compagnie des trois Arabes. (N° 4.)

Enfin ces scélérats de Maltais revinrent nous prendre, et, lorsque nous abordâmes au débarcadère, un envoyé du commandant du port qui avait vu de loin ce qui était arrivé, me demanda s'il n'était resté personne dans la gondole; car il connaissait les Maltais pour de mauvais garnements, et ce n'était pas le jour de faire des plaisanteries de ce genre.

Cependant, bien que je fusse à terre, je n'étais guère plus content; car je me trouvais en Afrique avec mon sac et mon album pour tout bagage et pour toutes ressources. Tout le monde m'entourait, comme il arrive ordinairement lorsqu'il vous est survenu un accident ou quelque chose d'extraordinaire; chacun me donnait un conseil, et, après avoir écouté un instant sans rien répondre, je sus qu'il y avait un télégraphe électrique à Philippeville et que le courrier d'Alger passait dans trois jours à Stora, en allant à Bône. Mon plan fut donc arrêté dans ma pensée et j'allai immédiatement à Philippeville.

Je me plaignis en passant au directeur des messageries impériales, mais pour tout remède il ne put que me faire ses regrets de condoléance : il ne savait pas ce qui avait motivé le départ subit et incivil du commandant du *Céphyse.* J'allai donc directement aux bureaux du télégraphe, et je fis envoyer cette dépêche à Bône avant l'arrivée du paquebot, qui met ordinairement six heures pour s'y rendre de Stora :

« *A l'agent des Messageries impériales à Bône.*

Faire débarquer et garder à Bône la malle d'un passager du Céphyse *laissé à Stora, plus une boîte de peintre et un fusil noué avec canne, ombrelle, pliant, etc., placés sur la couchette n° 68.* »

Un peu plus tranquille sur le sort de ces objets qui m'étaient précieux, indispensables, j'allai à la poste retenir une nouvelle place sur le courrier d'Alger. Il devait passer dans deux jours et je n'avais aucune autre ressource ; si ce n'est d'attendre pendant une semaine l'arrivée de France d'un autre paquebot, ou bien d'aller par terre à Bône par un sentier de 20 lieues, à peu près impraticable en cette saison. Ensuite, je revins à la tombée de la nuit à Stora chez mon brave pilote.

Nouvelle surprise ! Je trouvai ma chambre, que je croyais cette fois vacante, occupée par trois lits, — je crois extraits du mien et allant en diminutif : — à côté du lit de fer, il y avait un matelas sur le plancher, et en travers, empêchant la porte d'ouvrir, une paillasse d'enfant sans draps ni couverture, car l'aubergiste n'en avait plus. C'était pour deux voyageurs allant à Bône et qui avaient été abandonnés comme moi. Heureusement le lendemain matin, ils retournèrent tous à Philippeville et me laissèrent libre possesseur de ma chambre.

L'un d'eux, qui était un employé du télégraphe, habitant l'Afrique depuis longtemps, m'apprit ces quelques mots arabes que je tenais à savoir et que je crois être les plus indispensables au touriste voyageant parmi les indigènes. Les voici, avec leur traduction, du moins le sens utile sans la périphrase orientale :

Ouéche-allek : Comment vas-tu ? (Salut.)

Aya : Viens ici.

Balek : Prends garde !

Ro : Va-t-en. *Fissa* : Vite !

Tric : Chemin.

Oua-nel-tric Constantine : Où est le chemin de C.

Gib-laoud : Donne un cheval.

Gib-lebral : Donne un mulet.

Agoua : Eau.

Adom : OEuf.

Zebda : Beurre.

Alib : Lait.

Khobs : Pain.

Guitoun : Tente.

Zerbia : Tapis.

Asséra : Natte.

Mkhadda : Coussin.

Djemra : charbon allumé.

Mendich : Chandelle.

Cadèche : Combien.

Besef : Beaucoup.

Chouf : Regarde.

Mirar : Voir.

Chouia : Attends. Sois tranquille.

Santifich : Ça m'est égal.

Barca : Assez. Laisse-moi tranquille.

Ana : Moi. — *Enta* : toi.
Makache : Refus. Négation pour toute chose.
Lala : Non.
Melé : Oui. Bien. Assentiment.
Bou : Père.
Imma : Mère.
Oulad : Enfant. — *Ben*, *Beni* : Fils.
Khouïa : Frère
Kheitri : Sœur.
Mra : Femme.
Radjil : Homme.
Lalla : Dame.
Tofla : Demoiselle.
Khddem : Domestique.
Bled : Pays. — *Djebel* : Montagne.
Oued : Rivière. — *Aïn* : Source.

23 Février.

La mer se calme peu à peu, mais une pluie froide et épaisse tombe sans interruption. Aussi je ne sors pas de ma chambre de toute la journée : j'écris mes notes et je termine mon dessin, commencé au milieu de la mer en compagnie des Arabes.

La femme du pilote me demande la permission de mettre dans ma chambre une panière à jour, sous laquelle sont une poule et ses poussins, que, sans cela, la pluie va indubitablement faire périr... Les cris et le sort de ces petites bêtes me touchent, cela me rappelle mon séjour à la campagne, et j'y consens. Je préfère encore cette société là à celle des quatre enfants morveux de l'aubergiste.

24 Février.

Dès que le jour paraît mes hôtes à plumes m'éveillent, criant la liberté et la faim. Je regarde à ma fenêtre : il pleut toujours.

Je vois déblayer au bas de la montagne un terrain à bâtir, en y dirigeant un torrent que les pluies ont formé au-dessus et qui entraîne toute la terre inutile à la mer. Dans ce sol détrempé et mouvant, quelques hommes, armés de pelles, suffisent pour faire couler avec l'eau les cailloux et le bois mort qui formeraient barrage. Seulement, le torrent creuse sur la plage un large ravin que le flux de la mer comblera de sable et effacera cette nuit ; aux piétons et aux charrettes à ne pas s'y aventurer auparavant...

Il y a sur la rade une frégate, et c'est mon unique distraction. Je compte les heures de ma captivité en me réglant sur les décharges de mousqueterie qu'on y fait, le matin et le soir, lorsque l'on hisse le pavillon en présence de l'équipage. Et je regarde de ma fenêtre, avec ma longue vue, les continuelles manœuvres qu'on y fait faire aux matelots, — je crois pour les tenir en haleine, car le bâtiment est et reste à l'ancre.

Le soir, le courrier d'Alger arrive, et à neuf heures j'entends tirer le coup de canon de Philippeville, qui annonce que l'on envoie les dépêches au paquebot et que l'on doit se préparer à embarquer. Je me rends de suite au port où, à la lueur des lanternes que promènent les hommes de la direction, j'assiste à une bruyante et originale réprimande faite aux bateliers qui sont venus en trop petit nombre et la plupart soûls. La canne joue son rôle, et il n'y a en effet que ce seul argument avec eux. Enfin, après avoir vu charger un chalan de bagages, je saute, moi sixième, dans une barque conduite par des hommes à moitié ivres. La nuit est très-noire et ils nous dirigent, à la garde de Dieu, sur le fanal du vapeur. Heureusement nous y arrivons sans accident. Nous abordons au milieu des cris des passagers et des réclamations des bateliers qui demandent toujours plus qu'on ne leur doit; et je parviens à monter sur le paquebot, mais non sans danger, car le roulis fait que tantôt l'escalier plonge dans la mer et tantôt s'en élève à deux pieds. Un voyageur perd son chapeau dans l'ascension et nous divertit beaucoup, en croyant le retrouver dans l'obscurité, tandis que les flots l'ont déjà entraîné bien loin.

Une fois sur le pont, je me sentis plus à l'aise et j'examinai les lieux. Ce courrier d'Alger, qui faisait chaque semaine le service de la côte en touchant à Bougie, Djidjelli, Kollo, Stora et Bône, était beaucoup moins confortable que les grands paquebots des messageries. C'était un navire de guerre, le *Tanger*, très-encombré de cordages, de canons, de grandes chaloupes, de toute sorte de ballots et de 150 matelots. Il n'y avait pas des cabines pour tous les passagers et, comme on étouffait au salon, je passai la nuit sur le pont, qui m'offrait un spectacle moins calme mais beaucoup plus intéressant. Les passagers une fois montés, poussés, casés, assis sur leurs bagages ou leurs couvertures, j'entendis un coup de sifflet prolongé. Aussitôt une escouade de matelots s'avança, précédée d'un contre-maître. A l'aide d'une longue corde, glissant sur une poulie attachée à une vergue, ils montèrent à bord une quantité de caisses et de colis qui étaient dans un chalan au bas du navire ; et, chaque fois que le fardeau arrivait à la hauteur du pont : « *Abrac! abrac!* » disait le contre-maître, et les matelots, qui tiraient en marchant à la suite les uns des autres, s'arrêtaient et retenaient la corde pendant qu'on décrochait le colis.

Tout autour de la cheminée est un groupe nombreux et pittoresque de militaires, de civils, d'indigènes, un curé à longue barbe, debout, couchés, causant ou endormis. En face, est une grande écoutille droite, fermée seulement par un rideau en toile de voile : c'est l'entrée de l'entre-pont, où sont les hamacs des matelots qui se balancent au-dessus d'un sol inégal de sacs de provisions ou de marchandises. J'ai la curiosité d'y descendre, en me cramponnant à un garde-fou de corde ; mais je remonte bien vite, car il y fait une odeur qui ne doit pas être un remède contre le mal de mer... Plus loin sont les cuisines au-dessous de la galerie de quart; et à l'avant du navire, je trouve, au milieu de nombreux chevaux enfermés dans leurs caisses de bois, une trentaine de prisonniers arabes enchaînés d'une façon singulière : Ils ont le bas de la jambe passé dans un demi anneau de fer, lequel anneau, percé sur les bouts, glisse dans une longue tringle tenant solidement au pont. Enveloppés dans leurs burnous et étendus à terre côte à côte, ils ont des figures sauvages que les atteintes du mal de mer rendent d'autant plus repoussantes.

ARRIVÉE A BONE. — LE FORT GÉNOIS — LES MAURES.

25 Février.

Enfin, après avoir vu peu à peu le fanal du vaisseau pâlir devant le crépuscule et s'éteindre au lever du soleil, la mer retrouver son horizon, le ciel sa clarté, et les flots leur transparence; après avoir vu les matelots, réunis par quartiers, tremper et manger leurs biscuits dans des bidons de café, j'entendis appeler le commandant du bord. Un moment après il sortit de sa cabine, qui est, comme celles des autres officiers, de chaque côté des tambours. Il avait un long par-dessus doublé de fourrure, de grandes bottes de marin, et une figure ouverte et courtoise encadrée dans des favoris grisonnants. Il monta sur la galerie de quart, suivi d'un matelot qui portait une longue vue; il regarda quelque temps du côté de Bône, passa la lunette au lieutenant, puis tout à coup il cria : « *Stope!* » et le navire s'arrêta.

— *Tout le monde sur le pont !* continua-t-il.

Et les sifflets des contre-maîtres se firent entendre, et il parut des matelots de tous les côtés.

—*Le grand canot et la yole du commandant à la mer !* cria à son tour le lieutenant.

Alors deux matelots montèrent dans les canots suspendus à l'arrière ; ils détachèrent les amarres qui les maintenaient, et les autres matelots, divisés en quatre groupes, tenant et laissant glisser sur les poulies les quatre cordages qui les soutenaient, les deux embarcations furent mises à flot.

— *Embarque et au corps-mort*, commanda encore l'officier, *et vivement !*

Le *corps-mort* est une forte corde attachée à deux ancres pour amarrer les navires. Des hommes sautèrent dans les canots, se mirent aux rames et, déroulant un gros cable, ils s'approchèrent de la bouée où ils l'amarrèrent.

En ce moment, nous étions tout près de la côte, au haut de laquelle s'élève un grand bâtiment crénelé, qui est un ancien fort Génois. Il était entouré d'une luxuriante verdure, au milieu de laquelle se distinguait un petit chemin blanc conduisant à Bône, qu'on apercevait à peine dans le lointain. Nous restâmes là deux heures à attendre qu'on fît de la ville le signal indiquant qu'on pouvait avancer sans danger ; car le port de Bône n'est pas bon, ou plutôt n'en est pas un, et les gros bâtiments sont ordinairement obligés de mouiller devant le fort Génois. En effet, nous étions environnés de bricks et de trois mâts à l'ancre, tandis qu'on n'en voyait aucun du côté de la ville. Enfin le temps était superbe, le signal se fit, et le *Tanger* se remit en mouvement.

— *La barre à tribord !* cria le commandant. Puis : *A babord, la barre !*

Et un quart d'heure après nous vînmes jeter l'ancre tout près de Bône, en passant devant un rocher qui présente la forme d'un lion.

Le navire fut bientôt entouré de barques et de bateliers — toujours Maltais et Napolitains — qui nous transportèrent sur le quai, lequel est abrité par un haut, long et vilain mur qui s'avance dans le port. Pour y arriver, la mer a des courants et des mouvements qui donnent un roulis très-fort et quelquefois dangereux.

Aussitôt débarqué, comme bien vous pensez, je courus à la recherche de mes bagages, que je craignais que le paquebot n'eût emportés à Tunis, et j'eus l'heureuse chance de les trouver déposés à la douane. Je les fis transporter à l'hôtel où je choisis une grande chambre donnant sur la rue, et de ma fenêtre je vis avec plaisir que la population arabe était ici beaucoup plus nombreuse qu'à Philippeville, et surtout qu'elle ne se composait plus de misérables et vilains Arabes comme ceux que j'avais rencontrés jusqu'alors. Les indigènes, qui passaient continuellement, avaient tous des burnous *propres* qu'ils portaient ou rejetés sur leurs épaules, ou relevés sur le bras, laissant voir par moment un costume de dessous, formé d'une veste et d'un gilet garnis autour et aux angles de broderies d'or ou de soie, avec une large ceinture de différentes couleurs, serrant un ample pantalon turc qui s'arrêtait au-dessous du genou. Ils avaient la plupart des bas blancs et tous des souliers noirs, bordés de rouge ou de jaune, très-découverts et très-ronds sur le bout. Ceux-là étaient des *Maures*, les Arabes habitant les villes, les citadins, qui diffèrent beaucoup des *Bédouins*, c'est-à-dire des Arabes nomades. Ils vivent un peu plus confortablement ; ils sont mieux mis, ont la figure naturellement moins basanée et les traits plus efféminés, ce qui leur donne une expression moins rude et moins sauvage que ceux qui habitent la campagne (N° 62).

Les Juifs — qui sont en grand nombre dans toutes les villes de l'Algérie — avaient un turban vert ou blanc, le plus souvent une espèce de caban, pas de burnous, les jambes nues et des savates jaunes. Il passait aussi de temps à autre de grands fantômes réels, entortillés dans une draperie bleue dont les deux bouts, relevés et placés sur la tête, imitaient des oreilles de quadrupède, et, lorsque le voile de gaze blanche ou rose qui recouvrait leur figure s'écartait, on apercevait de longues, maigres et vilaines négresses...

Je me contentai pour ce jour là du spectacle de ma fenêtre, et, bien qu'il fut le mois de février, je la laissai sans danger ouverte toute la nuit.

LA VILLE DE BONE ET LES RUINES D'HIPPONE. — TOMBEAU DE ST.-AUGUSTIN.

26 Février.

Dès le matin je parcours la ville. Le port n'est rien, je vous l'ai dit; c'est une plage nue, bordée par un seul rang de pierres taillées du côté de la mer. De là, je suis une rue montante et descendante, en dos d'âne, qui me conduit à la place de la mosquée, qui est la plus belle. De trois côtés sont des maisons françaises avec des magasins et des galeries couvertes et à arcades, au-dessus desquelles s'élèvent le minaret et le petit dôme d'une mosquée. Au centre de la place, une fontaine jaillissante déverse son eau dans un bassin de marbre, autour duquel des bananiers et d'autres arbres d'Afrique poussent vigoureusement et offrent leur ombre aux flaneurs européens ou indigènes. (N° 7 bis.)

Ensuite, en marchant au hasard, je traversai une rue rendue très-étroite par deux lignes de boutiques arabes, étalant toutes sortes de vêtements et de fruits, et j'arrivai à une porte de la ville en forme d'arc de triomphe. Bône est entouré d'une haute et vieille muraille, crénelée de ces créneaux arabes très-rapprochés et tous couverts d'un petit chaperon. En dehors, dans les fossés, sont les écuries de la cavalerie, établies là de la manière la plus orientale et la plus simple. De grands toits de planches et de paille sont soutenus contre les murs par des piliers de bois, et les chevaux couchent dessous en plein air. Seulement il est bon de vous rappeler que notre cavalerie d'Afrique n'a que des chevaux arabes acclimatés au pays.

En suivant un long et joli boulevard extérieur, planté d'arbres, je passai devant un monument bien ordinaire qui est le théâtre, et j'arrivai à l'église, qui est isolée et présente, en arrière de larges et hautes marches d'escalier, un grand clocher de forme quasi orientale et une suite d'arcs-boutants surmontés de petites coupoles. Puis, je me rendis à l'hôpital pour faire ma visite à un médecin militaire auquel j'étais recommandé. Pour cela, je montai des rues sinueuses, tortueuses, étroites et presqu'à escaliers, car, bien que Bône soit au commencement d'une plaine, les anciens quartiers sont assis en échelons sur le versant d'une montagne (N° 5). Ces ruelles, en contournant, passant quelquefois sur le bord de hauts rochers qui baignaient dans la mer, avec les herbes sauvages et les plantes d'Afrique qui poussaient dans le mur du parapet, avec les quelques Arabes qui se tenaient debout ou couchés au soleil dans les angles, ou bien descendaient en courant, ces intervalles de ruelles, dis-je, me représentaient tout à fait Bône avant qu'il fut en notre pouvoir.

Je rencontrai M. Jaillot, aimable chirurgien, qui me fit visiter l'hôpital, bâti à l'endroit le plus élevé de la ville, et dont les cours formant des terrasses sur la mer ont une vue remarquable. Il me parla longuement de mon voyage, me fit amicalement ses offres de service, notamment pour me faciliter le moyen de me rendre à Lacalle, chose assez difficile en cette saison, parce que les balancelles qui y conduisent en été n'osaient pas prendre la mer, et que, par terre, il n'y avait ni route tracée ni sécurité. Puis, comme il avait précisément avec lui le jeune major du *Tanger* qui allait à Hippone pour herboriser des variétés de mousses, il le pria de m'emmener avec lui et de me montrer les ruines romaines et le tombeau de Saint Augustin. Cela m'allait très-bien, je pris mon album et nous partîmes ensemble.

En sortant de la ville, nous passâmes au milieu d'une foule compacte d'Arabes plus ou moins propres et vendant du beurre, des poulets et toute sorte de choses ; c'était le marché. Sur le bord de la route il y avait beaucoup de petites cahuttes faites de branchages et de terre grasse, avec un seul trou, pour porte, fermé par une pièce d'étoffe bariolée. En avant, au milieu de tas de selles et de bâts d'ânes, quelques Arabes étaient assis, les jambes croisées, et le jeune major m'apprit que c'était les habitations des bourreliers arabes.

Plus loin étaient des groupes de chameaux maigres, les uns chargés, les autres déchargés ; les uns debout, les autres couchés ; puis la route devenait plus déserte.

Cette route, large et belle, est tracée dans une grande plaine marécageuse, coupée par une infinité de fossés plus ou moins profonds, de manière à l'assainir en faisant couler les eaux à la mer. De distance en distance sont de vastes enclos pour enfermer des meules de foin et le bétail que les Arabes amènent vendre.

Après une demi-heure de marche, ayant à gauche

la *Seybouse* qui va se jeter dans la mer, le chemin se garnit d'auberges françaises, de petites maisons de campagne, de beaux champs de blé, et de quelques plantations de vigne qui doivent réussir s'il est vrai que l'ancien nom de Bône — qui était *Annaba* — venait de *aneb* : raisin, sinon de *nneb* : jujubier. Je laisse cela à décider aux savants, et je quitte la grande route pour prendre le chemin qui monte à Hippone; car les Romains, mieux avisés que nous, n'avaient pas bâti leur ville dans la plaine marécageuse mais bien sur une élévation, ayant à ses pieds une rivière : la *Boudjima*, et un fleuve : la *Seybouse*, dont l'embouchure a été ensablée depuis par la mer.

Le chemin que nous suivons est charmant : il est creux et ombragé par d'énormes oliviers à l'épais feuillage, sous lequel ne peut percer le soleil éclatant; de larges cactus, de grandes agaves s'élèvent partout au-dessus de hautes herbes et d'une luxuriante végétation, qui me fait une impression bien agréable en venant de quitter les campagnes froides et neigeuses de France. Par intervalle, il y a des champs de blé sous les arbres séculaires, et après avoir foulé de nombreuses et magnifiques touffes de feuilles d'Acanthe — qui feraient ailleurs à elles seules l'ornement d'un jardin — nous arrivons dans un endroit découvert, au-dessus duquel j'aperçois les ruines des citernes romaines. (N° 6.) Nous y montons et nous entrons dans de vastes chambres voûtées et souterraines, au haut desquelles une large ouverture circulaire laisse comprendre par où se déversait l'eau, amenée des montagnes plus élevées par un aqueduc dont je ne vois plus aucune trace. En dedans et en dehors de ces chambres, de grands arbres aux branches contournées et capricieusement anguleuses ont poussé; mon cicérone, complaisant et naturaliste, m'apprend que ce sont des micocouliers et en même temps les noms des différentes plantes d'Afrique qui poussent autour de nous. Ensuite, après m'avoir montré le sentier qui conduit au tombeau de St. Augustin et les restes d'un blokhaus, élevé sur l'emplacement d'un ancien fort, il me quitte pour rechercher des variétés de mousses et retourner à son bord. Moi je m'arrête là, j'y dessine tout le soir et je ne rentre à Bône qu'à la nuit.

27 Février.

Je retourne à Hippone pour dessiner le tombeau de Saint Augustin que je n'ai fait qu'entrevoir. Je suis le même chemin que la veille et, arrivé aux citernes, je prends un sentier tracé au milieu de cactus, de scilles, d'asphodèles, de lotus épineux, et j'arrive à une plateforme d'où la vue est très-belle. L'on voit, à droite, la mer; en face, la plaine et Bône — de son plus joli côté selon moi — se présentant en entier au bas d'un mamelon couronné de sa casbah; puis au premier plan le tombeau de saint Augustin (N° 5.)

Ce monument, assez simple, remarquable surtout par ses souvenirs et sa belle position, consiste en trois marches de pierres circulaires et très-grandes, au sommet desquelles s'élève un autel de marbre blanc, surmonté d'une statue en bronze de saint Augustin; et la dernière marche du dessus, également en marbre, supporte une haute grille de fer doré, qui entoure l'autel.

Tandis que je dessine, deux officiers à cheval passent devant moi; ils demandent à regarder mon dessin, nous lions conversation, et l'un d'eux m'offre un bon cheval pour visiter les environs de Bône et la grande forêt de l'*Edeough*. Il me donne son adresse : c'est l'adjudant-major du 3ᵉ chasseurs. Je restai trop peu de temps à Bône pour profiter de l'offre obligeante de cet aimable et galant homme, mais néanmoins je lui en sus très-bon gré.

Je reviens à trois heures à l'hôpital, au rendez-vous que j'ai pris avec M. Jaillot. Il me dit qu'il a parlé au chef du bureau arabe, et que deux mulets pour moi et un spahis pour m'escorter jusqu'à Lacalle sont obtenus et commandés pour le lendemain matin. Cela me fait grand plaisir et nous sortons ensemble. Il appelle en passant son voisin, un capitaine d'artillerie, et nous allons tous trois nous promener et visiter, en dehors de la ville, la pépinière et le jardin botanique où tous les rosiers sont déjà en fleurs...

Tout en causant, j'entends prononcer le nom de *Pélissier*.

— J'ai eu au collége un camarade de ce nom là, dis-je alors; il s'appelait *Prosper* et je crois précisément qu'il est dans l'artillerie...

— C'est moi, interrompt l'officier. Et en effet nous nous reconnaissons...

Ces recontres font doublement plaisir lorsqu'on les fait en pays étranger ; nous causâmes longuement du passé, et nous rentrâmes dans la ville car il était l'heure du diner. M. Jaillot m'emmène diner avec lui ou plutôt avec tous les officiers de la garnison ; ce qui est un spectacle nouveau et curieux pour moi, et peut-être pour vous, *civil* lecteur !

Figurez-vous une immense salle de restaurant garnie de tables grandes, petites, moyennes, toutes occupées par des officiers en uniforme. Il y a tous les pantalons rouges et les types de la ligne, depuis les longues moustaches guerrières jusqu'à la grasse figure sans barbe ; tous les corps de la cavalerie d'Afrique depuis les tailles élégantes des jeunes séducteurs jusqu'aux gros ventres des anciens. Ici les casques brillants, ici les dolmans des husards de toutes couleurs ; là, les vestes bleu clair et toutes couvertes de broderies noires des chasseurs d'Afrique, à côté de la veste rouge et du képi bleu des spahis. Devant la cheminée est la table des chirurgiens de tous ces corps, et c'est là que je suis convié.

Après une conversation assez cavalière et assez gaie — que je me garderai bien de vous raconter... — mon aimable amphitryon m'emmène passer la soirée dans un café encore tout militaire. Ensuite, nous allons prendre de la bière dans une taverne, qui était autrefois une mosquée, et nous nous séparons très-tard en nous faisant nos adieux.

28 Février.

Je me lève au jour, je ferme ma malle et je vais au bureau arabe. Il pleut, et je ne trouve dans ce curieux bâtiment qu'un soldat qui me dit que les officiers n'arrivent qu'à neuf heures. Ces messieurs, hier, n'ont pas eu l'idée de me montrer cet intérieur, et c'est précisément de tout ce que j'ai vu ce qui offre le caractère le plus étranger. Ainsi, après avoir descendu quelques escaliers plus bas que la rue, on entre dans un passage creux, étroit, et qui serait sombre si les murs unis et polis ne devenaient pas luisants au reflet du jour de la porte. Ce passage donne entrée dans une petite cour, irrégulièrement carrée, éclairée seulement par en haut. De trois côtés, une galerie avancée règne sur des arcades un peu elliptiques, supportées elles-mêmes par des colonnes torses, mutilées par la dévastation du temps ou des hommes. De l'autre côté, s'élève, en sortant d'une espèce d'auge, une vigne assez originalement vigoureuse : c'est-à-dire que, grosse comme la jambe au bas de sa tige, elle l'est beaucoup plus dans le haut, où elle se tortille sur des poutrelles qui vont d'un mur à l'autre de manière à assourdir les rayons du soleil. Au milieu de la cour est une citerne fermée, et sous les arcades circulent des Arabes et des spahis (*), montant la garde avec leur beau costume. Il se compose d'une veste et d'une ceinture rouges, d'une culotte bleue, de grandes bottes

(*) Cavalerie indigène commandée par des chefs français.

rouges imprimées ou brodées d'arabesques, et pardessus tout cela de deux burnous : un blanc et un rouge, dont l'ampleur éclatante forme des plis superbes. (N° 7.)

Après avoir examiné cela, je vais chercher mon album et je reviens à neuf heures. Je ne trouve encore personne dans les bureaux si ce n'est des Arabes, et, tandis que je me promène en attendant, le capitaine Laquierre, qui loge dans le bâtiment, m'aperçoit et descend. Comme il pleut et que j'ai grande envie de dessiner cet intérieur, je lui demande à ne partir que le lendemain ; il y consent très-obligeamment et me dit qu'il fera attendre les mulets à l'hôtel des hôtes. Ensuite il me fait monter chez lui, me montre la belle vue de sa terrasse et me vante le climat et le séjour d'Afrique où il se trouve très-bien, me dit-il. Pour le remercier et lui rappeler longtemps ses moments heureux, je lui promets une vue intérieure de son bureau arabe.

Aussitôt redescendu je m'installe pour faire ce dessin, et, comme on m'a vu causer familièrement avec le chef, les spahis s'empressent autour de moi : ils viennent tous me dire bonjour, m'apportent l'un une chaise, les autres un banc, un tapis ; si bien qu'ils me gênent en se mettant continuellement devant moi, et j'ai beaucoup de peine à leur faire comprendre qu'ils ne sont ni minces ni diaphanes.

A deux heures, je vais à l'hôpital où je sais que M. Jaillot est de garde, et comme je ne pars que le lendemain, je lui propose de faire sa portraiture pour le distraire ; ce qu'il accepte mais ce qui ne le distrait guère... Le soir nous sortons ensemble, et nous rencontrons plusieurs de mes connaissances de la veille qui me croyaient déjà parti : ils viennent m'accompagner et me souhaitent un heureux voyage pour le lendemain.

DE BONE A LACALLE PAR SÉBA, BORJ-ALI-BEY ET CHICMÉLAH. LES LACS, LES DOUARS DE LA PLAINE. ASPECT ET RÉCEPTION DES ARABES SOUS LA TENTE. LES MARABOUTS.

29 Février.

Le matin je règle ma dépense d'hôtel, et le maître me prie de vouloir bien remettre des lettres, en passant à *Beni-Urgine*, à un Anglais, M. Vincent, qui y exploite une ferme.

Bientôt il arrive deux grands spahis pour voir si je suis prêt; je descends et j'en trouve dans la rue un troisième, à cheval, qui doit m'accompagner, plus deux autres Arabes conduisant un mulet et un petit cheval. Ils chargent mes bagages sur le mulet, et pour cela ils tirent de dessus son dos un long sac fait de crin et de laine, à rayures jaunes et noires, qu'ils nomment un *tellis*. Ils fourrent tout dans ce sac, en recousent l'entrée avec de la ficelle et le posent par le milieu sur le bât du mulet, de manière à ce qu'il y ait un poids égal de chaque côté; ensuite ils font approcher ma monture qui n'a pour toute selle qu'un autre *tellis*, plié et replié sur lui-même, de telle sorte qu'il me faut engainer mes pieds dans les plis, qui forment et remplacent des étriers...

Je m'assujetis sur ce singulier harnachement, je prends congé des gens de l'hôtel et des deux spahis, qui restent et me souhaitent avec de grandes démonstrations d'intérêt un bon voyage, puis, nous nous mettons en mouvement. Seulement mon départ est moins brillant que ses préparatifs : le spahis, qui a un bon cheval, va le premier, son fusil placé devant lui en travers sur sa selle ; ensuite le mulet de charge, portant mes bagages avec son maître assis dessus ; et moi, je viens le dernier sur mon petit cheval qui n'est pas le meilleur coursier de la Barbarie. Il a une mauvaise jambe de devant, de temps à autre elle faiblit, et, bien qu'il ne s'abatte pas tout à fait, il se redresse brusquement alors en prenant le galop ; et c'est seulement après ces faux pas et ces désagréables accès de vivacité que je ne reste pas trop en arrière. Il est vrai que je ne suis pas absolument le dernier, car l'Arabe à qui il appartient court encore après moi.

Nous allons ainsi, en laissant la grande route à droite, jusqu'à une rivière, la *Seybouse*, que nous traversons sur un bac. La corde tendue est supportée à chaque bord par une pyramide en maçonnerie, et elle glisse sur une poulie attachée au milieu de deux mâts plantés sur le bateau. Le Spahis, à la garde duquel je suis confié et qui répond de moi, me fait signe de descendre de cheval, bien que lui reste sur le sien.

Après, nous avançons sur des dunes, en côtoyant la mer que nous voyons de temps en temps et entendons toujours à notre gauche. Toute végétation d'arbres a cessé et a été remplacée par des chardons et des touffes de palmiers nains, jolis arbustes dont chaque tige verte se termine par une liaison de feuilles dentelées formant un gracieux éventail. Nous passons encore une rivière à gué et le spahis, faisant arrêter les Arabes, me conduit en traversant de grands et plats mamelons sablonneux, à des maisonnettes en planches de sapin, que je n'apercevais même pas: c'est la ferme des Anglais où je dois remettre une lettre.

J'y trouve, au milieu de quelques ouvriers occupés à différents travaux, un jeune homme blond, très-poli, qui est désolé de se trouver précisément sans provisions ce jour-là et ne peut m'offrir que du laitage, du café et du sucre. Il me montre son nouvel établissement exploité par des hommes qu'il a ramenés d'Angleterre, ses deux maisons de bois, également amenées d'Angleterre toutes faites et démontées; il me parle du pays comme très-giboyeux et il m'invite à revenir chasser chez lui à mon retour de Lacalle. En effet, en nous accompagnant, son chien fait lever des cailles à chaque instant. Je quitte cette ferme aventureuse, seule et isolée sur le bord de la mer, et je rejoins mes Arabes avec le spahis qui ne m'a pas quitté d'un pas: entrant dans chaque chambre avec moi, avançant, s'arrêtant, s'asseyant et buvant toujours à mes côtés.

Mes deux Arabes attendaient très-patiemment, car ils s'étaient couchés et endormis tandis que le mulet mangeait des chardons. Ils sont bien vite sur pied et en route, mais, que je vous fasse faire connaissance avec eux.

L'un est un jeune homme sans beaucoup de barbe, à la figure craintive et plutôt sale que basanée ; il porte un épais burnous de laine, les jambes nues, et se tient toujours assis à croupetons sur son mulet. L'autre, dont je monte le cheval, est un grand Arabe au teint sombre, à la barbe hérissée bien que pointue ; il marche en tenant son burnous relevé sur ses bras, et laisse voir par moment ses jarrets nus, par-dessous une chemise serrée à la taille avec une corde et par-dessus ses mollets nerveux. Soit qu'il marche devant, derrière ou à côté de moi, il ne me regarde jamais, et, lorsque je lui fais signe qu'il devrait monter à son tour sur le mulet de son compagnon, il ne me répond qu'un mot : « *barca* », ce qui veut dire : assez, laisse-moi tranquille. Le spahis est un joli homme, d'une figure basanée mais régulière, encadrée dans cette barbe noire et pointue que les Arabes ont si bien plantée, et qui est un des principaux caractères de leur type étranger. Il s'appuie paresseusement sur le haut dossier de sa selle arabe et chante ou plutôt murmure, psalmodie une monotone chanson dont l'Arabe muletier répète chaque couplet après lui. Lorsque nous rencontrons une source ou une flaque d'eau, il s'arrête, et celui qui est à pied lui donne à boire, en lui élevant de l'eau dans ses deux mains serrées l'une contre l'autre.

Les spahis, qui sont à notre solde et forment une espèce de gendarmerie indigène, s'estiment beaucoup plus que les autres Arabes qu'ils traitent quelquefois plus sévèrement que nous.

A midi, nous arrivons au caravansérail de la *Mafrag*.

Je tends le nez dans cette auberge française : je vois un gros fumier à la porte, une grande écurie ou hangar dans la cour, point de chevaux, pas de voyageurs, point d'Arabes et je me garde bien de m'y arrêter pour m'y ennuyer la fin du jour. Il y a la rivière devant le caravansérail, j'entre aussitôt dans le bac pour la traverser et, en voguant, nous rencontrons un troupeau de petits cochons à la nage qui prennent peur de nous et retournent d'où ils viennent. Ensuite, après avoir quitté le bord de la *Mafrag*, nous entrons dans une immense plaine, parsemée de plantes de scilles et d'asphodèles, ce qui présente des bouquets, ou mieux des bandes de verdure sur un fond de terre noire et humide.

Vers cinq heures nous arrivons à la tribu de *Séba*. Sur une éminence, à gauche du sentier frayé ou plutôt d'une infinité de petits sentiers, il y a un *gourbi* à la porte duquel est un groupe d'Arabes qui se lèvent à notre arrivée. Le Scheik, *Mabrouk*, vient nous recevoir ; il est jeune, parle très-bien français, mais d'une manière brusque, brève et fière, bien que ses yeux m'examinent avec curiosité. Il a la barbe un peu brune, un burnous gris sur un blanc, et un costume mauresque par-dessous ; pour coiffure : un haïk posé sur trois hautes calottes et serré par plusieurs tours d'une grosse corde noire, appelée *Brima*.

Il nous fait dresser une jolie tente à larges raies jaunes et bleues, y fait mettre un tapis, nos selles, nos bagages et un Arabe nous apporte du café. Le Scheik ne reste pas longtemps près de nous, il va et vient, et, apercevant ma chaîne pendue à mon gilet, il me demande ma clef de montre pour faire aller la sienne — laquelle marche très-bien mais c'est uniquement pour me montrer qu'il en a une... — Un instant après il vient me dire qu'il va à la chasse, et c'est encore pour me faire voir son fusil... Les Arabes, si graves et si fiers pour leurs idées nationales et religieuses, sont aussi fiers des petites choses comme de véritables enfants; ou plutôt comme tous les gens sans civilisation ou sans instruction, qui apprécient plus ce qui brille que ce qui ne se voit pas. C'est pourquoi ils estiment les hommes selon leur richesse apparente, leur escorte ou leur costume. Ils appellent généralement les étrangers qui ne portent pas le burnous : *Roumis*, *Sidis* ou *Morkantis*. *Morkanti* — qui signifie riche — est le nom qu'ils donnent au Français qui arrive au milieu d'eux avec une escorte ou une recommandation. *Sidi* est simplement le titre honorifique de *monsieur*. Et ils qualifient de *Roumis* (probablement en souvenir haineux du nom des Romains, leurs premiers dominateurs) ils qualifient de *Roumis*, dis-je, tous les Européens, et surtout ceux qui ne sont pas militaires : car l'état militaire est la seule profession qu'ils regardent comme honorable. — Aussi, chez eux, abandonnent-ils le commerce aux Juifs qu'ils méprisent, et tous les travaux intérieurs et extérieurs de la tente à leurs malheureuses femmes qu'ils estiment bien au-dessous d'eux. Ils regardent le travail comme une espèce d'esclavage et de déshonneur, et les hommes arabes ne font rien autre chose que de tenir la charrue et ramasser la récolte *pour vivre*, et de monter à cheval pour la guerre ou la défense de leurs foyers : le reste de leur temps, ils le passent paresseusement à rêver, à dormir, à réciter leur chapelet, à discuter ou à commander la besogne à leurs laborieuses moitiés, qui, tout en obéissant, ripostent souvent par des criailleries plus ou moins soumises. (N° 64).

Cependant telle belle que soit ma tente, mes yeux sont bien vite rassasiés de sa nudité intérieure qui offre bien peu de distraction. Je sors pour visiter les tentes du *douar* (village arabe), établies à une petite distance les unes des autres : mais dès que j'en approche, des chiens féroces, bruyants et incivils me barrent le passage et font mine de se précipiter sur moi. Heureusement je suis suivi d'un gardien arabe, qui a remplacé mon spahis et qui écarte mes agresseurs à coups de bâton ; seulement, ils reviennent sans cesse à la charge, et il me fait comprendre qu'il ne faut pas aller plus loin — l'Européen étant pour eux un ennemi déclaré. — Je me borne donc à circuler autour des premières tentes arabes et à examiner l'aspect de l'ensemble. Chaque habitation se compose d'une tente noire, faite de laine et de poil de chameau, entourée d'une grossière enceinte d'épines et de bois mort, tant pour renfermer les troupeaux que pour garantir des regards des curieux ; dessous et autour grouillent des quantités d'enfants demi-nus et sales, tandis que circulent, crient, appellent, sortent et rentrent des femmes maigres, noires, curieuses et pressées. Elles ont toutes pour unique vêtement une pièce de cotonnade, bleu foncé, qu'elles s'enroulent assez adroitement autour du corps de manière à former une jupe et des manches; une ceinture en laine, nouée à une large boucle ronde, serre à la taille, et deux agrafes d'argent fixent et attachent les bouts de l'étoffe sur la poitrine. Sur la tête un linge blanc (*) — mais lavé rarement, — maintenu par un cordon (**) et retombant sur le cou et les épaules, leur sert de coiffure. Elles ont toutes d'immenses boucles d'oreilles, les pieds et les jambes nus avec des anneaux qui font du bruit en marchant, ce dont elles sont très-fières. (Nos 18, 30, 51 et 64.)

Après avoir jeté ce coup d'œil prolongé sur le *douar*, qui s'enveloppe peu à peu dans la brume du soir et dans des colonnes de fumée qui indiquent la préparation des repas, je me retourne de l'autre côté et je vois revenir du pâturage les nombreux troupeaux. Le soleil est couché, la plaine marécageuse est remplie de flaques d'eau, et toutes les bêtes, prenant les sentiers élevés, marchent à la suite les unes des autres; ce qui forme de longs, mouvants et interminables serpents qui se détachent en noir avec les terrains sur les flaques d'eau et le ciel plus clairs. Bœufs, vaches, moutons et juments arrivent pêle-mêle suivis des bergers, grands et petits, à pied et à cheval; puis tout se divise, se sépare, et chaque troupeau vient se caser autour de la tente à laquelle il appartient. Pendant quelque temps c'est un bruit continuel de beuglements, de bêlements, de cris d'hommes et de femmes; puis insensiblement tout s'apaise, tout se calme, tout se tait, les femmes traient les vaches et les brebis, et l'on n'en-

(*) Alfa. — (**) Chenbir.

tend plus que les cris des nombreux chiens qui sont dressés à aboyer toute la nuit, tant pour garder l'entrée des tentes que pour éloigner les bêtes fauves.

Le Scheik *Mabrouk* reparaît, et comme la soirée devient froide, il m'invite à quitter ma belle tente, bleue et jaune, et à entrer dans le *gourbi* qui est plus chaud. Ce gourbi est une longue cabane faite avec de la terre glaise et des branches d'arbre assez bien liées ensemble ; mais dont les cornes, mal coupées et débordant partout, doivent être dangereuses dans l'obscurité... Il y a un toit de genets, d'herbes et de branchages, avec une grossière charpente intérieure sous laquelle il faut se baisser pour passer ; mais cela n'est pas un inconvénient pour les Arabes qui sont toujours couchés ou assis, les jambes croisées. L'on entre et on sort par une ouverture très-basse — probablement pour se dispenser d'y mettre une porte car il n'y en a pas. — En dehors, une guenille rose attachée à un bâton indique que ce monument, placé à l'entrée du village, est le café... le lieu de réunion et de plaisir pour les Arabes qui ont de l'argent à dépenser. (N° 8.)

En effet, dans un coin, un Arabe à croupetons entretient du feu dans un trou creusé en terre, et c'est le cafetier : inutile de vous dire qu'il n'y a aucune espèce de cheminée et que la fumée s'évapore dans l'intérieur de l'établissement... Ce cafetier fait continuellement bouillir de l'eau dans un grand pot de terre, plus large du bas que du haut et soutenu sur trois pierres ; (N° 63) il remplit avec cette eau de *petites poches en fer battu* qui sont des cafetières toutes de même mesure ;

il jette dans chacune une cuiller de café et de cassonade en poudre, remet bouillir sur la braise, puis il verse le tout dans de petites tasses sans soucoupes, qu'il offre aux amateurs moyennant un sou et la moitié moins sans la cuiller de cassonade ... (N° 66.) Comme le marc est versé avec le café, il ne faut pas boire le fond de la tasse, et je vous le dis afin que vous ne vous trompiez pas comme moi. En ne buvant que le dessus il n'est pas du tout mauvais ; la seule chose à craindre c'est que tous ces restes de tasses ne servent encore pour d'autres... Et c'est pour cela, que toutes celles qu'il m'offre je les fais généreusement passer à mon spahis, qui en paraît très-friand et très-reconnaissant ; aussi, vous allez voir tout à l'heure qu'un bienfait — tel petit qu'il soit — n'est jamais perdu.

Tandis que je suis examiné avec curiosité et que j'examine moi-même les Arabes vieux et jeunes, beaux et laids, qui sont accroupis dans le *gourbi* et y sont, je crois, attirés en plus grand nombre à cause de moi, le Scheik rentre. Il me fait apporter dans un bol en alfa du lait que je lui avais demandé et du *kouskous* sans viande dans un plat de bois. Ce mets est une espèce de semoule chaude et sèche ; je ne sais pas faire le mélange avec le lait que l'on verse ordinairement dessus, j'y goûte à l'aide d'une spathule pareille à celles dont on se sert pour le poudron et il me semble manger du sable ... Mais mon estomac ne se sent plus du frugal repas offert par les Anglais, encore moins de mon déjeûner matinal à Bône ... j'ai faim et j'avale quand même.

Cependant la nuit est tout à fait venue, la faible clarté du feu du cafetier ne peut lutter contre l'obscurité, et l'on allume une bougie à la lueur de laquelle les Arabes continuent de faire circuler les tasses et de causer à voix basse. Tout à coup, il arrive un grand et athlétique Arabe, à la figure intelligente, sans barbe et très-basanée, avec de grosses lèvres qui semblent indiquer qu'il y a du sang nègre en lui : il porte un turban blanc, une veste et un gilet rouges, une large ceinture, une culotte bleue et des bas très-blancs ; sur son bras il tient son burnous plié et à la main une canne à pommeau d'argent. Dans mon inexpérience je le prends pour quelque prince africain. Il s'avance en souriant vers le Scheik, touche sa main avec la sienne qu'il porte immédiatement à sa bouche et recommence plusieurs fois cette pantomime qui est le salut ordinaire des Arabes ; (N° 47) puis il quitte ses souliers et s'assied sur la natte en face de lui. Après avoir accepté et bu plusieurs tasses de café, ils se mettent tous deux à jouer avec des cartes sans figures mais couvertes de signes arabesques ; et, entourés des assistants, dont l'intérêt de la partie détourne l'attention, auparavant dirigée sur moi, cela se prolonge plusieurs heures avec une gaîté calme et digne que n'ont pas toujours nos joueurs européens.

Enfin, après avoir regardé assez longtemps ces groupes étranges et pittoresques, et cet intérieur à la fois sombre et lumineux dont Rembrand aurait aisément fait un chef-d'œuvre ; après avoir vu disparaître un à un les Arabes dans la demi-obscurité ; la partie cesse, le Scheik me souhaite le bonsoir, et tout le monde se retire, à l'exception du cafetier et de mon spahis, qui m'engage à me coucher sur la natte ou sur la paille qui garnit le fond du gourbi. Je m'étends sur la paille en me faisant un oreiller de ma selle ; mais le feu est éteint, il entre beaucoup d'air par l'ouverture sans porte, et, malgré un gros par-dessus, j'ai trop froid pour dormir ; je le fais comprendre au spahis et c'est ici que je suis récompensé de mes tasses de café... Il quitte ses deux burnous, m'enveloppe les jambes avec un, me couvre avec l'autre, et le pauvre diable se recouche dans la paille seulement avec sa veste, en me faisant signe que l'Arabe ne craint rien. De cette manière, je puis passer la nuit sinon confortablement du moins sans geler et sans souffrir ; bien que l'infernal et continuel tapage des chiens du douar m'empêche absolument de fermer l'œil.

1er Mars.

Dès que le jour commence à poindre je me secoue et me lève ; le spahis se réveille aussi, je lui rends ses burnous et je sors pour donner du mouvement à mes membres glacés par l'humidité. En dehors et tout autour du gourbi, je trouve des Arabes dormant, assis à croupetons et enveloppés dans leurs burnous, comme des caryatides sans corniche ou des pleureuses de marbre blanc. Un instant après ils se réveillent, renversent le capuchon de leur burnous ; quelques-uns font leur prière en se prosternant et se frappant la tête contre terre, (N° 60) les autres refont leur coiffure en dénouant et resserrant sur leur tête leur haïk ou leur turban ; puis, les troupeaux précédés et suivis des bergers retournent aux pâturages ; le cafetier allume son feu et je rentre me chauffer.

Il arrive aussi un vieil et affreux Arabe que j'ai déjà remarqué la veille. Il a une simple guenille roulée autour de sa tête complétement chauve, la figure horriblement crasseuse, la barbe blanche, sale et inégale. Le cafetier lui donne une tasse pleine qu'il boit sans remercier, en s'étendant tout près du feu et des cafetières pour se chauffer les cuisses, qu'il découvre d'une manière on ne peut plus indécente. Lorsqu'il se brûle il crie et ne se retire pas... Tandis qu'il est dans cette posture, plusieurs Arabes entrent et tous lui baisent avec respect le front ou l'épaule, ce qui est le salut de l'inférieur au supérieur ; le Scheik qui survient en fait de même, et, en voyant mon air surpris et indigné, il me dit que c'est le *Marabout*. Alors je comprends la laideur, la bêtise, la sottise et l'importance de ce dégoûtant vieillard.

Le Marabout est un saint homme, vivant *en apparence* pour Dieu seul et détaché des biens de la terre ; il est ordinairement ou fou, ou intrigant ou fanatique. Les Arabes respectent les fous (*maboul*) qui sont à leurs yeux des êtres sacrés ; aussi, tout homme astucieux qui n'a pas réellement la vocation religieuse ou fanatique et qui veut cependant être plus honoré et plus avantageusement traité que les autres — tout en faisant moins, — cet homme-là, dis-je, joue le rôle de fou, d'idiot ou d'illuminé et il est considéré comme un être privilégié et visité par *Allah*. Dès lors on lui passe respectueusement tous ses désirs, ses extravagances et ses sottises : il mange et couche où il veut, reçoit des présents de tous, entre sous les tentes et y prend ce qui lui convient. De plus, il possède une grande influence dans la tribu où il est consulté dans toutes les occasions importantes, et il passe pour tenir de Dieu le don de faire des miracles et de guérir infailliblement les malades, — en chassant à l'aide de talismans, qu'il fabrique et vend lui-même — le *malin esprit* qui est pour les Arabes la seule cause de tous les maux. En temps de paix, les Marabouts ne sont qu'onéreux et ennuyeux, mais en temps d'agitation ils sont quelquefois très-dangereux, en se servant de leur influence pour exciter les populations à la révolte et à la *guerre sainte* contre les chrétiens. Quelques-uns sont en très-grande réputation, et on vient les consulter de très-loin ; après leur mort, on élève sur leur tombe un petit monument carré, surmonté d'un dôme, et de nombreux pèlerins viennent encore les implorer et les honorer.

Enfin nos chevaux sont sellés, le mulet chargé, et tandis que les Arabes viennent baiser la main du Scheik qui se contente de toucher légèrement la leur — selon la manière de rendre le salut aux inférieurs, — (N° 47) je prends congé de lui et nous nous éloignons. Cependant, comme il me regarde partir sans bouger de sa place et que je ne connais pas encore les usages arabes, je pense que je dois peut-être payer sa maigre hospitalité et je reviens sur mes pas. Je lui dis que je n'ose pas lui offrir d'argent, mais que j'ai dans ma malle de bons cigarres et s'il les aime... « Donne, donne! » interrompt-il aussitôt. Puis il aide lui-même à décharger le mulet, à retirer du *tellis* ma malle, qu'il me regarde ouvrir avec grande curiosité, et cet empressement et cette avidité m'étonnent beaucoup chez cet homme qui s'était montré si fier et si indifférent. Je lui donne un paquet de cigarres qu'il déchire aussitôt; il en allume un, en distribue trois ou quatre, puis il se contente de faire passer à plusieurs bouches celui qu'il fume et qu'il reprend après... « Bons, bien bons, me dit-il. Adieu! »

En sortant du *douar*, nous sommes rejoints par le grand Arabe que j'ai pris la veille pour un prince africain : il a mis son burnous et ses bottes rouges et c'est tout simplement un spahis, au service du nouveau commandant de Lacalle... Il arrive ainsi de Constantine avec plusieurs mulets portant ses bagages, ses deux femmes et deux enfants ; et cela forme une pittoresque caravane que nous examinerons plus tard en détail.

Après une heure de marche, la plaine est moins marécageuse et se garnit de broussailles. Ces dernières deviennent de plus en plus grandes et forment par moment comme un petit bois où serpente, non pas la route, mais l'étroit sentier que nous suivons. Nous passons près d'un petit lac ou d'un grand marais au bord duquel sont une infinité de tortues, grosses comme les deux mains (des amydes) ; elles sautent à l'eau en nous entendant et l'on ne voit surnager que leurs petites têtes noires. Il s'envole aussi lourdement d'entre les grands roseaux des canards, à bec long et très-large sur le bout : ce sont les mangeurs de sardines, peu estimés parce qu'ils conservent le goût de cette nourriture.

Mais le spahis est resté en arrière avec ses femmes et, comme je tiens à les voir de près, je fais un signe à mon escorte et tout le monde s'arrête. Tandis que nous attendons et que je fais la réflexion que ces Arabes ne doivent pas être bien redoutables par nos soldats, avec leur calme soumis ou craintif ; celui qui est devant moi, nonchalamment assis sur son mulet, aperçoit des cercelles dans le marais. Il demande, sans que je le comprenne, à mon spahis s'il veut lui prêter son fusil ; puis tout à coup je le vois sauter lestement à bas de sa monture, quitter et jeter par-dessus sa tête son lourd burnous, courir pieds-nus, après avoir laissé sur le chemin ses deux savates, et saisir en passant le fusil du spahis : puis, se baissant, se pliant à terre, la tête seule levée comme un canard, il se glisse de touffes d'herbe en touffes d'herbe tantôt à plat ventre, tantôt avançant ou s'arrêtant ; si bien qu'il arrive ainsi aux cercelles dont il blesse une qu'il va aussitôt repêcher en se mettant à l'eau... Cette manœuvre prompte et adroite me représente exactement la tactique dangereuse des Arabes et leurs attaques dans les broussailles.

Plus loin nous rencontrons un bois de figuiers grands comme les noyers en France, et quelques parcelles de terrain entourées d'un fossé, ce qui indique l'approche d'une tribu. Puis, nous voyons des haies d'agaves et d'aloès qui, avec leurs longues feuilles, droites, terminées par des dards, et leurs feuilles brisées ou retombantes présentant des pointes horizontales ; avec leur couleur vert sombre régulièrement bordé de blanc, me font l'effet d'une ligne d'infanterie en bataille...

A dix heures, nous arrivons à *Ouledvied*. Des Arabes de la tribu viennent tenir la bride de nos montures, le spahis touche et baise la main du Scheik, qui vient lui-même à notre rencontre à cheval et dans un costume qui lui donne l'aspect d'un chevalier du moyen-âge. Il monte un cheval bai brun sur une selle à dossier et à pommeau élevés, en cuir sombre et brodé d'argent derrière et devant le poitrail ; il porte un burnous noir par-dessus un blanc, qui forme comme une cotte d'armes ; avec le haïk mis en écharpe, après avoir enveloppé la tête et le menton comme le bas d'un casque ouvert, dont le haut est assez bien simulé par le capuchon relevé du burnous. Il a des bottes molles, brodées de soie, avec les longs éperons et les larges étriers arabes. Le cheval, très-vif et jamais en repos, a des mouvements superbes ; et le Scheik, en relevant à chaque instant le bras pour commander aux Arabes ou pour rejeter son burnous sur l'épaule, a une très-grande et très-noble tournure (N° 8).

Il nous fait entrer dans le *gourbi-café* qui est tout pareil à celui de *Séba*, à l'exception qu'il est renforcé extérieurement par un treillage de roseaux. On nous étend un tapis sur lequel, moi seul, je m'assieds sans quitter ma chaussure. Puis, on nous apporte, dans une haute et large coupe de bois, le *kouskoussou*, couronné d'un poulet que mon trop serviable spahis découpe avec les doigts... et cela pour me faire une politesse, car il m'offre le plus gros morceau qu'il a pu retenir dans sa main serrée.... (N° 50). J'ai un pain dans mon sac, je le partage aux Arabes qui en sont très-friands, et je mange du kouskoussou. Je me sers d'une spathule de bois pour le délayer avec le bouillon dont on l'arrose de temps en temps ; et je m'habitue à ce mets sablonneux car je le trouve bien meilleur que la première fois. Seulement, il est bon que je fasse votre éducation arabe en même temps que la mienne. Or, vous saurez que les convives étant assis tout autour du plat de *kouskoussou*, l'usage et la bienséance veulent que chacun mange et creuse son trou dans le mets et devant soi sans empiéter sur la limite des voisins ; et, il est bien de ne pas renvoyer le plat entièrement vide. Pour sa part de viande, on la tient avec les doigts et on peut la manger avant ou après le kouskoussou : les Arabes, qui sont très-voraces, l'engloutissent ordinairement avant. Il y a plusieurs genres d'assaisonnements pour le kouskoussou : on le sert avec du poulet, du mouton, parsemé de pois, d'œufs durs, et arrosé de diverses espèces de bouillon (*Margah*) quelquefois si épicé de poivre rouge et de piment qu'il semble qu'on avale des épingles... Mais cela est un régime tonique et utile dans ces pays, et vous goûterez toutes ces sauces en continuant de voyager avec moi.

Ici, c'est un Nègre qui prépare le café, les serviteurs sont nègres et tout paraît noir dans cette tribu, qui du reste semble plus riche que la précédente. Un Arabe me demande encore ma clef pour monter sa vilaine montre d'argent, et je lui fais entendre la sonnerie de la mienne. Mais quelle mauvaise idée j'ai eue là !.... car cette merveille provoque un ravissement bruyant, naïf, général, et je suis forcé de faire passer et de faire sonner ma montre à toutes les oreilles de l'assemblée — qui menace de devenir plus nombreuse aux éclats de rire qu'elle fait entendre. — Le Scheik entre à son tour; et je pourrais dire qu'il est moins bien à pied qu'à cheval, s'il n'avait encore la courtoisie de nous offrir du café... sucré, et en somme, de nous recevoir de toute manière beaucoup mieux que celui de *Séba*.

Enfin après une bruyante discussion entre les Arabes, à qui fournira l'orge ou plutôt à qui ne la fournira pas pour nos chevaux et nos mulets; le grand spahis va chercher ses femmes et ses enfants, qui n'ont pas reçu l'hospitalité dans le même *gourbi* que nous. Je le vois sortir du *douar*, en tenant la bride de leurs montures à la descente d'une petite élévation, et nous repartons tous, avec le Scheik qui est remonté à cheval et nous accompagne jusqu'à la limite de sa tribu. (N° 8.)

La caravane a un aspect curieux et tout à fait étranger : au centre, les femmes à cheval sur des mulets ont chacune pour selle un gros et long coussin de couleur éclatante; elles sont complétement enveloppées dans une grande couverture de laine blanche, dont l'un des côtés, maintenu, attaché sur la tête avec un foulard jaune et bleu, forme une vaste coiffure qui est aussi simple qu'étrange. Tant à cause de la poussière qu'à cause des mœurs, elles ont le haut de la figure caché jusqu'aux sourcils par un voile, appelé *Foutah*, et le bas voilé jusqu'au nez par un autre, nommé *Rdjar*; de telle sorte qu'on ne voit que leurs yeux. L'une porte un petit enfant à la mamelle qui, lorsque le mulet fait un faux pas, se réveille et crie longtemps avant de se rendormir; l'autre tient, à cheval devant elle, une petite fille, vêtue de pièces d'étoffes de différentes couleurs et d'un foulard rouge, un peu brodé d'or et entortillé à la tête, coiffure d'enfants que je trouve assez bien nommée: *Maarma*... A côté, chevauche le mari qui, enveloppé dans son burnous rouge, a passé son fusil à son cou et le porte en travers sur le dos. En avant de distance en distance, se voient les mulets chargés des bagages et des effets de campement, avec les Arabes à pied, marchant isolément ou poussant leurs bêtes devant eux; et derrière, mon spahis causant avec le Scheik qui ferme la marche, lorsqu'il ne s'élance pas au galop de son fougueux coursier pour l'ouvrir et indiquer les sentiers à prendre ou à éviter. En effet, nous rencontrons plusieurs petits ponts de bois, faits avec des branches d'arbres recouvertes de terre, et il nous fait faire des détours dans les marais ou dans les ruisseaux parce que ces ponts sont pourris et dangereux.

Après avoir traversé un épais et joli bois de lauriers roses, de myrtes et de chênes-liège, nous arrivons à *Borj-ali-Bey*. C'est un bâtiment isolé, au fond d'une très-grande cour fermée par un mur percé de meurtrières; d'un côté est un hangar pour les chevaux, et de l'autre la maison toute française, sur les portes de laquelle sont écrites ces indications peu orientales : *Logement des officiers,* — *logement des civils,* — *logement des Arabes.* En cas de guerre, en y renfermant quelques soldats, cela devient une forteresse bien suffisante contre les Arabes ; mais en temps de paix il n'y a là pour habitants qu'un homme et une femme, remplissant les fonctions de gardiens et d'hôteliers pour les rares voyageurs.

Comme je suis le seul étranger, le personnage de la caravane, je paye à tout le monde des verres d'absinthe, et *un café* pour mon spahis qui, en vrai croyant, ne veut pas boire de liqueur. En ce moment, il s'aperçoit qu'il a perdu une lettre, qu'on lui avait donnée à Bône pour remettre au capitaine du Bureau arabe de Lacalle, et il se rappelle l'avoir oubliée à Séba. Aussitôt, — comme le spahis arabe est la consigne militaire faite-homme, c'est-à-dire que si un officier faisait la mauvaise plaisanterie de dire à un spahis de vous tuer, il obéirait sans la moindre hésitation — aussitôt, dis-je, mon spahis veut remonter à cheval et retourner au triple galop chercher sa lettre à Séba... Je m'y oppose énergiquement, d'abord parce qu'il doit être mon guide et ensuite parce que je monte son cheval : car, j'ai oublié de vous dire que comme ma monture butait à chaque pas, le spahis m'a prêté la sienne ; toujours en reconnaissance des fameuses tasses de café à un sou... Je le fais rester, mais très-difficilement, en lui promettant de parler au capitaine du Bureau arabe et de prendre tout sur ma responsabilité ; puis nous quittons le Schéik d'*Ouledvied* et *Borj-ali-Bey.*

Insensiblement le terrain devient pierreux et montagneux, il y a des quantités de gros cailloux, un commencement de grandes broussailles, et nous entrons dans une magnifique forêt de chênes-liège, énormes, noueux et contournés de toutes les façons. En plusieurs endroits il y en a de morts de vétusté qui, brisés et renversés en tous sens, présentent tantôt des ponts naturels, tantôt des obstacles aux torrents : ainsi qu'on le reconnait aux amoncellements de branchages, de cailloux et d'herbes, qui forment de larges barrages et de larges cascades sur le passage de petits ruisseaux. Ces bouleversements sauvages dans cette sombre et épaisse forêt, ont un grand caractère étranger. J'y trouve un accent de plus, en apercevant dans une clairière un méchant *gourbi* entouré d'Arabes. L'un des spahis, qui a soif, les appelle et se fait apporter du lait aigre dans un grand plat de bois, qui fait le tour de notre caravane tandis que les indigènes nous examinent attentivement : ce sont de grands et maigres Arabes, vêtus de simples chemises noires ou sales, serrées à la taille par une courroie, et ils ont tous de mauvaises figures. Plus loin, nous en rencontrons deux autres plus effrayants encore : ils sont assis au beau milieu du chemin, comme pour arrêter les passants, et chacun d'eux tient entre ses jambes un de ces longs fusils arabes, à canon tout garni de cuivre. Du reste tous, même les bergers, sont armés ici ; et c'est probablement à cause du voisinage de la frontière tunisienne et des dangereux *Kroumirs*.

A cinq heures, nous débouchons de la forêt dans une plaine marécageuse, et nous arrivons à *Chicmélah* qui n'est plus qu'à quinze kilomètres de Lacalle. Le spahis veut coucher là, parce que ses femmes sont fatiguées ; et moi je veux continuer pour arriver le soir à Lacalle, car je redoute une nuit pareille à la précédente. Mais il me dit qu'il connait le Scheik, que je serai très-bien, et, comme j'aperçois de nombreuses volées de canards et de vanneaux et que j'ai grande envie de chasser, je me décide à rester ; bien que cela deplaise fort à l'un de mes Arabes, qui se met à crier comme un furieux jusqu'à ce que le spahis lui ait appliqué un coup de sa crosse de fusil sur les reins... moyen persuasif des Arabes.

Nous arrivons à travers des marécages, où les chevaux enfoncent jusqu'à mi-jambe, sur le bord d'un grand lac, le *Mélah*. Il ne communique pas avec la mer, mais ses eaux sont néanmoins salées à cause des vagues de la Méditerannée qui, dans les gros temps, franchissent sa digue de rochers. Le Scheik, *Amied Lendi*, vient gracieusement à notre rencontre. C'est un Arabe tout à fait francisé et remarquable par ses manières douces, polies et réservées. Le seul tort qu'il ait à mes yeux c'est d'être aussi un peu français de costume : il porte un caban bleu foncé avec parements rouges, (il est médaillé et brigadier de Turcos), un haïk ou plutôt un foulard rouge à fleurs blanches et jaunes, une longue chemise blanche, et les jambes nues, à l'exception de petites chaussettes qui retombent sur ses souliers.

Il habite et il nous reçoit dans une de ces maisons françaises que le gouvernement fait construire en certains endroits, tant pour y établir des fortins que pour récompenser quelques Scheiks qui lui sont dévoués. Cette maison a, comme toujours, une cour entourée de murs, elle est couverte de tuiles, badigeonnée de blanc en dedans et en dehors et elle est ornée de portes, de fenêtres et d'une cheminée ! Le *douar* est probablement plus loin car je n'aperçois pas d'autres habitations ; mais peu m'importe.

On attache simplement les chevaux et les mulets par le pied à une longue corde, que l'on tend et fixe à terre avec deux petits piquets, et nous entrons dans la chambre d'honneur qui n'a pour tout meubles que la cheminée... Le Scheik nous fait étendre une très-grande natte dont il reste assez de roulé contre le mur pour nous faire un dossier ou un oreiller, et il nous offre des liqueurs... Mon spahis refuse absolument d'en goûter, malgré tout ce que nous lui disons pour le décider et malgré l'exemple du Scheik, qui se contente de sourire de ses scrupules religieux et semble politiquement les excuser plutôt que les blâmer. Ensuite, on nous apporte des œufs de canard et un plat de miel, accommodé avec de la galette grillée, ce qui est excellent. Nous avons pour cuillers des spatules de bois à manches sculptés, des verres à pied, des assiettes, des fourchettes et du vin... Chaque fois que notre aimable hôte sort pour surveiller ou activer le service, les Arabes, qui le font, nous demandent avec des grimaces gourmandes, sournoises et avides, du sucre et du vin. Comme je crois tous les Arabes aussi religieux et scrupuleux que mon spahis, je ne comprends pas ce qu'ils veulent ; mais le grand spahis du commandant leur verse tous nos restes de vin et d'absinthe dans un verre, et ils boivent avec une jubilation très-irréligieuse et dégoûtante. Je conclus de cela que dans tous les pays les hommes sont les mêmes et se laissent influencer par le luxe, la superstition ou la gourmandise.

Le soir le Scheik *Amied Lendi* — qui veut décidement me faire honneur — a envoyé chercher du pain, je ne sais où, à Lacalle peut-être : il nous allume deux bougies dans des chandeliers et nous donne à souper avec une omelette et des poulets qu'il me fait découper à la française, c'est-à-dire qu'il repousse les doigts officieux des spahis et me passe le plat avec un couteau et une fourchette. Le tout est arrosé de bon vin et suivi de café servi dans des tasses dorées... Enfin je suis émerveillé de ce contraste avec mes premières étapes et enchanté de m'être arrêté chez cet honorable Arabe, si bien, que je l'invite à venir me voir à Lacalle.

Pour la nuit, il nous donne des couvertures, nous fait un bon feu, ferme la porte, fait taire ou éloigner les chiens, et je dors comme un bienheureux.

2 Mars.

Le matin je sors pour aller à la chasse. Le Scheik me dit qu'il y a des sangliers et des cerfs dans la forêt ; mais je n'ai pas le temps d'y aller et je me borne à parcourir la plaine et les bords du lac.

Il y a de nombreuses bandes de vanneaux et je m'amuse à les tirer. Je remarque une chose singulière, c'est qu'ils s'envolent de très-loin et viennent ensuite passer et repasser tout près de moi : de sorte que j'en tue plusieurs au vol et pas un seul posé à terre. Delà, en traversant des buissons de cactus, je me rapproche du lac bordé en certains endroits par de grands arbres, principalement de beaux figuiers. Il y a partout des massifs de joncs et de roseaux où s'entend le vol lourd et bruyant des canards ; et à chaque instant j'en vois qui partent, en traînant leurs ailes dans l'eau et en poussant leur cri aigu, sifflant et continu. Ils sont cependant moins sauvages que les vanneaux, car, si je reste dix minutes baissé et sans bouger, il en revient des quantités en nageant et plongeant sans défiance. J'en tue beaucoup, seulement je n'en ramasse aucun... car je n'ai ni chien ni bateau et l'on ne peut trop approcher du bord sous peine de disparaître dans la vase.

Cependant je cesse de massacrer inutilement ces pauvres bêtes et d'envoyer mon plomb à l'eau ; d'autant plus que le Scheik, qui ne peut comprendre ce plaisir sans profit, m'a envoyé chercher plusieurs fois pour prendre le café avant de partir. Je reviens donc au Bordj, et je trouve tous les mulets chargés, les femmes du spahis déjà en avant, et son cheval en liberté qui fait l'avoine sur sa selle de maroquin rouge... Je prends un peu de café, je serre cordialement la main du Scheik, nous remontons à cheval et nous partons très-contents.

Nous traversons des montagnes boisées, d'un caractère tout à fait étranger, où nous rencontrons plusieurs troupeaux de chèvres, noires et blanches, qui obstruent le chemin et sont escortés par des bergers armés. En côtoyant un joli lac, limpide et poli comme une glace, et qui se nomme *Oubeira* (*), nous passons dans des broussailles de jujubier et dans des bruyères plus hautes qu'un homme. — Puis, derrière une grande plaine terminée par une chaîne de montagnes, nous apercevons la brume de la mer ; un peu plus tard quelques maisons éloignées les unes des autres, des bœufs labourant, des jardins défrichés dans les bruyères et ayant déjà des fleurs, puis une charrette attelée de trois chevaux, deux douaniers à cheval et enfin la mer. Bientôt, en descendant un chemin qui contourne la montagne, nous découvrons tout à coup Lacalle qui fait très-bien delà. La presqu'île, terminée par la tour du phare, se dessine en entier entre la mer et le port ; et un soleil oriental brille sur les maisons, qui paraissent d'une blancheur d'autant plus éclatante qu'elles se détachent sur le bleu sombre de la Mediterannée.

Après avoir passé un petit pont, qui traverse un ravin un peu avant la ville, je rencontre des Maltais qui m'indiquent où est l'hôpital militaire. J'y arrive, je fais décharger mes bagages, je congédie mes Arabes, après avoir parlé au Bureau arabe pour mon spahis ; et le concierge me conduit à l'appartement de Mme X. et de son mari. Grande surprise ! embrassements ! On m'installe et la journée se passe en amicales causeries.

(*) Voir page 91.

SÉJOUR A LACALLE. LES ENVIRONS. — LES FORÊTS DE CHÊNES-LIÈGE. — LES CAMPAGNES INCULTES DE L'AFRIQUE.

3 Mars.

L'hôpital de Lacalle est le plus beau, pour ne pas dire le seul monument de la ville. Il doit son importance à la générosité de la reine Marie-Amélie qui l'a fait construire dans l'intérêt de ses compatriotes, les Napolitains, qui y viennent chaque année en très-grand nombre pour faire la pêche du corail. Pendant ces périodiques exils de leur patrie et de leur famille, elle a voulu qu'ils trouvassent, au centre de leurs travaux, un refuge et un secours contre les accidents et les dangereuses fièvres du pays. Deux grands pavillons couverts en ardoises précèdent le principal corps de bâtiment, flanqué de deux petites tours formant terrasses pour les malades qui ne peuvent descendre. Tout autour règnent de petits jardins et une cour, qui devrait être plantée de gros arbres ; et en avant de cette cour et sur la rue, il y a une façade de trois pavillons.

Comme M. X. occupe tout son appartement, je loge chez le pharmacien, qui n'est pas marié et vit seul dans son pavillon avec une très-riche collection des insectes de toute l'Afrique. De plus, il soigne avec bonheur les fleurs et les plantes grimpantes qui entourent nos fenêtres et a un très-complaisant et loyal caractère : aussi est-il très-bien nommé : *Lefranc*.

4 Mars.

C'est un dimanche, et, comme je veux vous faire voir l'Algérie sous tous ses aspects, je vous emmène à la messe militaire. La petite église est trop simple pour être décrite. Son porche est encombré de Maltais et de Napolitains, tenant religieusement leurs gros bonnets rouges et leurs chapelets à la main ; et je remarque, à l'élévation, que les deux clairons sont Turcos, d'indigènes enfants de Mahomet, et qu'ils sonnent en l'honneur de Jésus-Christ de toute la force de leurs poumons... Les prêtres catholiques laissent pousser ici toute leur barbe comme en Orient.

L'hôpital est dans le nouveau quartier et l'église dans la presqu'île ; de sorte que, pour y aller, nous passons — par un chemin de sable — devant le petit port et les principales maisons de Lacalle, qui est plus important que considérable.

Le premier comptoir français en Afrique s'établit en 1561 à vingt kilomètres d'ici et était connu sous le nom de *Bastion de France* ; mais l'air y était mal sain, et les Français en furent chassés par les maladies à la fin du xviie siècle. Plus tard, une compagnie marseillaise s'empara de la presqu'île, s'y fortifia et se livra en sécurité à la pêche du corail, qui est sur ces côtes plus abondant et plus riche que partout ailleurs. Après le fameux *coup d'éventail* et la guerre avec le dey en 1830, la compagnie marseillaise fut tellement harcelée par les

Arabes qu'elle fut forcée de se retirer ; et elle abandonna dès lors cette pêche, dont les Napolitains ont aujourd'hui repris le monopole moyennant un droit de 800 fr. qu'ils nous payent annuellement par barque.

Il vient chaque année 80 à 100 barques, ce qui — avec une riche mine de plomb-argentifer qui est dans les environs et qui rapporte 4 à 500,000 fr, sur lesquels le gouvernement prélève le cinq pour cent — fait que Lacalle est de toutes les villes de notre colonie d'Afrique celle qui rend proportionellement le plus à la France. Cependant, elle a un petit port très-dangereux par les mauvais temps, parce qu'il n'a pas de profondeur et que la mer y entre directement, et l'on ne fait rien pour l'améliorer.

5 Mars.

Comme je vous ai promis de vous faire connaître en détail la vie des Arabes et des Européens en Afrique, il faut, pour l'apercevoir sous toutes ses faces, que vous voyagiez intimément avec moi. Sachez donc que les Européens, placés dans ce pays sans distraction, passent leurs longues heures d'inaction et de solitude à paresser ou bien à penser plus qu'ailleurs : c'est-à-dire, qu'ils se livrent à l'engourdissement du *far niente* ou à la recherche d'une fortune miraculeuse comme il s'en fait quelquefois dans les pays neufs.

Or, un jour M. X. étant à la chasse, blessa une bécasse qui alla tomber dans un endroit presque impénétrable ; il s'entêta à la chercher et, tout en avançant et quêtant, il découvrit dans un épais fourré des gisements de fer et de plomb. Comme il y a dans le pays des mines très-riches de plomb-argentifer, il crut avoir rencontré l'affleurement d'un filon semblable, et, pour s'en établir et s'en déclarer le premier possesseur en cas de réussite, il avait fait le contraire des autres : c'est-à-dire qu'il avait parlé à tout le monde de sa découverte et avait invité toutes les autorités de la ville à venir avec lui sur les lieux.

Le départ devait être précédé d'un déjeûner, offert au commandant supérieur qui quittait Lacalle, au commissaire civil, au directeur des mines d'*Oum Théboul* et au pharmacien de l'hôpital. J'assistai donc, la veille, à la préparation d'une *brandade de merluche* qui se faisait dans le plus grand mortier de la pharmacie... Voulez vous en passant la recette des gourmets ? La voici : on prend trois queues de morue que l'on fait désaller et cuire, puis on les bat dans un mortier jusqu'à ce qu'elles soient réduites en pâte molle, en mélangeant avec un litre de lait et un litre d'huile. Ensuite l'on fait chauffer et recuire le tout vingt minutes dans une casserole de cuivre, en remuant continuellement.

6 Mars.

A dix heures ces messieurs arrivent déjeûner. Ils font plus ou moins honneur à la brandade qui est arrosée avec du Champagne ; ce qui est ici un plus grand luxe qu'en France, car on ne boit que du vin du Midi et du vin d'Espagne qui conserve toujours le goût des peaux de bouc qui l'ont renfermé.

Le commandant supérieur a mis un de ses chevaux à ma disposition et, après le déjeûner, nous partons tous à la recherche de la mine... Toute la ville est en révolution de curiosité. Notre avant-garde se compose de trois spahis, dont deux nous précèdent à une petite distance et un autre en éclaireur tout à fait en avant. Nous prenons la nouvelle route de Bône, que l'on fait à travers les forêts de chênes liège ; et un ancien officier de hussards, qui est l'administrateur de ces immenses forêts, se joint à nous et m'apprend qu'elles sont toutes concédées au duc de Montébello. C'est une très-bonne concession, mais il a fallu attendre longtemps les avantages et faire beaucoup de frais d'avance.

Le liège est, comme on le sait, l'écorce d'une espèce particulière de chêne, et pour la récolter, l'obtenir convenable pour le commerce, il a fallu dépouiller tous les arbres de leur vieille et mauvaise écorce pour en faire repousser une plus jeune et plus fine dont on puisse se servir. Ce travail ne peut avoir lieu que lorsque l'arbre a atteint douze ou quinze ans, et l'on choisit pour le faire un temps chaud et serein : car, s'il arrivait une pluie immédiatement après la récolte, c'est-à-dire quand il n'y a plus que la jeune écorce, elle se gâterait bientôt et l'arbre serait en danger de périr. On incise le tronc dans toute sa longueur et on enlève l'écorce depuis le bas jusqu'à la naissance des branches, ce qui s'appelle *démasqueler* ; ensuite il faut attendre sept ans avant de retirer une nouvelle écorce. Mais beaucoup de vieux arbres de la forêt ont mal résisté à cette opération et dépérissent ; les jeunes seuls, en s'y habituant progressivement, promettent une bonne récolte. Bien commencé, cela peut durer plus de 150 ans sans que ce retranchement nuise à l'arbre, et ce n'est guère qu'à la troisième levée que le liège est de bonne qualité. Pour amollir l'écorce tirée de l'arbre, on a soin de la tremper aussitôt dans l'eau ; on la met ensuite sur des charbons embrasés, puis on la charge de pierres afin de la redresser et de la rendre plate ; après cela on la nettoie, mais elle reste toujours noirâtre à sa surface. Telle est la récolte du liège, que l'on met en ballots et qu'on livre ainsi au commerce.

Pour ceux qui ne sont pas habitués à cette exploitation, c'est un spectacle assez étonnant de voir tous les arbres d'une forêt vierge, sauvage et inculte en apparence, dépouillés symétriquement de leur écorce dans le bas jusqu'à une certaine hauteur ; ce qui rend leurs troncs plus gros au sommet qu'à la base.

En suivant, au milieu de ces arbres si bizarrement déshabillés, la nouvelle route de Bône, qui est très-large est très-belle *pour l'été* mais sera pierrée, Dieu sait quand... nous arrivons aux tentes des condamnés militaires qui y travaillent. Nous laissons nos chevaux aux zéphyrs et aux spahis, et notre guide nous fait pénétrer dans d'épaisses broussailles d'arbousiers, de hautes bruyères et de genêts à longues épines très-désagréables pour les genoux et les mains... Chacun choisit son chemin comme il peut à travers les gros cailloux, les petits ravins creusés par les eaux, et les branches entrelacées des arbustes épineux... mais, comme cette compagnie est la réunion des autorités de Lacalle, qui se connaissent toutes, on se renvoie toutes sortes de plaisanteries.

— Dans ces broussailles, dit l'un de ces messieurs, nous faisons une drôle de mine en cherchant l'autre...
— Oh! ce sont les belles campagnes de l'Afrique, tout cela n'est rien... — Comment cela n'est rien! s'écrie M. X., qui n'a entendu qu'à demi, je vous assure au contraire que c'est très-évidemment l'indice d'une mine. — Alors, courage! avançons toujours, filons!
— Qui parle de filon! Vous avez trouvé le filon? demande quelqu'un à droite. — Aïe! s'écrie un autre en s'arrachant d'un buisson d'épines, je perds mon képi! Il paraît qu'il ne tient pas à découvrir le trésor... — Au contraire, monsieur: il en découvre un en vous quittant. — Ah!... monsieur Lefranc, c'est vous qui dites cela?...

Enfin notre guide appelle au loin: — par ici! par-ici! voilà le chapeau! Nous arrivons, en effet, nous nous rallions sur un petit espace de terrain, rocheux et noir, où ne poussent que quelques rares broussailles rabougries dans une croûte de minerai, ce qui paraît indiquer une certaine épaisseur. Il y a même des blocs détachés qui semblent du métal pur. Monsieur Devoucoux, le directeur des mines d'*Oum-Théboul*, casse avec son marteau, pèse, examine, et il dit que ce n'est là qu'un dépôt d'hydrate de fer et non un affleurement; que les blocs sont des fragments enterrés et roulés du sommet de la montagne, et que ce qui adhère au sol est un résidu d'eaux hydratées qui ont formé ces oxides de fer qui ne possèdent que 30 p. 0/0, et il prétend qu'au-dessous, à une profondeur d'un mètre ou deux, il n'y a que de la marne. Il faut donc trouver la source de tout cela, c'est-à-dire les hauteurs.

Nous reprenons notre courage et nous gravissons la montagne où nous nous sommes engagés. Cependant à mesure que l'on monte, les grandes et épaisses broussailles se changent en petites bruyères clair-semées où l'on peut marcher aisément, et au sommet, il y a des parties entièrement nues et rocheuses. On visite partout, et l'on ne trouve que des indices incertains ; de sorte que la découverte de la mine de plomb n'aboutit qu'à nous faire faire une promenade, intéressante pour moi, dans les forêts de chênes liège et dans les montagnes de *Bou-Merchen*.

Des hauteurs où nous sommes la vue est magnifique. D'un côté, elle plane sur d'immenses montagnes à pentes douces, uniformément couvertes de broussailles à peu près de même hauteur; ce qui leur donne l'aspect d'immenses vagues, sur lesquelles les nuages promènent de grandes ombres qui varient la teinte du vert. A l'Est, c'est la chaîne du *Djebel-Addedah* qui forme notre limite avec la Tunisie ; au Nord, on aperçoit la mer dont l'immensité brillante domine tout ; et à l'Ouest et au Sud trois lacs qui font de larges taches blanches dans le terrain sombre. L'un est le lac *Tonga*, l'autre le lac *Oubeira*, et le troisième le *Mélah*, qui n'a qu'une étroite digue de rochers qui le sépare de la mer et dont on a eu l'idée de faire un grand et beau port militaire.

Enfin nous descendons de la montagne, et nous remontons à cheval au milieu d'un rassemblement d'Arabes qui sont accourus de la forêt pour baiser la main et les vêtements du commandant, — ce qui n'est qu'un salut des inférieurs à leur supérieur (N° 47). Ensuite, précédés des trois spahis — dont le premier reprend sa place en avant, en faisant galopper son cheval dans les broussailles comme sur un terrain uni — nous rentrons à Lacalle par le chemin de la pépinière.

Ce chemin, escarpé et plus pittoresque que celui du matin, descend brusquement des hauteurs à la ville ; et il serait aussi dangereux que rapide si l'on n'était pas sur des chevaux arabes. En effet ces excellentes bêtes, qui sont naturellement si fougueuses et ardentes, sont toujours calmes, adroites et solides dans les mauvais pas.

7 Mars.

Je vais rendre quelques visites officielles et utiles.

J'aurais peut être dû vous dire plus tôt que dans les petites villes de l'Algérie il y a les mêmes fonctionnaires qu'en France, même quelques-uns de plus; et tous avec des uniformes beaucoup plus brodés, afin, je crois, d'en imposer aux Arabes qui jugent tout avec les yeux et sur l'apparence extérieure. Ainsi il y a un commandant supérieur, qui gouverne tout le territoire militaire de Lacalle qui est immense, et ce commandant est beaucoup plus puissant et important dans le cercle qu'un général dans son département : un commissaire civil qui remplit les fonctions de sous-préfet, et a ici sur ses administrés une plus grande autorité qu'un préfet en France : un commandant de place, qui commande les troupes régulières et indigènes : un directeur des mines : un chef du bureau arabe, qui règle les affaires particulières des Arabes et les a en grande partie à sa disposition : un sous-inspecteur des eaux et forêts, qui a plus d'importance qu'ailleurs, parce que, je vous l'ai dit, les forêts sont ici très-considérables : enfin un directeur du port et de la santé ; un receveur de l'enregistrement ; un médecin militaire ; un médecin de colonisation ; les officiers-comptables de l'hôpital ; l'architecte de la ville ; et j'en oublie peut-être et des plus brodés d'or et d'argent... sans parler des consuls étrangers.

Le soir, on me conduit au punch que les habitants offrent au commandant supérieur, M. Forgemol, qui quitte le cercle de Lacalle où il s'est fait aimer et estimer. La réunion a lieu dans une salle de l'hôtel-de-ville. Là, sont toutes les autorités civiles et militaires en uniformes et les principaux habitants ; un côté est entièrement occupé par des Arabes de la ville et des environs, tous dans leurs plus beaux costumes. Ces costumes diffèrent de ceux de tous les jours en ce que les burnous sont plus fins et plus blancs, quelques-uns, de couleur, sont brodés d'or dans les coins, les vestes sont de soie au lieu d'être de drap ; ils portent tous le capuchon du burnous renversé et des turbans ou des haïks de fines étoffes, enfin des bas et des souliers. Je distingue deux belles et régulières figures de Scheiks, un vieux et farouche Turc, un Cologlis (*) coiffé d'un turban de couleur et à écharpe, un Tunisien au teint sombre, un Maure au teint pâle. le sévère et souriant Cadi et l'indolent Amin, Brahim-ben-el-Oussif.

On fume, on cause, on boit ; et après un discours aimable du commissaire civil et une réponse émue du commandant, un jeune consul de Naples demande et provoque des cantates et des chansons, stimule et encourage les chanteurs, et une partie de la nuit se passe ainsi.

VISITE A LA RICHE MINE DE PLOMB-ARGENTIFER D'OUM-THEBOUL. — UN BAL DE PETITE VILLE EN ALGÉRIE.

8 Mars.

Le matin, monsieur Devoucoux envoie dire que je me tienne prêt pour midi, les chevaux seront sellés pour aller à la mine d'*Oum-Theboul* dont il est le directeur. A l'heure dite, je vais à l'entrepôt du minerai où est le rendez-vous ; il arrive et nous partons.

Nous montons un chemin qui longe le bord de la mer, en passant au milieu des jardins maltais qui sont clos par des buissons de grands cactus. De cette hau-

(*) Habitant de Tripoli, fils de Turc et de Mauresse.

teur la vue de la presqu'île est très-distincte : elle paraît tout-à fait isolée de la terre, dont elle est séparée par le port où se balancent les mâts des barques napolitaines. Après, nous entrons dans un bois de chênes liège dont quelques-uns, abattus par la vieillesse ou les orages, sont tombés en travers de la route ; route dont les fossés sont seulement tracés ou entretenus par les eaux, qui souvent s'émancipent et creusent des ravins dans le milieu...

Au bout d'une heure, à la sortie du bois, nous découvrons une large vallée au milieu de laquelle notre chemin serpente et se dessine au loin comme un tout petit sentier. Sur le versant, à gauche, il y a quelques massifs d'oliviers sauvages à côté desquels est établi un *douar* arabe ; douar dont les gourbis et les tentes noires font l'effet, à distance, de plusieurs tas de charbon. A droite, s'étendent jusqu'à la lisière des bois, des pâturages naturels, où paissent de très-nombreux et très-maigres troupeaux de petits bœufs, tachetés de noir et de blanc. Et en face, nous avons pour horizon le lac argenté de *Tonga*, qui étend sa large ligne blanche et brillante au pied des hautes, pittoresques et sombres montagnes de l'*Addedah*, qui forment notre limite avec la Tunisie.

En avançant encore sur un terrain sablonneux, où les chevaux enfoncent et marchent péniblement, nous arrivons au lac dont nous suivons le bord, en faisant lever à chaque instant des poulettes d'eau et des canards à large bec. Là ont poussé, tombant de vétusté les uns sur les autres et entre-mêlés de plantes grimpantes, des aunes, des saules et des frênes, dont quelques branches retombent en formant voûte sur le chemin. Là aussi, des *dames arabes*, affublées de robes sales et les jambes grêles et nues, ramassent dans l'eau et la vase le bois mort dont elles font des fagots... car, je vous l'ai dit plus haut, l'Afrique n'est pas le paradis des femmes indigènes : à elles sont réservés les plus grossiers et les plus fatigants travaux.

Après une heure de marche on atteint l'extrémité du lac, et de chaque côté de la route est une large plaine entièrement garnie d'asphodèles : espèce de lis dont les longues feuilles vertes et les grappes blanches et jaunes font croire à une vaste culture de fleurs. Cette plaine s'étend, à gauche, jusqu'aux dunes dont la couleur jaune tranche avec le vert des asphodèles ; ces dunes sont formées par le sable de la mer qui, soulevé et chassé par le vent, envahit peu à peu la plaine et recouvre déjà en certains endroits des massifs de grands arbres qu'il étouffe en rendant tout stérile. Plus loin, derrière des parties boisées, s'élève le *Monte Rotondo*, haute montagne ronde qui cache la mer, et qui sert de direction aux corailleurs lorsqu'ils rentrent de la pêche (N° 14). Il y a partout des troupeaux arabes dans la plaine, et nous rencontrons de nombreux convois de chameaux qui transportent sur leur dos le minerai à Lacalle. Ces lents et robustes animaux portent jusqu'à 300 kilos dans ces mauvais chemins de sable, et beaucoup d'Arabes des environs sont occupés à ces transports continuels.

A trois heures nous arrivons au *camp* ; c'est-à-dire

à l'établissement qui a été construit et fortifié pour loger les ouvriers de la mine et les abriter contre les *Kroumirs*. Ceux-ci sont de dangereux Arabes, indomptés et pillards, qui habitent de l'autre côté des montagnes frontières et ne reconnaissent ni l'autorité des Français ni celle du Bey. Il y a quelque temps, ils ont enlevé deux ouvriers qui s'étaient écartés, et, après les avoir entraînés et garrottés dans leur tribu, ils ont fait demander une rançon pour les rendre. L'un des captifs, favorisé et délié par une jeune fille arabe à laquelle il avait donné un foulard — dit-on... — parvint à s'échapper; et, après avoir erré trois nuits dans les montagnes où il se tenait caché durant le jour, il revint au camp à moitié mort de faim et de fatigue. L'autre fut racheté. Et dernièrement encore les *Kroumirs* ont assassiné un homme, la nuit, à la porte de l'établissement, où les quelques soldats, qui y tiennent garnison, ont la sévère et prudente consigne de ne pas ouvrir les portes quoiqu'il arrive.

L'établissement de la mine est une espèce de citadelle, flanquée de trois grosses tours carrées et crénelées. La plus grande renferme les appartements de la direction; au rez-de-chaussée des bâtiments sont les bureaux, les laboratoires, les magasins; et au premier, règne une longue galerie qui conduit aux logements des employés et des ouvriers: ces logements donnent sur une grande cour intérieure, garnie d'un parapet pour la défense, d'une promenade plantée d'arbres, de fours à pain et de tout ce qu'il faut pour vivre isolé et se suffire. Cette cour communique à l'extérieur avec la laverie et les entrepôts du minerai brut qui n'a aucune valeur pour les Arabes. En dehors des murs, des industriels et quelques familles d'ouvriers se sont hasardés à construire des maisons et il y a un commencement de village.

De tout côté le pays est très-joli et serait excellent s'il était cultivé, mais il ne l'est pas à cause de l'insalubrité de l'air : car le lac, qui est en hiver très-large, se retire tous les étés et laisse à découvert une grande étendue de terrain marécageux qui cause des fièvres générales et tenaces (*). Aussi, le soir, j'assiste à une curieuse et triste cérémonie. Avant le dîner, M. Devouroux s'arrête à la pharmacie et fait la distribution de quinine : chaque ouvrier, homme, femme ou enfant arrive à son tour, l'un avec un verre, l'autre avec une tasse, tous avec des figures pâles, jaunes, terreuses, malades ; et le directeur — qui souvent remplace le médecin car c'est toujours le même genre de maladie — donne à celui-là un demi-verre du remède antifiévreux, à celui-ci un verre entier, à d'autres un quart ou un demi-quart, avec quelques recommandations qui sont toujours écoutées en silence car tous ceux qui habitent là sont résignés au mal qui attaque plus ou moins tout le monde. Aussi, probablement à cause de cela les ouvriers sont très-chèrement payés.

(*) J'apprends qu'un canal a été creusé du lac à la mer pour le tenir toujours au même niveau.

9 Mars.

Le matin, dès que je suis levé je prends du café, car on m'a bien recommandé de ne pas sortir à jeun, à cause de la fièvre ; ensuite, je vais en dehors dessiner l'établissement (N° 13). Mais l'air est si vif et je prends tellement froid, que je suis forcé d'aller me chauffer les doigts dans une maisonnette d'ouvrier où j'aperçois du feu. Seulement, il y a un chien féroce qui en garde l'entrée et une seule petite fille qui ne peut réussir à le calmer ni à le retenir, si bien, que je vois le feu dans l'intérieur et je ne puis y arriver. Cependant je ne veux pas remonter au camp pour me chauffer les doigts, et, comme le *cerbère* est attaché à une chaine et que dans sa fureur il s'élance chaque fois trop brusquement et retombe sur son derrière, je profite du moment d'une de ces secousses, d'une de ces réactions paralysantes et je me précipite dans la maison. Cette entrée victorieuse redouble bien ses cris et ses menaces, mais je ferme la porte et j'attise le feu, en réfléchissant si je ressortirai par la porte ou par la fenêtre... Heureusement la maîtresse du logis rentre et elle facilite et protège ma retraite.

A dix heures la cloche sonne, et comme je dessine toujours sans changer de place, M. Devoucoux vient me chercher pour déjeûner. Après, il me mène visiter la mine. Nous montons au *kef* (*) par un chemin assez

---

(*) Montagne en pointe, pic.

rapide d'où l'on aperçoit la mer de l'autre côté des dunes ; il y a au-dessus et au-dessous de nous des ravins couverts de bruyères en fleur qui forment de longs panaches blancs, composés d'une infinité de petites fleurs blanches qui, vues de-dessous, se pointillent de noir.

Comme curiosités géologiques, nous rencontrons d'abord des grès noirs ferrugineux, formés par les eaux qui ont coulé du sommet de la montagne et sont venues, en se déposant là, former ces oxydes de fer qui ne sont qu'à la surface ; puis enfin des argiles calcinées et devenues par la décomposition de différentes couleurs : rouges clairs, rouges foncés ou marbrées. A travers, il y a quelques blocs de grès polis et durs comme du porphyre et semblables à une mosaïque : ce sont des morceaux de grès qui, primitivement en fusion, se sont ainsi solidifiés au refroidissement de la matière ignée. Ils ont roulé du sommet de la montagne qui en est garnie, et c'est là la plus sûre indication d'une mine de plomb et d'argent parce que c'en est, dans la formation géologique, la couche supérieure.

Après, nous arrivons au blokhaus et aux entrées de la mine. Ce sont de simples trous, étayés par de petites pièces de bois très-rapprochées formant voûte et murs ; ces trous correspondent à une échelle verticale, qui conduit à trois étages de galeries horizontales dont la dernière arrive, à une profondeur de quatre-vingts mètres, à la galène : plomb pur ou légèrement sulfuré. Dans les galeries il y a un petit chemin de fer qui, par une douce pente et à l'aide d'un plan automoteur, transporte les wagons chargés jusqu'à l'établissement. Là, pour visiter l'intérieur de la mine, nous prenons chacun une lampe de mineur, garnie de ses mouchettes attachées à une petite chaîne, et nous parcourons la plus longue galerie qui perce la montagne d'un bout à l'autre : elle a 800 mètres, et il y en a trois autres au-dessus, dans lesquelles il fait une chaleur étouffante. C'est plus sale et dangereux que pittoresque : il n'y a guère que la largeur des wagons, qu'on entend venir de temps en temps poussés par un homme; et pour se garer, il faut se joindre dans un petit fossé par où les eaux s'écoulent. Nous rencontrons plusieurs puits où nous ne tombons pas grâce à notre lampe ; ils sont faits soit pour donner de l'air, soit pour chercher et reconnaître la pente du filon, afin de savoir où il faut ouvrir et faire passer de nouvelles galeries inférieures. A un endroit, des mineurs travaillent tout nus en déblayant un éboulement ; et ces corps d'hommes piochant dans cette cavité souterraine, en face de leurs lampes de fer, piquées et pendues au terrain devant eux et projetant des ombres noires et sans reflet, forment un sombre et vigoureux tableau. Enfin, plus loin, nous revoyons le jour et nous sortons par l'autre extrémité de la galerie.

Nous revenons par un joli chemin, serpentant dans la montagne, d'où l'on a à tout moment une vue pittoresque et variée. Tantôt, ayant la haute chaîne des montagnes tunisiennes pour horizon, l'on découvre entre deux mamelons boisés une plaine profonde et partiellement cultivée par les Arabes, lesquels ne dé-

7

frichent rien, prennent le bon terrain où il est et laissent des massifs de broussailles au milieu de leurs champs. Tantôt dans un bois, l'on est entouré de grands chênes-liège encore noircis par un incendie qui, poussé par le *Sirocco* (*), a brûlé dix lieues de broussailles l'année précédente. Ou bien, le chemin se rétrécit pour passer entre de gros blocs de rochers, d'où retombe en cascade un petit ruisseau, qui se perd dans la profondeur d'un précipice tapissé de genets jaunes et de bruyères blanches. Enfin la vue se découvre, s'étend, et l'on aperçoit le camp, le lac, la grande plaine d'asphodèles, les dunes et le *Monte-Rotondo* (N°14).

En arrivant je visite la *laverie*. Les wagons, amenés à l'établissement par la pente du chemin de fer, passent sur une bascule, se pèsent et versent leur contenu dans une énorme grille où le minerai se trille déjà un peu ; les gros morceaux sont brisés à coups de masse par des Arabes, qui en même temps choisissent à la main les plus riches. Ensuite, les résidus en gravier, en poudre ou en poussière, passent au lavage. Pour cela le tout est jeté dans un cylindre à grille et en pente, mis en mouvement par une machine à vapeur, et en tournant, par la force centrifuge la partie stérile reste en haut, la plus riche va au bas, et il y a quatre qualités. — Il est bon de dire que la richesse est indiquée par le poids. — L'eau qui coule continuellement dessus le minerai le débarrasse de la boue qui l'environne, après quoi il est déposé dans des cases correspondantes.

De là il est mis dans un crible où l'eau arrive par-

(*) Vent très-chaud et étouffant du Sud.

dessous et le soulève tout en passant à travers ; par moment on racle le dessus qui est le moins lourd et ce qui reste au fond du crible est le plus riche. Ou bien on le fait couler, entraîné par l'eau, dans des tables à secousses où un homme le retient à l'aide d'un râble à long manche. Et, afin de ne rien perdre, l'on fait tomber la poussière impalpable sur une table tournante où une petite et continuelle pluie d'eau la dégage de la partie terreuse.

Il y a aussi une machine et un moulin pour broyer les gros quartiers de minerai ; puis, après tous ces triages et nettoyages, il est déposé dans les cases du magasin par degrés de qualité : il y en a depuis l'état de gros graviers jusqu'à l'état de poudre impalpable où se trouvent l'or et l'argent.

Un chimiste est attaché à l'établissement pour estimer la valeur du minerai qu'on envoie à Marseille, et des terres que l'on doit laver, conserver ou rejeter suivant ce qu'elles contiennent. Lorsqu'on charge le minerai, on prend une cuiller de terre dans chaque sac ce qui fait une moyenne ; le chimiste fait piler tout cela dans un mortier de fer, il prend 500 grammes de cette poudre ou schlick et la fait fondre avec des acides dans un creuset de terre réfractaire. Après, il brise le creuset et trouve dans le culot la partie de plomb ou d'argent isolée : il pèse, compare et voit si la terre fournit 1 ou 2 pour 0/0, ce qui, fondu avec des scories de fer en France ou à Carthagène où l'on renvoie le minerai, donne encore 40, 50 et plus pour 0/0.

10 Mars.

Il a fait beaucoup de vent toute la nuit et il pleut. M. Devoucoux craint beaucoup pour le brick qui est dans le port de Lacalle, chargé à trente mille francs de minerai. Le port a peu de profondeur et le fort mouvement des vagues peut le faire toucher, talonner et couler... cela se voit de temps en temps.

Nous faisons nos préparatifs de départ, nous déjeûnons et nous montons à cheval pendant une éclaircie. Nous voyons des canards sauvages et des poules d'eau tout le long du lac, ce qui nous fait regretter nos fusils. Un bœuf beugle d'une manière lamentable, en s'enfonçant dans les marais, sans que le berger arabe, qui est couché sur le bord de la route, daigne se déranger et aille à son secours. Il justifie et excuse son insouciante paresse avec le précepte arabe, fataliste et commode : *Dieu le veut...*

Pendant ce temps, nous passons heureusement au milieu des giboulées et nous arrivons à Lacalle sans être mouillés.

11 Mars.

Il pleut, il vente et fait froid. Pourtant le patron des *balancelles* vient prendre les commissions et espère partir le lendemain pour Bône.

Le fait est que la mer, qui devient brusquement très-forte, tombe aussi quelquefois tout à coup ; et ces intermittences subites de chaud et de froid, de beau et de mauvais temps sont particulières à ce pays, où les Arabes sont vêtus en hiver comme en été et les Européens couverts en été comme en hiver de laine et de flanelle. Sous peine d'être victime de ces transitions, on doit avoir son burnous le matin; le porter sur son bras à midi; le remettre le soir, et en relever le capuchon la nuit.

12 Mars.

Le soleil brille dès le matin. J'entends de mon lit les clairons et les tambours de la garnison qui va, pour se tenir en haleine, déjeûner à deux ou trois lieues, emportant ses provisions, ses bidons et tous ses effets de campement.

Le commandant supérieur, Forgemol, part ce jour-là, et il m'a invité à aller prendre au cercle le café d'adieu qu'il offre aux autorités et à ses administrés de Lacalle. J'y vais, et je trouve assises à une longue table les mêmes personnes, qui étaient réunies au punch précédent.

Après avoir pris café, liqueurs et vin chaud, au milieu d'un nuage d'excellents cigarres offerts par le commandant, il nous fait ses adieux. Puis, il monte à cheval et part, escorté par une centaine de cavaliers qui vont l'accompagner à une certaine distance de la ville : ce sont les autorités civiles et militaires, les principaux habitants de Lacalle, quelques Scheiks des environs et les spahis. Ces Arabes, ces officiers, ces bourgeois

chaussés de grandes bottes ou de houseaux, tous ces
éléments divers enfin de type, de costume et d'allure
forment un *goum* très-pittoresque et curieux.

13 Mars.

Comme le temps est incertain, je passe la matinée à
dessiner une vue de Lacalle, dans les rochers à l'entrée
du port (N° 9). De là je ne vois pas la nouvelle ville,
qui n'a rien de remarquable si ce n'est l'hôpital, mais
je découvre en entier la presqu'île qui est bien plus
pittoresque : elle renferme dans son enceinte fortifiée
le phare, les casernes, l'église, l'habitation des commandants supérieurs, et, en avant de la porte bastion-
née, le seul et unique palmier qui ait poussé ou qu'on
ait conservé dans la localité. J'ai encore devant moi,
en avant de la baie *St-Martin* et d'un horizon de montagnes, le petit port qui les jours de grosse mer est
encombré de cent barques napolitaines.

Mais, tel intéressant que soit ce panorama, il souffle
un vent si fort et à l'ombre des rochers si froid, que je
ne puis tenir en place et je suis bientôt forcé de lever
le camp.

14 Mars.

Je paye mon enthousiasme de dessinateur de la
veille : j'ai gagné un coup d'air dans les rochers et il
me survient à la joue une petite fluxion qui me force
à garder la chambre. Du reste, il pleut par giboulées.

Cela est probablement très-peu, trop peu intéressant pour le lecteur, mais ça ne remplit pas moins cette journée.

15 Mars.

C'est le jour du bal que donne, à l'occasion de la mi-carême, le Commissaire civil ; et je vous y mène avec moi pour vous faire connaître la vie européenne en Algérie.

Il tombe une pluie fine et un vent fort souffle sans interruption. Cependant il faut que danseurs et danseuses se rendent à pied au bal, car les voitures sont ici un moyen de transport que les chemins de sable ne permettent pas ; c'est un luxe inconnu. Mais soyez sans inquiétude, aucune danseuse ne fera défaut à cause du mauvais temps ; l'habitude aguerrit et avec les burnous de laine on brave toutes les intempéries.

L'hôtel et les salons du Commissariat sont entièrement français. Il n'y a pas moyen de trouver un orchestre dans la ville et l'on danse au piano : c'est la maîtresse de la maison et les personnes musiciennes qui se dévouent et jouent chacune à son tour. On a invité tout le beau sexe *possible* de la localité et malgré cela il n'y a que douze à quinze dames, qui dansent toutes mais ne sont pas toutes des danseuses. En revanche, les danseurs sont beaucoup plus nombreux : il y a une quantité de fonctionnaires qui portent leur uniforme dans toutes les occasions, et cette réunion d'habits brodés et de diverses couleurs donne de la gaîté à l'assemblée. Du reste, le Commissaire civil, M. F.., est un hôte gai et aimable et le bal ne peut manquer d'animation.

Des *chaouchs* (*) en turbans et en costumes mauresques offrent des rafraîchissements et font le service ; quelques Scheiks arabes, richement vêtus, se tiennent et regardent aux portes qu'ils osent rarement franchir, et ce cachet original, ce luxe militaire et étranger remplace le luxe français qui manque. Dans le salon de jeu les hommes fument tous, et cette licence est une des nombreuses libertés d'Afrique, où l'on en prend bien d'autres.

En sortant du bal il fait toujours très-mauvais temps, et la pluie et le vent me forcent à rester au bas de l'escalier, dans le vestibule, ainsi que plusieurs autres personnes. J'entends tirer à intervalle quelques coups de canon; on me dit que c'est probablement un navire en détresse qui voit les lumières de la ville et demande du secours... Mais la nuit est si noire et la mer si mauvaise qu'il n'y a pas moyen d'aller à son aide : le passage de la barre est tout à fait impossible à cette heure, soit pour entrer, soit pour sortir.

Cette fin de bal me bouleverse ; la musique, que j'entends encore en même temps que le canon d'alarme, m'oppresse, me donne le cauchemar et je m'enfuis malgré la pluie torrentielle qui tombe toujours.

(*) Garçons de bureau, huissiers.

16 Mars.

Je vais le lendemain sur le bord de la mer, près de l'*Ile maudite*. C'est un endroit charmant de calme, d'isolement et de poésie les jours de beau temps ; mais l'île est ainsi nommée, parce que ses abords sont remplis d'écueils qui sont fatals pour les navires que la tempête pousse à la côte (N° 11 *bis*).

Un peu plus loin est une petite baie solitaire, où arrivent ordinairement les épaves des naufrages. Et en effet, je trouve sur le sable, parmi un grand mât et des agrès, deux cadavres, dont l'un a une jambe à moitié mangée ou déchirée... Ce sont les malheureuses victimes de la nuit......

La mer est encore très-forte et détonne comme des coups de canon éloignés. D'immenses et hautes vagues, d'une couleur verdâtre et sinistre, cachent par moment le sombre horizon ; puis elles viennent se heurter contre les rochers qui sont à l'entrée de la baie. Dans leur furie, elles lancent encore avec violence leur clapoteuse et bruyante écume dans toutes les anfractuosités et les trous sombres qu'elles creusent chaque jour ; puis, après s'être brisées contre cet obstacle de roc et dans leur agonisante colère, ces vagues effrayantes se transforment en lames plus calmes qui arrivent lentement dans la baie en longs cercles parallèles. Ces lames, mortes en apparence, rejaillissent encore contre les rochers qu'elles rencontrent, mais le plus souvent les submergent, les recouvrent de leur eau abondante et perfide qui vous inonde vous-même si vous n'avez pas bien jugé la distance. Ensuite, elles se retirent en ruisselant, plus vite qu'elles ne sont arrivées ; et dans ce reflux, elles laissent sur les rochers ou sur le sable les débris des naufrages (N° 12).

Je contemple longtemps cette scène lugubre, cloué au sol et me laissant mouiller par le flot abattu de la mer, qui vient à chaque instant lécher, soulever ses victimes, comme s'il voulait encore les entraîner au large... au large, où les grandes vagues se roulent toujours déchaînées et furieuses, avec un bruit sourd et terrible.

17 Mars.

Pluie et grêlons, avec interruptions mêlées de soleil. Giboulées de Mars comme en France ; à l'exception qu'en Afrique il fait froid tandis qu'il pleut, mais une demi-heure après, tout est réchauffé, tout est séché et l'on peut sortir sans se crotter.

A cette occasion, je ferai une observation climatérique et utile aux touristes : c'est que les pluies d'Afrique ne cessent ordinairement qu'au mois d'Avril, et, jusqu'alors, il est très difficile de voyager ailleurs que sur les routes frayées aux environs des villes ; parce que les rivières que l'on doit traverser à sec sont débordées, parce qu'il y a des torrents infranchissables dans les rochers et les montagnes, et que les chemins sont défoncés et impraticables. De telle sorte, qu'on peut être arrêté et emprisonné à tout moment, comme je l'ai été moi-même à Lacalle.

Le commencement de Mai est l'époque où l'Afrique est verte et jolie, et où l'on peut se mettre en route et circuler sans obstables insurmontables ; et cela jusqu'à la fin de Juin où la chaleur devient trop forte et où le pays commence à être calciné.

18 Mars.

Apparence de beau temps. Un Arabe promène et vend par la ville des peaux de chats-tigres, de chacals et des *grèbes*, oiseaux des lacs dont le plumage fait de charmantes fourrures blanches, satinées et brillantes.

Ces *grèbes* ou *colimbes* sont de différentes grosseurs : il y en a d'un pied de haut et de deux pieds. Leur tête est petite, brune en dessus et rougeâtre sur les côtés ; le plumage supérieur est d'un brun lustré, celui de la gorge et du ventre est d'une couleur blanche, luisante et argentée, et les côtés de la poitrine et du corps sont tiquetés de teintes fauves : les pieds sont d'un brun rougeâtre et blanchâtre à leur extrémité.

Ces oiseaux semblent redouter la terre où ils peuvent à peine se soutenir ; ils ne volent qu'avec effort, et à l'aide d'un vent favorable qui les porte quelquefois assez loin ; mais ils se jouent sur la surface de l'eau, entrent dans les vagues et plongent à une très-grande profondeur. On les trouve sur les lacs, les étangs et la mer, où ils vivent de poissons et de plantes aquatiques.

Ils nichent en mer sur les rochers ; et, sur les lacs, ils construisent avec des roseaux et des joncs entrelacés un nid flottant sur l'eau et fixé aux roseaux d'alentour. Leur ponte est de deux à trois œufs.

19 Mars.

Retour du soleil. Je vais dessiner les falaises sur le bord de la mer, où il souffle un zéphir encore assez froid... En allant prendre une position, je passe sur une pente de sable qui glisse sous mes pieds et fait mine de m'entraîner dans un précipice de rochers ; heureusement je m'arrête ou plutôt le sable qui me porte s'arrête en route.

Ces rochers escarpés, qui sont toujours solitaires, sont cependant des endroits charmants pour les peintres (N°s 9 et 19). Ce sont des blocs énormes et de toutes les formes qui, minés en dessous et déjoints par la mer, ont tombé ou glissé du haut les uns sur les autres ; et dans ces chûtes accidentelles, ils ont formé des grottes sombres, des murailles ébréchées et trouées, des escaliers gigantesques, des pointes irrégulières et des angles très-pittoresques. Les jours d'orage, la mer s'y précipite, s'y engouffre, y rebondit ; et alors, des murailles trouées il sort, il jaillit avec fracas de belles gerbes d'écume ; d'abondantes nappes d'eau glissent et retombent en cascades sur les blocs à escaliers ; et à travers des tourbillons d'écume blanche, qui par moment recouvrent tout, on distingue des aspérités noires et élevées qui sont les angles des rochers.

Quand la mer est calme ce bruyant chaos disparaît ; toutes ces roches bouleversées sont à sec ; et, en se cramponnant aux aspérités et aux plantes marines, on peut descendre dans ces abîmes, où l'on trouve des voûtes, des ponts naturels, des gouffres pleins d'eau et des chambres souterraines : les unes sombres, les autres éclairées par les fentes des rochers.

Je me hasarde à descendre, et j'éprouve une grande émotion, un certain plaisir à me promener — quelquefois en rempant — dans ces dangereux endroits, et à examiner de près les ravages qu'y fait la mer lorsqu'elle les remplit ou s'y engouffre déchaînée et furieuse. J'entends derrière moi le bruit de ses flots qui battent le pied de ces falaises écroulées ; et des trous sans fond, par où arrive continuellement une eau montante et descendante, m'indique ses mouvements.

20 Mars.

Il pleut à verse le matin, mais le temps se remet un peu le soir. Je vais dessiner la baie pour le tableau de mes naufragés, et je rencontre en route sur le haut des dunes un troupeau de chameaux. Ces hautes et nonchalantes bêtes paissent tranquillement l'herbe au milieu des palmiers nains, en allongeant leur cou qui paraît trop faible pour leur lourde tête ; puis cependant elles le relèvent, l'arrondissent ou l'étendent, en mâchant longtemps et gravement comme si elles réfléchissaient à quelque chose.

Vu ainsi sur les dunes, et se détachant sur le ciel et

la mer, avec les bergers arabes dont les burnous apparaissent de distance en distance au milieu des palmiers nains, cela est d'un aspect tout à fait étranger. Malheureusement, cet effet est détruit par deux tambours français qui étudient trop consciencieusement des roulements et des rappels...

21 Mars.

Le soleil brille. Je vais du matin me promener sur le haut des carrières qui dominent toute la ville, la campagne et la pleine mer.

Je rencontre près de la *maison des gardes* deux femmes maltaises, jeunes et jolies, mais assez drôlement costumées : elles ont l'une une robe blanche, l'autre une rose, sans taille formée et sans manches, mais seulement maintenue par une ceinture de couleur; sur la tête un mouchoir rouge noué sous le menton, et aux pieds de vieilles bottes sans tiges... Elles sont suivies de nombreuses chèvres noires dont la vente du produit est leur monopole. Car, de même que les Maltais cultivent tous les jardins et entretiennent la ville de légumes, de même les Maltaises ont l'industrie des fromages : les paresseux et insouciants Arabes n'apportent au marché que des boules de beurre, qu'ils vendent très-cher et qui sont peu appétissantes.

J'avance par des sentiers de troupeaux, et je m'enfonce dans des genêts en fleurs qui étalent leur longs panaches jaunes, encore tout mouillés par la rosée et brillant au soleil comme de l'or. En marchant, je fais lever une infinité de petits oiseaux peu sauvages et de grosses alouettes qui s'élèvent dans l'air, en entonnant leurs modulations chantantes et continues. Ensuite, après avoir parcouru ces hauteurs d'où la vue est superbe, je reviens par la *pépinière*. Là, je suis un chemin creux et pittoresque, bordé par de grands buissons de cactus, par de nombreux arbustes fleuris et par de grosses touffes de genets qui ombragent des tertres parsemés d'une infinité de petites fleurs.

Tout cela a un aspect de printemps, une odeur fraîche et douce, et répand dans l'atmosphère, calme et limpide, des parfums embaumés et divers qui annoncent bien décidément l'épanouissement des beaux jours.

22 Mars.

Le matin je sors pour dessiner, mais la chaleur et le soleil, qui sont venus subitement, m'accablent et m'aveuglent; je rentre sans avoir rien fait.

23 Mars.

Du haut des falaises je vois arriver les corailleurs napolitains. Leurs nombreuses barques sortent toutes petites de l'horizon, puis elles grandissent; leur flotille garnit la mer d'une infinité de petites voiles blanches qui tantôt étincellent au soleil et tantôt deviennent noires sous l'ombre d'un nuage; peu à peu elles apparaissent plus distinctement; elles se rapprochent de Lacalle, la voix des matelots s'entend; puis, arrivées devant les rochers du phare, elles plient leurs voiles latines, les abaissent, et elles entrent à la rame dans le port.

Les corailleurs renouent connaissance avec les gens du pays, débarquent avec grande joie et grand bruit leurs cargaisons ou leurs provisions, puis ils jettent leur petite ancre et s'amarrent côte à côte. Le soir, il y a une forêt de mâts et d'antennes, et je compte quatre-vingts barques montées chacune par dix hommes : ce qui fait que la petite crique de Lacalle, presque solitaire la veille, devient tout à coup très-bruyante et animée.

24 Mars.

Je vais me promener le matin sur le chemin de la mine; et en revenant, par le bord de la mer, je m'estropie les pieds sur les roches noires et pointues comme des stalactites, en regardant pêcher un Maltais. Il prend des murènes, gros et longs poissons qui s'accrochent aux pierres à l'aide de leur bouche qui fait l'office d'une ventouse et dont les dents sont très-dangereuses.

C'est ce fameux et vorace poisson, si goûté des Romains, qui le nourrissaient quelquefois en lui jetant des esclaves. Car, on sait que la pisciculture fut longtemps une des ruineuses passions des riches Romains; lesquels, depuis le luxueux et gourmet Lucullus jusqu'à l'opulent et avide Crassus, avaient tous dans leurs villas des réservoirs où ils élevaient et nourrissaient, à grands frais et avec grand soin, des murènes, des lamproies, des dorades et des surmulets. « L'un d'eux, dit A. Dumas, fournit à César, lors des festins que celui ci donna au peuple à l'occasion de ses triomphes, six mille murènes qu'il lui prêta au poids, ne voulant pas être payé en argent mais remboursé en nature. »

26 et 27 Mars.

Je dessine le premier jour, et je passe le second en compagnie de deux tortues du pays où l'on en trouve de deux espèces : des tortues de terre et des tortues d'eau douce (*des emydes*). Elles sont longues de 20 centimètres, et je remarque qu'elles mangent la plupart des herbes et des insectes qu'elles rencontrent ; en revanche, elles se cachent l'hiver dans la terre où elles passent quelquefois toute la saison sans manger.

Je ne vous dirai pas ce qu'elles ressemblent, parce que vous connaissez aussi bien que moi la carapace des tortues, leur hideuse tête de serpent à bec avec ses mâchoires dentées en forme de scie et leurs petits yeux, qui n'ont pas de paupière supérieure, et se ferment à l'aide de l'inférieure s'élevant jusqu'aux sourcils ; mais je vous dirai que j'ai devant moi un mâle et une femelle, et que le premier se reconnait à son écaille inférieure qui, au lieu d'être plate, est un peu concave. Je m'amuse à les renverser sur le dos, et pour sortir de cette position elles s'y prennent d'une manière assez adroite : elles ne peuvent s'aider de leurs jambes qui ne se meuvent que dessous le ventre, mais leur tête et leur cou, qui passent par un trou à rebord exhaussé, ont plus de liberté. Elles renversent donc leur tête, en l'appuyant contre terre tantôt d'un côté tantôt d'un autre de manière à se bercer, et, lorsqu'elles ont senti le côté où l'inégalité du sol leur offre le plus de chance, elles se donnent une plus grande secousse et se retournent ainsi.

L'organisation intérieure des tortues offre une particularité curieuse : leur poumon est très-gros et ne sert pas seulement pour la circulation du sang; il remplace chez elles la vessie qui se trouve dans la plupart des poissons, et il leur sert à s'élever à la surface de l'eau et à descendre au fond quand elles le veulent. Aussi lorsque je les plonge dans l'eau, elles rejettent par la gueule et par les narines plusieurs bulles, qui sont formées par l'air qu'elles ont de trop dans le poumon pour se maintenir en équilibre et être en état de monter ou de descendre dans le liquide, en donnant à leur corps un volume ou plutôt un poids plus ou moins considérable, selon qu'elles dilatent ou compriment l'air intérieur. En effet, on remarque que lorsque les tortues de mer ont été longtemps sur l'eau, il arrive que leur écaille étant desséchée au soleil, elles sont aisément prises par les pêcheurs parce qu'elles ne peuvent plonger assez promptement, étant devenues trop légères.

La carapace osseuse qui les recouvre forme un rempart impénétrable pour le corps de ces animaux, et une retraite sûre pour leur tête, leurs pattes et leur queue, qu'ils retirent à volonté en dedans à l'approche du moindre danger; car, ils se défendent rarement avec leur tête qui est cependant entre eux leur seule arme d'attaque et de défense. Mais les tortues ont un ennemi redoutable dans l'aigle. Cet oiseau les enlève et les laisse tomber de très-haut sur les rochers pour briser leur enveloppe; et, si une chute ne suffit pas, il recommence jusqu'à ce qu'il ait réussi, pour manger leur chair qui est blanche et très-délicate.

Les œufs de la tortue sont petits et oblongs, la coque en est mollasse et la femelle ne les couve pas; elles les couvre de feuillages et de terre, et c'est la chaleur du soleil qui les fait éclore au bout de vingt-quatre à vingt-cinq jours. Les petites nouvellement écloses ont déjà leur écaille formée et dure, mais encore toute blanche et transparente; bientôt après, cette couleur change et acquiert une teinte plus foncée.

La tortue dont l'écaille est belle et recherchée pour le commerce, et qu'on façonne à volonté en l'amollissant dans l'eau bouillante, est une tortue de mer appelée *Caret* : la chair en est médiocre et elle ne se trouve pas sur les côtes d'Afrique.

27 Mars.

Je retourne le soir à la mine d'*Oum-Theboul* avec le Directeur, et nous y arrivons sains et saufs malgré mon cheval qui est entier; — tous les chevaux arabes le sont, mais celui-là a l'habitude de saillir et il devient très-ennuyeux à tenir chaque fois que nous passons près d'une cavale.

Chemin faisant, M. Devoucoux me raconte comment la mine a été découverte. En 1842 un Scheik envoya au commandant supérieur de Lacalle, M. D..., des morceaux de minerai de plomb que les femmes arabes ramassaient, à la surface du sol, pour se teindre les ongles en noir. Le commandant les envoya lui-même au gouverneur, à Alger, avec ces renseignements. On ne donna pas suite à cette affaire, mais M. Néris, qui était précisement en Afrique à la recherche de gisements minéralogiques, ayant entendu parler de cela se fit montrer des échantillons ; il alla de suite sur les lieux, demanda un permis d'exploration, puis d'exploitation et il forma une société. L'exploitation eut lieu, passa sous la direction d'un riche Marseillais, M. Fressinet ; puis elle réussit, grandit tellement qu'elle est aujourd'hui la plus importante richesse des environs de Lacalle.

28 Mars.

Je vais le matin terminer une vue de l'établissement que j'ai commencée à mon premier voyage. Je suis placé au milieu du chemin et sur le passage de nombreux troupeaux arabes qui vont dans la prairie. Ils sont tous conduits par trois bergers : deux enfants, qui suivent de chaque côté pour qu'ils ne s'écartent pas trop, et un grand Arabe derrière, les fait avancer et courir en sifflant et en poussant à tout moment le cri aigu, guttural et strident : « Ahaaa ! » Cri sauvage dont je ne puis vous donner l'idée, si ce n'est en le comparant à la prononciation (très-exagérée) de *la hôta* ou *j* espagnole.

Tout à coup, quelques bœufs prennent peur de ma longue ombrelle de peintre, ils ne veulent plus passer malgré les cris perçants et répétés de l'Arabe, et ceux qui viennent derrière s'arrêtent et s'encombrent. Cela dure près d'une demi-heure tandis que je dessine tranquillement ; après quoi, fatigué de ces cris peu harmonieux et des gestes de télégraphe que le berger fait continuellement de mon côté, je finis par comprendre qu'ils s'adressent à moi et que c'est mon ombrelle qui effraye son troupeau. Je la plie alors, et plusieurs centaines de petits bœufs sauvages défilent au galop et en s'écartant encore de moi. Heureusement c'est en pays conquis, et l'Arabe, tout retardé et contrarié qu'il est, n'ose pas m'assommer en passant, avec son long bâton à gros bout de racine.

Ensuite je vois passer plusieurs groupes d'indigènes, à pied, à âne, ou à cheval ; et tous armés de deux pistolets, d'un poignard (*flissa*), et d'une cartouchière à longues lanières de cuir qui leur servent en temps de guerre à pendre des têtes de Français... Ils reviennent du marché de *Oum-el-Souk* ou vont à *Tabarca*, dont les routes, fréquentées par les *Kroumirs*, ne sont nullement sûres. Les hommes sont à cheval, et les femmes, vêtues d'indienne bleue avec de grandes boucles d'oreilles et des bracelets d'argent, suivent à pied par derrière, chargées de lourds fardeaux qu'elles portent dans des peaux de bouc. Ces types étrangers de tout âge et de toute condition, s'arrêtant quelquefois pour discuter avec violence leurs marchés ou leurs affaires d'intérêt ; ces files bruyantes et variées d'Arabes, avançant dans les sentiers au milieu des joncs et des asphodèles, sont d'un effet pittoresque et très-curieux. Dans la chaleur de leurs discussions, ils font à peine attention à moi ; les femmes seules examinent mon ombrelle qui semble leur faire peur autant qu'envie.

Après le déjeûner, je vais avec le comptable au *barrage* qui fait arriver une petite rivière à la laverie. Là, se trouve le plus antique chêne-liège du pays : le tronc a six ou sept mètres de circonférence. Chemin faisant, nous rencontrons une femme arabe qui ramasse et mange une espèce de terre marneuse... Nous nous moquons d'elle, mais elle nous répond que les Français ne connaissent pas ce qui est bon et elle continue de faire sa provision. En arrivant près du vieux chêne, une petite fille, qui garde un troupeau de poulins, prend peur de nous et appelle avec effroi à son secours en criant: « Les Roumis ! les Roumis !! » Ses cris attirent plusieurs Arabes qui nous examinent avec inquiétude. (On se rappelle que *Roumi* est le nom conservé par les Arabes depuis les Romains, leurs premiers dominateurs, et qu'ils appliquent à tous les Européens (*).

Nous nous reposons sur le bord du barrage, qui forme là un charmant étang ombragé par d'épais et grands arbres qu'il inonde, et nous nous amusons à tirer des martins-pêcheurs et des grives qui ne valent rien ici, parce qu'elles vivent de baies de myrte et d'olives sauvages. Le comptable m'apprend qu'en été, lorsque la rivière barrée se sèche, les poissons qui

(*) Voir page 62.

y sont très-abondants, au lieu de suivre son cours remontent au contraire jusqu'au barrage, s'élancent sur la cascade pour la franchir et retombent en grande partie sur les pierres, où ils se tuent et s'entassent à une hauteur de deux à trois pieds les uns sur les autres. Puis il me quitte, et je commence à dessiner le chêne-liège, qui est en effet énorme, immense et mérite sa réputation. Les branches du dessous, qui sont grosses comme des troncs d'arbres et chargées de gui, touchent presque la terre sur les bouts ; ce qui forme comme une galerie ombreuse, voûtée et circulaire autour de son vaste tronc noueux.

Quelque temps après, comme je me vois entouré d'Arabes curieux et armés, comme je suis à trois kilomètres du camp et seulement à quatre de la frontière et des Kroumirs — qui enlèvent quand ils peuvent les Européens pour réclamer une rançon, — je juge à propos de plier bagage et je reviens sur mes pas. Seulement, je ne puis plus retrouver l'arbre mort qui nous a servi de pont pour traverser la petite rivière, et je patauge longtemps dans les marais en le cherchant.

Enfin je trouve un endroit où je peux passer à gué ; je suis le canal — large et simple fossé qu'en France il faudrait garder et que dans ce pays ennemi et sans civilisation on ne dégrade même pas, — et j'arrive à moitié hauteur du *Kef* en montant difficilement à travers des broussailles de genets et de bruyères. Il n'y a aucun sentier tracé ; j'avance péniblement au hasard, et je m'égare près d'un *gourbi* où toutes les chèvres effrayées se prennent à bêler.

Arrivé à une certaine hauteur, je m'assieds, car je ne puis aller plus loin : je suis embarrassé par mon album et mon ombrelle, je suis fatigué et altéré par une chaleur morte et étouffante, et c'est la première fois que je suis éprouvé par le *Sirocco*. Aussi, je reste longtemps couché à terre pour sentir quelque fraîcheur, et, comme l'endroit où je suis est élevé et découvert, je me délasse en contemplant la belle chaîne des montagnes de l'*Addedah* qui forme notre extrême frontière avec la Tunisie. En regardant plus bas, j'aperçois au-dessous de moi une plaine vaste et silencieuse bien qu'il y ait des troupeaux et des tentes arabes qui, de loin, font l'effet de points noirs et de tas de charbons fumants (N° 15).

Lorsque je rentre au camp il fait déjà nuit, et comme c'est plus tard que de coutume on commençait à être inquiet sur mon compte.

29 Mars.

Je vais dessiner l'ensemble de l'établissement, des hauteurs du Kef, où l'on a pour horizon les montagnes de *Bou-Merchen* et de *Monte-Rotondo*, et l'immense plaine marécageuse coupée en deux par le chemin qui va à Lacalle (N° 14).

Seulement, comme à la place qui me convient, il se trouve précisément un grand arbre qui me masque la vue de la laverie et du petit chemin de fer de l'établissement, le Directeur envoie avec moi un de ses soldats armé d'une coignée, et je lui fais abattre le malencontreux et innocent arbre. Après quoi, le guerrier, exécuteur de mes hautes œuvres, retourne tranquillement tenir garnison au camp, en compagnie de ses cinq camarades, y compris le caporal...

Il souffle toujours cet étouffant et énervant *Sirocco* de la veille, qui, bien qu'il voile le soleil, me brûle les doigts, m'éblouit la vue, me sèche les yeux et couvre mon album de sable : cependant je vois à peine bouger les feuilles des arbres.

A l'heure du déjeûner, je reviens tout doucement et tout mouillé de sueur; j'emballe mes ustensiles de dessinateur que doit m'apporter à Lacalle le prochain convoi de chameaux, puis nous montons à cheval et nous partons.

30 Mars.

Je reçois de *la Mine* mon album tout effacé par les doigts des curieux...

Pour me consoler, je vais me promener en dehors de la ville où je vois courir des cailles. C'est le moment du passage, et ces oiseaux sont alors sur le bord de la mer très-abondants, mais très-maigres (*).

Il pleut avec vent. A midi le brick, qui est dans le port, brise sa chaîne et va s'échouer sur le sable.

On met un grand nombre de soldats au cabestan et l'on tire sur une longue chaîne et sur des amarres attachées aux rochers, mais inutilement : le mouvement des vagues l'ensable davantage et l'on craint bien de ne

(*) Voir le chapitre : *Chasse aux Cailles.*

pas pouvoir le renflouer... On bataille longtemps, et toute la journée j'entends au milieu du vent le cri et le cric du cabestan. Enfin la nuit, au moment où l'on désespère et où l'on croit être forcé de démolir le brick pour en retirer le bois, la mer qui devient de plus en plus grosse se charge de la besogne et une forte vague le remet à flot!

Ces émotions sont assez désagréables pour les marins, mais assez fréquentes ici, car la mer qui entre directement dans le port, a trop de force ; les ancres des bricks deviennent insuffisantes, et les deux chaînes qui sont attachées en avant des rochers se rompent souvent.

1 et 2 Avril.

Rien. Il pleut et je vais au Cercle lire les nouvelles de France qui n'y arrivent qu'une fois par semaine. Le capitaine du Bureau arabe, M. Coutelle, me propose de venir le lendemain avec lui et le nouveau commandant supérieur, M. Simond, au marché d'*Oum-el-Souk*. C'est un grand marché complétement arabe, qui se tient à l'extrême frontière de la Tunisie, et où s'étalent et se vendent les belles et curieuses étoffes de Tunis : tapis, freschias et beaucoup d'autres choses.

Aucun militaire, aucun Européen ne peut aller à cet important marché sans une autorisation du commandant supérieur. Et la raison en est celle-ci : c'est que l'on tient à conserver libre et tranquille cette grande réunion d'Arabes, qui discutent presque toujours leurs affaires politiques dans les marchés; de sorte que, à l'aide d'espions indigènes, l'on connait ainsi toutes leurs intentions et tous leurs projets. J'accepte avec plaisir l'invitation à cette curieuse promenade.

LE MARCHÉ ARABE D'OUM-EL-SOUK, SUR L'EXTRÊME FRONTIÈRE DE LA TUNISIE. — DINER CHEZ UN CAID. — LES KROUMIRS.

3 Avril.

Oum-el-Souk est loin de Lacalle et le départ est convenu pour six heures. Je me prépare dès le matin, et, à l'heure dite, l'ordonnance du capitaine vient me dire qu'il m'amène un cheval et que le commandant et son maître arrivent. Je me hâte de chausser de grandes bottes et je cours à la porte de l'hôpital, où je trouve messieurs Simond et Coutelle qui m'attendent à cheval avec deux seuls spahis.

Nous prenons la route de Bône, que nous laissons bientôt à droite en franchissant forcément un fossé, et nous suivons dans le bois un ancien chemin abandonné et raviné par les eaux. Souvent il faut le quitter et passer dans les broussailles pour éviter de grands trous et des ponts faits avec des troncs d'arbres qui ont pourri; de sorte qu'il vaut mieux descendre et remonter dans les ruisseaux, tout profonds et escarpés qu'ils sont. Au bout d'une heure le bois s'éclaircit; il y a des clairières charmantes au milieu des grands arbres ; mais nous les quittons bientôt pour traverser un terrain maréeageux, avoisinant le lac de Tonga. Ce sont des prairies émaillées, ou plutôt blanchies de paquerettes et garnies d'asphodèles, où les chevaux enfoncent jusqu'aux genoux. Il n'y a pas de chemin tracé, à peine un sentier dans la vase, et chacun de nous s'écarte à son gré, choisissant son chemin où il peut : les uns passent dans les roseaux ou les asphodèles qui cachent des bas-fonds, les autres dans l'eau, et il y a de très-mauvais endroits.

Après, nous nous élevons un peu, et nous trouvons quelques champs d'orge qui indiquent un terrain moins humide; mais à chaque pas, il y a des mares d'eau et des passages marécageux où les chevaux enfoncent ou glissent, en lançant des jets de vase à celui qui se trouve derrière... Enfin, nous montons dans un bois par un chemin rocailleux qui est, je crois, le lit d'un torrent à sec ; aussi pour éviter les trous et les inégalités des rocs, je préfère souvent m'écarter et gravir à travers les épaisses et piquantes broussailles.

Arrivés au haut de la montagne, nous découvrons un immense panorama et les trois lacs dont on peut delà apprécier la topographie. A gauche est celui du *Tonga*, qui est à six mètres au-dessus de la mer ; au milieu, et séparé de lui par une longue vallée boisée, le lac d'*Oubeira* qui s'étend à vingt-cinq mètres plus haut ; et tout à fait à droite, celui du *Mélah* qui est au niveau de la mer.

Ici, M. Coutelle nous fait part d'un projet qui serait

excellent : ce serait de faire creuser dans la vallée un large fossé avec une vanne qui ferait couler le lac d'Oubeira dans celui du Tonga, qu'on pourrait ainsi maintenir toujours plein et au même niveau, ce qui empêcherait les émanations fièvreuses. Et de cette manière on obtiendrait deux résultats avantageux : d'abord en pouvant établir des moulins, dans la vallée, qui feraient concurrence avec les farines de Bône et donneraient de l'importance au marché d'*Oum-el-Souk* ; ensuite, en assainissant le pays de la mine qui a d'excellents terrains et produirait d'abondantes récoltes, si l'on pouvait y habiter pour cultiver. L'ancien projet du gouvernement, estimé à plusieurs millions, était de sécher le lac du milieu, en le faisant écouler dans celui du Mélah qui est au niveau de la mer et de faire de celui-ci un port militaire. Mais, comme il y en a un excellent et tout fait à Tunis, et en face de Malte et des Anglais, on attend...

Après, nous redescendons de l'autre côté de la montagne par un chemin à peu près semblable à celui qui y monte, mais bien plus mauvais encore. Il faut passer dans des intervalles de rochers, déterrés et à nu, et, lorsque le sentier est trop étroit ou trop profond, il faut que les chevaux passent sur les bancs de rocs ; souvent ils sont forcés de rassembler leur quatre pieds sur le même pour se lancer sur le plus voisin et cela donne lieu à des allures très-dangereuses. Heureusement ce sont des chevaux arabes, à jambes d'acier, adroits et calmes dans les mauvais pas, et ils descendent sans broncher. Au bas, nous retrouvons la suite de la plaine marécageuse qui est encore préférable à ces escaliers de roc.

Là, nous rencontrons un Arabe à cheval, qui saute à terre aussitôt qu'il aperçoit le commandant et se précipite sur lui pour lui baiser la main ou le genou : ce brusque et humble salut le surprend et lui fait une certaine émotion... C'est du reste la première personne que nous rencontrons dans ce sentier désert.

Enfin nous franchissons encore une montagne boisée, et en arrivant sur une hauteur, nous découvrons en face de nous, sur un mamelon élevé, le *bordj* du caïd *Mohamed-ben-Ramdam*. Pour y arriver, nous traversons une vaste et charmante plaine sans arbres et formée par une suite de mamelons aux pentes douces. Elle semble très-bonne et très-facile pour la culture, mais il paraît que la demande de concession a été faite et refusée par raison de manque de sécurité ; Oum-el-Souk n'étant qu'à un kilomètre de la frontière et les accidents inévitables devant susciter des embarras au gouvernement. A ce propos, je me rappelle que je dis au capitaine, qui portait une simple veste à brandebourgs : — « Pourquoi n'avez-vous pas d'armes ? »

— « A quoi me serviraient-elles ? répondit-il. Nous n'avons pas de troupe ici et nous serions trois contre des centaines d'Arabes. Nous n'avons que notre importance d'officiers français pour nous protéger. Nous avons bien deux spahis d'escorte, et le caïd, qui est à notre solde, a ses cavaliers ; mais je n'y ai nulle confiance en cas de véritable danger ; ils sont tous parents ou amis des kroumirs. Pour ne pas éloigner les Tunisiens de ce marché, il est défendu à la gendarmerie et à la douane d'y paraître et il faut une permission, difficile à obtenir, pour les commerçants français ; les Arabes le savent très-bien, et ce qu'il y a de mieux à faire c'est d'éviter une discussion ou une querelle avec un Tunisien ou un Kroumir, qui pourrait vous tirer un coup de fusil et passer en un quart d'heure la frontière sans qu'on puisse avoir grande action sur lui... »

Nous montons au *bordj* en passant près du jardin du caïd que nous visitons et où nous prenons des artichauts pour notre déjeuner ; puis, après être passés à côté d'une insignifiante ruine romaine, nous arrivons au haut du mamelon. Le caïd, suivi de plusieurs Arabes, vient à notre rencontre. Tous embrassent les mains des deux officiers ; ils prennent la bride de nos chevaux et le caïd nous reçoit avec beaucoup d'empressement. C'est un homme d'une trentaine d'années, aux traits réguliers et intelligents ; ses yeux et surtout ses sourcils, qui s'élèvent sans cesse lorsqu'il parle, donnent beaucoup d'expression à sa figure ovale et gracieuse ; sa barbe noire et allongée s'harmonise très-bien avec son teint, qui paraît plus sombre qu'il n'est réellement, à cause de l'entourage de son haïk blanc à rayures de soie : par-dessus ce haïk s'enroule un turban gris, tissé d'or et maintenu par une bandelette noire. Il n'a pas de burnous, mais dessous son haïk flottant en écharpe, il porte une veste et une culotte de drap gris perle, brodées de passementerie d'or avec des poches en drap d'or, puis, une ceinture de soie rose et jaune, serrant un gilet de même drap gris perle, d'où pend une longue chaîne de montre. Enfin il a pour chaussure, des chaussettes blanches et des savates de cuir noir par-dessus des babouches en maroquin jaune.

Les saluts faits et rendus, nous descendons de suite au marché qui se tient dans l'immense plaine qui se déroule au-dessous du *bordj* (N° 16). Les vendeurs tunisiens (ayant tous des pistolets et une *flissa* à la ceinture et leur long fusil sous la main), étalent leurs marchandises sous des tentes de différentes formes ou simplement sur des couvertures étendues à terre : ce sont des tapis de Tunis roulés ou déroulés, les uns de nuances sombres, les autres de couleurs claires et éclatantes, jaunes, rouges et vertes; des freschias à larges rayures ou à petits carrés de couleurs et de dessins variés, avec des franges à boules ou à grelots. Les beaux tapis valent ici 140 francs. Puis, des foulards, des étoffes en bourre de soie à raies mattes et vives; des pièces de grossière cotonnade blanche et bleue pour les femmes; de la poudre anglaise, à sept francs le kilo; de longs pistolets, des yatagans, des flissas; des tas de dattes plus ou moins appétissantes; des morceaux de sel gemme, dont il y a une montagne en face; de l'alun et des racines de végétaux pour la teinture. Enfin du blé et de l'orge, renfermés dans des peaux de bouc ou dans des sacs de laine à larges rayures jaunes et noires : des ballots de tabac et des herbes sèches.

Au milieu de tout cela sont les femmes, portant toutes pour vêtement une robe bleue sale avec de grands anneaux aux oreilles, et entourées de leurs enfants de tout âge qui se vautrent tout nus à terre : elles vendent des poules, des œufs et des légumes. A côté de chaque boutique et de chaque tente sont accroupis les vendeurs avec des figures ironiques, astucieuses et sauvages, et tenant la plupart entre leurs jambes un long fusil au canon garni de cuivre. Au travers du marché, il y a des chameaux chargés et déchargés de marchandises, debout ou couchés, et un va-et-vient de cavaliers, de chevaux, et d'Arabes à pied, qui circulent, courent ou se promènent, causent, querellent ou discutent bruyamment.

Partout les curieux nous entourent. Le capitaine distribue politiquement des pièces d'argent à tous ceux qui lui en demandent, pour montrer la richesse des Français, ce qui est la meilleure et la plus importante qualité aux yeux des Arabes. Il donne à un muet, et à un autre Arabe qui nous montre une pièce de monnaie suisse, qui n'a pas cours en Afrique, et qu'il fait semblant de jeter comme inutile en montrant piteusement son burnous déchiré... Ensuite, nous visitons le marché couvert qu'a fait construire le gouvernement, et où se vendent des plats kabyles en bois d'aulne, de toutes formes et de toutes grandeurs ; plus loin des gargoulettes, du tabac en poudre, de la galette et des fruits ; puis en dehors, des poulins et des chevaux et, après avoir circulé partout, escortés par le Caïd qui souvent a dû se fâcher pour nous faire faire place ; nous remontons au *bordj*.

J'ai déjà dit qu'un bordj est une construction française, à la fois stratégique et honorifique, que le gouvernement confie à un chef qui lui est dévoué. J'ajouterai que presque tous les Caïds occupent des habitations de ce genre, et de plus, que ce sont des Arabes influents dans le pays par leurs antécédents, leur famille ou leur énergie, que le gouvernement français choisit, nomme, change et paie, et qui en reconnaissance nous sont dévoués, nous servent de mandataires et d'intermédiaires auprès des populations arabes, dont ils sont connus et qu'ils connaissent mieux que nous. Ils ont sous leur administration un plus ou moins grand nombre de tribus, dont les Scheiks doivent leur obéir et leur remettre les impôts que paie chaque tente et chaque tête de bétail ; lesquels impôts, les Caïds transmettent au gouvernement par l'entremise des Bureaux arabes ou des Commissariats civils. Chaque caïd a autour de lui un certain nombre d'Arabes de confiance, qui sont payés et équipés par nous, et qu'il fait monter à cheval pour toute espèce de service d'escorte ou de guerre. Ils portent pour uniforme des bottes rouges et un burnous bleu, et sont pour cela appelés *les cavaliers bleus*.

Le Caïd *Mahomed-ben-Ramdam* nous reçoit dans la chambre d'honneur de sa maison française, qui est toute tapissée de vieux dessins de l'illustration et de ces images à un sou qui représentent les différents corps de l'armée. Il y a aussi son portrait, peint à l'huile !.. ce qui est contre tous les usages du pays et indique que c'est un Arabe tout à fait francisé. Enfin cela forme tout l'ameublement, avec un buffet rouge en dedans, garni d'arabesques d'orées en dehors, un divan, quelques chaises et une table.

Il nous offre du vermouth et de l'absinthe, et, après avoir mis le couvert, il nous sert lui-même sans se mettre à table. Cela est un usage des Arabes, riches ou pauvres, qui abandonnent les grossiers et fatigants travaux aux femmes, et prennent eux-mêmes les soins les plus minutieux pour servir leurs hôtes, dresser les plats, disséquer les viandes, verser le lait, l'eau ou le café; et ils font cela avec une délicatesse, une importance, une dignité risibles et curieuses chez des hommes sans civilisation et habitués aux rudes fatigues de la guerre. Du reste, on se tromperait beaucoup si l'on croyait les Arabes tous grossiers et sauvages: ceux d'un rang élevé, ont au contraire dans leurs relations calmes ou amies des manières affables, réservées et gracieuses, qui, avec leurs traits généralement beaux et réguliers, et leur tenue fière et digne, composent chez eux un type de distinction que l'on rencontre plus rarement en France qu'en Afrique. Mais revenons au dîner du Caïd. Il nous sert d'abord un potage au riz où il y a tant de poivre et de piment que je ne puis le finir; après, des ognons crus que nous mangeons avec du sel et nos artichauts; ensuite des boulettes faites de mouton haché avec des cives et des œufs durs; puis un dessert composé de fromage de Hollande, de dattes, de noix, de café et de liqueurs.

La nape et les serviettes repliées et replacées dans le buffet rouge, nous fumons des cigarettes, le commandant et le capitaine s'assèyent à côté l'un de l'autre et les affaires sérieuses et litigieuses commencent.

D'abord c'est une plainte du Caïd, qui a envoyé sa procuration pour répondre devant le cadi, à un *Thaleb* (lettré) qui a pris pour lui l'engagement de payer dix francs par mois à une femme qu'il a répudiée et qui a un enfant. Il ne veut pas payer, ni aller à Bône où sa femme est réfugiée et l'a fait citer; il ne veut pas discuter ni paraître à côté de cette... dit-il... — « Eh bien! lui répond le capitaine, va trouver le général de division qui peut seul te relever de ton engagement devant le cadi, ou bien paye. » Cette décision ne semble pas lui convenir.

Après, l'on fait entrer des Scheiks kroumirs qui demandent à faire connaissance avec le nouveau Commandant, et les Arabes qui ont des différends ou des affaires en litige. Ils s'assèyent tous à terre contre le mur et, enveloppés dans leurs burnous, ils nous examinent pendant que les discussions continuent.

Le Caïd fait venir un Arabe qui en a tué un autre sous sa tente parce qu'il avait séduit sa femme. Il a été acquitté par le conseil de guerre français, et aujourd'hui il réclame le prix du sang (*la dïa*) (*) qu'il a payé selon l'usage à la famille de sa victime. C'est conséquent avec le jugement, mais les officiers craignent que cet acte de vengeance, fait sans punition aucune, en cause plusieurs autres.

(*) La dïa est une indemnité pécuniaire que donne le meurtrier, suivant sa fortune, et qui empêche ordinairement les représailles et la vengeance.

Ensuite, ce sont deux Kroumirs auxquels on avait loué l'année précédente des terrains pour ensemencer, moyennant douze francs par charrue; ils ont enlevé leur récolte et passé la frontière sans payer... Cette année on leur a loué encore, mais c'était pour être payé de l'arriéré, et il faut qu'ils s'exécutent et s'acquittent avant de couper la récolte. Le Caïd qui parle assez bien français sert souvent d'interprète.

Enfin, il arrive un Schcik tunisien, qui est accusé d'avoir volé dix bœufs sur le territoire français. La tribu qui a recelé le vol, ou bien par où la partie volée a traversé sans qu'on en empêche, paye, à tant par tente, une amende jusqu'à concurrence de la valeur des bœufs. Le maraudeur est un Arabe musculeux, sauvage et brusque dans ses mouvements et ses paroles; il nie et se défend violemment et bruyamment. Dans la discussion ses dents et ses yeux brillent et se détachent en blanc sur sa sombre figure. A la fin pourtant, accusé par tout le monde, il convient en riant qu'il a volé et promet de rendre les dix bœufs, mais Dieu sait quand! on n'a pas d'action directe sur lui. Le commandant lui tend la main pour lui pardonner et l'engager à tenir parole.

Ensuite vient une femme, qui, après cinq ans de mariage, se plaint de ce que son mari ne couche plus avec elle... Et c'est aux Français, aux conquérants, aux maîtres des Arabes, à arranger tout cela!

Après cette audience, nous remontons à cheval au milieu de plusieurs groupes de chevaux attachés à des piquets, avec le fusil de leur maître pendu à l'arçon de la selle. Et, la vue que nous avons de la hauteur où est bâti le bordj, avec la foule du marché au loin et au bas s'étendant au pied des montagnes tunisiennes, est très-animée et curieuse (N° 16).

Le Caïd, qui a revêtu deux burnous, un noir par-dessus un blanc, vient nous accompagner sur son beau cheval magnifiquement sellé, avec une quinzaine de ses cavaliers bleus. Malgré le sentier étroit, il contient très-poliment et très-habilement, à côté du Commandant supérieur, sa fougeuse monture qui se cabre à chaque pas dans les rocailles et les broussailles. A une certaine distance, il descend de cheval, salue à la manière arabe le commandant, le capitaine et moi, puis il nous quitte avec ses cavaliers.

Nous revenons par notre route du matin, mais nous la quittons en arrivant dans la plaine pour éviter la pénible et dangereuse montée dans les rochers, et nous suivons le bord du lac *Tonga*. Le soleil se couche, et à cette heure de la journée la route fait impression par son isolement et sa sauvagerie. Nous avançons dans un espace assez étroit, entre la lisière des bois et le lac, qui tantôt se montre à découvert, tantôt en marécages : souvent les joncs et les roseaux arrivent jusque sur le bord, en formant une sorte de taillis inaccessible qui masque l'horizon et où s'entend le cri sifflant des canards ; tantôt les joncs sont au second plan, le lac paraît, et nous voyons les bandes de canards s'envoler lourdement devant nous en battant l'eau de leurs ailes. Le plus souvent, les bords sont obstrués par des arbres morts et déracinés qui, tombés dans les joncs ou les uns sur les autres, sont là jusqu'à ce que les pluies et le temps les consument ; et ils offrent l'aspect d'une nature parfaitement vierge et sauvage.

A cause des inondations du lac, la quantité de ces arbres morts, entraînés, pourris ou brisés est si grande, qu'à chaque instant il s'en trouve en travers de la route qu'il faut faire franchir aux chevaux. Quelquefois, lorsqu'ils ont encore leurs branches et barrent le chemin, il faut remonter dans le bois pour trouver un passage, et alors je reste souvent en arrière pour voir l'effet des burnous blancs et rouges des spahis qui font très-bien dans le vert sombre de la forêt. Ou bien, lorsque la pente du terrain que nous suivons se termine par un cap inculte de rochers, je regarde de loin serpenter la cavalcade, puis disparaître aux contours et, lorsque je me vois trop en arrière et seul dans ces endroits sauvages et silencieux, je me mets à penser que si une balle ou une pierre, lancée du fourré du bois, venait m'atteindre, je serais — avant qu'on l'ait entendu et qu'on soit revenu à mon secours — bien vite dévalisé et jeté dans les joncs du lac... Alors je prends peur et je mets précipitamment mon cheval au galop pour rejoindre notre troupe.

Plus loin, nous retrouvons des champs d'orge et des troupeaux, et puis une tente. Nous passons tout à côté, et les chiens se précipitent sur nous ; mais l'Arabe, qui reconnait des officiers, accourt et retient ses terribles gardiens, tandis que sa famille curieuse et sa curieuse famille nous regarde passer. Elle est groupée en dehors de la tente, sur un mauvais tapis, et se compose de trois jeunes femmes uniformément vêtues d'une draperie bleue avec les boucles d'oreilles d'argent et les anneaux aux jambes; d'une vieille horreur ou duègne, ridée, noire et décrépite qui se met risiblement entre elles et nous ; de deux gamins en burnous sales, qui s'élèvent sur la pointe des pieds pour nous voir; et d'un tout petit enfant nu, profitant de la distraction générale pour se traîner dans la vase.

Enfin nous rencontrons le chemin de la mine, et nous revenons par le bois du *Tonga* et le *ravin des voleurs*, ainsi nommé parce que c'est un endroit escarpé où se postent souvent les Kroumirs pour fondre sur les voyageurs. Puis, comme le cheval du commandant a le pas plus vite que ceux du capitaine et qu'il est seul en avant, nous le rejoignons au galop pour rentrer tous ensemble à Lacalle. Je quitte ces messieurs, et l'un des spahis vient m'accompagner jusqu'à l'hôpital pour remmener ma monture.

4 et 5 Avril.

Rien. J'écris mes notes de la veille.

UNE PARTIE DE CAMPAGNE EN AFRIQUE. — LES TURCOS ET LES SPAHIS. — LA PÊCHE DU CORAIL ET LES CORAILLLEURS.

6 Avril.

Beau temps mêlé de sirocco. Les administrateurs de la société de la mine d'*Oum-Théboul*, qui y viennent tous les deux ou trois ans passer une quinzaine de jours, y sont arrivés pour des travaux importants ; notamment pour présider à l'ouverture d'une nouvelle galerie. A cette occasion, tant pour égayer leur solitude que pour entretenir de bonnes relations avec les autorités de Lacalle, ils donnent un grand dîner. Le directeur vient nous faire leurs invitations.

7 Avril.

Le départ pour la mine est indiqué pour sept heures du matin. Le temps est chargé de nuages et il pleut ; je me lève et vais m'informer si l'on part quand même. J'apprends que le Commissaire civil, M. F..., a fait dire qu'on retarderait jusqu'à huit heures pour laisser éclaircir le temps.

Je m'habille et nous allons au Commissariat, où Mme F... attend son mari qui est allé activer les invités : il ne revient pas, et elle envoie à sa recherche son planton arabe *Mustapha*. Tout le matin déjà les domestiques et les dépêches se sont croisés pour l'organisation du voyage. On est parvenu à trouver deux voitures pour les dames : le nouveau Commandant supérieur, M. S..., qui vient de Constantine, en a heureusement amené une qui doit être conduite par deux chevaux de selle.., et on en a disposé une seconde avec un chariot militaire à laquelle sont attelés deux mulets, l'un devant l'autre.

Enfin ces deux transports et plusieurs cavaliers arrivent devant l'hôtel du Commissariat, M. F..., et le commandant de place amènent les dames en retard et tout est prêt. Mais, au moment de partir, il tombe un grain avec accompagnement de tonnerre... Ces dames prennent peur, elles hésitent, et tout va rester en route, lorsque le commandant de place brusque les choses et entraîne tout le monde : le grain est passé, les dames montent en voiture, les hommes à cheval et nous partons à neuf heures et demie. Chemin faisant, nous sommes successivement rejoints par d'autres cavaliers ; l'Inspecteur des forêts, le Directeur du port et le Commandant.

Avant d'entrer dans la forêt, nous apercevons au milieu de la mer une grande église avec deux clochers très-distincts... C'est un mirage produit par la *Galite*, île inhabitée, située à seize lieues en mer et appartenant à la Tunisie. Cette île offre très-souvent ces curieux et changeants phénomènes d'optique, tant à cause de sa forme qu'à cause de sa température.

Nous allons presque toujours au pas derrière les voitures, car, dès que nous passons en avant, le conducteur des deux chevaux de selle, attelés pour la première fois, prétend qu'ils vont s'emporter en voyant galoper les nôtres : cependant ils ont plutôt l'air de s'arrêter que de s'emporter dans le chemin de sable où les roues enfoncent jusqu'aux moyeux... Les deux mulets en flèche s'en tirent beaucoup mieux. Enfin, après bien des péripéties peu dangereuses et plaisantes, nous arrivons sans être mouillés et surtout sans poussière.

A un kilomètre de l'établissement, le Commissaire civil dépêche *Mustapha* pour annoncer notre arrivée.

L'Arabe est enchanté d'avoir l'occasion de faire une *fantasia* devant toute la compagnie, et, se redressant sur son cheval, il le lance dans la plaine à travers les asphodèles, les joncs et les fossés !... Un quart d'heure après, tout le monde descend de cheval et de voiture. On entre et on se repose, tout en faisant connaissance de ces messieurs du Conseil d'administration. Nous sommes reçus par le directeur, M. Fressinet, M. Chapon, grand chasseur et millionnaire, l'élégant M. Roux, M. Domingeon, et le savant Fournet, professeur de géologie à la faculté de Lyon.

Nous nous mettons à table et nous déjeûnons avec grand appétit. On cause de l'enlèvement des deux ouvriers de la mine par les Kroumirs, et du mirage que nous avons vu le matin devant l'île de la *Galite*. A ce propos, l'un de ces messieurs nous conte une excursion et une chasse qu'il a faites à cette île. — « C'est, dit-il, une côte étroite et longue de quatre kilomètres, où il ne croît pour toute végétation que du romarin qui sert de nourriture à des chèvres sauvages, lesquelles y sont en grand nombre mais très-difficiles à voir. Il y a un grand pic dans le milieu, une grotte où s'abritent les visiteurs, et de bonnes sources d'eau douce où l'on peut aller le soir à l'affût des chèvres sauvages, si mieux l'on aime les tirer le jour sur les pointes escarpées des rochers, en faisant le tour de l'île dans un canot. »

Au dessert, M. Chapon porte un toast aux dames de Lacalle, qui ont eu le courage de venir visiter la *mine* à petite distance des balles ennemies. Le Commissaire civil répond pour les *Lacalléennes* ; on se lève de table et l'on va visiter l'établissement, la laverie, etc. ; puis l'endroit où l'on doit ouvrir la cinquième galerie de 1300 mètres (qui ne sera terminée que dans dix ans). Cette galerie assure la durée de la mine et c'est un sacrifice honorable et intelligent des directeurs actuels, car leurs successeurs ne trouveront pas toutes les dépenses à faire avant les profits.

Comme il a plu le matin et que l'herbe est encore mouillée, en attendant l'arrivée de la pioche ou de l'ingénieur qui doit montrer l'endroit exact de l'ouverture de la nouvelle galerie, ces messieurs allument avec les broussailles un feu de bivac et étendent galamment leurs burnous à terre pour servir de tapis aux dames. Après quoi, nous allons tous donner notre coup de pioche avec plus ou moins d'à propos et d'esprit.

Ensuite nous montons dans les wagons du minerai, garnis ce jour-là de couvertures et de drapeaux, et les mulets nous remorquent : mais le wagon des dames déraille deux fois, de sorte qu'elles en changent et on renverse le leur de l'autre côté de la voie, comme indigne de nous porter et de nous suivre... Plusieurs messieurs descendent et vont à pied pour aller plus vite... Arrivés au plan automoteur, tout le monde descend et grimpe à l'entrée d'une galerie, où les plus courageuses vont faire quelques pas — jusqu'à l'attaque du filon — et reviennent avec des bottines aussi mouillées en dedans qu'en dehors...

En ce moment, nous laissons passer une averse, abrités dans la guérite du gardien ou du cantonnier ;

puis nous remontons dans les wagons qui, en descendant, nous ramènent au camp en quelques minutes et sans accident — ce qui n'arrive pas toujours. — On se repose quelques instants, et comme il se fait tard, les voitures sont attelées, les dames boivent quelques rafraîchissements, les messieurs montent à cheval et nous prenons congé de la mine et des administrateurs.

Nous revenons sans accident bien que la nuit nous prenne en route. En passant vers le *douar*, où il y a un poste de Turcos, le commandant de place, M. Letellier, qui est en même temps leur chef, nous fait escorter par quelques-uns de ces soldats indigènes pour passer le bois du Tonga.

Comme je chemine à côté de lui il m'apprend l'organisation de ce corps arabe, dont il fait grand cas, pourvu toutefois qu'il soit conduit en avant par les officiers, qui sont tous Français. Les Turcos — qui sont des Arabes, sinon de confiance du moins choisis dans les tribus — reçoivent un franc par jour et ils sont tenus à avoir un uniforme qui est de drap bleu clair bordé de jaune avec le turban blanc, à monter une garde de nuit dans leur *douar* pour assurer la route, et à faire la guerre, lorsqu'on le réclame. Les Arabes, qui sont ainsi embrigadés, sont très-flattés de faire partie de ce service peu pénible et rétribué, ce qui, grâce à leur sobriété, leur permet de vivre sans travailler ; et lorsqu'on les appelle pour la guerre, ils n'hésitent jamais à quitter leur tente, car la guerre est l'élément de l'Arabe qui aime par-dessus tout à se battre et *à faire parler la poudre!*

Les turcos sont donc l'infanterie indigène comme les

spahis en sont la cavalerie. Seulement les spahis, qui sont enrégimentés, casernés et ont un service actif, sont plus sûrs et plus dévoués aux Français qu'aux Arabes qu'ils regardent fièrement comme au-dessous d'eux. Chaque spahis reçoit un franc cinquante centimes par jour pour nourrir lui et son cheval. C'est une espèce de gendarmerie indigène, qui est d'une grande utilité contre les Arabes dont elle connait le langage, le pays, les usages et les habitudes, et chez lesquels elle pénètre sans inspirer de défiance.

Ensuite, le Commandant me conte la réponse d'un de ces turcos, qui sont acharnés et terribles à la guerre, impassibles et retors en temps de paix : Il lui reprochait un jour de n'avoir pas monté une garde de nuit, en tel endroit.

— J'y étais, mon Commandant, car je t'ai bien vu passer.

— Tu en as menti, je n'ai pas passé là depuis quinze jours !...

La société arrivée à Lacalle, les dames descendent de voiture, tout le monde se disperse et chacun rentre chez soi.

8 Avril.

C'est le dimanche de Pâques ; il fait un soleil superbe et un vent violent. La mer est très-agitée, et toutes les barques des corailleurs sont retirées très-loin sur le sable. Elles font un singulier effet avec leurs pavillons flottants, l'animation de leurs équipages, et avec leurs mâts de beaupré qui arrivent jusque sur la rue et sous lesquels il faut passer pour aller à la presqu'île.

Toutes les dames et les personnes en toilette, qui reviennent de la messe militaire, sont forcées de baisser la tête sous ces nombreux mâts qui portent des franges de cordages et des quantités de matelots, perchés, se reposant, causant ou dormant. Partout sur les barques et dans les intervalles qui restent entre elles flânent des Napolitains, oisifs et retenus au port par le temps. Ils sont en veste, en gilet, en pantalon de laine blanche, avec une ceinture rouge, de grandes bottes de marins à semelles de bois, et ils portent pour coiffure le gros bonnet national ou un béret à macaron rouge. Ils chiquent, ils causent, ou ils fument.

Le soir, je vais me promener avec le secrétaire du Commissaire civil, M. Chaillot et M. Lefranc, dans le jardin du *Baubérac*, où nous amassons une botte de fleurs dont la plupart sont particulières au pays.

9 et 10 Avril.

Le temps est beau et la mer calme est unie comme une glace. Les corailleurs se préparent pour la pêche et remettent leurs barques à flot. Pour celles du premier rang, les plus rapprochées de la mer, deux hommes placent de grosses planches sous la quille, et le reste de l'équipage tourne et tire au cabestan sur une ancre placée en avant dans l'eau. Mais pour celles qui sont loin sur le sable, les corailleurs s'aident tous réciproquement : ils attachent une longue corde à la barque et vingt à trente hommes tirent, en donnant des secousses et criant en même temps : « A...ve, Ma...ria ! » Puis, lorsque la lourde barque s'ébranle, se décale et glisse, ils tirent plus vite en récitant ensemble le reste de la prière. Mais la barque ne va pas loin et, lorsqu'elle s'arrête, ils recommencent à donner des secousses en chantant encore en mesure leur Ave, Maria !

Quand l'embarcation arrive près de la mer, les corailleurs appuient, ensemble et avec ensemble sur chacun des côtés, leur dos ; puis, en donnant des secousses et la balançant, ils la font caler sur les planches qu'ils glissent toujours dessous, même dans l'eau ; et, lorsqu'elle part et plonge, les uns s'accrochent et remontent au mât de beaupré, les autres reviennent à la nage...

Les Napolitains sont forcés de faire cette rude manœuvre plusieurs fois par semaine, et chaque homme est payé à raison de 150 francs pour toute la saison de la pêche qui dure trois à quatre mois. De plus, ils se contentent pour nourriture de leurs biscuits, de leurs macaronis et des provisions sèches qu'ils apportent de Naples : ce qui fait, que bien que les corailleurs remplissent le port de Lacalle de leurs barques et de leurs cris bruyants, ils ne sont d'aucun avantage pour la ville, car ils vivent, couchent, cuisinent et travaillent tous sur leurs barques.

Ces dernières, montées par huit ou dix hommes chacune, ont la forme de gondoles, avec une étrave très-élevée sur la proue et supportant une grosse boule peinte en bleu ou en blanc sur laquelle est écrit leur nom. Une fois à flot, elles sortent du port à la rame et déroulent leurs deux voiles latines, dont la grande tient au mât du milieu par une longue antenne et la petite au beaupré.

Les corailleurs vont en mer à la distance qu'ils veulent et pêchent, jusqu'à une profondeur de 80 mètres, le corail qui se trouve sur toute la côte. Pour cela ils assemblent deux travons en croix ; ils les chargent avec un gros morceau de pierre ou de plomb, qu'ils placent au milieu pour les faire aller à fond ; ils entourent de gros chanvre ces travons qui ont aussi à chaque bout un filet en forme de bourse, et ils les attachent à deux cordes, dont l'une tient à la proue et l'autre à la poupe de leur barque. Ensuite, ils laissent aller cet engin au courant et au fond de l'eau, afin qu'il s'accroche sous les avances des rochers. Par ce moyen, le chanvre s'entortille autour des branches de corail, qui y restent attachées lorsqu'on retire le tout à bord à l'aide du cabestan : cabestan autour duquel les Napolitains tournent sans se fatiguer de ce travail monotone, qui dure sans relâche pendant plusieurs jours et plusieurs nuits ; enfin tant qu'ils ont des provisions et une bonne mer. Ils sont surveillés par un brick de l'État, qui circule autour de leurs barques et les visite de temps à autre pour s'assurer qu'on n'emploie pas des crochets et des engins de fer qui sont expressément défendus, parce qu'ils arrachent le corail avec les éclats du rocher qui leur servent de base — (N° 11).

On sait que le corail ressemble à un arbrisseau rouge dépouillé de ses feuilles ; on le trouve collé fortement sur la surface des rochers, dans les antres de la mer, et toujours les branches en bas. Cependant ce n'est nullement un arbrisseau de mer pétrifié, comme l'on pourrait croire, c'est un polypier d'une substance dure et compacte, entièrement massive, pleine et solide, sans aucun trou ni porosité, et il se forme comme les coquilles et les madrépores.

Les *polypes* sont des vers blancs, mous, un peu transparents, ayant des bras qui se présentent sous la forme d'une étoile à huit rayons; ces petits bras ainsi étendus servent au polype pour saisir sa proie. Tout ceci ne peut s'observer que dans le corail très-récemment pêché et tenu dans l'eau de mer; car au moindre mouvement les polypes se contractent par un jeu semblable à celui des cornes des limaçons, et ils se replient dans leurs cellules. Ces polypes se multiplient par des œufs extrêmement petits qui se détachent par les côtés de l'animal, et la mollesse de leur consistance les fait adhérer aux corps sur lesquels ils tombent. Tant que cette première cellule ou cet œuf de polype est encore fermé, tout y est dans un état de mollesse, mais lorsqu'il s'est ouvert, on commence à y remarquer quelques petites lames dures, qui prennent peu à peu la consistance du corail. A mesure qu'il croît, c'est que les polypes se multiplient, et il se forme de nouvelles ramifications; et à mesure que les polypes abandonnent leur première habitation, le corail acquiert de la grosseur, de la dureté, de la pesanteur.

Les petits tubes qui forment l'enveloppe extérieure du corail sont de couleur jaunâtre; ils ne sont point solides comme ceux qui sont en dedans : on les trouve pleins d'une matière laiteuse qui est le corps tendre des polypes. Pour enlever cette espèce d'écorce, on met le corail dans du vinaigre ou dans de l'esprit de nitre ; on le polit avec du blanc d'œuf et de l'émeri, pour le sculpter ensuite et en faire des parures. Il y en a aussi du blanc, dont les rameaux sont arrondis, lisses, tortueux et entrelacés les uns dans les autres.

Lorsque les barques des corailleurs rentrent au port, chacune d'elles dépose le produit de sa pêche à la douane, où il est enfermé et conservé dans des cases particulières jusqu'à la fin de la saison. La plus grande hauteur des tiges de corail est d'un pied à un pied et demi : sa grosseur d'un pouce et au-dessous, et il ne s'en vend aucun morceau en France avant d'avoir été porté et choisi à Naples.

J'ai déjà dit que chaque barque napolitaine payait 800 francs au gouvernement français pour tout droit ; j'ajouterai que la pêche moyenne ici s'élève à 200 kilos de corail par bateau, lequel se vend à raison de 60, 70, 80, 100 et même quelquefois 140 francs le kilo : ce qui fait que les cent barques napolitaines nous donnent chaque année 80,000 francs, et nous enlèvent environ pour 1,600,000 francs de corail.

11, 12 et 13 Avril.

Arrivée du général de Bône, en tournée dans le cercle. La ville est en révolution par la convocation des Scheiks arabes et des spahis, qui circulent, campent et couchent avec leurs chevaux en plein air dans les rues. Au coucher du soleil et à l'aurore, plusieurs d'entre eux font leurs prières avec de grandes démonstrations de piété ; ce qui les fait bien venir et estimer du public arabe.

Pour moi, c'est d'un effet très-curieux de voir tous ces chefs en burnous de commandement (*) se prosterner la face contre terre; puis se relever et s'abaisser de nouveau, le dos tourné aux rayons du soleil couchant, qui illumine et fait briller leurs riches costumes brodés d'or ou d'argent.

COMMENT L'ON APPREND BEAUCOUP DE CHOSES EN SE PROMENANT AVEC UN SAVANT.

14 Avril.

Je fais une promenade instructive avec le savant géologue, Fournet. Il part d'*Oum-Theboul*, où il est venu donner des indications et des conseils précieux, et il explore le pays avant de retourner en France.

Nous partons ; et en sortant de la ville il tire de sa poche son petit thermomètre pour reconnaître la température : il marque 16 degrés fixes. Il fait cela chaque jour, matin et soir, et il note, en lisant les journaux, tout ce qui a rapport à la température dans les diffé-

(*) Burnous en drap rouge donné aux Scheiks comme uniforme ou investiture par le gouvernement français.

rents pays. Aussi lorsqu'il lit : « *L'empereur a passé la revue au Champ de Mars malgré un temps humide et un vent très-fort...* » et plus loin : « *Un violent ouragan mêlé de grêle a éclaté dans le département du Rhône...* » enfin : « *On parle de plusieurs sinistres sur la Mediterranée... etc.* » il inscrit sur ses tablettes : Pluie et vent à Paris — Pluie et grêle au centre de la France. — Mauvais temps dans le Midi, — puis il compare, et par ces rapprochements il est arrivé à savoir que les phénomènes météorologiques se produisent plus ou moins sur toute la latitude ; soit : vent, pluie ou brouillard. Il faut pour produire les brouillards un temps calme.

En montant dans le bois, il regarde sa petite boussole, prend la direction et il observe de suite que le vent souffle ici le plus souvent du Nord-Ouest, parce que les arbres, étant continuellement poussés à l'opposé, sont généralement penchés, versés ou courbés du côté du Sud-Est. « A Carthagène, dit-il, qui est cependant plus au Nord que cette côte d'Afrique, il y fait plus chaud car les palmiers nains sont plus hauts et plus vigoureux qu'ici : ce sont de grands arbustes qui ont des tiges grosses comme le bras. »

Nous observons un *halo*, météore très-commun dans le pays. Ce sont un ou plusieurs cercles qui paraissent autour du soleil, de la couleur effacée de l'arc-en-ciel, mais qui en diffèrent parce que l'on voit ces cercles entiers tandis qu'on n'aperçoit l'arc-en-ciel qu'à demi. Cela vient de ce que le halo est formé par de petits glaçons pendus aux nuages devant le soleil, tandis que l'arc-en-ciel provient de la réflexion et de la réfraction des rayons lumineux sur des gouttes de pluie : de sorte que l'un se voit en regardant l'astre lumineux et l'autre en lui tournant le dos.

Nous trouvons sur notre chemin une vipère. Elles sont très-rares et presque inoffensives en Afrique ; excepté la vipère cornue, que l'on ne rencontre que dans les sables du désert. Le savant la prend et la tient suspendue par la queue, sans qu'elle puisse se redresser assez pour atteindre sa main ; puis il me montre et m'explique que la nature a donné à ses dents une forme crochue et recourbée en dedans vers le gosier, afin que leur pointe, lorsque la vipère veut mordre, se trouve perpendiculaire à la partie ; car alors cet animal étant obligé de lever la tête, si la dent qui est attachée à la mâchoire était droite, elle ne pourrait, à cause de sa disposition oblique, pénétrer avec assez de force, ni assez avant dans la chair de ses victimes. Je ne trouve pas que ce serait là une chose à regretter... mais la nature la voulu ainsi et il faut croire que dans la combinaison des choses de l'univers elle a eu de justes raisons : car de même, elle a voulu aussi que le venin de la vipère, qui est un poison pour les lézards, les crapauds, les taupes, les rats et les autres animaux qu'elle avale, ne fasse mourir ni les sangsues, ni les limaçons, ni la couleuvre, ni l'orvet et les tortues.

En quittant la route nous entrons dans des broussailles de bruyères, et M. Fournet me dit qu'il a proposé de brûler toutes ces bruyères, mises en tas après les avoir arrachées — ce qui travaillerait la racine des chênes-liège, — puis, de recueillir la cendre un jour calme, de la lessiver dans une chaudière sur un linge jusqu'à ce qu'elle vienne à l'état glutieux, et d'en faire ainsi de la *potasse* qu'on vendrait en France pour être raffinée. On a essayé sur le bord de la mer, et l'on a trouvé que ces cendres donnaient un résidu trop chargé de sel ; mais on devrait faire l'esssai dans les localités éloignées ou à l'abri du vent de mer. Ce vent de mer est très-nuisible aux végétaux : il dépose un sédiment acre à leur surface, qui bouche leurs pores, intercepte leur respiration, c'est-à-dire leur nutrition ; aussi sur le littoral sont-ils tous languissants et rabougris. Ce n'est que dans les endroits abrités que viennent les fruits à noyaux qui — soit dit en passant — réussissent beaucoup mieux en Afrique que les pommiers et les poiriers.

On a essayé aussi de faire de l'alcohol avec la racine des nombreuses plantes d'asphodèles ; mais ici, où le transport est la plus grande difficulté par l'absence de routes, on a fait venir les plantes *entières* d'asphodèles à Philippeville, tandis qu'il fallait faire fermenter les racines sur place. Les meilleurs projets échouent faute de bien savoir les exécuter.

Du haut de la montagne, nous découvrons le lac du milieu avec la vaste plaine marécageuse du *camp des faucheurs*. On n'en retire guère que du foin dans le bas, et le haut, qui est un excellent terrain, est très-malsain et difficilement cultivé. Autrefois le médecin de la Compagnie Marseillaise faisait brûler de la terre mélangée avec des broussailles de distance en distance, et la fumée changeant la nature de l'air vicié avait assaini le pays; ce dont il s'était assuré par la mortalité décroissante de chaque année. Aujourd'hui cela a été oublié ou est inconnu, et l'on n'a pas profité de cette expérience.

Les pierres et les rochers sur lesquels nous marchons ont presque tous une croûte ferrugineuse. Elle a été formée par le dépôt d'eaux chargées de fer qui ont autrefois coulé dessus ou se sont infiltrées dans leurs fentes où elles ont formé comme un ciment ferrugineux. Plus tard, les pluies ayant entraîné la terre, ces pierres sont restées à découvert et resteront ainsi jusqu'à ce que l'eau, les gaz de l'air, le froid et le chaud les désagrègent, les décomposent, les usent et en forment, par cette division continuelle de grosses en petites parties, une poussière qui sera encore entraînée avec la terre par les eaux et peu à peu jusqu'à la mer.

Ainsi, M. Fournet m'explique, que par l'inspection des rochers et terrains que l'on trouve au haut du kef d'*Oum-Theboul*, il reconnait qu'il y manque aujourd'hui 40 mètres de terrain ou de roc qui, il y a des siècles, formaient le sommet. De même, dans des temps très-éloignés, la cime des monts s'usera, sera entraînée dans les vallées qu'elle comblera; et c'est pourquoi la terre tend à devenir unie s'il n'arrive pas d'ébranlements extraordinaires. Mais cela n'arrivera qu'après des millions de siècles, à moins que des soulèvements de terrains, produits par les révolutions ignées du centre du globe, ne modifient ou ne hâtent ce résultat. Par exemple, si de vastes montagnes venaient à surgir au milieu de la Méditerranée, la mer serait brusquement rejetée contre les montagnes actuelles et, en se retirant et en entraînant tout avec elle, les rocs petits et gros frottant dans ce parcours violent les uns contre les autres formeraient — comme ont été formés — ces cailloux ronds que l'on trouve en beaucoup d'endroits sans aucune autre cause raisonnable.

Au milieu de tout cela, nous ne pouvons trouver un gisement de fer et de plomb qu'on nous a indiqué, et le savant se décide à revenir sans l'avoir vu car, trouverait-on plusieurs mètres de fer pur cela ne vaudrait rien s'il n'y a pas du plomb et de l'argent avec. Les plus riches mines de fer sont en Afrique, dit-il, et on ne peut les exploiter avantageusement à cause de la cherté de la main d'œuvre. Autre exemple de non valeur : De l'eau ferrugineuse coule sur des grès, elle les soude par ses dépôts et forme une couche impénétrable de béton ferrugineux ; puis elle s'arrête, y séjourne stagnante et forme dessous une couche de fer pur, et cependant au-dessus du béton il n'y a que de la marne, ce qui peut tromper l'ignorant.

En revenant, M. Fournet me conte comment les Espagnols étant des mineurs de naissance et intrépides — car c'est chez eux une lutte nationale, si l'un meurt ou est écrasé cela ne décourage en rien les autres, — les Espagnols, dis-je, ont exploité les métaux dans tous les pays qu'ils ont habités et leurs mines ont toujours été des plus riches. C'est même pour cela que les Romains se sont maintenus longtemps dans l'Espagne qui ne leur offrait guère d'autre intérêt. Ensuite les Maures conquérants — qui étaient en même temps industrieux

— ont toujours employé à ce genre de travail les Espagnols qui ne s'en sont détournés que pour aller miner l'Amérique ; et, lorsqu'ils ont été chassés du Mexique, ils sont revenus à leurs mines natales de Grenade qui ont repris une très-active extension.

En effet, plus tard ils parvinrent à livrer au commerce de si grandes quantités de plomb qu'il tomba à 25 francs le quintal ; et, par suite de cette exubérance, les exploitations du Bas Rhin et de la Bavière-rhénane, trop peu argentifères pour soutenir la concurrence, durent être abandonnées en 1826. Mais cette concurrence produisit un effet remarquable et tout différent dans les mines du Hartz en Bohême. Ici, les mineurs se voyant sur le point de succomber, s'organisèrent en ce sens que les chefs renonçant à la majeure partie de leurs appointements, firent une solde amiable aux ouvriers. Ceux-ci, de leur côté, firent des concessions ; ils modifièrent leurs vieilles routines et acceptèrent toutes les améliorations qui étaient proposées, en contribuant d'ailleurs selon les données de leur expérience, et l'exploitation se soutint et continua.

C'est alors que des élèves de l'Ecole des mines de Paris, issus de l'Ecole polytechnique, envoyés dans le pays pour compléter leur instruction, y trouvèrent cette grande famille fraternelle et industrielle. Et, enthousiasmés des résultats de son accord, ils rapportèrent en France l'idée de l'association qui, portée à ses dernières limites, fit naître le *Saint-Simonisme*.

EXCURSION AUX RUINES DE L'ANCIEN BASTION DE FRANCE. — LES ARABES DANS LEUR INTÉRIEUR.

19 Avril.

Le temps est superbe. M. Chaillot m'a proposé la veille d'aller visiter avec lui les ruines du *vieux Lacalle*, l'ancien *Bastion de France*, et j'ai accepté.

Nous partons à six heures; lui sur une monture convenable et moi sur un assez maigre cheval de réquisition qui est un digne descendant de *Rossinante*, mais il a, comme tous les chevaux arabes, des jambes qui savent choisir leur chemin dans les pierres et ne bronchent jamais. Un Arabe, monté sur un âne, nous précède pour nous montrer le chemin et je lui remets mon album.

Jusqu'à *Bouliff*, nous suivons le bord de la mer à une distance plus ou moins rapprochée les uns des autres, avançant difficilement dans un sentier très-creux et très-étroit, parsemé de gros cailloux roulant, d'escaliers de rochers, quelquefois de flaques d'eau. De plus, il nous faut tirer avec une certaine force pour arracher nos jambes et nos pieds, qui, à chaque instant, s'accrochent ou restent engagés dans les broussailles de genêts, d'arbousiers ou de bruyères, qui sont épaisses et plus hautes que nous... Souvent, à quelques pas les uns des autres nous nous perdons de vue; ce qui me force à maltraiter le descendant de *Rossinante* car je crains, en restant en arrière, de me perdre dans ce sentier difficile qui quelquefois même, prenant plusieurs bifurcations pour tourner un obstacle, s'efface à demi pour ne pas dire entièrement dans ses nombreuses divisions. Alors pour m'orienter, je n'ai d'autre ressource que d'appeler ; mais l'Arabe est trop loin en avant et n'entend pas le français, M. Chaillot me répond seul et me lève son képi au-dessus des broussailles en manière de guidon ; seulement il me reste à rejoindre ce guidon, et, pour y arriver en ligne droite à travers l'épaisse barrière de genets qui m'en sépare, ce n'est pas chose facile. Aussi, pour stimuler ma lente monture et pour éviter ces retards, je passe entre l'Arabe et M. Chaillot dont le cheval, marchant mieux, poussera le mien ou tout au moins le suivra sans pouvoir le devancer.

Du reste le soleil brille, la vue sur la mer est superbe, et cet aspect du printemps en Afrique a pour moi un charme étrange et émouvant. Toutes les broussailles sont en fleurs, les genets jaunes nous frappent avec leurs gerbes d'or, les bruyères blanches avec leurs palmes d'argent dont le pollen retombe et vole après nous comme une poussière de neige ; il y a à nos pieds de gracieux narcisses et quantité de petites fleurs odorantes, les unes bleues, d'autres rouge orange, sans tige et présentant la forme et l'aspect de ce fruit à terre ; enfin des Arméria Lusitanica ou œillets d'Espagne, qui sont ici de la grosseur d'une rose et assez hauts pour que nous puissions en faire un bouquet sans descendre de cheval — mais cependant en nous penchant beaucoup...

Après *Bouliff*, le sentier se perd tout-à-fait, mais les broussailles deviennent beaucoup moins hautes et moins épaisses, au point que nous y voyons courir un sanglier que nous dérangeons et qui fuit devant nous. Nous suivons de loin l'Arabe qui avance sur son petit âne, en écartant et élevant ses jambes nues presque horizontalement; et cela afin d'éviter le frottement des genets, dont les épines cependant ne font rien sur ses durs mollets que des rayures blanches, impuissantes et inoffensives. Il a ainsi le faux air d'un *Sancho* ou d'un *Bacchus* vacillant sur son âne...

Nous le suivons en choisissant chacun notre chemin ou plutôt en le laissant choisir à nos chevaux, auxquels dans ce cas là il vaut mieux abandonner la bride et s'abandonner tranquillement soi-même, restant libre de ses deux mains pour faire et allumer des cigarettes — et c'est aussi ce que nous faisons. Pendant ce temps, nos montures indigènes, habituées au terrain, courbent leur encolure, baissent la tête pour mieux voir, contournent les arbrisseaux, évitent les gros cailloux et les mauvais pas ; franchissent les dépressions du sol raviné par les eaux, traversent les plantes inoffensives, les palmiers nains sans résistance et cela sans jamais perdre le guide qui va en avant. Elles le suivent sans le regarder, et cependant passent partout où il a passé comme si elles sentaient sa piste.

J'ai oublié de vous dire que lorsque les broussailles étaient épaisses et plus hautes qu'un homme à cheval, nous avions rencontré quelques cavaliers arabes, portant leur long fusil devant eux en travers sur leur selle...

mais je me hâte de vous rassurer sur le danger que notre isolement vous fait peut-être craindre pour nous. Ce n'était pas la sauvage figure de ces sombres indigènes qui m'inquiétait, c'était au contraire leur politesse et leur respect. Pour nous laisser passer et laisser libre l'étroit sentier, ils entraient dans l'épais fourré avec leur monture qui, mal à l'aise dans les épines, se défendait, piétinait, reculait et — comme le canon de leur fusil, placé horizontalement sur leur selle, se trouvait juste en face de nous avec la batterie dans les branchages, — notre abdomen n'était guère en sûreté pendant cette démonstration mouvementée de politesse...

Enfin, après avoir traversé pendant une ou deux heures de vastes collines sans aucun arbre et qui prennent un aspect de plus en plus aride, nous apercevons la mer, puis, au loin, sur l'un des caps du bord, une espèce de tour ronde : et c'est l'emplacement de l'ancien Lacalle. Nous avançons encore quelque temps dans les dunes à travers des broussailles de chênes-liège, toutes petites et rabougries, qui offrent un évident et curieux effet de l'influence nuisible du vent chargé de sel. Du côté de la mer toutes ces touffes de broussailles sont maigres, mortes, sans feuilles et pour ainsi dire usées; tandis que de l'autre elles sont plus élevées, vertes et bien portantes.

Nous prenons le seul sentier possible, qui est une espèce d'escalier escarpé sur le bord à pic d'une baie, au fond de laquelle on voit un fragment de la falaise qui, minée en dessous par la mer, s'est fendue, brisée et affaissée. Puis, nous arrivons jusqu'au pied des ruines, après avoir traversé une vallée sablonneuse dont les quelques herbes sont recherchées par un troupeau de petits bœufs ; bœufs qui semblent peu habitués aux visiteurs européens, car ils s'enfuient précipitamment devant nous.

Nous attachons nos chevaux à des arbustes et nous les laissons sous la garde de l'indigène, à l'ombre d'une tour ronde dont la moitié est écroulée. Il y a encore dans l'intérieur les huit marches ou les huit fragments de marches d'un escalier tournant. Le peu d'épaisseur des murs indique que c'était une simple tour de fanal, probablement pour éclairer l'entrée du port ou les roches dangereuses et pointues qui sont au bas.

En avançant au milieu des ruines, sur un terrain de pierres éparses et encore cimentées entre elles, on comprend très-bien l'emplacement qu'a dû occuper la ville sur un seul côté du port; de lautre, le port est formé par des rochers circulaires, très-élevés et coupés à pic. Plusieurs fondations de murailles, dont quelques pans sont encore debout de distance en distance, indiquent qu'il y avait un mur d'enceinte ; et au centre, on reconnait le fort, l'ancien *bastion de France*, sur un mamelon qu'on ne saurait dire naturel, ou formé par les nombreux débris au milieu desquels on ne peut pas pénétrer à cause des arbustes épineux qui s'en sont emparés. Les murs en grande partie se sont écroulés, quelques-uns sont renversés tout d'une pièce, notamment la fondation du plus grand qui baignait dans le port et a été minée par la mer; au point que tout le haut de la ruine surplombe et forme une espèce de demi-voûte sans soutien et qui ne tardera pas de tomber. Nous craignons même qu'elle choisisse le moment où nous passons dessous pour cela... (N° 10.)

Il y a encore quelques trous indiquant les anciennes ouvertures ; et intérieurement l'on entre dans plusieurs chambres, voûtées et très-basses, qui ont dû être peu agréables à habiter. Elles le sont en ce moment par des chats-tigres, qui se retirent devant nous et nous font bien regretter nos fusils.

Un peu plus loin, on voit aussi un grand bâtiment composé de trois chambres parallèles, de même grandeur, voûtées et assez bien conservées. C'est là que les pêcheurs ou les corailleurs viennent s'abriter lorsque, surpris par le mauvais temps ils ne peuvent revenir à Lacalle, car quelques pierres rassemblées et noircies indiquent que l'on y fait du feu de temps en temps.

Ensuite, l'on ne trouve plus rien que des amas de ruines insignifiantes, des restes de fours, des voûtes écrasées et à moitié enfoncées sous le sable et les broussailles. Aussi, après avoir examiné tout cela, nous réveillons l'Arabe qui s'est endormi dans son burnous ; nous remontons à cheval et nous revenons sur nos pas pour aller déjeûner au *douar* de *Mesira* : M. Chaillot, qui n'est pas artiste, trouve qu'il en est grand temps car c'est midi... Je m'aperçois qu'il est utile que je vous dise, et que j'aurais dû vous dire plutôt, que M. Chaillot, mon compagnon de route, est le secrétaire du Commissariat civil de Lacalle; un jeune homme très-obligeant, qui parle l'arabe comme les indigènes dont il règle journellement les affaires civiles, et que son képi brodé d'argent est le bien venu ou du moins le bien reçu dans tous les *douars* où il lui plaît de se présenter.

Nous quittons donc les ruines du vieux *bastion de France* et bientôt après notre sentier de broussailles, pour nous engager dans des parties boisées. Ensuite, nous descendons dans un vallon, nous traversons avec nos chevaux de magnifiques champs d'orge, déjà en épis mais labourés avant nous par les sangliers ; nous tournons quelques énormes cailloux, isolés et gros comme de petits rochers, sur lesquels ont grimpé des lianes qui en retombent en grappes fleuries ou bien leur forment un chapeau de verdure ; puis, nous nous enfonçons dans un bois. Après avoir descendu quelque temps en suivant un sentier ombragé et charmant, nous arrivons tout à coup devant plusieurs tentes à demi cachées dans les arbres (N° 18).

Nous mettons pied à terre ; un Arabe vient éloigner les chiens et prendre la bride de nos chevaux ; il nous salue en nous baisant l'épaule et nous fait entrer sous sa tente. Elle est intérieurement divisée en deux cases délimitées par une simple planche : l'une est la cuisine et l'autre est probablement le *salon*, préparé pour nous, car elle est garnie d'herbes sèches et très-propre. Sur ces herbes, le maître de la tente étend encore une natte, et ses deux femmes se mettent en cuisine à notre intention. C'est là que je vois le mieux et de plus près l'intérieur des ménages arabes. Tout autour et dans les bas côtés de la tente sont placés les utensiles et les provisions : du blé ou de l'orge dans des peaux de bouc et dans des sacs de laine à grosses rayures, un crible, une selle, un grand coffre à clous de cuivre, qui contient probablement les costumes et les armes ; puis un berceau, des pots pour les mets, de petites corbeilles en alfa, de grands plats de bois pour le kouskous, et une peau de bouc remplie d'eau à boire et pendue à l'entrée.

L'Arabe nous tient compagnie et cause avec M. Chaillot pendant que je regarde ses femmes qui font cuire notre déjeûner dans un vase de terre, placé sur trois pierres afin de pouvoir faire du feu dessous : l'une remue toujours le contenu avec une cuiller de bois. Les femmes arabes s'entendent très-bien à préparer les viandes bouillies, et, telle vieille et dure que soit une poule, elles vous la font manger tendre et bonne. Mais elles y mettent le temps ; et comme j'ai déjà cette expérience et que la fumée nous arrive en plein visage, je me lève et demande à visiter les autres tentes qui ne sont séparées de nous que par quelques touffes de palmiers nains.

Je me dirige vers la plus grande, où j'entends un bruit continu dont je désire connaître la cause. Il n'y a que des femmes ; en l'absence du maître, notre hôte arabe demande la permission d'entrer aux voisins ou aux parents, et, grâce au képi brodé de M. Chaillot, je pénétre dans ce gynécée. Nous y trouvons plusieurs femmes, toutes affublées de l'éternelle draperie bleue, avec les boucles d'oreilles, les épingles et les anneaux d'argent : les unes sont debout et filent, les autres assises allaitent leurs enfants et, à croupetons à terre, il y en a une très-jolie qui fait tourner l'une sur l'autre deux pierres plates et rondes. Celle de dessus est percée d'un trou par où l'on met du blé qui glisse et s'écrase entre les pierres, et c'est là la manière de moudre des Arabes (N° 51). Tandis que j'examine ce petit moulin et que je l'essaye, la jeune meunière rit beaucoup de ma curiosité et nous montre des dents blanches et une gracieuse figure qui fait regretter qu'elle ne soit pas plus propre.

Nous visitons encore d'autres tentes, qui du reste sont toutes disposées intérieurement de la même manière : elles sont divisées en deux compartiments, plus ou moins séparés par une cloison de bois. L'un de ces compartiments est pour abriter les maîtres et l'autre pour le bétail, c'est-à-dire pour les veaux et les jeunes bêtes nouvellement nées ; car les troupeaux arabes couchent toujours en plein air, et, comme les pluies d'hiver sont quelquefois continuelles et que les Arabes ne serrent pas de foin l'été, beaucoup de leurs bêtes périssent chaque année de froid et de faim.

Pour ne pas faire de même, nous retournons déjeûner chez l'Arabe qui nous donne l'hospitalité ; suivis par une bande de petits enfants morveux, demi-nus et couverts d'amulettes (N° 18). On nous sert, dans un grand plat de bois, deux poulets, six œufs durs, deux galettes et du lait ; et il ne nous manque que du sel pour faire un repas excellent. Nous le faisons sans sel... et, après avoir donné quelques pièces de monnaie aux petits enfants qui — passez-moi ce détail local et typique

— nous pètent cependant au nez sans aucune honte... nous retournons à Lacalle, en suivant la jetée faite pour amener dans la ville l'eau abondante des sources de *Bouliff*.

16 Avril.

Pour arriver à Lacalle et pour en partir, il n'y a que deux ou trois *balancelles* qui font un service assez régulier en été mais très-incertain pendant la mauvaise saison; aussi faut-il presque toujours, pour obéir au temps, s'embarquer subitement ou attendre indéfiniment. Il y a un de ces bateaux dans le port depuis la veille; j'apprends qu'il retourne à Bône ce soir, et, comme je veux aller au Désert avant les chaleurs et que la saison s'avance, je me décide brusquement à partir.

Je fais donc mes visites d'adieu. Mais, M. Devoucoux m'apprend qu'il y a une grande promenade sur mer projetée à mon intention et m'assure que j'aurai un autre bateau à la fin de la semaine; une autre personne, que je rencontre, me dit au contraire que sur les trois balancelles qui font le service, l'une est à *Tabarca*, l'autre à *Philippeville*, et qu'il n'y aura pendant tout le mois pour les voyageurs que celle qui part aujourd'hui. Enfin, M. Chaillot me mène aux renseignements chez l'employé de la poste, qui me dit qu'il attend son remplaçant par la péniche de la douane, et il m'offre une place dans l'une des deux cabines où je serai bien mieux que sur la balancelle. Cet offre précieuse est concluante, je l'accepte et je reste.

17 Avril.

La balancelle est partie hier. Le vent a sauté de l'Est à l'Ouest, et les gens habitués du port prétendent qu'aucun bateau ne pourra revenir de longtemps... De plus, on apprend par le spahis qui fait le service de la poste par terre, que la péniche de la douane doit amener à Lacalle le Préfet de Constantine, en tournée, et qu'elle reste à Bône à la disposition de ce fonctionnaire...

J'ai donc eu tort de ne pas partir la veille; et le secrétaire du Commissaire civil, qui est un peu cause de mon emprisonnement, me promet pour l'égayer ou le distraire de me fournir des modèles arabes. Pour commencer, il met à ma disposition l'*Amin des Berranis*, grand et bel Arabe plein de nonchalance, et un gros *Oukaf* qui est tout-à-fait civilisé et dévoué aux Français. J'ai déjà vu et apprécié ce brave homme un jour d'audience où il servait de témoin : son propre fils réclamait deux douros (dix francs) à un malheureux Arabe qui ne pouvait les payer ; alors l'*Oukaf*, après avoir donné tort au débiteur, avait remis deux douros à son fils, acquittant ainsi la dette du malheureux. Cela est peu la manière de faire des Arabes en général, mais il y a des exceptions chez eux comme ailleurs, car j'ai vu le fait.

COMMISSARIATS CIVILS ET BUREAUX ARABES. — ORGANISATION ADMINISTRATIVE DES INDIGÈNES.

18 Avril.

Je vais assister aux audiences du Commissariat, pour voir et observer les différents types des Arabes qui y viennent chaque jour porter leurs plaintes ou discuter leurs affaires.

Le Commissaire civil réunit forcément plusieurs emplois et a dans ses attributions le pouvoir de régler de nombreux différends. C'est le Préfet, le Maire, le Juge : il est chargé de toute l'administration civile, remplace même le notaire dans certaines villes, et c'est lui qui expertise, délivre les concessions (après l'autorisation du gouvernement), surveille les concessionaires (*) établit les impôts ; enfin, juge les affaires de commerce et toutes celles des Européens au degré de première instance.

Ensuite, depuis que l'Afrique tend à passer du régime militaire sous le régime civil, les Commissariats remplacent pour beaucoup de choses les Bureaux arabes qui sont déjà supprimés en quelques endroits.

Nous avons vu à *Oum-el-Souk* comment ces derniers

(*) Dans les arrêtés de concessions, il est convenu entre autres conditions que l'État se réserve la propriété des objets d'arts, mosaïques, bas-reliefs, statues, débris de statues et médailles qui pourront être trouvés sur les terrains concédés. Ensuite, que le concessionnaire doit planter, dans un certain délai, au moins 25 arbres fruitiers ou forestiers de haute tige par hectare, etc., etc.

fonctionnent (page 127). Autrefois, ils étaient les seuls intermédiaires de l'administration auprès des populations arabes dont ils réglaient toutes les affaires civiles et militaires : ils transmettaient les ordres aux Scheiks, touchaient les impôts, infligeaient des amendes, recevaient continuellement des cadeaux, et c'étaient des places très-puissantes, très-avantageuses et en même temps très-utiles. Mais il y avait aussi beaucoup d'abus; et aujourd'hui que le pays est de plus en plus calme est soumis, que beaucoup d'Arabes comprennent le français et que presque tous les fonctionnaires français parlent arabe, ces bureaux militaires se fondent dans l'administration civile et disparaissent. Là, où ils existent encore, ils obéissent aux commandants supérieurs, et ils ne s'occupent que des affaires militaires et des accidents ou incidents qui arrivent sur les territoires insoumis, où toujours ils peuvent rendre de grands services.

Depuis notre domination en Afrique, nous avons conservé aux Arabes pour chefs et à nous pour fonctionnaires indigènes: *des Kalifes, des Caïds, des Scheiks et des Oukafs.*

Le *Scheik* est le chef d'une tribu, presque toujours où il est né. Il l'organise, l'influence, la conduit à la guerre, à la paix ou au travail; il lui fait payer les impôts, plier et replacer les tentes à sa volonté, ou du moins d'après le conseil des anciens ou le nôtre.

Comme une tribu se compose souvent de plusieurs

douars ou villages, et que le Scheik ne peut les habiter tous ; il a dans chaque douar où il n'est pas un adjoint ou sous-scheik, appelé *Oukaf*, qui le remplace pour certaines choses et lui fournit des renseignements sur toutes.

Les *Caïds* sont les chefs de plusieurs tribus. Tous les Scheiks de ces tribus doivent leur obéir, leur fournir des cavaliers et des contingents pour la guerre ; enfin leur remettre les impôts prélevés dans les tribus sur les Arabes, soit pour leurs troupeaux, soit pour des amendes. Les *Caïds* rassemblent ces impôts et les transmettent au gouvernement, ainsi que tous les renseignements politiques et utiles ; car ils sont choisis, nommés et appointés par nous pour cela. De plus on leur donne une habitation française, un *bordj*, qu'ils occupent et qu'on ne leur reprend que lorsque les circonstances l'exigent.

Les *Kalifes*, dont le nom vient du mot *khalafa*, qui signifie venir à la place d'un autre, lui succéder, parce que *Aboubere* beau-père et successeur de Mahomet fut le premier qui prit ce titre, les *Kalifes*, dis-je, sont peu nombreux. Ce sont en quelque sorte des princes, des *Agas*, des fonctionnaires politiques et honoraires, qui sont très-riches et richement payés ; mais nous n'en avons conservé que quelques-uns par des raisons d'ancienneté, d'influence et de politique. Leurs kalifats réunissent plusieurs caïdats et de nombreuses tribus.

Dans nos possessions africaines, les Arabes ne sont plus indépendants et maîtres du terrain comme autrefois. Alors, ils plantaient leurs tentes où ils voulaient, cultivaient les endroits qui leur convenaient, incendiaient les forêts pour faire des pâturages à leurs troupeaux — ce qu'ils font bien encore ; — enfin tout le sol, tout le pays qu'une tribu pouvait disputer à une autre tribu lui appartenait sans payer aucun impôt.

Aujourd'hui, on indique l'endroit que doit occuper chaque *douar* (que jusqu'au récent décret de l'Empereur on pouvait déplacer à volonté suivant les besoins de la colonisation ;) et on loue aux Arabes les terrains qu'ils veulent cultiver, moyennant une redevance annuelle, qui varie d'après le pays, mais qui est ici de 25 francs par 8 hectares, c'est-à-dire ce que peuvent labourer deux bœufs. (Aux environs de Constantine, où tout est plaine et facile à travailler, on donne par chaque attelage 12 ou 16 hectares.) Cette redevance s'appelle la *Djbda*. De plus, ils payent l'impôt de la *Zekka*, c'est-à-dire deux francs par tête de bœuf ou de vache, dix centimes par chèvre et cinq centimes par mouton. Ces recensements des troupeaux arabes, qui sont innombrables, semblent peut-être impossibles dans les espaces peu fréquentés de l'Afrique ; mais on fait faire le recensement d'un douar par l'*Oukaf* du douar voisin, et vice versa, et, comme ils sont presque toujours en rivalité ou en querelle, l'on arrive ainsi à savoir le nombre exact.

Cette position changeante et incertaine contribue peut-être à l'insouciance et à la mauvaise culture des indigènes, car l'on sait qu'ils ne fument pas leurs terres et qu'ils n'enlèvent jamais de leurs champs les touffes de broussailles, de palmiers nains ou les pierres qui les embarrassent : ils se contentent de cultiver autour de l'obstacle, prenant le bon terrain là où ils le trouvent, sans faire aucune réparation ni amélioration. Aussi la décision du Gouvernement, qui rend les tribus ou fractions de tribus propriétaires incommutables des territoires qu'elles occupent, est une très-bonne chose, parce qu'elles donnera aux Arabes plus d'intérêt pour leur culture et qu'elle pourra les conduire à se rendre compte de la nôtre et à nous imiter pour obtenir un meilleur rendement.

Cependant, il faudra encore compter avec leur insouciance, leur paresse et leurs goûts naturels. Avec leur insouciance, qui vient de leurs idées religieuses et fatalistes qui leur donnent à croire que si une grosse pierre ou une touffe de broussailles encombre leur champ c'est que *Dieu le veut* et qu'il faut la laisser ; avec leur orgueilleuse paresse qui fait que bien que gourmands, avares et avides, ils aiment mieux vivre de rien et misérables, en rêvant enveloppés dans un unique burnous, plutôt que de travailler, — car ils méprisent le travail. Enfin avec leurs goûts naturels, traditionnels, qui les portent à plier leurs tentes et à changer de place lorsqu'ils sont inquiétés, en guerre ou seulement en désaccord avec leurs voisins.

Mais, la politique de la France étant avant tout généreuse et humaine, civiliser les Arabes en leur faisant du bien et des avantages est certainement la meilleure chose à faire ou à essayer.

Toute la population indigène de l'Algérie se divise en deux classes, celle des *Beldis* et celle des *Berranis*.

Les premiers sont les Arabes qui ne quittent pas leur pays et restent à cultiver dans leur douar natal; ils sont libres de leurs actions sous la responsabilité de leur Scheik. — *Beldis* vient de *bled :* pays.

Les *Berranis* — dont le nom vient de *berra :* du dehors — sont les Arabes qui changent de pays et vont chercher la fortune ou du travail dans les villes ou hors de leur tribu. Ces derniers sont alors organisés en corporations, chaque homme a un livret qu'il dépose en arrivant dans la localité où il désire séjourner, et une plaque que l'on timbre tous les ans ; de plus, il a un numéro qu'il doit porter pendu à son burnous et qu'il porte rarement, mais ils sont surveillés et régis par un fonctionnaire indigène (un *Amin*) qui fait les fonctions d'un commissaire de police et a droit de les condamner à une amende de quinze francs et à trois jours de prison. Lorsqu'il y a quelque chose de plus grave il s'adresse au Commissariat civil.

Dans les grandes villes, les corporations sont classées par nationalité, et il y a un *amin* indigène, connaissant mieux les mœurs, pour chacune d'elles. Ainsi à Alger, il y a l'*amin* du Maroc, l'*amin* des Nègres, et les *amins* des Kabyles, des Tunisiens et des Mozabites.

Les *Mozabites* sont des Arabes du désert qui habitent un pays éloigné, brûlé, peu fertile et qui ne produit pas assez pour les nourrir. Ils émigrent en grand nombre dans les villes du littoral où ils viennent chercher fortune : et ils y font le commerce de détail des tissus, des charbons, des fruits, des légumes et des poteries, et surtout ils ont le monopole des bains maures et des boucheries indigènes (N° 63).

A cause de leur industrie, ils sont méprisés des autres Arabes qui les appellent les *juifs du Désert*; mais ils sont généralement plus intelligents et honnêtes que leurs orgueilleux et paresseux détracteurs. Du reste ils parlent le *berbère* comme les Kabyles, et ce qui ferait croire à la même origine c'est qu'ils leur ressemblent encore au physique (si toutefois l'on excepte leurs yeux noirs et leur petite taille) : ils ont le teint blanc, la figure ronde, et le corps gros et peu élégant comme ces blonds et robustes montagnards.

19 Avril.

M. Chaillot fait encore poser devant moi son *chaouch*, c'est-à-dire son garçon de bureau. Il est très-flatté de cette préférence — qui est à ses yeux de l'admiration, — et il se pare de sa belle veste rouge galonnée (*relil*), de son gilet de même couleur (*bedaya*), de sa ceinture de soie à rayures bariolées (*euzam*), de son ample culotte composée de dix mètres de calicot (*seroual*), de ses larges souliers (*sebatt*), et d'un vaste turban blanc (*chèche*). De plus, il veut que j'écrive au bas de son portrait son nom qui est: *Ali-el-Amari-ben-djab Allah*. Mais, comme je lui dis naïvement, en dessinant sa figure luisante, ses grosses lèvres et son nez épaté, qu'il y a du sang nègre en lui; cela change subitement toutes ses bonnes intentions, son entrain en déplaisir, sa gracieuseté en maussaderie, et sa complaisante tranquillité en mouvements changeants et ennuyeux pour moi.

Ensuite, comme il est convenu qu'il doit revenir après le déjeûner, il me fait longtemps attendre et ne reparait qu'à 4 heures ; juste au moment où son maître rentre de son bureau. Aussi, il est tancé ferme pour cela, malgré tout ce que je puis dire pour l'excuser, car il me fournit ainsi une étude de mœurs sur le caractère, la vanité, la désobéissance et la ruse des *Négro-Arabes* que l'on croit plus soumis que les autres.

Il a près de lui son jeune frère, qui, attiré par la curiosité, s'est glissé furtivement dans la chambre ; et, comme je le vois du coin de l'œil, je ferme tout à coup la porte et le prends dans son piège. Il a la figure plus caractérisée encore que celle du chaouch ; du reste elle est sans turban et rasée à l'exception de son *mahomet*, — petite mèche de cheveux que les Arabes conservent derrière leur tête et par laquelle l'ange du prophète doit les saisir le jour de la résurrection. Ceux qui n'auraient pas alors cette mèche risqueraient fort de demeurer en terre toute l'éternité... (N° 67).

Je veux le faire poser à côté de son frère, mais il n'y a pas moyen : il croit dans sa jeune et superstitieuse ignorance que je vais lui jeter un sort, lui faire du mal ou tout au moins le brouiller avec Allah ou son prophète, et il ne veut pas y consentir. Son frère et M. Chaillot lui parlent en arabe et veulent le faire rester en place par force ; mais il bondit par-dessus la table, le divan et les chaises comme une petite bête fauve et se tapit par moment dans un coin de la chambre comme un chacal. A la fin, cependant, on le décide ou plutôt on l'y force en le prenant par la gourmandise ; mais après être resté droit, raide et tout haletant quelques secondes, il se sauve et nous sommes forcés de lui ouvrir la porte pour qu'il ne saute pas par la fenêtre. Alors nous l'entendons descendre les escaliers comme un chat effrayé et poursuivi.

APERÇU DE LA RELIGION. — LE RAMADAN ET LA FÊTE DU BEYRAM. — LES MARIAGES ET LES ENTERREMENTS DES ARABES.

20 Avril.

Je ne vous ai pas dit encore que dans ce mois avait lieu le *Ramadan*, c'est-à-dire le carême des Arabes qui dure trente jours et avance chaque année de onze.

Les Arabes apprécient le jeûne et l'abstension de ce qui leur convient comme l'acte le plus méritant aux yeux de Dieu. Aussi ils ont plusieurs espèces de jeûnes : le jeûne *expiatoire*, pour racheter quelque faute commise volontairement; le jeûne *votif*, fait par esprit de dévotion; et le jeûne *surérogatoire*, ou continué au-delà de ce que la religion prescrit. Mais celui qui est imposé à tous, et qui est le plus long et le plus religieusement observé est celui du *Ramadan*.

Ce dernier dure un mois et il commence chaque jour depuis le lever du soleil et finit à son coucher. Pendant tout ce temps là les Arabes, hommes et femmes, ne doivent pas se voir, ni prendre aucune espèce d'aliment; il leur est défendu de fumer, de priser ou de boire quoi que ce soit, même d'avaler involontairement de l'eau de pluie ou de respirer le parfum d'une fleur ; sous peine d'être considérés comme mauvais croyants, et même d'être soumis à une amende expiatoire. Les malades, les voyageurs, les femmes enceintes, les nourrices et les fous sont seuls dispensés : à la condition qu'une fois rétablis dans leur état normal ils doivent jeûner autant de jours qu'ils en ont été empêchés. A cette époque, les Arabes dévots se couchent devant leur maison pour montrer ostensiblement qu'ils observent bien le jeûne ; les autres ne sortent pas de chez eux ou circulent dans les rues, pour leurs affaires urgentes, marchant lentement, avec des figures exténuées et un air abattu qui est causé autant par une fausse affection que par une lassitude réelle, résultant des excès de la nuit. Car, aussitôt que le soleil est couché, ils rattrapent le temps perdu, font double et triple repas quand ils le peuvent, fument, boivent, envahissent les cafés où ils restent la plupart jusqu'à l'aurore. Aussi ce jeûne, au lieu d'être une mortification, est pour beaucoup une occasion de gourmandise et de débauche, excitées par la privation.

Le moment exact du lever et du coucher du soleil est proclamé du haut des mosquées par les *muezzims* en sentinelle, et dans les villes par un coup de canon, que tirent régulièrement et complaisamment les *chiens de chrétiens* pour les *vrais croyants* leurs esclaves... Alors les airs abattus et les figures exténuées peuvent se réveiller et se réjouir ; de même que le morceau porté à la bouche doit aussitôt en être retiré et rejeté à terre.

Malgré ce jeûne de jour, compensé par les excès de la nuit et en somme peu rigoureux, c'est toujours dans ce moment qu'éclatent les séditions et les révoltes des Arabes ; tant parce qu'ils sont irrités par leur longue et intermittente abstinence, qu'excités au milieu de leur ardeur religieuse et fanatique par les prédications des *Marabouts* et des *Muphtis*.

Dans les villes, pendant tout le temps du *Ramadan*, les mosquées restent ouvertes la nuit. Elles sont encombrées par les Arabes qui y font de plus nombreuses prières et ablutions que de coutume, à la clarté d'une infinité de lampes suspendues au plafond par des cordons qui — dans les mosquées du rite Hanefi — s'entre-croisent en guirlandes avec d'autres attachées à chacune des galeries supérieures, où se tiennent les femmes. (N° 60).

Le *Ramadan* est la plus grande fête religieuse des Arabes avec celle du *Beyram* qui a lieu six semaines après. A l'occasion de celle-ci, chaque Arabe, qui est en état de le faire, tue un mouton, et les plus riches en immolent un certain nombre qu'ils ont élevés d'avance et dont ils teignent les cornes et la laine pour ce sacrifice propitiatoire. Toutes ces victimes — bien entendu les plus grasses et les plus tendres du troupeau — servent ensuite aux Arabes pour célébrer, à belles dents, la solennité religieuse. En cela Mahomet a été très-adroit, car il a fait suivre presque tous les devoirs religieux de ses adeptes d'une récompense matérielle, chacun de ses préceptes d'une jouissance sensuelle, et il a rédigé le koran (*le livre par excellence*) de manière à être facilement d'accord avec le caractère et les goûts de ses prosélytes.

Ce livre est une rapsodie de six mille vers, sans ordre, sans liaison, sans art, dans un style empoulé etentièrement dans le goût oriental; mais néanmoins il offre de temps en temps des passages touchants et sublimes, tels que celui-ci : « La prière nous conduit à moitié chemin vers Dieu, le jeûne nous amène à la porte de son palais, et l'aumône nous y fait admettre. » Il est divisé en quatre parties et en plusieurs chapitres distingués par des titres singuliers, tels que la *Mouche*, l'*Araignée*, la *Vache*, etc.

Toute la théologie de l'illustre imposteur qui — né pauvre chamelier, élevé par son mariage avec une riche veuve, fondant la réussite de son ambition sur le déchirement des nombreuses sectes païennes et rivales, s'aidant de fréquentes attaques d'épilepsie pour faire croire à ses disciples qu'il était en conférence avec l'ange *Gabriel*, et qui enfin, maître du pouvoir à force d'intrigues et d'audace, imposa sa doctrine par le fer, le feu et le sang, donnant aux vaincus le choix de sa religion ou de la mort ; — toute sa théologie, dis-je, est puisée en partie dans les vérités fondamentales du Christianisme; seulement l'arme de celui-ci est la parole persuasive, et celle du Mahométisme est le glaive. Elle adopte l'unité de Dieu et la nécessité de l'aimer ; la résurrection des morts et les récompenses et les châtiments au jugement dernier; de plus Mahomet reconnaît, outre les prophètes de l'Ancien Testament, Jésus fils de

Marie, Messie, Verbe et Esprit de Dieu mais non pas fils de Dieu : car notre trinité et l'adoration de nos saints sont cause qu'il nous confond avec les infidèles et les idolâtres. Ensuite il ajoute (pour lui-même) que Dieu afin de sauver les hommes des ténèbres et de l'idolâtrie a envoyé son prophète, Mahomet, pour les conduire et les sauver... Et il proclame la prédestination, c'est-à-dire le destin des hommes et des choses décidé d'avance, afin de faire accepter son despotisme... Puis, à la fin de l'Alkoran, de prophète il devient législateur : il traite de tous les crimes sociaux, des châtiments proportionnés à infliger aux coupables ; et c'est ce code universel qui régit les Mahométans depuis douze siècles.

Pour pratiques extérieures de sa religion, il ordonne la circoncision, les ablutions, l'aumône, la prière cinq fois par jour, l'abstinence du vin, des liqueurs fermentées, du sang, de la chair de porc, le jeûne du mois *Ramadan* et la sanctification du vendredi. Enfin pour disposer à sa doctrine, il promet à ceux qui suivront ses préceptes un lieu de délices à la fin de leurs jours, au septième ciel où chaque croyant sera alors entouré de 72 houris séduisantes... Aussi, un réformateur, qui proposait pour paradis un sérail, ne pouvait manquer de se faire des prosélytes dans un pays où le climat inspire la volupté.

Du reste, l'intelligent réformateur a dû transiger avec les anciennes coutumes païennes et avec le tempérament paresseux, matériel et rêveur des Orientaux. C'est ainsi qu'il a conservé l'ancien usage du pèlerinage à la Mecque, qui d'après la tradition musulmane remonte plus haut que le déluge, et il a même jugé à propos d'en faire un des quatre points fondamentaux de sa religion. Les Arabes de l'Algérie font rarement ce pèlerinage; mais ceux qui le font n'en acquièrent pas moins une grande considération et sont regardés, à leur retour du temple sacré de la *Caaba*, comme des hommes aimés et privilégiés d'Allah et de son prophète.

La fête du *Beyram*, qui semble avoir quelque rapport avec l'immolation de l'agneau pascal des chrétiens, n'en a cependant aucun. Car elle rappelle précisément les cérémonies du pélerinage de la Mecque ; et l'holocauste coïncide avec la dernière station, dans la vallée de la *Mouna*, où les pèlerins assistent au sacrifice des victimes propitiatoires.

Le 20 *Avril* est le lendemain du *Ramadan*, c'est-à-dire la fin du carême et des privations, et le plus grand jour de réjouissance de l'année pour les indigènes ; c'est pourquoi je ne puis avoir aucun modèle arabe à ma disposition. Mais ils posent partout dans les rues et en beaux habits: ils portent des culottes jaunes avec des vestes bleues, des culottes bleues avec des vestes rouges, des culottes blanches avec des vestes vertes et des vestes bleues avec des culottes blanches. Les petites filles font cliqueter leurs anneaux de jambes et elles ont des *gandouras* (*) roses avec des burnous blancs à larges rayures de soie.

(*) Robe arabe sans taille et sans manches.

Partout on voit les enfants, vêtus d'étoffes aux couleurs brillantes, courant, ou bien accroupis sur le seuil des portes et occupés à manger des gâteaux : espèce de pâte de kouskous peu cuite et frottée de miel. Ces gâteaux sont faits en forme de petites couronnes rocailleuses ou bien pliés en deux comme la couverture d'un livre.

Les hommes vont dans les cafés maures ; et, en chemin, l'inférieur rencontrant son supérieur ou un ami, lui baise l'épaule et le dessus du turban en lui prenant la tête à deux mains, avec toutes les démonstrations *exagérées* du premier jour de l'an chez nous. Le soir il y en a beaucoup qui sont ivres, et je remarque que tous les riches ont des souliers neufs.

A Constantine, les Arabes vont ce jour-là en très-grand nombre — beaucoup à cheval et tous avec leurs beaux costumes — au cimetière du *Coudiat-Aty*. Là, ils passent la journée sur leurs tombes de famille : les hommes assis, les femmes dévoilées et causant, les enfants jouant et mangeant.

———

A propos de cimetière et de cérémonies religieuses des Arabes, c'est aussi le moment de vous parler de leurs funérailles ; mais je crois devoir commencer par le commencement... qui est la célébration de leurs mariages.

Dans les *douars*, où les femmes travaillent continuellement dehors, sans voile et demi-nues, l'Arabe connaît jusqu'à un certain point la jeune fille qu'il veut épouser, mais dans les villes où toutes les femmes sortent le visage entièrement caché, à l'exception des yeux, il ne connaît sa bien-aimée que le lendemain du mariage.

Lorsqu'un Arabe a rencontré une jeune femme dont la démarche, la tournure et l'aspect l'ont séduit ou lui conviennent, il lui fait ordinairement parler et parvenir quelques cadeaux par les Négresses du bain public, où elle ne manque pas de se rendre chaque jour. Alors, si son hommage a été accepté, il s'adresse au père et lui demande la main de sa fille. Si le prétendant a quelque fortune, il est presque toujours agréé ; car non seulement les filles arabes n'ont pas de dot, mais il faut encore les acheter et en payer le prix aux parents... Ce prix dans les campagnes varie de cent à trois cents francs ; et pour les filles des tentes riches le mari leur constitue, en plus du prix d'achat, une certaine valeur en argent, en vêtements et en parures, qui est consignée dans le contrat avec les conventions particulières, telles « que de ne pas faire travailler sa femme, de lui acheter chaque année un certain nombre de mouchoirs brodés d'or, des bracelets de corail et des anneaux d'argent pour les jambes, enfin de ne pas la battre, etc., etc. » Ensuite, le mariage se conclut devant le Cadi, soit en présence soit en l'absence de la mariée. Souvent même le père marie sa fille sans l'avoir prévenue.

C'est aussi devant le Cadi que les parents de la jeune femme viennent se plaindre si elle est trop maltraitée, délaissée ou malheureuse, et que le mari vient répudier sa compagne s'il en est fatigué ou si elle a commis quelque faute qu'il ne veut pas pardonner. Car, depuis la domination française, les Arabes n'ont plus le droit de tuer impunément leurs femmes infidèles, ou bien de les noyer ou de les précipiter comme autrefois du haut des rochers de Constantine, à l'endroit qui s'appelle encore *la roche de l'adultère* (N° 27)... Lorsque le divorce est provoqué par le mari et si ce n'est pas pour des raisons graves, telles que pour infidélité, stérilité ou mauvais caractère, la valeur payée de la femme ou la dot qui lui a été constituée reste acquise aux parents; — de sorte qu'il y a tel père arabe qui a retiré ainsi de ses filles et de leurs divorces successifs une petite fortune. — Mais si au contraire, c'est la femme qui a tort, son père doit restituer au mari la somme qu'il a touchée pour le prix de sa fille.

Les filles arabes se marient de très-bonne heure, surtout dans les régions brûlantes et avancées du Sud où elles sont souvent mères à douze ans. Aussi la population arabe serait très-considérable si l'on prenait soin des enfants : mais, au contraire des autres nations, il ne sont guère vêtus dans leur bas-âge que d'amulettes pendues au cou, et se vautrent continuellement dans la boue et l'humidité; on ne leur donne une gandoura ou un burnous que lorsqu'ils marchent déjà seuls. Il en meurt une grande quantité, et c'est probablement la raison qui fait que les hommes, survivant à cette difficile enfance, sont si forts et résistent si bien aux intempéries du temps et aux privations.

Un Arabe peut épouser autant de femmes qu'il en peut acheter et nourrir; mais ordinairement il n'en a que deux ou trois, dont les plus vieilles travaillent à tous les travaux de la tente tandis que la plus jeune et jolie ne sert qu'à ses plaisirs — en attendant son tour d'abandon et de labeur. — De cette manière, l'Arabe des *douars* a d'autant plus d'esclaves pour travailler ses terres et est d'autant plus riche qu'il a plus d'épouses, car, l'on sait déjà que les femmes ne sont ni regardées ni traitées chez les indigènes à l'égal des hommes (page 62). Cependant elles ne sont pas malheureuses comme on le croirait: elles acceptent et aiment au contraire cette vie-là — n'en connaissant pas d'autre. — Tout en étant esclaves elles se rendent la plupart du temps maîtresses dans le ménage et, lorsqu'elles voient l'une d'elles se reposer tandis que son mari travaille, elles s'en moquent et sont toujours les premières à applaudir aux vengeances sévères d'infidélités féminines — dont souvent elles-mêmes ne sont pas exemptes...

Après cela, la femme arabe, sans aucune espèce d'instruction morale, contrainte d'obéir à la force, habituée à une vie rude et toute matérielle, ne comprend rien aux impressions douces et intellectuelles: elle aime ses enfants par instinct, son mari par obéissance ou par jalousie, et son amant par les sens. Elle ne s'enthousiasme guère que pour les actions énergiques et violentes; aussi ce que l'on peut faire de mieux pour l'émerveiller et lui plaire, c'est de pénétrer la nuit, à force de ruse et d'adresse, sous sa tente, et de venir lui rendre son hommage à côté de son mari endormi!... Mais, si ce dernier s'éveille et tue son rival devant elle, la femme arabe défendra et pleurera-t-elle son amant?... C'est ce dont je doute. Du reste, je n'ai jamais fait cette expérience... à vous, cher lecteur, la liberté de continuer cette étude de mœurs...

Mais revenons à la célébration du mariage. Lorsque les futurs arabes se rendent chez le Cadi ou au domicile conjugal, ils sont ordinairement escortés par un nombreux cortège de parents et d'amis; les femmes chantant et les hommes tirant des coups de fusil. Dans certaines localités, on promène la mariée dans une espèce de litière, fermée et illuminée en dehors par les nombreux cierges que portent les femmes qui la suivent et l'environnent; dans d'autres, c'est le mari qui, le capuchon de son burnous renversé sur les yeux, est conduit sur un cheval, tenu à la bride par deux amis, à l'entrée de la tente de sa nouvelle épouse : et cela au son joyeux et bruyant de la musique indigène. Faut-il ne voir là qu'une niaise et grossière habitude, ou bien une allusion à la vie retirée de la femme arabe, peut-être à ses actions cachées et mises au jour par la jalousie de ses compagnes; une allusion à l'aveuglement de l'homme, qui épouse sans voir et guidé par les renseignements des autres? Rien n'est dit là-dessus et décidez en vous-même.

―――

Les enterrements des Arabes se font avec beaucoup de calme et de bruit... C'est-à-dire que les hommes s'y montrent, comme partout, graves et silencieux, mais les femmes, pleureuses, criardes et exagérées dans leur désolation: du reste, elles sont quelquefois conviées pour *pleurer* le défunt.

Dans les villes et lorsque le cimetière est rapproché, le mort est porté par quatre Arabes sur un *ester* ou lit en nattes de paille, recouvert d'une draperie de soie de couleur ; mais dans les tribus, le corps, enveloppé de son burnous avec le visage laissé découvert, est placé et attaché simplement sur un cheval que conduit à la main un Arabe. Les hommes marchent en avant, le plus souvent à pied, en récitant le premier verset du koran ; et derrière suivent les femmes, s'égratignant la figure et les bras qu'elles sortent à chaque instant, dans leurs démonstrations de douleur, de-dessous le long voile qui les enveloppe de la tête aux pieds (N° 46).

C'est le *marabout* qui préside aux funérailles. Arrivé sur le bord de la fosse, il fait une courte prière et le mort est promptement enterré ; car les Arabes croient généralement que le corps souffre tant qu'il ne repose pas dans la tombe. Il y est placé, penché sur le côté et sur le coude gauches, afin qu'il puisse se relever plus aisément lorsque sonnera la trompette du jugement dernier.

Les cimetières arabes sont très-simples ; quelques-uns sont ombragés de cyprès qui sont les seuls arbres admis dans les cimetières musulmans et pour cela interdits à ceux des Juifs. Mais la plupart ne présentent, dans un espace ouvert à tous les passants, qu'un amas sans ordre de pierres plates fichées en terre ; et il y a presque toujours au milieu un petit bâtiment carré, surmonté d'un dôme ou santon, qui est la sépulture d'un *marabout* ou d'un saint homme plus ou moins en renom. Il y en a en grande réputation où l'on vient de très-loin en pélerinage. Près des villes, quelques tombes de personnages sont indiquées par une pierre tumulaire, surmontée d'un turban grossièrement sculpté, et quelquefois sur le pilier est écrit le nom du mort, mais le nom seul, sans aucune inscription louangeuse ou attristante.

Bien que les Arabes aient le plus grand respect pour les morts, l'intérieur de leurs fosses est très-simplement composé de quatre pierres plates; le dessus, seul, est recouvert de fortes dalles ou d'une maçonnerie de briques dans les pays de sable, afin de les garantir des chacals et des hiènes qui viennent souvent pendant la nuit déterrer les cadavres.

Les pierres qui sont mises sur le tombeau des femmes, les plus regrettées, sont ornées d'une feuille de lotus. Et, quoique les Arabes ne pensent pas que l'âme des femmes soit immortelle comme la leur, ces dernières sont sans rancune; car l'on passe rarement près d'un cimetière sans en voir quelques-unes qui prient avec des démonstrations de grande douleur sur leurs tombes de famille.

21 Avril.

C'est un samedi — *qui est le dimanche des Juifs*, — et tandis que je me promène dans la rue, j'aperçois, derrière une porte entrebaillée, une famille juive en habits tout brodés d'or et d'argent. Je manifeste au secrétaire du Commissaire civil l'envie que j'ai de visiter cet intérieur et de voir de près ces beaux costumes, et, comme le mari est un marchand de Tunis qui a heureusement pour moi une affaire véreuse au Commissariat, il me promet d'obtenir de lui, par crainte sinon par bon vouloir, qu'il me laisse faire le portrait de sa femme. Les Juifs du reste ne sont pas rigoureux et jaloux comme les Arabes : leurs femmes sortent seules dans les rues, ayant simplement le bas de la figure voilé jusqu'au nez.

22 Avril.

Je fais le portrait de M. Chaillot qui m'a envoyé chercher par son *chaouch*. Nous causons longuement de l'Afrique ; il me montre ses armes arabes, et tandis que nous flânons nous nous trompons d'heure et je cesse brusquement la séance à six heures moins le quart, car je dîne chez le Commandant supérieur. Je me hâte de m'habiller et je cours à la presqu'île.

M. Simond nous conte son séjour à Constantine, en nous offrant de petits cigarres carrés qui sont excellents. Puis, il a l'obligeance de me donner des lettres de recommandation pour ses amis, dont l'un, M. M*, est propriétaire des premières vignes plantées aux environs de Constantine, vignes dont nous venons de goûter le vin qui est très-joli est très-bon.

Cela est pour arriver à vous dire qu'il se récolte encore peu de vin en Afrique et par deux raisons : d'abord parce que le gouvernement n'a pas poussé à cette culture qui n'est d'aucune utilité pour la France, et ensuite, parce que la vigne ne rapporte qu'après trois ans de plantation et de travail : ce qui n'est pas le compte des colons qui veulent récolter de suite et jouir du fruit de leurs peines sans attendre. Cela ne peut être fait que par de riches industriels qui peuvent braver l'attente et la cherté de la main-d'œuvre.

23 Avril.

Deux balancelles de Bône sont arrivées le matin dans le port de Lacalle et elles repartent le lendemain. Je veux cette fois profiter de l'occasion, et je parle à l'un des patrons afin qu'il me prévienne de l'heure du départ; il me promet de venir m'appeler à l'avance.

J'ai déjà fait mes visites d'adieu, mais le soir j'accepte le dîner du départ que m'offre M. Lefranc en société de la plupart des jeunes gens de la ville. Après, nous allons au cercle, prolonger et finir assez gaiment notre soirée.

LES JUIFS DE TUNIS. — TRAVERSÉE SUR UNE BALANCELLE.

24 Avril.

Comme M. Chaillot a décidé le mari de la Juive de Tunis à la laisser poser, je vais le chercher le matin afin qu'il me conduise chez elle. Nous y allons, il entre le premier pour prévenir de notre arrivée, et un instant après il vient me chercher accompagné du Juif.

C'est un riche marchand de Tunis qui habite de temps à autre Lacalle où il fait des affaires — je crois en contrebande, car nous ne voyons chez lui aucune boutique ni étoffe. — Il nous reçoit, au rez-de-chaussée de sa maison, dans une chambre badigeonnée de blanc et entièrement nue, à l'exception d'un coffre arabe et d'un petit réchaut en terre sur lequel les Juifs font toute leur cuisine. Au milieu, sur un tapis, est assise sa femme dans son beau costume. Elle a des *jambarts* en gros tissu d'or, bordés de torsades d'argent qui terminent une culotte de satin rose à raies blanches ; et une petite tunique de satin de même couleur, entièrement recouverte sur la poitrine par des broderies d'argent, brodées dans le milieu par une large et massive bande d'or figurant l'ouverture d'une chemise. Les manches sont en velours rouge grenat, brodé d'or ; elles s'arrêtent au coude et laissent passer d'autres larges manches de gaze. Sur les épaules et sur le dos flotte une draperie de soie rose à larges rayures rouges ; et sur la tête elle porte un diadème d'or, par-dessus un petit mouchoir dont les bouts brodés sont coquettement noués sur un côté. Ce petit mouchoir maintient les cheveux, qui retombent derrière en deux tresses prolongées, et entre-mêlées avec de gros cordons d'or qui finissent par des glands à franges de soie et d'argent. Encadrée dans toute cette soierie et cette orfèvrerie, est une calme et regulière figure de Juive, aux sourcils et aux cheveux de jais avec les longs cils *bien inutilement* teints en noir avec du *henné* (N° 17) (*).

(*) Ce costume des Juives de Tunis est tout-à-fait différent de celui des Juives du reste de l'Algérie, comme nous le verrons plus tard.

Après les salutations d'usage je me mets à dessiner, et jamais je ne me suis trouvé en face d'un modèle aussi tranquille. Soit par crainte de nous ou de son mari, soit par habitude de passer tout son temps assise sur un tapis et sans rien faire que se parer, dormir et se teindre les cils et les ongles, cette jeune femme ne bouge pas plus qu'une statue; son seul tort, à mes yeux, est de ne pas vouloir lever les siens qu'elle a très-jolis, mais qu'elle tient constamment fixés à terre.

Il est vrai de dire que son mari — qui pensait probablement que je me contenterais de jeter un coup d'œil sur le costume de sa femme — paraît peu satisfait que je la regarde si longtemps pour la dessiner; aussi, après avoir examiné mon travail et après avoir tourné en tous sens dans la chambre, il finit par quitter ses babouches et par venir s'asseoir à côté d'elle, espérant m'inquiéter par ses regards fixes et jaloux. Mais cela n'aboutit qu'à faire durer la séance plus longtemps, parce que je dessine le mari avec sa femme. C'est pourquoi lui-même, inquiété par mes regards, se lève, vient voir ce que je fais, et, en reconnaissant son portrait, il se tranquillise, rit bien fort et veut alors que je dessine à côté de lui sa petite fille. Elle est assez jolie, mais comme elle est habillée à la française, avec une robe à trois volants — tout en ayant la tête et les pieds nus — je m'en dispense.

25 Avril.

Je dois partir aujourd'hui de Lacalle pour me rendre par mer à Bône. Je m'éveille et me lève à quatre heures du matin assez inquiet, car, comme le patron Rombi n'est pas venu m'appeler dans la nuit, je pense qu'il m'a oublié... Heureusement, je vois à la porte de l'hôpital les sacs des soldats qui doivent partir en même temps que moi et plus loin les deux bateaux dans le port.

Il n'y a presque pas de vent; cependant on embarque à cinq heures, et les deux balancelles sortent du port en se faisant remorquer par des chaloupes de rameurs. Puis en mer, on met dehors toutes les voiles possibles afin de ne rien perdre de la brise et de pouvoir avancer.

Il y a sur la balancelle, pour unique cabine, un trou à l'arrière qu'occupe en entier la couchette du patron et d'où vous chasse une atmosphère chaude et épaisse; le seul moyen de s'y reposer, est de se tenir debout sur la couchette et de s'accouder sur le plancher du pont, ce que, sans être un géant, l'on peut aisément faire. Mais, si deux personnes d'un certain embonpoint s'y tiennent en même temps, il en faut une troisième pour les décaler et leur aider à en sortir... Le pont est tout encombré par des rouleaux de cordages, par l'ancre et sa longue chaîne, par des seaux, des corbeilles, des balais, une barrique d'eau douce et un poêle en fonte pour faire la cuisine : aussi, la meilleure place est-elle sur le couvercle élevé de la grande écoutille des bagages, qui forme comme une espèce de siège; il est sinon tendre, du moins sec et uni. Mais cette place est très-recherchée par tout le monde, et elle n'est vacante que lorsque, la barque tournant, les cordages et les poulies de la voile viennent vous y labourer les jambes.

L'équipage se compose du patron, gros marin barbu, de son frère, moins gros marin, d'un mousse aux jambes et aux pieds nus, et d'un vieux matelot qui est un type. Ce dernier a le lourd bonnet napolitain; une figure hâlée et calleuse avec un nez mince, long, crochu; la barbe et les sourcils blancs, et des anneaux de cuivre aux oreilles. Sa chemise, dont le col n'a pas de bouton depuis longtemps, s'écarte et laisse voir, rouge comme un érysipèle, sa poitrine que cache mal sa veste qui aurait besoin de passer au raccommodage et tient croisée à l'aide d'une seule boutonnière à cheville de bois... La couleur primitive de son pantalon disparaît sous la variété des pièces et il porte autant que le portent, de lourds souliers à épaisse semelle de bois... Ils font lorsqu'il marche sur le pont un bruit sec qui, avec la raideur de ses mouvements due autant à la vieillesse qu'à ses vêtements mal ajustés, fait ressembler le vieux matelot à un polichinelle ou au symbole engourdi de l'hiver, — vu en plein soleil... Pourtant, c'est le matelot de confiance; et lorsque le patron dort c'est celui qui tient le gouvernail et commande au mousse de jeter des seaux d'eau là où il en est besoin...

Les passagers sont quelques bons hommes sans caractère et malades, au nombre desquels moi; puis un sous-officier de Turcos qui caresse ses moustaches et pose le *bel homme*, en souliers vernis, *chaîné, épinglé, bagué d'or*; il va en congé faire des malheureuses à Bône... Enfin, un de ces habitants aventureux de l'Afrique, moitié bien mis moitié mal, ayant quelque idée des bonnes manières et se servant des mauvaises, du reste intelligent, et personnage original et très-loquace qui se charge d'animer à lui seul le calme de la traversée. Il commande à haute voix les manœuvres, y aide à tout moment, et tire les cordes goudronnées sans crainte pour sa cravate blanche et sa redingote noire, déjà tachée. Il a apporté des provisions de bouche enveloppées dans son mouchoir de poche, il les mêle avec celles des matelots, écaille leurs poissons, les lave, les coupe par morceaux et les prépare; il allume du feu dans le poêle et fait pendant la traversée plusieurs *bouillabesses*, qu'il offre à tout le monde dans les assiettes de bois du bord. Mais il les mange seul avec les marins, les passagers lui refusant tous : car, malgré la tranquillité de la mer, ces petites barques ont toujours beaucoup de mouvement et l'on est loin d'avoir appétit....

Cependant il n'y a plus de vent pour enfler la voile, la surface de l'eau est unie comme un lac et longtemps nous restons arrêtés devant la proue d'une barque de corailleurs, qui font continuellement tourner leur cabestan ou virevaut pour remonter leur filet, plus ou moins plein de corail. Ils nous plaisantent dans leur idiome et nous disent « *de venir leur aider, car nous en aurons bien le temps avant que notre balancelle bouge et les dépasse...* » En effet, la mer devient de plus en plus d'un calme plat et désespérant; il n'y a pas la moindre brise pour nous faire avancer, seulement, de temps à autre quelques bouffées chaudes arrivent de terre et font onduler la voile, mais elle retombe bientôt et nous ne sommes pas moins restés à la même place. Le peu de vent du matin est tombé, et comme il était contraire, notre pilote a dû en profiter pour prendre des bordées qui nous ont rapprochés du cap *Rosa*; mais à présent nous ne pouvons plus passer outre et nous éloigner du rivage, qui n'est qu'à quelques encâblures de nous et paraît très-pittoresque.

Ce sont de belles falaises de rochers en avant d'un bois charmant; aussi, l'original et remuant passager, voyant que j'examine avec grande attention, me dit : « Voulez-vous venir à terre, monsieur? » Et, sans consulter le patron qui se contente de rire dans sa barbe et n'a pas dit un mot depuis le départ, il détache la chaloupe dans laquelle nous entrons et il me débarque au bas des falaises... Là, il me fait les honneurs et l'explication des lieux, — qu'il ne connaît pas plus que moi; — puis, il a apporté une ligne, il pêche à l'ombre d'un immense rocher, qui, détaché des hauteurs, a glissé emportant sur lui des arbres, et qu'il nomme le *grain de sel* (N° 19). Pendant ce temps-là, moi j'ai trouvé une autre position d'où la vue est superbe : c'est encore un immense éclat de roc qui s'est déjoint et est tombé sur les autres en formant voûte et galerie, par lesquelles j'aperçois notre barque en mer; mon cicerone appelle cela *la lucarne* (N° 20). Plus tard, après avoir pêché quelques heures, il s'écrie précipitamment : « Du vent! du vent!! fichtre!!!... embarquons! » J'embarque en effet et il me ramène à bord en quelques coups de rames...

Cependant, ce n'était pas une fausse alerte, car la journée est avancée, le temps a fraîchi et la voile s'agite ; peu à peu le vent arrive, la grande voile se tend et s'arrondit en faisant craquer ses poulies et ses cordages, et la balancelle avance. Plus loin, nous sommes suivis par des marsouins qui sautent sur les vagues et paraissent quelquefois tout entiers hors de l'eau. Je leur tire plusieurs coups de fusil pour me donner le plaisir de tuer un marsouin *au vol*... mais, soit maladresse, soit parce que mon plomb n'est pas assez fort, ils continuent à sauter de plus belle.

Enfin, la nuit est venue ; la terre, que nous n'avons jamais perdue de vue, s'assombrit et s'estompe ; et nous arrivons à minuit dans la rade de Bône par un clair de lune superbe, qui fait pâlir les trois phares de la côte. Nous passons tout près des navires à l'ancre — dont le dessus des noires silhouettes blanchit, comme si la lune y avait jeté de la neige brillante, — puis bientôt nous abordons au quai. Là, il y a encore une formalité à remplir : il faut montrer son passeport à la Santé. Mais, comme il est tard et que le mien est au fond de ma malle, le patron m'en dispense ; il répondra de moi sous sa responsabilité et je me rends de suite à l'hôtel.

DE BONE A GUELMA, PAR LA PLAINE DE DRÉAN ET HÉLIOPOLIS. — ASPECT DES VILLAGES SUISSES ET ALLEMANDS EN AFRIQUE.

26 Avril.

Dès que le jour paraît, je me lève et cours au bureau des voitures de Guelma afin de ne pas perdre de temps. Il y a un départ à sept heures et je retiens ma place. A sept heures je reviens et je monte en voiture en compagnie d'un employé du télégraphe, très-blond de cheveux, élégant de costume, qui va marquer des bois pour établir la ligne jusqu'à Tunis ; il me montre sa hachette où est la marque du gouvernement. Il y a encore un ingénieur, jeune homme très-bien élevé, qui connaît le pays et me donne quelques renseignements ; plus, quatre chasseurs d'Afrique qui reviennent d'une expédition et vont aux eaux thermales de *Hammam-Meskoutin* pour guérir leurs blessures.

Nous sortons de Bône en traversant le marché arabe ; nous passons au bas d'Hippone, où nous trouvons un encombrement de chariots servant à l'exploitation des mines de fer de l'*Alelik* à M. Talabot, et nous entrons dans la belle et immense plaine de *Dréan*. Notre voiture est une espèce d'omnibus à quatre chevaux, avec un coupé de trois places en avant. En hiver, elle est remplacée par une plus petite et moins lourde afin de pouvoir l'arracher de la plaine qui devient marécageuse, et encore faut-il que les voyageurs poussent souvent à la roue. Heureusement l'hiver et la route pierrée s'achèvent et nous ne sommes forcés de faire qu'un ou deux kilomètres à pied...

La plaine de *Dréan* est une grande étendue de terrain — excellent s'il était cultivé et assaini — qui se déroule à perte de vue, entre la haute montagne de l'*Edough* où est la belle forêt de chênes-zeens, et celle des *Beni-Sala* où l'on trouve en abondance toute espèce de gibiers, depuis la perdrix et le lièvre jusqu'au lion et à la panthère. Après avoir mis plusieurs heures pour traverser cette plaine et jeté un coup d'œil sur le lac *Fetzara* que l'on aperçoit au loin, nous arrivons au village de *Penthièvre*, où l'on déjeûne. Mais il ressemble trop à un relais de France pour que je vous en parle. Seulement de temps à autre il passe sur la route des groupes d'Arabes à cheval, à mulet ou à pied, précédés de leurs femmes qui conduisent quelques bœufs ; et c'est la seule chose qui fasse diversion à un gros brigadier de gendarmerie qui se promène en face de l'hôtellerie, et à de nombreuses charrettes attelées de cinq mulets qui amènent des sacs de farine de Guelma.

Plus tard nous nous enfonçons dans la montagne, et la physionomie du pays change : la route monte en contournant au milieu de grandes broussailles, dans lesquelles se jettent les cavaliers arabes que nous rencontrons, soit pour nous laisser passer, soit parce que leurs montures ont peur de nous. Le haut et le versant des montagnes sont garnis de genêts jaunes partout où le rocher n'est pas à nu ; et la vallée, cultivée partiellement, est habitée par un ou deux *douars* que j'aperçois de loin. Après une assez forte montée, nous pas-

sons devant une colonne où est gravée une inscription.
— « C'est ici la *funéraille* des camarades, dit en se découvrant le plus vieux des chasseurs d'Afrique... » et il me conte que la première fois que les Français pénétrèrent là, ils eurent plus de cinq cents hommes mis hors de combat en trois quarts d'heure. « Car, dit-il, il y avait sur ces mamelons autant d'Arabes que vous y voyez de touffes d'alfa et de genêts, et, comme il n'y avait aucune route pour la cavalerie, impossible de piquer et d'extirper tous ces burnous ! » A ce propos, je lui dis : Vous ne sabrez donc pas les Arabes ? — « Ah, ben oui ! C'est peine perdue de taper sur leur épaisse coiffe de laine. On les pique au galop dans la poitrine, et on laisse aller le bras ou le sabre sans plus s'occuper du Bédouin qui se dégage tout seul en tombant ; puis, on continue d'avancer et l'on repique tant qu'il y en a devant soi... La seule chose à craindre, c'est la corde qu'ils vous lancent autour du cou et qui est attachée à l'arçon de leur selle. »

Je ne vous ai pas dit que nous avions traversé quelques villages allemands et suisses, remarquables seulement par leur propreté plus grande qu'ailleurs et par leur isolement. Ils sont tous ornés d'une fontaine à abreuvoir, d'un bureau de poste, quelquefois d'une chapelle, et environnés de beaux champs de blé ; mais, comme je n'aime pas en voyage ces aspects prosaïques et denués de pittoresque, je vais vous dire une fois pour toutes ce que c'est et je n'y reviendrai plus. Tous ces villages européens se ressemblent : ce sont quelques maisons, alignées sur un chemin boueux, qui n'ont qu'un rez-de-chaussée la plupart ; blanchies, recouvertes de méchantes tuiles et obstruées en dehors par des charrues, des chariots, des tas de fumier et de paille. Elles sont peuplées par des ouvriers à longue barbe, à pipe culottée, en casquette et en blouse, et par des femmes hâlées, fatiguées et mal vêtues à l'européenne, c'est-à-dire sans aucun charme. Le tout est entouré d'un faible mur d'enceinte avec deux portes à meurtrières, pour se défendre des Arabes en cas d'invasion. En temps de paix les portes manquent souvent.

Le plus joli de ces villages est *Héliopolis*, qui n'est qu'à quelques kilomètres de Guelma ; et je vais bientôt y arriver, car notre voiture descend continuellement depuis la colonne funéraire.

Après cela, Héliopolis m'a peut-être paru mieux que les autres par la raison que je vais vous dire. J'étais parent par alliance d'un grand industriel *Constantinois* dont l'un des gendres avait une propriété en cet endroit. En passant devant son habitation, que l'ingénieur m'indique, je fais arrêter la voiture, j'entre et je trouve M. *Mérine*. Il me dit qu'il m'attendait ; on descend ma malle, je monte, et il me présente à sa femme qui me fait une gracieuse réception.

M. Mérine est l'ancien chef du bureau arabe de Guelma, devenu industriel ; et c'est un jeune homme aimable et intelligent, qui unit la franchise du militaire à sa vivacité naturelle et à la finesse de l'homme du monde. Il a donné sa démission d'officier pour se lancer dans l'industrie des moulins et des farines qui est ici très-avantageuse, parce qu'il y a des cours d'eau dans le pays et des blés très-abondants.

GUELMA. — LES MOULINS ET LES MEUNIERS EN ALGÉRIE. — CHASSE AUX LIÈVRES ET AUX CAILLES.

27 Avril.

Mon hôte me montre son jardin neuf qui m'étonne par la vigueur des pousses d'arbres : les greffes d'un an sont grosses comme le poignet, et cela est dû à l'eau qui abonde et aux fréquents arrosages qui, à l'aide de canaux d'irrigation et de répartition dans le village, se font plusieurs fois chaque semaine (*). Du reste le terrain est ici partout très-riche, et il est des endroits où il y a plusieurs mètres de terre végétale. Là où ne s'étendent pas des champs de blé et des prairies, ce sont des bois d'oliviers greffés.

Ensuite, je visite l'établissement des moulins. Le blé d'Afrique, à cause de la vigueur de la végétation est *du blé dur* ; c'est pourquoi il faut en le faisant passer dans des cylindres à râpes enlever la première écorce du grain, puis le mouiller pour le rattendrir et le faire plus blanc et moins sec. Vingt-quatre heures après, on le moud, après quoi l'on fait refroidir la farine, en la laissant tomber et glisser lentement sur des pyramides de bois à plusieurs étages espacés et aérés. Tout cela est organisé ici sur une grande échelle, de manière à pouvoir fournir aux exigences des marchés militaires

(*) En Algérie le plus précieux engrais est l'eau. Partout où, à l'aide d'une rivière ou d'un barrage, l'on peut établir des irrigations régulières, l'on obtient dans ce sol neuf et brûlant une luxuriante végétation.

et civils : chaque paire de meules peut moudre quatre sacs à l'heure.

Je vois aussi comment se prépare le kouskous des Arabes. On moud le blé plus gros qu'ordinairement, on le tamise, et ensuite les Arabes humectent eux-mêmes ces gruaux qu'ils remuent en jetant des poignées de farine dessus : cela fait une semoule graveleuse qu'ils font cuire dans un plat, percé de petits trous, à la vapeur d'un morceau de viande et du bouillon qui bout dans un vase placé dessous. Ici, le blé acheté des indigènes a presque toujours le goût du silos, mais ce goût se perd dès que le pain est rassi. Du reste, les Arabes mangent très-bien le blé de huit ou dix ans qui a pourri dans les silos...

Après un déjeûner très-abondant et délicat — préparé par un cuisinier italien qui heureusement n'a besoin d'aucun conseil, car il n'entend pas un mot de français, — l'on me fait conduire en voiture à Guelma. La route est bonne et bordée de fermes, de prairies et de champs de blé ; je traverse la *Seybouse* sur un pont long et étroit, puis j'aperçois la ville en avant de la *Mahouna*, montagne où Gérard a tué son premier lion. A ma droite, s'élève et se perd dans les nuages la *Serdjlaouda*, c'est-à-dire *la selle de la jument*, parce que son sommet offre une échancrure au milieu de deux pics élevés et imite une selle arabe.

J'entre à Guelma par une espèce de porte fortifiée. Je visite l'église dont il n'y a rien à dire, et ensuite la mosquée qui est d'architecture arabe, avec une jolie fontaine devant l'entrée, à pyramides surmontées de coupoles. Un Arabe me fait monter au haut du minaret d'où j'examine le panorama de la ville. Cette Sous-préfecture a, à l'Est, le quartier militaire, entouré d'un mur crénelé qui renferme les casernes, l'hôpital, l'habitation avec jardin du Commandant supérieur, le bureau arabe et les ruines romaines où je me promets d'aller tout à l'heure. Du côté opposé est le quartier civil qui n'a rien de remarquable : les maisons sont peu élevées et les magasins peu nombreux. Il y a une place et un jardin devant l'église, et une autre assez grande pour le marché des grains — qui est ici très-important ; — cette dernière s'étend à côté d'un ancien cirque romain qui sert aujourd'hui de promenade aux Arabes et aux enfants (N° 21). Delà, je vais visiter les autres ruines qui paraissent plus belles de loin que de près : c'est une maçonnerie massive de briques et de ciment, formant deux chambres carrées, qui sont séparées par des arches cintrées et demi écroulées. De toutes petites cellules, ménagées dans l'épaisseur des murs et fermées encore par de grossières portes, servaient autrefois aux Arabes pour renfermer des prisonniers, qu'ils laissaient là jusqu'à ce qu'ils fussent dévorés par les serpents qui en effet y abondent.

Je veux dessiner ces ruines, mais la pluie survient ; je remonte en voiture et je retourne dîner à Héliopolis.

28 Avril.

J'avais fait le projet d'aller le matin dessiner Guelma ; mais en sortant, j'entends et je vois dans la cour une meute de grands chiens courants que le domestique conduit tous accouplés en promenade. Je demande à M. Mérine s'il est chasseur? — « Oui, me dit-il. Seulement je ne puis chasser dans cette saison parce que mes occupations m'en empêchent; mais si vous êtes chasseur vous-même, montez à cheval et emmenez mes chiens et mon domestique. » J'accepte avec plaisir, on me donne un cheval de selle, et je remplace ma promenade artistique par une promenade de chasse.

Nous entrons dans le bois qui est tout près de la maison, et les chiens, découplés de l'autre côté de la rivière, s'écartent aussitôt en quêtant. Ils cherchent, ils reconnaissent, ils tombent bientôt sur la passée d'un lièvre, et ils donnent de la voix de temps à autre et de distance en distance. Il y a des voix claires, précipitées et perçantes, qui répondent aux cris sonores et continus des hurleurs; les uns quêtent et aboient le nez au vent, les autres le nez en terre; puis tout-à-coup le lièvre débusque, il est lancé et tous les chiens défilent précipitamment sur sa trace.

Le fugitif, poursuivi par la nombreuse meute, monte, tourne et descend la montagne, circule en tous sens dans les bois; puis, par moment, il s'arrête, ruse et se rase, ce qui indique qu'il est déjà fatigué. Les persécuteurs alors le dépassent et le perdent quelquefois, leurs abois se calment et se taisent pendant un instant, mais bientôt ils le retrouvent et ils le chassent à vue en faisant entendre un ardent, général et bruyant concert de chasse, agréable seulement pour le chasseur et dans les bois.

Dans leur course effrénée, ils passent devant des *gourbis* arabes dont les chiens hargneux les dérangent et les retardent ; le malheureux lièvre en profite pour gagner de l'avance, puis il ruse en faisant des crochets et toute la meute tombe en défaut. Elle s'éparpille et s'égare de tous côtés : on entend des coups de voix en avant et en arrière, et de plus en plus éloignés ; il y a des chiens qui ravaudent et bavardent sur la passée ancienne, d'autres prennent le contre-pied, d'autres hurlent au loin, enfin la chasse tombe et cesse quelque temps.

Il nous faut revenir là où les chiens ont perdu ; on les rappelle, on les excite, on les encourage, et après avoir bataillé longtemps, ils parviennent à relever le défaut : le lièvre part et ils s'élancent de nouveau à sa poursuite. Un moment après, je l'aperçois de très-loin dans une éclaircie du bois ; il paraît redescendre du côté de son lancé et je l'attends ; mais il remonte, et la chasse s'éloigne et disparaît derrière la montagne. J'arrive sur le sommet, je descends et remonte plusieurs ravins, mais, comme elle s'éloigne toujours de plus en plus, je ne puis la suivre dans les hautes et épaisses broussailles ; je crains aussi que cela nous entraîne trop loin et trop tard, et je conseille au domestique de couper les chiens. Alors, il s'élance au galop par un chemin connu de lui et qui contourne dans ces montagnes, et il y parvient à grand'peine. Enfin, à force de cris et de coups de fouets, il les ramène ; et nous retournons au moulin, en faisant lever devant nous des quantités de perdrix.

Le soir, je rends compte à dîner des incidents de cette chasse, en mangeant entre diverses bonnes choses, de grosses crevettes de Bône réputées les meilleures du littoral, le tout arrosé avec du vin de France et d'excellente bière. J'ajouterai, que cette vie large et plus que confortable que j'ai vue chez plusieurs colons et industriels en Afrique, cette abondance de chevaux, de serviteurs et de toutes choses qu'on n'a pas aussi aisément en France, compensent bien dans la Colonie l'isolement et le manque de distractions mondaines. Aussi, les personnes qui ont vécu de cette vie-là quelque temps, doivent avoir grande peine à se rehabituer en France à une vie ordinaire.

29 Avril.

Ma chasse de la veille m'a mis en haleine; d'autant plus qu'on m'a appris que c'est le moment du passage des cailles, qui est aux environs de Guelma très-abondant, et je veux voir ce que c'est que cette chasse en Afrique.

Il y a dans le village un braconnier émérite, connaissant très-bien le pays et les bons endroits; je me fais conduire chez lui et je lui expose le but de ma démarche de voyageur curieux plus encore que de chasseur. Il répond qu'il ne peut pas me faire assister à cette chasse parce qu'il n'a plus ni plomb ni poudre depuis la veille... Je comprends la parabole *franco-orientale*.. j'offre de lui fournir tout ce qui lui faudra et aussitôt nous partons.

Comme il a plu la veille et que l'herbe est mouillée,

il me mène sur les hauteurs où les cailles se sont retirées et son chien d'arrêt en fait partir à chaque instant : mais, si l'on n'a pas un chien pour les faire lever, elles filent en piétinant devant vous et l'on en tire très-peu malgré leur immense quantité.

Cet utile et complaisant renseignement est pour le chasseur étranger.

Mon guide tue trente cailles en deux heures : elles sont très-maigres à cette époque et il ne les vend à Guelma que quatre à cinq sous. Il me parle d'une contrée, distante de cinq à six lieues, où l'on rencontre des lièvres à chaque pas, sur la lisière d'une forêt où ils se jettent aussitôt; mais avec un seul chien on en fait autant ressortir qu'il en entre, et l'on a assez à faire à tirer et à recharger son fusil.

Après avoir réparé mes forces et ma mise, je vais — de la part de M. Mérine — prier le chef du bureau arabe de Guelma de m'aider à gagner Constantine. Il n'y a de ce côté ni route ni voiture, et l'on ne peut y aller qu'à cheval par un sentier isolé dans les montagnes : il est donc bon d'être recommandé par une autorité. On a l'obligeance de me faire louer des chevaux et des guides sûrs, en me donnant une recommandation pour le caïd de *l'Oued-Zenati*.

En revenant, je vois devant la porte de l'hôpital plusieurs personnes qui examinent le cadavre d'un Arabe, qu'on a trouvé assassiné dans la campagne et que l'on vient d'apporter. Je m'arrête pour regarder comme les autres et le concierge — qui était naguère placé à Lacalle — me reconnaît et vient à moi avec sa jeune fille qui arrive des eaux de *Hammam-Meskoutin.* J'ai moi-même grande envie de visiter ces sources curieuses ; mais comme le service des voitures qui y conduisent en été n'est pas encore organisé, le concierge m'offre une place dans la prolonge de l'hôpital, qui y va tous les matins porter des provisions à la succursale et en revient chaque soir. Je réfléchis et, comme il n'y a pas d'autre moyen de transport, je me décide à y aller ainsi le lendemain.

Ensuite, je remonte en toute hâte dans le tilbury qui m'a amené — il est six heures moins un quart — et j'arrive pour le dîner car la jument file comme une flèche. Seulement, il y a des flaques d'eau sur la route et les roues font élever une gerbe de boue qui me retombe en partie dessus... Heureusement j'ai un caoutchouc.

VOYAGE AUX SOURCES BOUILLANTES DE HAMMAM-MESKOUTIN. — LA PROLONGE ET LES TROUPIERS. — LE LABOURAGE DES ARABES.

30 Avril.

Je me lève du grand matin pour arriver à Guelma à six heures et demie, ainsi qu'il a été convenu la veille. Le cuisinier met dans mon sac des provisions de bouche, et le domestique après avoir mis un cheval au cabriolet me conduit à l'hôpital.

Je trouve la prolonge prête à partir, et je monte et me case aussitôt dedans. Je m'assieds sur des paquets de linge, entouré de sacs remplis de pains, de légumes et en compagnie de deux jeunes gens assez canailles de manières : — l'un est un lutteur, l'autre un... je ne sais quoi... mais cette qualification incertaine lui est avantageuse. — Il y a encore un Arabe qui va s'établir cafetier indigène à Hammam-Meskoutin pendant la saison des bains. Il sourit toujours et *forcément* car il a les dents de la longueur de celles d'un vieux cheval — ce qui est plus particulier aux Turcs qu'aux Arabes. En avant est le soldat gardien de la prolonge, *piou piou* bavard et farceur qui crie des plaisanteries à tous les Arabes que nous rencontrons ; plaisanteries qui sont peu de leur goût, car les voici : « *Aroua ! aya ! sidi Mahomed kif kif alouf... Chouia, chouia !* » Les Arabes lui répondent ou par des sottises ou en gardant dignement leur sérieux.

Après avoir suivi quelque temps une route bordée de champs de blé et d'oliviers greffés, nous traversons à gué la *Seybouse*. Pour effectuer ce passage, il faut descendre une pente assez rapide ; suivre dans l'eau trouble, qui arrive jusqu'aux essieux, une ligne de gros cailloux plus ou moins apparents, qui indiquent la direction du gué ; puis en sortir par une forte montée couverte d'une boue si épaisse, qu'il ne faut rien de moins que les cris stimulants et les trois fouets des conducteurs pour que les six mulets en arrachent la prolonge. En effet, dans ce moment, le chemin n'est plus pierré, et l'on a beaucoup de peine à faire avancer la lourde voiture dans cette boue noire, profonde et épaisse; le mouvement seul du véhicule y gagne, car il est peu suspendu...

Cependant, après un trajet d'une heure nous arrivons devant la ferme de *Medjé-Amar*. C'est un beau et vaste bâtiment, ayant dix-neuf fenêtres de façade, où le gouvernement avait établi un orphelinat qui n'existe plus. Ici l'on fait une longue pause sous prétexte que les mulets sont fatigués, mais en réalité, parce que les *troupiers* y rencontrent une cantine et des connaissances et qu'ils prennent toujours soif dans ce moment... Car, il faut dire que l'Algérie est le pays où l'on absorbe le plus de drogues alcoholiques, sous les noms prétentieux d'absinthe, de vermouth, de rhum et de toute sorte d'*eaux de vie* qui produisent souvent le contraire.

Plus loin, nous retraversons la *Seybouse* sur un pont construit par les Français; et après avoir suivi un chemin frayé le long d'un ravin profond et sur le flanc escarpé de hautes et immenses montagnes, nous débouchons sur un vaste plateau qui forme plaine. Il est partiellement garni de champs de blé; et la route inachevée, qui devient alors un chemin de terre boueuse, forme au milieu de l'herbe verte un long serpent noir, à l'extrémité duquel nous apercevons une grande fumée blanche et c'est là qu'est *Hammam-Meskoutin* avec ses sources bouillantes.

Hammam-Meskoutin est un endroit charmant et pittoresque, mais isolé, éloigné et fréquenté seulement par les lions, les sangliers et les Arabes des tribus qui y sèment quelques champs de blé. On n'y vient qu'en été, à cause de ses eaux chaudes et salines qui sont bonnes pour les blessures et les rhumatismes; il y a même un établissement qui est une succursale de l'hôpital de Guelma, mais l'on n'y admet que des officiers et des militaires. Les malades civils sont obligés d'apporter leur tente, leur lit, toutes leurs provisions; et ils campent en dehors de l'établissement, protégés par la sentinelle, qui cependant rentre quelquefois la nuit lorsque le rugissement des lions devient trop fréquent.

Pour arriver du plateau où nous étions tout à l'heure à Mameskoutin, nous faisons un détour derrière un angle de rochers en forme de stalactites; nous traversons un petit pont de bois, qui ne ferait pas mal dans un jardin anglais, puis nous remontons, pour nous arrêter devant l'hôpital qui n'est plus qu'à quelques pas delà. Il se compose d'un bâtiment peu élevé, ayant un pavillon dans le milieu, en avant d'une cour close de murs et fermée derrière par un autre corps de bâtiment parallèle au premier.

Je vais de suite visiter les sources bouillantes qui sont en face et tout près. Pour cela je descends sur une pelouse de grandes herbes, ombragée par des arbres sous lesquels sont déjà établies quelques tentes d'étrangers; je traverse une petite rivière sur un gué de gros cailloux et je monte au haut du plateau. Au bas, cette rivière offre un effet singulier : l'eau bouillante des sources, qui vient s'y mêler, y arrive en élevant un nuage de vapeur à sa surface, et, à la jonction, les poissons qui ne s'arrêtent pas à temps se brûlent et rebroussent chemin comme des flèches. Du reste, il est assez surprenant pour soi-même de pouvoir, à un pas de distance, tremper dans la même rivière une main dans l'eau froide et l'autre dans l'eau chaude...

Les sources sortent de terre, sur la hauteur, en une infinité de petits bouillonnements d'où se dégage un épais nuage de vapeur. Cela n'a rien d'effrayant comme on pourrait le croire; l'intérieur du sol est probablement creux et rempli d'eau bouillante, mais la croûte du dessus est solide; l'eau s'écoule dans des rigoles et, bien qu'elle ait 95 degrés de chaleur, l'on peut s'approcher et circuler autour sans autre danger — à moins de faire un faux pas — que de brûler et blanchir sa chaussure. Ces eaux, fortement chargées de sulfate de chaux, ont formé et forment continuellement en s'écoulant des dépôts superposés, qui représentent des stalactites, des stalagmites et une foule de mamelons arrondis et de diverses grosseurs dont l'ensemble compose une immense cascade solide, immobile et d'un blanc de chaux éblouissant au soleil. (N° 22).

Un peu plus loin est l'endroit où sortaient autrefois les sources, qui ont tari ou plutôt ont changé de place, et elles y ont laissé des traces assez curieuses. Sur une grande étendue s'élèvent une quantité de cônes calcaires, en forme de pains de sucre, de toute largeur et hauts de un, cinq et six mètres. Là, soit que le sol présentât plus de résistance ou que les sources, divisées et affaiblies, fussent moins abondantes, elles ne faisaient que suinter; et en sortant goutte à goutte elles ont formé des superpositions de couches calcaires qui leur ont construit un conduit élevé : lequel conduit elles ont dû abandonner lorsqu'elles n'ont plus eu la force de monter et de s'élever par-dessus. Aussi tous ces cônes, que le temps a noircis, ont encore un petit trou central au sommet.

Dans ces lieux sauvages et solitaires, cette forêt de cônes présente un aspect étrange : soit que le soleil couchant rougisse leurs têtes, — auxquelles il ne manque que des cornes pour imiter des personnages infernaux avec les vapeurs brûlantes qui sortent encore, à leur base, par les crevasses du sol ;—soit que la lune les blanchisse et les transforme en une ronde de fantômes, qui paraissent venir des montagnes immenses, sombres et caverneuses qui s'étendent au-delà du plateau. A ces heures, cela fait réellement une impression profonde, et elle augmente encore en marchant sur ce sol brûlé, creux et résonnant sous vos pas. Aussi, en revenant à la nuit au milieu de ces spectres immobiles, et guidé seulement par la grande vapeur des sources qui blanchit encore sur le ciel obscur, je tremble à chaque pas de voir apparaître derrière un de ces cônes... non pas un homme, il y en a trop peu ici... mais les yeux brillants d'un lion ou d'une panthère.

Heureusement j'arrive bientôt au dernier groupe des cônes, qui est isolé et rapproché de l'établissement. Il se compose de six pains de sucre — en sulfate de chaux... — mais plus élevés et plus pointus que les autres ; ils sont placés deux à deux, sur trois rangs, et les deux premiers sont les plus petits. La légende raconte : « qu'autrefois un puissant chef arabe — dont on a oublié le nom — voulant épouser sa propre sœur malgré la défense des marabouts, toute la noce a été ainsi pétrifiée en se rendant à la mosquée. » Delà l'étymologie de *Hammam-Meskoutin* ou *Bains maudits*.

Mais nous sommes arrivés tard à *Hammam-Meskoutin* et, pendant que je me suis égaré à visiter les lieux, la prolonge est repartie pour Guelma... De sorte que, dans ce pays inhabité il ne me reste pour ressource, que de coucher sur un lit d'herbes près des sources chaudes, ou bien de demander un abri à l'hôpital. Je commence d'abord par-là, et je trouve en M. Caste, l'officier comptable, un excellent homme qui me dit qu'on ne loge ordinairement personne, mais comme je suis un artiste de passage, il me donnera asyle pour une fois. Puis il m'emmène passer la soirée avec le personnel de l'établissement, qui se compose de lui, de deux aides-majors et du pharmacien : il m'offre le café, nous jouons aux dominos, nous causons beaucoup de mon voyage et l'on me fait coucher dans la chapelle qui est le seul endroit disponible.

1er Mai.

C'est la première fois de ma vie que j'ai couché dans une église; et lorsque le jour paraît, cela me fait un drôle d'effet de me voir dans mon lit en face d'un autel et de pouvoir ainsi faire ma prière matinale. Il paraît qu'aucun cas n'étant prévu pour loger les étrangers, il n'y a que cet endroit possible et disponible.

La chapelle, qui est grande mais très-simple, n'a pour tout ornement qu'une croix et deux chandeliers sur l'autel ; et au-dessus, cloués au murs, sont huit sabres d'infanterie qui placés parallèlement deux à deux et pointes contre pointes, forment une croix à quatre branches. En face, dans le fond et cachés par des paravents, sont trois lits de fer sur lesquels j'ai eu le choix ; en exceptant toutefois celui du curé absent, qui ne diffère des deux autres que par son bonnet de nuit posé sur l'oreiller.

J'ai demandé par curiosité, la veille, à prendre un bain chaud, et je me lève lorsque l'infirmier vient me dire qu'il est prêt. Je le suis jusqu'à la rivière où est le bâtiment des bains. Là, sont creusées dans le sol six grandes baignoires cimentées, dans chacune desquelles on descend par un escalier de pierre à la profondeur que l'on désire ; l'eau y entre à niveau au moyen de petits empêlements que l'on ouvre et ferme à volonté, et pour l'amener des sources, on lui fait suivre un long circuit dans une rigole pour la rendre moins chaude. De manière qu'ici préparer un bain, c'est laisser refroidir l'eau ; et il faut que les baignoires soient remplies la veille pour pouvoir y entrer le lendemain. L'on met les vêtements dans un coffre à cause de la grande vapeur, car bien qu'il y ait plusieurs lucarnes ouvertes (par où les hirondelles entrent en grand nombre...) il fait là une fameuse chaleur ! L'eau a à la source 95 degrés de chaleur, on prend les bains à 39 degrés et les douches à 45. Ces eaux très-salines, qui sont bonnes pour les blessures et les rhumatismes, le seraient également pour la poitrine, dit-on, s'il y avait une piscine. (N° 22).

Après mon bain, je vais voir ceux des soldats qui sont plus nombreux, mais sont simplement formés par de grands trous creusés dans le sol ; puis les bains de vapeur, qui sont établis dans de petites cabanes en planches que l'on transporte à volonté au-dessus des bouillonnements des sources qui souvent changent de place. Le patient s'assied sur un banc juste au-dessus d'une de ces sorties d'eau bouillante, le cou dans une cangue, et la tête en face d'une petite fenêtre de manière à ce qu'elle soit garantie de la vapeur, qu'elle ait de l'air et que l'on puisse respirer : le reste du corps, entièrement exposé à la vapeur chaude, entre en transpiration, et après un certain temps l'on transporte dans son lit le malade bien entouré de couvertures. Là, je rencontre le docteur qui surveille ces traitements sudorifiques, et il me conseille à moi-même d'aller me coucher une demi-heure pour ne pas prendre froid.

Je me rends comme tout le monde à son avis, et ensuite je vais voir à un kilomètre de *Hammam-Meskoutin* une autre source bouillante et ferrugineuse. Mais elle n'a rien de curieux que le chemin pittoresque par lequel on y va : elle sort tout simplement d'un rocher, à cinquante centimètres de terre, et coule dans la rivière qu'elle fait fumer très-loin. Cette rivière est l'*Oued-Zenati* qui, augmentée de l'*Oued-Cherf*, va se perdre dans la *Seybouse*.

Il y a aussi des ruines romaines à côté, mais elles

sont insignifiantes et labourées en partie par les *vandales* sangliers.

Je reviens avec le soldat qui m'a servi de guide, et après avoir traversé un bois rendu très-sombre par de gros et épais oliviers, je retrouve le soleil et la plaine où je regarde labourer un Arabe. Sa charrue est une grosse branche d'arbre, dont une autre branche latérale a été coupée plus courte pour former un coutre. Il la maintient et la dirige avec un seul bâton fiché dedans en manière de cornes ; et pour joug, il y a, en avant et en travers, un long morceau de bois attaché à la charrue avec des cordes en alfa ; à chaque bout duquel morceau de bois il pend un grand anneau fait avec une baguette tortillée, et ces deux anneaux servent de coliers pour les bœufs (N° 64). L'Arabe trace avec cet outil primitif de petits sillons peu profonds, en évitant et contournant les grosses pierres et les touffes de broussailles qu'il ne daigne jamais arracher ; et dans ce terrain neuf il récolte un blé clair et maigre là où un bon travail obtiendrait certainement davantage. Dans ces fonds il n'y a jamais d'engrais, — que lorsqu'il laboure à la place où ont été sa tente et son troupeau. En été, quand son champ paraît tout parsemé et tigré de plantes de chardons et de broussailles, il dit que cela est utile à son blé pour le tenir au frais ou à l'ombre ; et, bien qu'il n'ait pas raison, il n'a pas tout-à-fait tort.

Pendant que j'examine ce labourage, les deux petits bœufs, qui ne sont habitués qu'aux burnous, prennent peur de moi ; leur maître qui les dirige seul par derrière, a beau crier et leur parler pour les calmer ;

ils s'effrayent et s'enfuient avec leur charrue à travers la campagne. L'Arabe leur court après et moi je juge à propos de continuer mon chemin.

En arrivant à l'hôpital, je prends mon sac de voyage, j'achète des œufs et du pain chez le concierge, et je remonte aux sources. Je place les œufs dans mon mouchoir de poche, je les trempe dans l'eau bouillante, et je les fais cuire durs en cinq minutes et très-bien en quatre. (C'est seulement depuis lors que je sais faire cuire à point les œufs à la coque...)

Je m'assieds quelques pas plus loin sous un gros olivier et je déjeûne de mes œufs, du beurre et du jambon que j'ai apportés d'Héliopolis. J'ai un appétit de baigneur et de touriste, il fait un temps superbe, et j'éprouve un bonheur infini à prendre tranquillement mon repas sur cette hauteur, en face d'un magnifique panorama et entouré des beautés et des bizarreries de la nature. Je suis dans une contrée luxuriante et pittoresque de l'*Afrique*; sur la lisière d'un bois ombreux de grands oliviers, à côté du blanc nuage de vapeur et des sources bouillantes de *Hammam-Meskoutin*; j'ai devant moi, au nord, la rocheuse et sauvage montagne *Djebel-Debah*, à l'ouest le mont *Taya* qui recèle dans ses flancs de riches mines de mercure, au sud l'anguleuse *Ras-el-Acbah* que les Arabes nomment *la grande tête*, et au loin à l'est, la fameuse montagne des lions où J. Gérard a obtenu son premier succès : *la Maouna* ! De ma vie je ne rentrerai dans une salle à manger aussi grandiose !

Cependant mon admiration et mon ravissement me

retiennent là trop longtemps, et j'ai juste le temps de plier bagage et de redescendre à l'établissement avant le second départ de la prolonge... Les mulets sont déjà attelés et prêts de partir; je fais mes adieux à ces messieurs qui sont assis et prennent le frais devant l'hôpital, je monte dans la prolonge et je pars, ayant à côté de moi le concierge. C'est un ancien chasseur d'Afrique, qui me raconte qu'en hiver il reste seul avec sa famille pour garder l'hôpital de *Hammam-Meskoutin*, et qu'il ne craint pas plus les lions que les Arabes. Souvent, dit-il, il a mis en fuite des maraudeurs indigènes avec quelques coups de fusil tirés du haut des murs; et plusieurs fois, en rentrant la nuit, il a rencontré un lion sur son chemin. Alors il lui a jeté des pierres ou crié *en langue arabe* des sottises connues de lui (qui *en français* ne lui feraient réellement pas le même effet): et toujours le roi des animaux, — qui attaque rarement les hommes s'il n'est pas blessé, — est entré lentement dans les broussailles, en rugissant, et lui a cédé la place.

Lorsque nous passons dans la vallée de *Medjé-Amar*, où se voient encore des restes de tranchées, il me dit que ce sont les anciens retranchements de l'armée française lors de sa retraite de Constantine en 1836; et il m'apprend les détails de cette malheureuse expédition. De dix mille hommes partis, il n'en revint que quinze cents à *Dréan*: les autres furent tués par les Arabes, la fatigue ou la faim. Dans ce pays sauvage, inconnu alors et sans chemins, on resta 17 jours sans vivres: on tuait de temps à autre quelques chevaux, mais on n'avait pas de bois pour les faire cuire, car dans les montagnes pelées et nues de Constantine il n'y a pas une brindille de broussailles. A *Medjé-Amar* seulement l'on retrouva des provisions en dépôt depuis le départ; et un régiment qui formait l'avant-garde, trouvant quelques barriques d'eau de vie, ne put se retenir après de si longues privations et tous les soldats s'enivrèrent. Les Arabes qui les harcelaient sans cesse profitèrent de l'engourdissement de leur ivresse, et, lorsque le reste de la colonne arriva, elle trouva tous les hommes du régiment couchés à terre avec la tête séparée du tronc. Il n'y eut que le colonel et deux officiers qui s'échappèrent dans les montagnes, et conservèrent la vie pour avoir conservé leur raison.

EN ALLANT A CONSTANTINE SÉJOUR A L'OUED-ZÉNATI. — RUINES D'ANNOUNA. — CHASSE AU LION PAR LES ARABES.

2 Mai.

Je prends congé de mes hôtes aimables, M. et Mme Mérine; un domestique m'emmène à Guelma et j'y trouve les Arabes qui doivent me conduire à Constantine. Il y en a trois, j'en renvoie un dont le cheval boîte, et nous partons en suivant une rue garnie de boutiques indigènes.

Après être sorti de la ville par une porte fortifiée et après avoir monté quelque temps dans la campagne, en passant devant quelques *gourbis*, je m'aperçois que j'ai perdu mon couteau. Cette perte me fait ici un véritable chagrin... Il était excellent, petit et fort, il avait une lame de canif et m'était indispensable pour tailler mes crayons et couper mes dessins. En retrouverai-je un pareil en Afrique?... J'en doute... du moins ce ne sera pas avant d'être arrivé à Constantine et j'en aurai souvent besoin d'ici là. Cependant, un instant après, tandis que je suis toujours préoccupé de mes regrets, je le sens dans ma botte près de mon genou... Il avait passé par ma poche mais n'était pas encore tombé à terre ; et dans ma joie inattendue je lui fais ces vers, car j'en ai le loisir :

> Couteau, vilain pour tout le monde,
> Moi, je t'aimais,
> Tu le savais ;
> En quelque main d'Arabe immonde
> Tu tomberas
> Et resteras.
> Ah ! pourquoi me quitter ainsi !
> Sans espérance
> De voir la France,
> Car je ne viendrai plus ici ;
> Quel nouveau maître
> Vas-tu connaître...
> Ta lame, si dure et tranchante
> Pour travailler
> Et pour m'aider,
> Est pour moi fidèle et... touchante ;
> Car te voici !
> Reviens, ami !

Nous gravissons la montagne, et je perds bientôt de vue Guelma qui est au bas d'une pente opposée à celle que nous suivons. En me retournant, je l'aperçois encore deux ou trois fois à travers les broussailles qui commencent à nous envelopper, puis insensiblement il est caché, disparaît et s'efface. L'Arabe qui monte le mulet et s'y tient assis sur mes bagages, a un haïk rose, un burnous à raies, avec une figure ronde et sans caractère ; mais celui dont je monte le cheval, et qui suit à pied, est un grand Bédouin au visage long et basané, regardant avec des yeux blancs d'*Otello*... Cependant il est assez humble de manières et très-silencieux.

Nous nous enfonçons de plus en plus dans la montagne et dans des taillis d'arbousiers et d'oliviers sauvages, par un sentier pierreux et inégal où il est impossible de trotter, puis, au bout de quelques heures, toute trace de civilisation disparaît. En me voyant au milieu de ces bois solitaires, et isolé avec mes deux Arabes — qui me louent leurs chevaux et m'accompagnent uniquement pour gagner mes *douros* — l'idée me vient que je suis à leur merci, et qu'en cas de mauvaise intention de leur part il n'y aurait aucune espèce de secours à attendre... Mais, au risque d'enlever de l'intérêt ou du pathétique à l'histoire de mon voyage, je dois avouer que l'on peut voyager en Afrique sans danger réel, — pourvu que l'on soit recommandé aux Arabes par une autorité militaire ou civile et qu'on ne voyage pas la nuit, moment où les voleurs et les panthères circulent. Certainement être attaqué ou tué par les Arabes, dans cette condition-là, n'est pas une chose qui ne se voit jamais, mais cela arrive rarement. Quoiqu'il en soit, le pays perd ici toute trace d'occupation européenne ; de loin en loin nous rencontrons des groupes d'Arabes qui voyagent et qui échangent quelques paroles avec mes guides ; j'entends souvent dans leur conversation les mots *Francis* et *Constantine* ; ils me regardent avec des yeux plus ou moins farouches ou bienveillants et ils continuent leur chemin.

En descendant du bois par un sentier assez rapide, je découvre un immense panorama : à droite, se voit au loin la gorge de *Medjé-Amar* avec sa ceinture de hautes montagnes ; à gauche de grandes pentes de broussailles, d'où s'échappent de petites colonnes de fumée qui indiquent des tentes arabes ; et devant moi, dans le bas, le lit presqu'à sec d'une large rivière serpentant au milieu de nombreux vallons. Arrivés au bas, nous avançons sur un sol de sable et de gravier, qui doit être une île à l'époque des inondations de la rivière, car il est entouré et raviné par de larges fossés. Il y a de distance en distance des bouquets d'arbres qui ont les branches du genêt ou du pain maritime et ils sont couverts de pigeons sauvages. J'arrête mon cheval, je descends et prends mon fusil pour les tirer ; mais ils fuient devant moi d'arbre en arbre et je reviens sans avoir pu les atteindre. Alors, voyant que les Arabes ont profité de mon absence pour décharger le mulet et laisser manger les montures, tout en mangeant eux-mêmes, je retourne à la poursuite des pigeons. Je tue plusieurs de ces ramiers et un joli oiseau à long bec noir, rouge et jaune sur le dos, bleu sous le ventre et sous le cou, avec la queue et le bout des ailes de cette même couleur mêlée de jaune. Les Arabes en le voyant le nomment *Eliamoun* et les ramiers *Limen.*

Après, nous nous remettons en route et nous traversons la rivière, qui est moins dangereuse à cause de sa profondeur qu'à cause de son lit de gros cailloux ronds et invisibles dans l'eau, sur lesquels les chevaux glissent. Puis nous montons, à travers des champs de blé entre-mêlés de rochers, une pente très-raide et longue qui nous conduit par une succession de vastes mamelons, de plus en plus élevés, à une bifurcation de chemin. Les Arabes me disent qu'à droite est la route de Constantine, et à gauche celle de l'*Oued-Zenati* qui nous détourne, et ils me conseillent d'aller toujours en avant. Mais je leur dis que je veux m'arrêter à l'Oued-Zenati, chez le Caïd *Bonaousmone*, et nous tournons à gauche, ce qui paraît leur déplaire beaucoup.

Nous descendons alors un ravin très-rapide et très-pittoresque, au bas duquel nous rencontrons une large rivière torrentueuse, garnie de touffes de grands lauriers roses qui forment îlots; et nous remontons de l'autre côté sous d'énormes oliviers, précédés et suivis par des groupes de cavaliers qui se sont joints à nous; car il y a des Arabes qui vont et viennent comme à l'approche d'une tribu. Nous montons, montons longtemps et enfin nous apercevons, adossé à une montagne, le bordj du Caïd. Nous traversons des champs de blé pour y arriver; et il vient à notre rencontre un jeune homme au teint pâle, comme celui d'un Européen, et portant pour vêtement: une veste et une culotte bleu foncé, brodées d'or, un haïk de soie, un burnous blanc et des bottes rouges. Il est accompagné d'un Nègre et d'un Turc déjà âgé : le premier n'a qu'une culotte jaune, une chemise blanche et un bonnet rouge ; et le second, également sans burnous, porte une culotte, une veste et un gilet bleu clair, brodés de noir. Le jeune homme est *Assen*, fils cadet du Caïd *Bonaousmane* qui se trouve être en voyage à Constantine avec son fils aîné, *Amed-Mustapha*. Le Nègre est son interprète et le Turc son majordome.

Je remets ma lettre de recommandation, adressée au Caïd, et je dis que je veux coucher ici pour visiter les ruines d'*Anouna* qu'on m'a dit être dans les environs. — « *Eh bien! me répond le vieux Turc, descends du cheval, et moi et toi petite promenade.* » — Alors je prends mon album et mon ombrelle, et, tandis qu'on emmène nos montures et qu'on rentre mes bagages, je suis ce Turc qui est un vigoureux et jovial vieillard, et qui marche vivement devant moi en jouant avec sa canne.

Une demi-heure après, nous arrivons dans une vaste plaine, ou mieux sur un plateau, qui est séparé et au bas de hautes montagnes pointues, ou pour mieux dire affectant toutes les formes anguleuses. Ce plateau est tout couvert de blocs de pierres taillées ou sculptées, de chapiteaux et de fûts de colonnes, dont l'ensemble rappelle visiblement l'emplacement d'une ancienne cité romaine (N° 24). De distance en distance il y a encore debout de grandes ruines de temples dont les frises et les riches sculptures, tombées et à moitié enfoncées dans le sol, font regretter la destruction. Mais ce qui reste de ces temples, miné par le temps, est ébranlé et surplombe, les énormes assises sont déjointes, la clef des voûtes cède et dans quelques années tout sera renversé.. Cependant les Arabes, qui emploient peu de pierres pour leurs habitations, ont respecté ou dédaigné ces ruines; car tous les blocs sont enfouis et entassés les uns sur les autres là où ils ont tombé. En certains endroits, l'on reconnaît même la place des rues et la fondation des bâtiments : aussi mon guide me montre-t-il l'ancienne *mosquée* et la *casbah*, c'est-à-dire l'église et la forteresse. La première est indiquée par un grand carré long, entouré de débris de grosses colonnes toscanes; et la seconde présente sur le point culminant et escarpé du plateau une épaisse muraille, formée par d'immenses blocs de pierre, carrés et placés à double, qui ne portège plus aujourd'hui que des chardons et des épines.

Je fais le tour du plateau, dont le bord escarpé devait rendre la ville d'*Anouna* très-forte; et je suis toujours précédé par le vieux Turc qui m'explique tout à sa manière, avec son gai et énergique entrain. Il frappe de son bâton chaque pierre curieuse, en me disant : « *Tiens la luine, regarde la luine, partout la luine !* » Il me montre un bassin de pierre, fraîchement cassé, où se déversaient les eaux amenées de la fontaine du bordj dans les citernes, et il dit : « *Tiens la luine, cassée... l'Arabe cochon !* » Puis, continuant de marcher à grands pas, il m'emmène à l'emplacement du cimetière où le sol est jonché de pierres plates, arrondies dans le dessus et divisées par un cordon sculpté en deux parties égales. Elles sont couvertes d'inscriptions latines qui commencent toutes par ces trois lettres : D. M. S. que je crois l'on doit expliquer ainsi : *Deis Manibus sanctis*, c'est-à-dire : mis sous la protection des Dieux Mânes Sacrés. Puis suivent les noms, les qualités, l'âge et l'époque de la mort du défunt.

Cependant je m'arrête pour dessiner ce qui reste d'*Announa*, et pendant tout le temps mon cicérone s'assied près de moi, tenant ou replantant complaisamment mon ombrelle. Lorsque nous revenons il fait presque nuit; et en me ramenant, toujours me précédant, il me fait passer devant le *douar*, dont il éloigne de moi les chiens hargneux et bruyants avec des gestes et des cris moitié arabes moitié français, qui sont pleins d'originalité et que je regrette bien de ne pas pouvoir vous rendre. Puis, nous traversons le jardin du Caïd dont il me fait admirer les ombrages de vigne et les arbres fruitiers à haute tige; et, la vérité est qu'il est aussi bien tenu et travaillé que les nôtres en France. Ensuite, il me conduit au haut du jardin à un bâtiment isolé, qui est destiné aux étrangers.

C'est une petite construction en maçonnerie, entourée d'un pré pour les chevaux, et précédée d'un toit avancé plutôt pour garantir du soleil que de la pluie : intérieurement, il y a deux chambres au rez-de-chaussée, n'ayant que des volets pour fenêtres, et c'est tout l'ameublement. Lorsque nous arrivons, la première est occupée par un fou arabe qui chante et qui reçoit là l'hospitalité du Caïd ; et dans la seconde, qui est la moins dégradée, il y a quatre chasseurs d'Afrique qui viennent de Constantine et sont déjà couchés. Le vieux Turc majordome les fait lever avec sa voix criarde et énergique, et il veut bien vite les faire déguerpir dans l'autre chambre pour me céder la place ; mais, comme ils sont fatigués, à moitié endormis dans leurs manteaux et que la pièce est assez grande, je lui dis que cela m'est égal qu'ils couchent près de moi, et alors il les laisse tranquilles.

Il sort, et un moment après il revient, suivi d'un Nègre qui m'apporte une couverture et un coussin, du lait et du kouskous. Le plat de kouskous est grand mais son contenu n'est pas des meilleurs... J'en mange un peu et je donne le reste à mes deux Arabes qui sont campés en dehors, et ils l'ont bien vite englouti. Ensuite, je m'étends à terre dans la couverture qu'on m'a apportée et sur le petit coussin dont je me fais un oreiller, et je vous souhaite une bonne nuit avec.. un lit moins dur...

3 Mai.

Le pays est très-giboyeux et je sors du grand matin avec mon fusil. Je traverse le jardin du Caïd et je m'aventure dans la campagne en évitant les chiens ennuyeux du *douar* ; douar, dont les *gourbis* sont des toits de genêts placés sur quatre murs de pierres, c'est-à-dire quatre tas de ces gros cailloux ronds et anguleux qui couvrent tout le pays. En effet, les hautes montagnes sont ici des couches de gros cailloux grisâtres, superposés entre des lits de terre : aussi les Romains ont dû transporter de bien loin les beaux blocs de pierre avec lesquels ils ont construit *Announa*.

Je parcours de nombreux champs de blé où je ne trouve rien que des alouettes, peu sauvages et beaucoup plus grosses qu'en France ; puis, j'arrive au bas du plateau des ruines où sont beaucoup de gros oliviers. Le soleil est déjà chaud, et tandis que je m'arrête sous leur ombre, j'entends de gros oiseaux qui se dégagent difficilement de leur épais feuillage. Je regarde : ce sont des perdrix... Mon étonnement est grand de voir des perdrix perchées sur des arbres, mais cela est assez fréquent en Afrique : lorsque le terrain trop chaud leur brûle et leur fatigue les pattes, elles se posent sur les grosses branches des arbres où elles restent une grande partie du jour. Cette expérience acquise, ma chasse devient bien plus facile, car je n'ai qu'à me glisser sous les oliviers et j'en fais partir de temps en temps de grosses perdrix rouges, qui sont toujours deux ensemble. C'est pourquoi, après avoir tiré quelques coups de fusil, comme je reconnais qu'elles sont appariées et que je ne veux pas troubler leurs amours, et ensuite comme il me faut arriver le soir à Constantine, je reviens au bordj.

Au moment où je vais partir, le vieux Turc arrive pour me dire adieu ; et sachant que j'ai été à la chasse le matin, il me dit que le fils du Caïd et tous les Arabes de la tribu sont aussi allés à la chasse du lion.

— Est-ce bien loin ? lui dis-je.

— Pas loin, non. Derrière la montagne, et toi aller en une heure.

L'envie me prend alors d'assister à une chasse au lion. L'occasion est belle, je ne la retrouverai peut-être jamais; je descends de cheval et je dis au Turc d'expliquer aux Arabes que je ne pars pas. Mais mes endiablés guides — que cette chasse fera rester un jour de plus en route — résistent, s'insurgent et ne veulent pas attendre... Cependant, le complaisant majordome, voyant que cela me fait plaisir, leur fait en arabe une énergique semonce, que je ne comprends pas, mais à la suite de laquelle ils déchargent le mulet et ne disent plus rien. Je me hâte d'ouvrir ma malle et je prends des provisions et toutes mes armes... je mets un poignard à ma ceinture, un révolver dans ma poche, et je pars, précédé par un de mes Arabes qui connaît le pays et doit me conduire au rendez-vous de la chasse. En route, je mange un morceau de galette et je charge mon fusil à balles.

Au bout d'une heure, mais d'une très-grande heure, nous arrivons au sommet d'une haute ligne de montagnes, et nous découvrons, tout-à-fait au bas et dans le milieu des broussailles, un nombreux rassemblement d'Arabes dont les burnous blancs y font un pittoresque effet. Une demi-heure après, par des contours interminables et difficiles, nous arrivons près d'eux. Ils sont là au nombre de quatre à cinq cents, groupés, divisés, assis ou debout, tenant tous leurs longs fusils qui sont garnis de cuivre et d'une énorme batterie. Un peu plus loin, il y a deux chevaux pour le Scheik et un mulet pour rapporter le lion — lorsqu'il sera tué... Enfin, ce rassemblement dans les rochers et les broussailles représente exactement un camp d'Arabes en guerre. (N° 23).

Mon arrivée est un sujet d'étonnement pour eux, mais beaucoup moins grand que ne serait l'étonnement des Français à la vue d'un Arabe. Ils me regardent les uns avec curiosité, le plus grand nombre avec fierté et indifférence ; quelques-uns m'adressent la parole en riant et me disent : — « *Toi, venir voir le lion ?..* » et mon fusil est ce qui excite généralement l'attention et la convoitise.

Je vais dire bonjour au jeune *Assen* qui, entouré de ses serviteurs, est assis sur l'herbe, et ne s'est pas plus dérangé à mon arrivée que s'il ne m'avait jamais vu ou si je n'étais pas son hôte. Il me rend mon salut, me demande du tabac, et fait et allume tranquillement une cigarette. Après, il se lève, fait appeler les Arabes éparpillés au loin, leur donne à chacun une balle et une charge de poudre ; puis, cette distribution faite, il les dispose par petites troupes de huit ou dix hommes dans différents endroits de la montagne. Pour cela ils s'enfoncent dans les broussailles ; et quelques instants après ils reparaissent par groupes séparés sur les pentes et sur les crêtes des grands ravins, qui se succèdent dans toutes les formes et toutes les directions. Alors il envoie de nombreux Arabes, seulement armés d'un bâton, d'un long pistolet, ou d'un yatagan, battre les broussailles en jetant des pierres et en poussant des cris. Ces derniers s'étendent sur une seule ligne, quelquefois sur deux, dans toute la largeur du ravin et ils le parcourent ainsi en poussant des cris sauvages pour faire débucher les bêtes fauves. Plusieurs ravins sont battus de cette manière, sans rien trouver qu'un sanglier et une hiène, et les Arabes, pensant qu'il n'y a pas de lion dans cette contrée, reviennent tous un peu découragés.

En ce moment il survient une querelle : *Assen* discute violemment et veut frapper avec la crosse de son fusil un chasseur qui probablement, contre son avis, conseille de ne plus continuer. Les Arabes qui escortent le jeune chef calottent l'opposant ; et la chasse recommence malgré l'indolence de ceux des indigènes qui quêtent et font l'office des chiens ; car c'est forcément qu'ils s'exposent ainsi à laisser des lambeaux de leur peau ou de leur burnous dans les épines. Pour les faire partir plus vite, *Assen* leur cogne méchamment les canons de son fusil dans le dos...

Enfin, chacun reprend ses positions et la quête recommence.

Tout à coup, les Arabes qui battent les broussailles poussent un même cri, et se taisent... C'est le lion qui a été vu et est débusqué ! Un sourd rugissement se fait entendre, puis la royale bête paraît et s'avance lentement sur un mamelon découvert. *Assen* donne le premier l'éveil, tout le monde se lève subitement, plusieurs groupes de chasseurs font feu et...... manquent le lion, qui continue, sans se presser, sa marche lente, et s'éloigne en rugissant dans le ravin. (N° 23).

Les Arabes tirent ordinairement assez mal avec leurs

longs fusils, mais dans ces nombreuses décharges, il arrive souvent que plusieurs balles atteignent le lion et le tuent. Quelquefois elles ne font que le blesser, et dans ce cas-là il devient terrible : au lieu de fuir lentement, il se retourne, bondit, s'élance à l'endroit d'où est parti le coup, et malheur au groupe de chasseurs ! car il y en a toujours quelques-uns de dévorés et de perdus...

Après ce coup manqué, le fils du Caïd enfourche un de ses chevaux, m'offre l'autre pour aller à la poursuite du lion, et je remarque que plusieurs chasseurs, qui avaient leurs montures cachées dans les broussailles, en font autant. Alors cette masse d'Arabes, à pied, à cheval et diversement armés, s'avance pêle-mêle à travers les bois, dans les sauvages et rocheuses montagnes, et sur les grandes pentes de broussailles ; où, par moment, elle s'étend comme une armée, se resserre comme une colonne en marche ; ou bien se sépare, se divise comme de nombreux tirailleurs.

En avançant ainsi par une chaleur étouffante, nous traversons une petite rivière et le jeune *Assen*, sans descendre de cheval, se fait donner à boire dans une feuille de scille tournée en cornet et maintenue ainsi avec une épine en guise d'épingle ; puis, lorsqu'il a bu plusieurs fois dans ce verre rustique et ingénieux, il me l'offre — les Arabes, lorsqu'ils se sentent maîtres se servent sans vergogne les premiers. — Ensuite, l'on arrrive à une succession de grands ravins, plus profonds et plus sauvages encore que ceux battus le matin ; et après en avoir attaqué et exploré plusieurs comme la première fois, sans rien trouver, on remonte à cheval et l'on continue plus loin.

Cependant il fait un soleil brûlant, la chasse s'éloigne toujours du bordj et je demande à *Assen* jusqu'où il pense aller ainsi? — « Jusqu'au lion, me répond-il... Ce soir *couchir* dans la tribu comme l'Arabe et demain et après-demain encore, jusqu'à ce qu'on trouve l'ennemi perdu ou bien un autre. » — Cela est la vérité : lorsqu'un ou plusieurs lions ont fait des ravages dans les troupeaux d'une tribu, un chef appelle des contingents d'Arabes; il les conduit à la chasse au lion comme à la guerre, et il ne les ramène que lorsqu'ils ont réussi ou forcément échoué. C'est pourquoi, comme ils vont au Nord et moi au Sud, je les quitte et reviens au bordj.

En gravissant une pente très-raide et fatigante, je fais lever deux perdrix dont mon guide affamé cherche et trouve aussitôt le nid, et il gobe les œufs. Un peu plus loin, je tire un grand aigle qui fait sur le coup un brusque crochet dans l'air, mais au moment où je crois avoir tiré juste, il s'élève plus haut et ne retombe pas.

Enfin, j'arrive abîmé de faim et de fatigue. En passant au haut du jardin, devant la maison du Caïd je trouve son nègre, assis sur un tapis et jouant assez bien d'une méchante flûte de roseau ; je lui demande du lait et de la galette. Je mêle et fais tremper le tout ensemble, j'en fais une soupe rafraîchissante et je déjeûne sous l'auvent de ma maison, ayant devant moi et brillant au soleil couchant les crêtes des immenses montagnes que j'ai parcourues tout le jour.

Ensuite, je vais m'asseoir quelques pas plus loin,

sur un tertre qui s'étend au-dessus d'une belle fontaine, dont l'eau tombe dans une grande auge de pierre où viennent boire les chevaux du Caïd. Le palefrenier arabe les mène un à un, leur lave les naseaux et les jambes ; et, comme en arrivant ils m'aperçoivent devant eux, ils prennent peur et je m'amuse à observer leurs beaux mouvements. Ils s'effrayent et se cabrent, refusent d'avancer et reculent : leur croupe luisante, blanche, noire, baie ou grise s'arrondit ; leurs jambes nerveuses se tendent et se plient ; leurs yeux ardents flamboient ; leurs oreilles se dressent et leur fine tête s'élève, en faisant fouetter de leur longue crinière leur encolure brillante. Le palefrenier, qui ne me voit pas, n'y comprend rien ; en tenant ferme la bride il brusque et précipite leur allure et ils tournent et bondissent autour de lui, ou bien ils s'arrêtent les naseaux au vent, ronflant et effrayés.

Le soir, je dis au fou, qui reçoit l'hospitalité dans la chambre à côté de la mienne et qui sert aussi de domestique, d'aller demander une bougie pour moi chez le Caïd : mais le Nègre la lui refuse. Cependant je ne veux pas rester dans l'obscurité et je le renvoie. Un moment après le Turc arrive, m'en apportant une et me criant de loin : « *Caïd Bonaousmane bono, il aime le Français ; mais le Nègro cochon ! Grand cochon le Nègro !* » Je lui parle de la chasse ; et il me dit, en riant bruyamment, que les Arabes manquent toujours (car décidément, en vrai Turc, il n'a pas du tout l'air de les aimer). — « *Mauvais fusils !* » dit-il ; et il met en joue avec sa canne lentement comme eux, en imitant avec la voix le bruit long et successif de la grossière détente de leurs fusils : « *crac, pif, fechh... pouf!! Makache tocare l'Arabe, maladroit!* » Puis il me conte que lui ne va à la chasse au lion ou au sanglier que lorsque le *Caïd-papa* y va avec ses lévriers et tous ses cavaliers ; que le *Caïd-papa* a 15 chevaux et 50 mulets pour son service ; que lui s'appelle *Ibrahim-Mohamed-Azerga* ; qu'il est un ancien spahis, qu'on l'a trouvé trop vieux et qu'on l'a réformé depuis deux ans. En m'expliquant tout cela, il fait avec sa canne l'exercice en douze temps avec une vivacité et une vigueur qui protestent énergiquement, et il dit bien haut, en faisant des passes d'arme, qu'il ne craint pas un Arabe.

Ensuite, il me quitte pour faire sa ronde dans le jardin ; et je l'entends de loin qui fait rentrer les lévriers blancs du Caïd, en les appelant avec son aigre et vigoureux organe de vieillard. Je suis persuadé que l'humeur alerte, joviale et obligeante de ce Turc doit plaire ou être utile à tous les voyageurs qui passent par-là.

DE L'OUED-ZENATI, ARRIVÉE A CONSTANTINE PAR EL-HARIA. — ASPECT INTÉRIEUR ET EXTÉRIEUR DE CONSTANTINE. — LES AÏSSAOUAS.

4 Mai.

Je me lève à trois heures ; je remplis ma gourde à la fontaine et je fais préparer les Arabes. Il fait à peine jour, mais malgré cela nous partons car il nous faut arriver à Constantine le soir.

Nous nous éloignons du bordj en passant devant les mulets du Caïd, qui sont au piquet à côté de la tente du palefrenier; nous voyons les troupeaux de bœufs encore enfermés dans leurs enceintes de grossiers murs; nous traversons des champs de blé où chantent autour de nous des cailles invisibles; et nous continuons notre chemin dans de vastes plaines montagnes, tantôt champs immenses de blé jaune poussant au milieu des chardons verts, tantôt grands espaces incultes où paissent des troupeaux de moutons. A une heure du bordj, j'aperçois un amas de grosses pierres carrées, dont quelques-unes sont debout; et ce sont encore les ruines de quelque fort ou village dépendant d'*Announa*. Un peu plus loin nous rencontrons des tentes arabes et un grand nombre de chevaux paissant en liberté. Ils nous regardent avancer avec inquiétude, et tout à coup ils fuient et partent devant nous au golop. Animés ou effrayés, ils s'élancent dans la plaine comme un bruyant ouragan; et, lorsque le nuage de poussière qu'ils ont soulevé s'est dissipé, on les voit défiler sur une longue piste, les plus agiles en avant et les plus lents laissés en arrière. Puis, ils traversent, remontent et redescendent, et ils ne ralentissent leur course effrénée que pour s'arrêter en groupe dans une vaste prairie. Je les suis des yeux avec intérêt, car c'est probablement la seule fois que je verrai une manœuvre de cavalerie avec des chevaux sans harnais et sans cavaliers...

A côté des tentes et d'un marais, je remarque une

chose qui indique des Arabes plus industrieux ici qu'ailleurs : c'est un champ de blé entièrement clos avec des épines de genets et des piquets de lauriers roses, reliés entre eux par une corde de paille ou de joncs en guise de fil de fer. A propos de fil de fer, nous suivons le télégraphe de Guelma à Constantine; dont les poteaux, très-éloignés les uns des autres à cause des ravins et des grandes inégalités du terrain, sont garantis du bétail par des entourages de pierres.

Ici, mon guide me cueille dans les broussailles une petite baguette, doublement utile par les raisons que je vais vous dire. Le cheval blanc, que je monte, a de la taille, porte la tête en *fantasia* c'est-à-dire les naseaux au vent et a certainement été un beau cheval, mais il *a été* un beau cheval... et, probablement par un ancien sentiment d'orgueil, il ne veut jamais suivre la trace du mulet du guide : de sorte qu'en s'écartant à droite et à gauche dans l'herbe, qui cache souvent des trous et des inégalités de terrain, je reçois d'ennuyeuses émotions à secousse... J'ai donc besoin d'une baguette pour le faire marcher droit, car mes éperons sont impuissants à travers l'épais *tellis* qui me sert de selle et d'étriers.

Ensuite, ici toute trace de bois et de broussailles se perd complétement; et jusqu'à Constantine, c'est-à-dire pendant dix-huit lieues, il n'y a pas moyen de trouver une seule tige d'arbuste. Ce sont d'immenses et grandioses plaines montagneuses, garnies de blé dans les chardons, ou bien des terrains incultes, avec quelques asphodèles, et des touffes d'*alfa* et de *dis* : plantes dont j'ai lu bien souvent le nom en France et dont je n'ai pu comprendre la différence qu'en Afrique. L'*alfa* est une grande herbe à feuilles pointues qui croît jusque sur le sommet des montagnes et que le bétail mange ; et le *dis* est une herbe à feuilles plates, dures et coupantes, qui n'est bonne à rien qu'à faire les nattes des tentes.

Nous sommes croisés en route par plusieurs groupes d'Arabes, voyageant avec leurs femmes et leurs enfants. Quelques-uns sont arrêtés, et ils ont déchargé leurs mulets pour les laisser brouter les plantes d'alfa ; car les chevaux des Arabes pauvres n'ont pour nourriture que l'herbe qu'ils rencontrent, et lorsqu'ils n'en rencontrent pas ils s'en passent et travaillent quand même.

Après une longue descente, nous traversons la rivière de l'*Oued-Zenati*, qui est peu large, rocailleuse et bordée de lauriers roses — seuls arbustes que je dois voir jusqu'à Constantine ; — puis, nous suivons une plaine marécageuse et nous gravissons des hauteurs où tombe une pluie glaciale. Au bas, il nous faut franchir un ruisseau très-profond, en remontant comme sur une échelle à un endroit qu'il faut encore aller chercher bien loin et au hasard. Enfin, nous rencontrons des troupeaux de chevaux et de moutons, qui indiquent l'approche d'un *douar*. En effet, dans une plaine montagneuse et immense, nous voyons des femmes arabes qui, avec un sarcloir, cherchent et arrachent une espèce d'ognon dans les champs de blé ; puis bientôt une trentaine de tentes avec de nombreux troupeaux ; et sur la hauteur, à l'horizon, le caravansérail d'*El-haria*.

J'entre à *El-haria*, grande auberge fortifiée où il n'y a rien de remarquable qu'une tour écroulée ; j'achète du pain pour les Arabes et pour moi, je demande la distance de Constantine, et nous continuons notre chemin, en nous efforçant d'avancer plus vîte afin d'arriver avant la nuit. Mais il n'y a plus de pierres sous nos pas, c'est un terrain gras, tellement détrempé par les pluies d'hiver et les ruisseaux qui coulent du haut, qu'on ne peut trotter : de distance en distance il y a des passages marécageux, très-difficiles, d'où les chevaux ont peine à se retirer après s'y être engagés, et cela nous force souvent à faire de grands détours.

En arrivant à un village français, l'Arabe qui suit à pied, ne peut plus marcher et veut coucher ; mais il n'y a pas de lit, je serais plus mal qu'à cheval, et une femme me dit que nous pouvons arriver en deux heures. L'Arabe monte alors en croupe derrière moi, et il active des talons et de la voix l'allure de son malheureux cheval qui n'a rien mangé depuis le matin... Enfin, nous traversons encore une rivière sur le bord de laquelle sont quelques tentes arabes ; et un peu plus tard, nous rencontrons la route pierrée de Constantine avec des chariots européens.

Après avoir suivi cette route quelque temps, nous découvrons des maisons de campagne où s'entend le cri des paons ; puis des plantations de vigne, des buissons de cyprès taillés, avec un avant-buisson d'aloës et de frènes — ce qui forme des clôtures originales et de différentes nuances de vert ; — enfin les arches d'un grand aqueduc romain se détachant sur le ciel ; et nous montons à Constantine, à la nuit, par un large chemin en pente, garni d'arbres, de cavaliers arabes et de soldats français qui sortent de petites guinguettes fleuries et ombragées. Au moment où nous entrons dans la ville par la porte *Vallée* ou *de la brèche*, les clairons et les tambours sonnent et battent la retraite.

Je descends à l'hôtel, et je paie et congédie mes Arabes qui ne veulent pas d'or : il faut absolument leur trouver des pièces de cinq francs parce que c'est plus gros...

5 Mai.

J'étais fatigué par ma chasse et ma longue étape de la veille, et je me lève tard après avoir passé une bonne nuit dans un lit français. Je sors et je vais à la poste, en traversant des rues montueuses mais garnies de trottoirs et de magasins français; enfin je rentre à l'hôtel de *France* où je fais un déjeûner monstre, composé de huit plats et le dessert pour le prix ordinaire de deux francs.

Ensuite, je vais au bureau arabe pour parler à M. le chef d'escadron G. Il est absent, et un planton spahis me conduit à sa demeure. Relevant sur ses deux bras son ample burnous rouge, il marche devant moi sans prononcer une parole, et, après m'avoir fait traverser de petites rues sinueuses, tortueuses, étroites, à escaliers ou à voûtes sombres et encombrées d'Arabes, il s'arrête devant une porte européenne incrustée dans une maison moresque, et il dit: « Là ! » Puis il s'éloigne et retourne à son poste sans plus s'occuper de moi.

Je frappe et j'attends, mais personne ne répond ; je regarde et interroge de tous côtés pour avoir des renseignements, mais ce n'est pas chose facile, car toutes les portes des maisons sont closes et les passants sont d'indifférents Arabes qui ne répondent rien ou me répondent : « *Makache sabir francis.* » Aussi, après être resté quelque temps arrêté devant la porte, je renonce à ma visite ; et, comme je me trouve dans le quartier arabe, je pense que je ferais bien de le visiter et je continue ma promenade au hasard.

J'avance dans des rues et des ruelles en pente, entre des maisons sans autres fenêtres que de rares lucarnes grillées et dont les étages du haut, supportés en dehors sur des travons, surplombent et se touchent souvent vers les toits. Cela est le genre de construction des Arabes afin de se garantir du soleil ; mais si l'on peut ainsi circuler à l'ombre en plein midi, il y a des endroits toujours humides et peu odorants... Aussi, par ordonnance de salubrité publique, toutes les maisons sont uniformément blanchies à la chaux : et, si cette précaution hygiénique est bonne, elle a aussi son mauvais côté, car dans les endroits où le soleil perce il jette des reflets blancs qui éblouissent et brûlent les yeux.

Enfin Constantine étant, comme on le sait, bâti au haut d'un rocher élevé et isolé, en marchant j'arrive forcément sur l'un des bords. Je débouche sur la petite place de *Sidi-el-Gelis*, qui d'un côté n'est séparée du précipice que par un grossier parapet sur lequel dorment tranquillement des Arabes. Cette place se termine par une petite rue, descendant le long d'une haute muraille, qui se termine elle-même par une tour carrée, percée d'un étroit passage casematé, qui est la porte d'*El Kantara*; c'est-à-dire *du pont*, parce qu'il y avait là un aqueduc romain dont on voit encore les assises (*). (N° 26.) Ce pont a été récemment reconstruit par un habile ingénieur, M. Georges Martin, et il réunit actuellement les deux bords du profond ravin par une seule arche métallique de près de cent mètres.

En dehors de la porte d'*El Kantara*, un large sentier descend, par une pente très-raide, le long du rocher. Il est soutenu par les anfractuosités du roc et des murs de soutènement, jusqu'au bas, où il suit horizontalement sur un des ponts naturels qui traversent le ravin en cet endroit; puis, l'on remonte de l'autre côté, — en faisant un long détour, — par un chemin à escaliers pavés où un Européen a peine à se tenir, mais où les Arabes courent pieds-nus et descendent à cheval.— Il est vrai que leurs chevaux ne sont pas ferrés.

(*) Aujourd'hui l'eau arrive à Constantine par un conduit qui, prenant l'eau d'une petite source de la montagne, traverse le ravin et monte à la Casbah où l'eau se déverse dans sept magnifique citernes qui ont été construites par les Romains et réparées par nous. De ce point culminant on laisse couler l'eau dans les fontaines pendant deux heures, matin et soir, pour l'usage des habitants; et, comme cette distribution est réglée sur la capacité des citernes, ceux qui veulent une plus grande quantité d'eau l'achètent des Arabes qui en remontent continuellement à la ville sur le dos de leurs petits ânes.

Si vous continuez ce chemin, vous vous enfoncez dans la campagne ou dans la montagne du *Mansourah* qui domine Constantine (qui l'est du reste de trois côtés); mais si vous tournez à droite, comme moi en ce moment, vous pourrez faire le tour de la ville en suivant la large crevasse de rochers qui lui forme un fossé infranchissable et profond de plusieurs centaines de mètres. Au bas de cette crevasse, l'on entend couler, plutôt que l'on ne voit, le *Rummel* qui est un paisible ruisseau en été et un impétueux torrent en hiver. Aussi, au fond de ce précipice toujours sombre il s'est creusé des trous, des grottes et des gouffres insondables. Cependant une femme intrépide, la duchesse de M..., a voulu tout visiter en s'aidant d'une escouade de pontoniers et de sapeurs du génie.

Le plateau du rocher de Constantine est en pente; dans le haut sont les casernes et la ville française, et au bas la ville arabe. Je m'assieds sur le bord du précipice, en prenant garde de ne pas faire un faux pas sur la roche glissante, et j'examine les maisons, les cours et les jardins arabes qui sont du côté opposé et à une portée de voix. C'est un assemblage de petites constructions où il y a plus de bois que de pierres, sans cheminées et presque sans ouvertures, recouvertes de grosses tuiles rondes, et bâties sans ordre et sans aucune espèce de régularité. Elles sont flanquées de bastions carrés plus ou moins grands et plus ou moins nombreux; les unes sont à murs mitoyens, les autres sont séparées par de petites cours où se voient des mulets et des vaches, ou bien de petits jardins où se promènent quelques hommes et femmes arabes à l'ombre de maigres arbustes et d'un ou deux palmiers. Plusieurs sont fondées sur le bord extrême du ravin ; et sur beaucoup il y a de grandes cigognes qui s'y tiennent immobiles et y font leurs nids sans crainte, car les Arabes les respectent : bien que souvent elles laissent tomber dans les maisons les serpents qu'elles apportent pour la nourriture de leurs petits. (N° 26.) Au milieu du ravin et de sa sombre profondeur plânent continuellement des aigles, des vautours, des émouchets et des volées de corbeaux, qui nichent dans les trous du rocher et fouillent les eaux et les immondices de la ville, qui viennent tomber là en formant de longues traînées noires et épaisses.

Après avoir contemplé tous ces aspects pittoresques, grandioses et curieux, je continue ma promenade de ceinture. Pour cela, je quitte le bord du ravin qui cesse d'entourer parallèlement la ville et la laisse, au sud, tout à fait à découvert, en face d'une plaine et de la rivière le *Rummel*, qui coule jaunâtre et rapide autour de gros cailloux ronds. Sur ces cailloux, les Arabes lavent leur linge sans savon et avec les pieds. (N° 25). Souvent ils sont demi-nus pendant cette opération ; mais le soleil d'Afrique a tôt séché leur culotte, leur burnous ou leur chemise. Ensuite, en passant difficilement à travers un massif de figuiers de Barbarie, je descends par un sentier escarpé, jusqu'au bas de la crevasse du rocher et à l'entrée du *Rummel* dans le ravin. Delà Constantine apparaît sous un aspect tout différent : c'est bien véritablement Constantine ; c'est-à-dire l'originale ville arabe bâtie sur un seul bloc de rocher, immense, élevé et isolé !

De cet endroit, nommé *Aumale*, je prends, à droite d'un moulin, une route qui passe sous une voûte naturelle du roc (dans les anfractuosités duquel un marchand de liquides et de galettes a trouvé moyen d'établir sa boutique et sa chambre.) Puis, je traverse le *Rummel* sur un petit pont, je suis un chemin creusé en demi-voûte dans le pied du rocher, je passe à côté de l'abattoir et, toujours contournant la ville, je remonte au milieu d'un bois de grands cactus, que je trouverais charmant si le sentier était moins rapide et le soleil moins brûlant... Enfin, après m'être reposé plusieurs fois pour reprendre haleine, j'arrive — un peu avant la porte *de la Brèche* — à la porte *Gébia* qui est la troisième que je vous fais connaître et l'une des trois seules entrées de Constantine.

La porte *Gébia* est une espèce de porche humide et sale, mais c'est l'entrée qui a conservé le plus son caractère étranger. Elle donne accès dans le quartier arabe; on y arrive par un sentier d'Arabes, et l'on n'y rencontre que des Arabes, passant, debout ou couchés contre les murs. Une porte épaisse, bardée de fer et de gros clous, est ouverte; après un retour anguleux, on se trouve sur un étroit palier, au bas d'une haute muraille percée de plusieurs fenêtres grillées; l'on a à gauche un large escalier, qui monte le long des remparts, faits avec d'énormes pierres carrées, posées les unes sur les autres en y ménageant des créneaux; et à **droite** il y a une seconde porte, ceintrée, recouverte de ronces et d'herbes sauvages, qui ouvre dans le quartier arabe. J'ai déjà monté trop longtemps, l'escalier m'effraye et je tourne à droite.

J'évite des chevaux et des mulets, mangeant et attachés à des boucles scellées dans la muraille, et je parcours le quartier arabe très-populeux en cet endroit, au milieu de bourricots chargés, de vaches que l'on fait rentrer dans les maisons, de nombreux marchands de beurre, de lait ou de galettes, et d'une foule d'enfants indigènes qui jouent ensemble dans des costumes bariolés et pittoresques. J'avance, et peu à peu la physionomie des rues change : elles sont toujours très-étroites, mais elles sont plus propres et garnies d'une infinité de petites boutiques dont les auvents se touchent et interceptent en partie la lumière. Cette demi-obscurité doit être très-avantageuse pour les marchands, dont les étoffes, les gandouras et les foulards, qui pendent partout, vous frôlent ou vous essuient la figure à chaque pas... Ces boutiques sont des cases de deux à trois mètres carrés, plus ou moins, encombrées des marchandises et du marchand qui se tient continuellement assis les jambes croisées sur le devant et, sans se déranger, vous déplie et vous montre chaque chose sur ses genoux. Je remarque que les vendeurs se réunissent par genre d'industrie : ainsi dans une rue je ne vois que des étalages de denrées qui se mangent, telles que boules de beurre, figues, dattes, oranges, poivre rouge et piment ; boutiques de galettes et de petits-pains sans levain à un sou ; de café maure et sans sucre, qui se prend dans la rue ou bien dans l'antre carré et nu où l'on ne peut s'asseoir qu'à terre, à côté du réchaut où on le prépare. Dans d'autres rues je ne trouve que des marchands de tabac, de pipes et de diverses blagues de fumeurs; et plus loin des fabricants de selles et de toute espèce de harnais arabes brodés d'or et de soie; enfin de nombreux cordonniers, accrochant en dehors des masses de souliers noirs, jaunes, rouges, brodés, et travaillant quatre dans la même case au moyen de petits rayons superposés dans les angles, où ils se tiennent assis mais sans pouvoir lever la tête.

Tout cela est nouveau et intéressant à voir pour moi; mais la nuit est venue, je marche au hasard à la clarté des veilleuses — que les marchands allument dans des verres pendus par un fil de fer devant chaque boutique — et je m'égare dans toutes ces sinuosités pittoresques. Cependant je ne peux demander mon chemin à personne, car je ne rencontre que des Arabes et j'ai appris par expérience le matin qu'il est inutile de leur demander un renseignement... Enfin, après avoir circulé longtemps et mangé une galette pour me soutenir, j'ai la bonne chance d'apercevoir au loin un képi d'officier! Je m'élance à sa poursuite au risque d'entraîner plusieurs étalages à terre, je m'arrache de maint burnous de laine, et j'atteins mon compatriote qui me remet dans mon bon chemin. Je suis, d'après ses indications, une rue et une ruelle; j'arrive à l'église dont j'entends les orgues et dont je vois les lumières au travers des vitraux; je monte un escalier qui me conduit à la place du palais; là je me reconnais et je rentre à l'hôtel à huit heures.

6 Mai.

Je vous ai dit à Guelma que j'étais parent par alliance d'un grand industriel *Constantinois*. C'est M. Lavi, qui s'est servi de la chute du *Rummel* pour établir de nombreux moulins au bas de Constantine, et je vais lui rendre visite.

Pour cela, je sors par la porte *de la brèche* qui est une espèce d'arc de triomphe à deux arches, en dehors duquel est une longue et grande place, partiellement plantée d'arbres, où se tiennent les marchés de grains qui sont ici très-importants. Devant soi, à gauche, s'élève le *Condia-Aty*, montagne très-haute et rapprochée qui domine la ville ; et à vos pieds se déroule une profonde et immense plaine, formée et accidentée par des mamelons arrondis. De cette plaine, les voitures montent à la place du marché par une interminable route en lacet — qui représente de longs serpents blancs étendus sur des mamelons verts — mais les piétons, pressés, peuvent descendre par des sentiers presque verticaux, frayés en zigzag sur les versants des talus; seulement pour cela, il ne faut pas perdre l'équilibre ni être asthmatique...Comme je ne crois pas être atteint par l'un ou l'autre de ces inconvenients je me décide à passer par-là. Mais auparavant, je m'arrête près d'un groupe de burnous qui attire ma curiosité.

C'est un rassemblement d'Indigènes qui entourent trois Arabes assis à terre et jouant, l'un d'une espèce de hautbois (*gaspah*), l'autre d'un violon à deux cordes (*rebbeb*), et le troisième d'un tambour de basque (*tarr*) sur lequel il frappe la mesure. Le rythme et l'harmonie de cette musique diffèrent peu de la mélodie « *Tutu, ban, ban !* » qui accompagne la danse des ours en France... mais elle n'a pas moins beaucoup d'attrait pour les Indigènes, qui, serrés les uns contre les autres, écoutent les musiciens avec avidité, ou bien avec recueillement et sans les regarder comme de vrais dilettantes. Au milieu du cercle, de petits enfants couchés et accroupis sont tout yeux et oreilles.

Après avoir assisté à ce singulier concert, j'opère ma descente dans la plaine par les rapides glissoires. A la seconde, mon poids m'entraîne, je descends trop vite et je cours, sans pouvoir m'arrêter, jusque vers des gourbis entourés d'Arabes qui sont très-étonnés de me voir ainsi fondre sur eux... Cependant ils reçoivent mon choc sans riposter... et je retourne, à droite, le long de la base rocheuse de la ville, dont ce côté est le plus élevé et tout à découvert. En suivant plusieurs sentiers, puis un chemin au milieu de champs de blé, je rencontre une fontaine et l'entrée d'un jardin. Je m'engage dans le jardin et j'arrive à des bâtiments assis sur des aspérités de rochers, ombragés d'arbres, et entourés de ponts rustiques et de cascades. C'est un dimanche, et je trouve la belle et nombreuse famille Lavi toute réunie. La discrétion m'empêche de faire pénétrer le lecteur dans cette aimable assemblée, mais qu'il me soit permis de dire que là se trouvent la plus jolie personne de Constantine et les hôtes les plus sympathiques et les plus prévenants que l'on puisse rencontrer.

La Préfète y dîne ce jour-là avec Mme K.; on m'invite, j'accepte et, après avoir causé quelques instants de mon voyage, le fils aîné de la maison m'emmène voir la chute du *Rummel*, qui s'aperçoit des fenêtres du salon et n'est éloignée que de quelques cents pas.

La chute du *Rummel* est tout simplement une des plus belles chutes d'eau que l'on puisse voir. (N° 27). Les grandes roches verticales de Constantine sont à droite avec la ville imperceptible, nichée au-dessus; à gauche une agglomération de rochers désordonnés et immenses (*Sidi Mécid*); et au milieu de tout cela le profond ravin, qui s'élargit et laisse tomber tout à coup, sur trois gigantesques escaliers de roc, la rivière qui se précipite de plus de cinquante mètres de haut et reprend son cours dans la plaine du Hamma. En été l'aspect est moins beau, mais en hiver, et surtout lorsque les grandes pluies ont fait remplir le ravin, la chute de cette masse d'eau offre, pendant vingt-quatre heures, un spectacle imposant que tout Constantine vient voir.

Après, nous montons dans le ravin même qui offre des accidents magnifiques : dans ce couloir grandiose et sonore, il y a plusieurs ponts naturels qui représentent des voûtes et des arches immenses sous lesquelles passent et repassent de bruyantes volées de corbeaux et de pigeons sauvages. En allant voir la prise d'eau pour les moulins — qui est un large et sombre aqueduc percé dans le roc, — nous passons par une fente de rocher que les Arabes nomment *Chef-Tofla* : mots dont je me garderai bien de vous donner la traduction.

Puis, nous visitons une fontaine romaine d'eau chaude qui vient tomber en cascade à la porte de la maison. Mais la cloche du dîner se fait entendre; et, après être redescendus par un sentier d'un pittoresque que je renonce à vous décrire, nous rentrons pour nous mettre à table. Nous sommes seize et il n'y a que trois étrangers.

Le soir, nous allons nous promener au jardin, sous des rosiers hauts comme des arbres, sous des allées de vigne et sous des orangers en pleine terre qui sont chargés d'oranges, bien qu'il fasse très-froid à Constantine en hiver et qu'il y tombe beaucoup de neige : du reste c'est le seul grand jardin que j'y aie vu. Enfin, tout le monde se retire assez tard, et, comme j'ai manifesté l'intention de revenir dessiner la chute du *Rummel*, l'on veut que je couche au moulin.

7 Mai.

Le lendemain lorsque je m'éveille, un grand bruit d'eau et un brouillard humide qui frappe et obscurcit les vitres me font croire à du mauvais temps : mais c'est une cascade qui tombe sous les fenêtres de ma chambre et que je ne savais pas si près.

Je descends dans la plaine pour voir de face la chute du *Rummel*; je remonte sur un mamelon, j'y cherche et trouve une place d'où je peux apercevoir l'ensemble : mais, comme il est des contrariétés pour chaque chose — même pour les artistes qui voient tout en beau — il se trouve qu'à cette heure les ombres sont mal placées, et cette chute d'eau qui était si belle à dessiner la veille n'est aujourd'hui que belle à voir...

Force m'est donc d'attendre que le soleil soit arrivé au point qui m'a séduit. Pendant ce temps-là je rassasie mes yeux d'admiration. Je suis tiré de ma silencieuse contemplation par des coups de mine, qui partent dans une carrière très-rapprochée; et c'est ma seule distraction avec des vaches arabes qui descendent par l'étroit sentier en pente, au bas duquel je suis, et qui abîmeraient bien mon album si elles me roulaient dessus...

Enfin, les ombres ont changé de place et je retrouve mon tableau de la veille. Aussitôt je commence mon travail et je me mets à dessiner avec ardeur; mais, au plus beau moment, voilà que j'entends au-dessus de moi sonner la cloche du déjeûner... Alors il me faut cesser et partir de suite car, bien que je ne sois pas loin de la maison, il me faut assez longtemps pour y remonter. Seulement, si quelqu'un demande à voir mon travail, je passerai forcément pour un paresseux car depuis le matin je n'ai rien fait... que regarder.

Heureusement, il y a un plat nouveau qui distrait l'attention générale, et je puis retourner finir mon dessin sans donner une mauvaise opinion de moi le premier jour.

Le soir, je prends congé de l'aimable famille Lavi, qui veut me faire reconduire en voiture à l'hôtel: je fais bien quelque cérémonie, car Constantine n'est pas loin; mais comme les chevaux sont déjà attelés, comme la route en lacet est longue et mon sentier de glissoires trop rapide, je me défends peu et j'arrive à la porte *Vallée* ou *de la Brèche* avant sa fermeture.

8 et 9 Mai.

Je passe ces deux jours, au milieu et en dehors de Constantine, à dessiner ses différents aspects et les endroits qui me conviennent.

10 Mai.

L'on m'a parlé de l'ancien palais de *Salah Bey* comme d'une des curiosités de la ville, et je vais le visiter.

Salah était un illustre bey de Constantine qui fut vaincu et supplanté avant l'occupation française. Il était très-riche, très-puissant, et il s'était fait construire plusieurs habitations luxueuses, dont celle que nous allons visiter n'était pas la plus remarquable. Il possédait encore dans la campagne aux environs de Constantine, un palais peut-être le plus beau de tous ceux des princes africains. Toutes les pièces et le harem étaient en marbres rares de différentes couleurs, et mille colonnes, torses, lisses, cannelées ou feuilletées, entouraient ou supportaient sur des chapitaux dorés la vaste et gracieuse construction moresque; enfin la richesse des sculptures et des ornements luttait avec le luxe de la nature, qui en augmentait encore le charme par un site merveilleux et de magnifiques ombrages d'orangers. De plus, des sources thermales déversaient leur eau dans d'immenses bains, où les femmes du harem s'ébattaient, à leur choix, dans une onde chaude, tiède ou refroidie.

Malheureusement, il ne reste plus aujourd'hui que des ruines, avec les magnifiques orangers et les thermes, où l'eau n'arrive plus et dont les dalles de marbre sont foulées et salies par les troupeaux qu'on y parque. Le compétiteur de *Salah Bey* a détruit cette luxueuse thébaïde, et il a fait transporter la plupart des sculptures et des colonnes à Constantine pour y faire construire son palais qui, aujourd'hui, est habité par le général français commandant la province.

Nous verrons tout à l'heure ce palais, mais visitons d'abord celui de *Salah Bey*.

En suivant une rue voûtée, j'arrive à une grande porte, grossièrement sculptée et garnie de fer, et c'est là l'entrée. Par une étrange succession des choses de ce monde, l'ancienne demeure du potentat musulman est aujourd'hui habitée par des religieuses françaises, qui y tiennent un pensionnat de jeunes filles... Je frappe et c'est une sœur qui vient m'ouvrir; je lui fais part de ma curiosité de voyageur et elle m'introduit dans une cour carrée, pavée avec des carreaux vernis et entourée de deux étages de galeries couvertes, supportées l'une au-dessus de l'autre par des colonnes de marbre, lisses, torses et de toutes formes. Les gardefous sont en bois de chêne découpé à jour comme de la dentelle; et de chaque côté sont de grandes portes chargées de sculptures arabes, c'est-à-dire divisées en plusieurs petits panneaux représentant les uns des arabesques, les autres des filets réguliers, en zigzags et brisés. Du reste, c'est là la disposition intérieure de toutes les maisons arabes, depuis celles qui ont les galeries en grossières arcades de maçonnerie, jusqu'à celles qui sont ornées de riches balustrades sculptées et soutenues sur des colonnes de marbre à chapiteaux dorés. (Nos 7, 61 et 57.)

Nous montons sur la première galerie par un petit escalier à escargot; nous traversons une chambre — où se fait la classe de piano — ornée d'arabesques ogivales en couleurs éclatantes; et, en soulevant une draperie, nous entrons dans une pièce très-grande dont les murs sont incrustés d'ornementations et de grandes coupes de marbre. La sœur me dit timidement que c'était là l'habitation des femmes ou le harem... Et, comme elle ne veut pas me donner là-dessus les détails qu'elle sait ou ne sait pas, elle s'empresse de me faire redescendre pour visiter, aux angles de la cour, de petites chambres basses et voûtées, peintes en vert, en jaune et en rouge, qu'elle croit avoir été les cabinets de travail et l'oratoire du Bey. Que ce renseignement soit véridique ou non, je conclus en sortant que ce qu'il y a de plus curieux c'est la cour; et il en est de même dans toutes les maisons arabes.

Delà, en marchant au hasard, j'arrive à une rue en pente, au haut de laquelle est un escalier qui monte à une grande terrasse, d'où la vue est très-étendue. Cette terrasse qui se nomme *place du Caravansérail*, est plantée d'arbres et garnie de bancs en treillage de fer, dont les dossiers servent en même temps de parapets. D'un côté, devant soi, est la façade de la mosquée; et de l'autre côté, l'on domine la campagne et tout le bas de Constantine; c'est-à-dire la ville arabe à vos pieds, et au-delà remontant derrière le ravin, le vaste et imposant horizon des hautes montagnes.

En descendant de la terrasse, je traverse le quartier juif qui a — exactement comme le quartier arabe — des rues étroites, sinueuses, voûtées, et des maisons à bastions carrés et surplombant les uns sur les autres, avec de grosses portes beaucoup moins hautes qu'une personne. La seule différence, c'est que ces portes sont ouvertes, que les femmes juives vont et viennent en dehors avec leurs enfants, ou causent assises ou couchées sur les seuils. Elles sont nu-tête, ou bien elles ont les cheveux noués dans un mouchoir de soie dont les bouts brodés d'or ou d'argent retombent sur leurs épaules. Les jours de cérémonie elles portent un chapeau long, en forme de cornet, sans bords, et qui penche en arrière. Leur gorge est maintenue dans un corsage sans manches, très-court, un peu fendu devant et garni d'un large galon d'or; leur jupe est en indienne de couleur, rose, verte, jaune, ou en damas à grandes fleurs; elles ont les bras nus ou recouverts d'un morceau de gaze; et elles marchent en traînant avec beaucoup d'adresse de petites savates pointues, sans quartier et sans talon. Plusieurs ont les traits fins, très-caractérisés et sont jolies; mais il y en a beaucoup parmi elles—que l'on nomme les Juives aux gros bras, — et qui en effet ont un embonpoint très-puissant, une carnation trop rouge et des bras énormes; toutes choses qui ne contribuent guère à les rendre séduisantes. Les hommes Juifs, à Constantine et surtout à Alger, portent souvent une dépoétisante casquette à visière...(N° 28.)

Après, je me rends au palais du général, pour y trouver un officier de hussards, M. Moreau, à qui je dois remettre une lettre. Ce palais, qui était — comme nous l'avons dit — celui du dernier bey de Constantine (Hadj-Hamed) n'a ni façade ni entrée monumentales comme la plupart des constructions des Arabes qui conservent tout pour l'intérieur : on entre par une porte voûtée assez simple, précédée de quelques marches d'escalier et à l'extrémité d'une petite place, qui se nomme naturellement *Place du Palais*. Mais, aussitôt qu'on a franchi la porte l'on se trouve en Orient !

Un grand jardin, garni de fleurs, d'arbres et de plantes du pays, avec des bassins de marbre et des fontaines jaillissantes, est entouré d'une grande galerie couverte et à nombreuses arcades, soutenues sur des colonnes de marbre diversement sculptées. Cette galerie est plus élevée que le jardin, de manière que toutes les fleurs se voient à vos pieds et leur parfum vous arrive. Du côté qui est opposé au jardin et qui est plein, un haut soubassement en carreaux vernis bleus, verts et jaunes, encadre de petites portes à panneaux sculptés, qui donnent accès dans des chambres arabes, éclairées par le haut et où l'on descend par quelques degrés : ces chambres servent au Cadi, aux Amins et à différents services militaires et indigènes. Au-dessus des soubassements sont grossièrement et naïvement dessinées en rouge les anciennes villes de la Mauritanie. Au retour de l'équerre, la galerie à arcades et à colonnes s'élargit et forme une grande chambre moresque, ouverte dans toute sa largeur sur le jardin et y communiquant par un escalier.

En face de cette chambre et du jardin est le palais dont les fenêtres ceintrées sont d'architecture arabe, mais qui, intérieurement, a une ornementation française : — à l'exception toutefois du salon d'armes, où l'on a réuni en trophées tous les drapeaux, fanions, tambours et autres instruments de guerre pris sur l'ennemi depuis notre domination ; et où sont gravés en lettres d'or les noms des généraux qui ont commandé la province. Pour arriver dans les salons, l'on rencontre une belle grille formée d'arabesques dorées, et un labyrinthe de colonnes moresques qui représente exactement un décor d'opéra : soit qu'on le voie éclairé par les rayons du soleil ou de la lune, ou bien à la lueur des lanternes arabes qui sont pendues entre les colonnes de distance en distance.

Au milieu de ces décorations orientales, animées encore par un va-et-vient de militaires, de spahis et d'Arabes, je rencontre M. Moreau dans son cabinet. C'est un jeune officier de hussards, doux et affable comme son âge, élégant comme son gracieux uniforme ; il m'accueille tout de suite comme un ami, me donne tous les renseignements que je désire et il me fait promettre de revenir dîner avec lui le lendemain.

11 Mai.

En me promenant, avant le dîner, dans le quartier arabe, j'arrive à une petite rue obstruée par un rassemblement d'Indigènes. Je m'approche et je distingue parmi eux des hommes mis en désordre, ayant des figures exaltées, hâves ou recueillies ; des yeux hagards, des expressions radieuses ou farouches ; enfin tous les signes et types de la folie : j'apprends que ce sont des *Aïssaouas*, c'est-à-dire des sectaires musulmans, qui se livrent chaque vendredi aux actes superstitieux que vous allez voir.

Ils sont assemblés devant une maison sainte, qu'ils nomment *Mesdjed* (lieu où l'on se prosterne) ; tandis que les uns y entrent et que d'autres en sortent, j'y pénètre moi-même et m'aventure sous les galeries à arcades et à colonnes. Là, une bande de fanatiques jeunes et vieux, se croyant inspirés par la divinité (*) à laquelle ils veulent plaire, font des gestes extraordinaires et se livrent à toute sorte de contorsions. Ils commencent par une danse religieuse au son du *tarr* ou tambour de basque, qui suit et excite cette danse grotesque qui n'est d'abord qu'un mouvement insignifiant, qui s'active et s'anime progressivement et devient à la fin une suite de sauts et de bondissements frénétiques. Puis, transportés d'un enthousiasme divin, les uns se percent la figure et le nez avec des tiges de fer rouge, les autres avalent du verre ou des serpents après s'en être fait mordre en plusieurs endroits du corps. Il y en a même qui, poussant le zèle jusqu'à la fureur et à la dernière extravagance, se mettent des charbons ardents dans la bouche ou bien se donnent des coups de yata-

(*) Ce sont les sectateurs du Marabout Sidi-Mohamed-ben-Aïssa, dont le tombeau se trouve à Meknas, au Maroc.

gan. Et, plus le sang coule, plus le fer rougi brûle les chairs, plus les chutes sont répétées et douloureuses, et plus Allah et les assistants trouvent qu'il y a de mérite ; excepté moi cependant, à qui ce spectacle répugne et qui m'éloigne de ces scènes plus curieuses et extraordinaires qu'agréables.

Cependant malgré ces coups et ces blessures réelles, il est rare qu'un *Aïssaoua* succombe. La raison je ne puis vous la dire, car personne sur les lieux n'a pu me la dire à moi-même : est-ce adresse de jongleur, est-ce réaction religieuse, morale ou nerveuse, est-ce intercession divine comme les Arabes le croient, ou bien force et dureté de leurs organes... c'est là une chose que je ne me charge pas d'expliquer.

Mais, tandis que ma curiosité m'a entraîné et retenu dans le sanctuaire des *Aïssaouas*, le temps s'est écoulé et, lorsque j'en sors, il est trop tard pour aller au rendez-vous de M. Moreau. Je suis donc forcé de dîner seul et je le regrette, car mon hôte m'a laissé l'impression d'un jeune homme très-gracieux et sympathique et j'aurais été enchanté de passer quelques instants de plus avec lui. En effet, lorsque je vais le retrouver le soir pour lui faire mes excuses de voyageur curieux et avide de toutes choses nouvelles ou étranges, il me punit de mon impolitesse en me donnant une lettre de recommandation pour *Bordj-bou-Arriredj*.

Ensuite, après une courte et amicale promenade nous nous séparons, car je pars dans la nuit pour Biskra(*)

(*) Depuis, ce brave jeune homme a été fatalement assassiné à la porte de Constantine.

DÉPART POUR BATNA. — DEUX JOURS A LAMBESSE, SES RUINES ANCIENNES ET SA RUINE MODERNE. — LE PÉNITENCIER.

12 Mai.

On me réveille à quatre heures. Et à cinq je monte sur l'impériale de la diligence de Batna, qui est la première étape du côté du Désert.

Nous descendons de Constantine par le chemin que j'ai suivi pour y arriver. Nous passons devant la pépinière et devant des champs de blé, nous traversons deux ruisseaux qui vont grossir le *Rummel*, et dont l'un est le *Bou-Merzoug* et l'autre la *Rivière des Lauriers roses*, (quand je dis rivière, il faut ajouter rivière d'Afrique, c'est-à-dire rivière torrent en hiver et dont on ne voit que le lit de cailloux en été). Puis, nous relayons à un petit village dont le mur d'enceinte écroulé devrait être employé à bâtir des maisons, car il n'y en a que quelques-unes qui ont l'air de s'ennuyer; du reste on me dit que l'eau y manque en été, et c'est une raison majeure, surtout en Afrique. Il s'appelle *Croups*; le second village que nous rencontrons s'appelle *Ouled-Ramoun*, et je ne vous en parle pas parce qu'il ressemble à tous les anciens relais ou hôtelleries de France : à l'exception cependant d'un Nègre qui, vêtu d'une culotte rouge, d'un vieux paletot noir et d'un haïk de gaze, casse des pierres sur la route, assis et avec un marteau.

Enfin, nous arrivons à midi au caravansérail de *Mli-*

liah où nous descendons pour déjeûner. Il y a à table deux messieurs de Batna, le receveur d'enregistrement et le notaire ; un Caïd qui ne veut pas boire de vin, un *vive-la-joie* qui lui en verse toujours, et un mari bénin qui apporte de Constantine un gros bouquet à sa femme. Le déjeûner est mauvais, mais il est cher.

Après, nous avançons continuellement dans de grandes plaines (les *steppes du Tell*) : plaines de thym et de maigres blés, où nous apercevons des troupeaux de cigognes et des caravanes de Sahariens dont je vous retracerai en détail la physionomie plus tard. Je dois vous dire que la voiture quitte à chaque instant la route frayée et ravinée par des ornières de cinquante centimètres de profondeur, pour en choisir, au hasard, une autre plus unie dans la plaine. Nous atteignons ainsi deux lacs salés (naivement appelés les deux lacs); nous passons sur le terrain qui les sépare et quelque temps après nous apercevons le tombeau de *Syphax*. C'est une masse haute de vingt mètres environ, autrefois pointue, et formée par vingt-huit gradins reposant sur une base ronde, qui est entourée d'une corniche en saillie et supportée par soixante colonnes, brisées la plupart. (N° 1.)

J'avais toujours lu dans les anciens auteurs que Syphax, roi d'une partie de la Numidie, ayant épousé et la cause de Carthage et la fille d'Asdrubal ; Masinissa, à qui cette princesse avait été promise, se réunit à un général romain et livra bataille à son rival près de Cirtha, l'an 201 avant J.-C. Enfin que Syphax, vaincu et fait prisonnier, avait été conduit à Scipion, qui le mena enchaîné à Rome, où ce malheureux prince, ne pouvant survivre à son infortune, se laissa mourir de faim dans sa prison. Mais il paraît que l'histoire change en Afrique ; à moins que le monument ayant été élevé à l'endroit où Syphax fut vaincu et moralement tué, la tradition arabe n'ait pris la cause pour l'effet.

Ensuite, depuis le village d'*Aïn-el-Kar* ou de la fontaine chaude (sur le barrage de laquelle nous passons), la plaine se resserre entre des montagnes de roches grisâtres, sans aucun arbre et souvent sans broussailles ; puis nous atteignons *El-Mater*, où est établi une fabrique de 3/6 que l'on fait avec du sorghot. En arrivant près de Batna, les montagnes sur la gauche affectent la forme de lames triangulaires, placées parallèlement à côté les unes des autres comme les ondulations de la moire.

En ce moment, nous rencontrons un bataillon de zouaves qui vont rallier leur régiment pour une expédition. Ils portent sur leurs sacs de bizarres pyramides de toutes choses : au-dessus de leurs gros bidons et de leurs ustensiles de campement sont des singes, des photographies enrubanées de leurs maîtresses et de petits moulins à vent... Enfin, nous entrons à Batna à sept heures du soir et nous venons de faire 32 lieues.

Batna, le chef-lieu d'une des quatre subdivisions de Constantine, ne me présente qu'une suite de rues régulières et françaises, avec quelques magasins et beaucoup de débits de liqueurs ; c'est pourquoi, au lieu de m'y arrêter, je prends tout de suite la voiture de Lambesse qui est sur le point de partir. J'ai, assis à côté de moi, un sergent-major du Pénitencier qui me donne des détails sur les ruines curieuses de l'ancienne ville romaine; mais il m'apprend en même temps que la Lambesse actuelle n'est qu'un amas de petites maisons d'ouvriers, où il n'y a aucune espèce d'auberge et que j'aurai beaucoup de peine pour me loger... Cela me fait bien regretter d'avoir fui Batna aussi précipitamment et sans plus de réflexion. Cependant, comme le sergent-major est un compatriote très-serviable, après avoir gardé un moment le silence il me dit qu'il entrevoit un moyen de m'empêcher de coucher dehors. Il avait dans la ville un ami qui est mort récemment et, comme il vivait en désaccord avec sa femme, il croit qu'il y a deux lits dans la maison; et il espère que sa veuve, très-consolable, m'en cédera un... Du reste il se charge de faire lui-même la démarche et de m'introduire.

Lorsque nous arrivons il fait nuit noire et je ne distingue rien, à peine quelques rares lumières. Le sergent descend de voiture et me recommande de l'y attendre pendant son ambassade. Quelque temps après, il revient en me criant: « Enlevé! réussi! La veuve vous fournit, pour un prix raisonnable, une chambre sans porte ou avec une porte sans serrure; mais un lit, un vase et des draps blancs! Il n'y a pas de restaurant dans la maison, mais la fontaine est en face et le boulanger dans la rue!... Alors, il me conduit, me présente et me quitte en retournant sur ses pas; car l'aimable homme loge au Pénitencier, qui est éloigné delà, et il n'est venu jusqu'à Lambesse que pour m'être utile. Je le remercie et lui donne rendez-vous pour le lendemain au Pénitencier qu'il m'offre de me faire visiter.

13 Mai.

Dès le matin je vais au Pénitencier où je retrouve mon sergent-major ; il prend les clefs chez le concierge et me fait entrer partout.

Ce pénitencier, qui avait acquis tant de réputation après les événements de 1848, est une grande construction en forme de croix, entourée de cours et précédée de deux bâtiments moins élevés, placés aux angles du mur d'enceinte et de chaque côté de la haute porte d'entrée. (N° 33.) Après avoir traversé la cour qui est immense, l'on monte au rez-de-chaussée par un perron et on pénètre dans trois longues galeries à angles droits les unes aux autres de manière qu'elles forment une croix, c'est le réfectoire ; elles sont garnies de trois immenses tables avec des bancs de chêne ; et au centre, sur la droite, s'élève un autel religieux. L'on arrive, en haut, (par plusieurs escaliers) à trois étages de galeries de fer, surmontées de distance en distance d'arcades en briques rouges consolidant entre eux les murs. Ces galeries conduisent aux cellules des condamnés, qui ont chacune une petite fenêtre en fer à cheval, un rayon, une table, un escabeau et un baquet de zinc ; il y a 440 cellules, et chaque sous-officier en avait 25 sous sa surveillance. Les repris de justice descendaient à dix heures pour déjeûner : ils allaient au préau jusqu'à midi, à l'atelier de travail jusqu'à cinq heures ; puis, ils dînaient et étaient renfermés. On les occupait au jardin potager ou bien à faire des piquets de tente.

Les transportés politiques étaient au nombre de 459 en trois catégories, de 1848, de 1852 et les affiliés aux sociétés secrètes. Ils avaient des hamacs, étaient mieux nourris et logeaient à part dans les barraques de la cour. A la fin, on les laissait sortir à volonté et sans danger, car les Arabes les ramenaient s'ils fuyaient. — L'un d'eux qui, après avoir reçu de l'argent de sa famille, s'était évadé, fut ramené, attaché sur un mulet après avoir été pressuré par les Arabes.

Le Pénitencier, complètement vide aujourd'hui, est destiné aux prisonniers arabes : mais, lorsque ces derniers se verront enfermés, nourris et logés dans ces petites cellules enduites, peintes et cent fois plus propres que leurs gourbis ou leurs tentes, ils se trouveront traités comme des Caïds et prendront leur punition pour une récompense. Quoiqu'il en soit, ces bâtiments, qui ont été construits avec les beaux blocs de pierre des ruines romaines qui jonchent partout le sol, ont été commencés en 1851 et finis en 1853. Et c'est pour cela que Lambesse a un aspect si misérable : car sa population est composée en grande partie par les ouvriers que ces travaux avaient attirés, qui ont gagné alors de superbes journées, se sont construit eux-mêmes, pour s'abriter, de petites maisons qu'ils ne peuvent pas vendre et ne veulent pas abandonner, bien qu'ils n'aient plus grand'chose à gagner dans le pays. Néanmoins, par la force des circonstances, plusieurs de ces petites habitations sont déjà fermées et tombent en ruines.

Ensuite, le sergent-major me montre une belle mosaïque enfermée dans une baraque de planches. Elle représente les quatre saisons; seulement il y a, je ne sais pourquoi, *cinq* figures en buste dans des médaillons. La première, à droite, porte un voile; celle au-dessus une couronne de fleurs; les deux, à gauche, sont couronnées l'une d'épis de blé, l'autre de feuilles de lière; et celle du milieu de raisins. Ces têtes, grandes comme nature, sont très-jolies et bien peintes; malheureusement elles n'ont pas toujours été garanties des avaries du temps ou des Arabes, et elles sont endommagées au milieu et sur un côté.

Après, nous visitons les ruines qui sont dans la vaste plaine où s'étendait la cité romaine de *Lambœsis*, qui renfermait cent mille habitants et avait 40 portes ou arcs de triomphe, suivant la tradition arabe. C'est d'abord le *Prœtorium*, grand bâtiment carré et assez bien conservé. Il est percé de hautes portes cintrées, répétées par de plus petites à l'étage supérieur; d'un côté sont encore debout deux énormes fûts de colonnes qui, au nombre de quatre, soutenaient le fronton; et de l'autre, la façade se compose de six doubles colonnes avancées, supportées sur des piédestaux élevés, et en supportant autrefois d'autres qui sont tombées. Dans les intervalles, il y a des niches sculptées à coquille qui contenaient des statues; et dans l'intérieur — fermé par une simple barrière de bois — sont rassemblées les sculptures de marbre les mieux conservées, que l'on a trouvées en fouillant les ruines de la plaine.

Ce sont les statues, plus grandes que nature, d'Esculape, de sa fille Hygie, d'un empereur romain, et celles d'une espèce de Sapho ou d'improvisatrice dans un beau mouvement d'enthousiasme, enfin d'une femme luxueusement vêtue, dont la tête et les mains sont brisées. Toutes ces figures sont raides et réduites à l'état d'ébauche par l'usure du temps, à l'exception des deux dernières qui sont dignes du Louvre. (N° 33.) Il y a en plus une petite statuette en albâtre, qui se détériore, bien qu'on l'ait mise à couvert; puis une quantité de têtes ayant toutes le nez brisé, le fronton du temple d'Esculape, beaucoup d'inscriptions latines sur des sarcophages, toujours précédées des initiales D. M. S., une tribune circulaire, une pyramide de chapiteaux de toutes grandeurs, et quantité de pierres pointues et arrondies qui surmontaient les urnes funéraires renfermant les cendres des morts.

Au loin, en dehors, est encore debout une porte de la ville où passait la voie de *Marcouna* : elle se compose de trois arches ceintrées, en forme d'arc de triomphe, séparées entre elles par des colonnes toscanes, avec une frise en partie détruite. Il y a encore une autre porte pareille et moins grande, des caves voûtées où sont des quantités de sarcophages dont on a transporté quelques-uns à Lambesse pour faire des auges de fontaines; puis un reste de fort, l'emplacement du cirque dont les belles marches ont été prises pour les constructions du Pénitencier, quelques pans de murs du temple d'Esculape avec des fragments de mosaïque qui rappellent la richesse de ce monument, et au loin le tombeau de *Flavius*, général commandant la 3ᵉ légion romaine. Les soldats de cette légion étaient à Lambæsis colons en même temps que militaires : car *Lambœsis* était la cité militaire et la ville noble était à *Tha-Mougadis*, qui est à sept lieues de là.

Après avoir exploré les principales ruines qui jonchent la plaine sur une longueur de cinq à six kilomètres, je reviens m'établir devant la plus belle qui est le *Prœtorium* et je me dispose à le dessiner. Mon brave cicerone s'assied à côté de moi sur un tronçon de colonne ; mais, comme il habite les lieux depuis longtemps et connaît tout cela en détail, il se prend à bâiller et après avoir fumé deux pipes il me souhaite le bon soir... Seulement, comme content ou ennuyé il est toujours aussi serviable et que la consigne lui défend de laisser les clefs à un étranger ; il l'élude en laissant les portes de la mosaïque et du Prætorium ouvertes... Alors, pendant mes repos de travail, j'examine plus à mon aise et en détail chaque sculpture et chaque statue, — lorsque je ne suis pas forcé de courir après mon ombrelle qu'un vent très-fort emporte à chaque instant.

Cependant le soleil baisse et peu à peu le jour disparaît, le vent tombe, l'atmosphère devient tiède et tranquille, et pendant ce silence du soir le calme règne en soi comme dans la nature. Il ne fait plus assez clair pour dessiner ; je cesse, je m'assieds sur un piédestal écroulé du *Prætorium* et je prends le frugal dîner que j'ai apporté dans mon sac, en promenant mes yeux sur l'immense plaine de *Lambœsis* dont les grandes ruines apparaissent, dans la brume, de distance en distance.

Mon imagination, impressionnée par l'aspect étrange des lieux et par le cours de mes pensées, se prend à reconstruire la cité romaine... Dans cette demi-obscurité, j'entrevois les anciens monuments couronnés de leurs frontons et de leurs statues, toutes les maisons relevées sur leurs bases, les places garnies d'obélisques et de colonnes, et les rues conduisant aux quarante portes de la ville — dont réellement en cet instant les arches de celle qui reste se détachent devant moi en noir sur le ciel rouge. Au milieu de tout cela je distingue les sommets des arcs de triomphe ; je vois en idée le cirque qui, secouant le sable, la terre et les broussailles qui l'encombrent, reforme ses voûtes, ses galeries, ses assises et réapparaît avec ses immenses et nombreux gradins couverts de spectateurs. Plus loin je vois le temple d'Esculape avec son fronton, ses sculptures, ses statues, et ses chambres garnies de mosaïques et ouvrant sur de larges degrés où montent et descendent des personnages portant la toge ou la chlamyde. Les uns ont le crâne chauve, une longue barbe blanche, et la démarche grave et lente ; les autres ont une chevelure noire et abondante, la barbe frisée et une allure virile et énergique. Partout circulent des hommes drapés à l'antique, des femmes romaines et des guerriers. En levant la tête, j'aperçois, près de moi, dans le *Prætorium* (le Prétoire) une foule plus compacte qui entre et sort par les grandes portes ceintrées et ouvertes : au fond de sa vaste enceinte je distingue des gardes dont les casques, les piques et les glaives brillent derrière et autour d'un tribunal circulaire, où sont assis le préteur et les magistrats qui rendent solennellement la justice....

En portant ma vue en dehors du Prætorium, elle tombe sur les constructions modernes du Pénitencier. Je crois y voir enfermés dans les cours des hommes vêtus de paletots, de blouses et de casquettes ; ils ont des barbes incultes et des figures farouches, intelligentes, calmes ou tristes. Les uns fument et discutent brusquement, d'autres se promènent la tête baissée en réfléchissant en silence ; et ils sont là, tous exilés de leur patrie, pour avoir voulu le bien ou le mal...

L'apparition de ces bâtiments, de ces costumes et de ces types français me rappelle à la réalité, et je pense combien je suis moi-même éloigné de mon pays dont je suis séparé par une partie de l'Afrique et la mer... Je m'étonne de me trouver seul dans ces endroits déserts ; car, si une colonne du Prætorium s'écroulait, si une des pierres qui se détachent chaque jour venait à m'atteindre, je tomberais et resterais là, sans que la main d'un parent ou d'un ami puisse m'aider à me relever... Cette pensée m'effraye, et je regagne Lambesse en traversant la plaine, où je heurte à chaque pas des monticules de décombres et des blocs de pierre enfouis dans les chardons.

Lorsque j'arrive il fait nuit noire et je ne sais trop de quel côté est mon logis. Mais, après avoir circulé quelque temps dans les rues désertes, j'aperçois à travers l'obscurité un bouquet d'arbres que j'ai remarqué le jour, puis une masure sans toit, un hangar sans porte qui précèdent ma maison, et j'entre chez mon hôtesse qui commençait à être inquiète sur mon compte. Seulement, elle s'était contentée de dire à sa voisine « que si le voyageur qui logeait chez elle avait été tué par les Arabes cela la contrarierait, parce que ça pourrait bien lui susciter quelqu'embarras. »

RETOUR A BATNA. — CONVERSATIONS INSTRUCTIVES SUR LE PAYS. — LES COLONS ET LES MILITAIRES.

14 Mai.

J'ai vu tout ce qu'il y a de curieux à voir dans ce triste et beau pays, et je retourne à Batna. Avant le départ de la voiture je visite une dernière fois les rues désertes de Lambesse; je me promène à l'ombre des saules-pleureurs d'un grand jardin qui me paraît abandonné, et je pars dans une jardinière qui suit une route toujours en plaine entre deux chaînes de montagnes éloignées.

Une heure après j'aperçois Batna, qui s'étend sur une seule ligne horizontale. En effet, Batna est dans une plaine et, si l'on s'étonne tout d'abord qu'on ait assis une ville dans cette position; en réfléchissant, l'on reconnaît qu'elle n'est dominée là par rien, qu'elle est placée à l'entrée du col des montagnes du Tell, qu'elle commande la route de Constantine et qu'elle se trouve juste sur le passage des *Sahariens*. Car, l'on sait que les Arabes du Sahara sont forcés chaque été de fuir en partie le Désert lorsque l'herbe brûlée ne peut plus nourrir leurs troupeaux ; et comme la chaîne élevée et escarpée des Monts *Aurès* forme, depuis la Tunisie, une barrière infranchissable qui vient finir au *Hodna*, le seul passage est là et Batna est en face. (N° 29.)

L'eau, qui est très-abondante dans la ville, y arrive du bas de la montagne par un système de drainage qui traverse et assainit la plaine qui était autrefois marécageuse. Seulement, cette eau est chargée de chaux et elle forme sur les légumes, tels que les haricots et autres, un dépôt calcaire qui les rend durs à la cuisson ; de même elle dissout difficilement le savon.

En avant de la ville est une promenade bordée d'arbres et de prairies au milieu de laquelle est une colonne élevée en souvenir d'une dangereuse mais vaine attaque des Arabes au commencement de l'occupation. Ensuite, Batna n'a rien de remarquable que la régularité et la propreté de ses rues toutes françaises. Il s'étend, comme je l'ai dit, sur une seule ligne horizontale ; à gauche sont l'église et la ville neuve, et à droite le quartier militaire, entouré, comme toujours, d'un haut mur renfermant les grands bâtiments des casernes et une maison moresque à doubles fenêtres ogivales et peintes en rouge, qui est la demeure du Commandant supérieur alors le colonel Pein.

J'apprends à l'hôtel que la voiture de Biskra ne part qu'à la fin de la semaine, et je vais rendre visite au colonel. Je trouve en lui un franc caractère de militaire, bienveillant, enjoué, simple et modeste comme s'il n'était pas le Commandant supérieur du pays. Nous parlons d'un ami commun qui est un de ses anciens camarades et il a grand plaisir à apprendre de ses nouvelles ; puis je lui demande de me faciliter le moyen d'aller sans danger à Biskra — en traversant les curieuses montagnes des *Aurès* au lieu de suivre la route commune, — et aussitôt il me fait donner un sauf-conduit arabe pour les tribus des montagnes, et un mot pour le Bureau arabe de Batna, afin qu'on m'y fournisse un guide et un spahis d'escorte.

Je vais remettre ce mot à son adresse et l'on me promet un cavalier du Caïd de *Ména*, sûr et connaissant bien les sentiers difficiles des *Aurès*; mais il faut le mander et le faire venir, et je ne pourrai partir que le surlendemain. Je me soumets à ce retard, qui est dans mon intérêt ; et je vais remettre des lettres de recommandation que l'on m'a données pour le receveur de l'Enregistrement et le notaire de Batna, MM. Orer et Champroux. Je reconnais précisément en ces messieurs mes compagnons de voiture, lors de mon arrivée de Constantine. Ils possèdent une ferme dans les environs et je puis me rendre compte de l'état des colons et de la colonisation de l'Algérie.

Depuis la lettre de l'Empereur au maréchal Pélissier, tout le monde peut savoir qu'il y a en Algérie 3 millions d'Arabes et 200,000 Européens, dont 120,000 Français; et que sur une superficie d'environ 14 millions d'hectares, dont se compose le Tell, 2 millions sont cultivés par les Indigènes. Le domaine exploitable de l'État est de 2 millions 690,000 hectares, dont

890,000 de terres propres à la culture, et un million 800,000 de forêts ; enfin 420,000 hectares ont été livrés à la colonisation européenne ; le reste consiste en marais, lacs, rivières, terres de parcours et landes. Sur les 420,000 hectares concédés au colons, une grande partie a été soit revendue, soit louée aux Arabes par les concessionaires, et le reste est loin d'être entièrement mis en rapport.

Les arrêtés de concession contiennent et imposent des conditions qui n'ont pas toujours été bien exécutées, c'est pourquoi l'on n'obtient plus aussi facilement des concessions comme dans les premiers temps : parce que alors on les a souvent accordées à des colons qui n'avaient pas de grandes ressources, et, comme il faut faire des dépenses pour l'exploitation, beaucoup de ces colons n'y ont fait aucun travail et aujourd'hui ils laissent leurs propriétés en friches, attendant — en acquittant seulement la rente et les impôts annuels — que les terrains augmentent tout seuls de valeur avec le temps, pour les vendre et bénéficier. Le gouvernement qui a donné une forte partie des meilleurs terrains, veut garder et surtout placer entre bonnes mains le reste.

Voilà probablement pourquoi le général Desvaux, qui a senti cela et a lontemps commandé la province de Constantine, n'a pas voulu engager les terrains de Batna et les a affermés provisoirement à des Arabes pour les conserver au gouvernement ; et c'est pour cela qu'on l'a accusé à tort de tenir plus aux Arabes qu'aux Français.

L'Afrique française, qui possède des mines très-riches et d'immenses forêts, offre aussi d'excellents terrains, très-fertiles et faciles à cultiver; surtout dans les endroits déjà assainis — car partout où l'on retourne pour la première fois ces terrains neufs il se dégage des émanations malsaines qui donnent des fièvres tenaces: — mais ce qui manque encore, et surtout à la colonisation, ce sont de nombreuses routes pour les transports et des bras pour l'exploitation. Les ouvriers européens ne sont pas assez nombreux, ce qui rend parfois le travail difficile et trop cher. Ainsi, dans la plaine de la Medjana j'ai vu, au moment des récoltes, les maçons, les charpentiers, etc., se faire faucheurs et moissonneurs parce qu'on leur donnait alors des salaires exagérés.

Cependant, dans les localités éloignées des villes et des centres européens on se sert forcément des Indigènes, ou on leur amodie les terrains. Ils louent en moyenne à dix francs par hectare; ou bien voici l'ancien mode d'arrangement des colons avec les ouvriers arabes. Ils afferment à ces derniers leur domaine moyennant un cinquième, c'est-à-dire que le maître prend les quatre cinquièmes de la récolte et le fermier ou *Khammas* conserve le reste pour prix de son travail. La moisson est faite aux frais du propriétaire et la nourriture des moissonneurs est prélevée sur la part du fermier.

Mais, les Indigènes se servent difficilement de nos outils; ils moissonnent ou coupent l'herbe avec une espèce de grand couteau triangulaire, à dents de scie (*)

(*) Le gouvernement cependant a fait distribuer des faulx et des faucilles dans les tribus.

et les trois quarts du temps en se traînant à terre. (N° 53.) En somme — les Kabyles exceptés — ils travaillent peu et travaillent mal, car leurs habitudes et leurs mœurs les portent plutôt à l'oisiveté et à la contemplation.

En effet, toute occupation qui n'est pas guerrière n'est pas honorable aux yeux des Arabes ; ils n'apprécient pas le travail; au contraire, ils le méprisent et le laissent à leurs femmes, qui font toute la besogne dans les tribus : eux ne travaillent que par la force des choses et ne cultivent que le coin de terre qui est indispensable pour les nourrir, préférant mal vivre — malgré leur gloutonnerie naturelle — et passer leur temps à ne rien faire, couchés dans leurs burnous et rêvant, je ne sais trop à quoi. Ils n'ont d'énergie que pour discuter entre eux, combattre et monter à cheval, et alors ils en ont beaucoup !

Cependant, malgré le peu de ressources des Indigènes, il y a moyen de faire avantageusement de la grande culture en Algérie, mais il faut des capitaux pour faire les avances et les préparations indispensables. En général les concessions qui ont le mieux réussi sont celles qui ont été faites à des colons riches, parce qu'ils ont eu la force de dépenser d'abord, d'améliorer, d'attendre, et aujourd'hui ils récoltent : les autres, malgré leurs bonnes intentions, ont laissé très-souvent leurs propriétés en friche ou en souffrance. les ont partiellement affermées aux Arabes, ou bien ils ont dû emprunter de l'argent à 15 et 20 p. 0/0, ce qui les ruine.

Donc, à l'association des capitaux, aux sociétés industrielles qui pourront faire les mises de fonds, les dépenses premières, et qui ne reculeront pas devant l'attente et les sacrifices, l'avenir agricole de la colonie. Les terrains de l'Afrique française sont excellents ; il y a des plaines immenses, et la culture pourrait s'y faire sur une grande échelle, à l'aide des machines agricoles. Le bétail, les troupeaux sont innombrables ; on y peut établir très-facilement de nombreux attelages, et là fonctionneraient plus avantageusement que partout ailleurs les charrues nouvelles, les semeuses, les sarcleuses, les faucheuses, les moissonneuses, les batteuses, etc.

Alors, avec l'activité et l'intelligence européennes aidées de ressources suffisantes, en assainissant les endroits marécageux et en profitant des cours d'eau pour les irrigations, tel espace qui s'étend à perte de vue, garni d'une végétation inutile de joncs et d'asphodèles, deviendra des prairies excellentes ; tel coteau, desséché et inculte, se couvrira de moissons abondantes ; peu à peu les chemins se feront et les beaux arbres des forêts pourront se transporter sans qu'il soit besoin de les scier sur place ; une fois les transports devenus faciles les riches mines pourront s'exploiter ; et l'Algérie deviendra le grenier, le magasin et la succursale de la France, car elle offre des ressources en tout genre.

Le système, qui prétend que les Arabes cultivent mieux la terre d'Afrique que les colons européens, se trompe, je crois. Ce qui manque aux colons ce n'est pas l'expérience ni l'intelligence de la culture, ce sont de nombreux bras pour cultiver et souvent de l'argent pour se les procurer. Certainement les Arabes, nés, habitant sur les lieux et acclimatés au pays, auraient plus d'avantages : ils auraient les bras de leurs femmes, de leurs enfants, de leurs serviteurs et d'eux-mêmes s'ils voulaient s'en servir activement, car ils sont forts et vigoureux ; mais ils possèdent ces ressources depuis des siècles et on a vu qu'ils s'en sont peu servis, parce qu'ils sont — par nature et par mœurs — paresseux, indifférents à la perfection, et n'estiment, n'apprécient pas le travail.

De sorte, qu'avant qu'on ait pu changer la nature, la manière de voir et de faire d'un peuple, avant qu'on ait pu changer les idées erronées et héréditaires des Arabes, avant qu'on puisse faire comprendre à un homme fanatique qu'il a tort, et avant de pouvoir transformer un ouvrier ignorant, oisif et paresseux en un ouvrier adroit, actif et laborieux, on aura meilleur compte et plus tôt fait d'aller chercher des ouvriers en Europe...

Il faut donc préparer et *attendre* les générations futures, et pendant ce temps-là défricher et travailler l'Algérie avec l'intelligence européenne, pour produire des récoltes d'abord et des exemples attrayants et décisifs pour plus tard. (Voir page 220, la manière de labourer des Arabes.)

Voilà pour l'administration civile et coloniale ; pour l'administration politique, les militaires, qui ont été indispensables pour conquérir le pays et à chaque instant pour le pacifier, étant devenus maîtres souverains et omnipotents, ils ont eu (comme il arrive partout) des jaloux qui ont voulu les mettre de côté après la besogne faite. Il y avait comme partout aussi des abus; leurs ennemis en ont profité pour pousser à la réaction et à la démolition du pouvoir militaire, et l'on était tombé dans l'excès contraire ce qui est peut-être moins avantageux pour la colonisation et beaucoup moins rassurant pour les colons. Car les Arabes, qui sont paresseux, insouciants et indifférents au progrès, nous détestent tant par différence de religion et fanatisme que par regret du passé, et ils ne sont humbles et soumis que par la crainte; mais dans le fond leurs intentions et leurs pensées sont les mêmes, et dès qu'ils nous voient ou croient moins forts qu'eux, ils réagissent et se soulèvent. Cela est tellement vrai que lorsqu'on a voulu abolir la garantie des tribus pour les crimes, les vols et tout le mal qui se commet sur leur territoire sans qu'elles en empêchent, les Arabes n'ont pas pu croire eux-mêmes à cette abolition et c'est pour cela qu'ils n'en n'ont pas abusé de suite. Et, si les Européens *recommandés* circulent sans danger sous l'escorte d'un seul spahis parmi les populations arabes; si chaque Scheik s'empare de votre personne, vous protège et vous accompagne jusqu'à la limite de sa tribu, ce n'est nullement par humanité ou par sympathie, comme on pourrait le croire, mais uniquement par crainte des représailles et parce que les Arabes savent, par expérience, qu'en cas d'assassinat leur *douar* serait rasé et leurs récoltes incendiées.

Le soir, après le dîner, je vais passer la soirée au Cercle où je retrouve le colonel Pein et où j'assiste à une conversation qui accentue et fortifie encore cette opinion. L'on parle de la révolte du *Hodna*, au *Boutaleb*, qui a été heureusement et énergiquement réprimée par le colonel :

Une prophétie, conservée ou imaginée par les Marabouts, avait dit *que lorsque les Arabes auraient été dominés quelque temps par les Français, il naîtrait un Schériff, ayant la barbe blonde, les yeux noirs, etc., qui se mettrait à la tête des tribus et chasserait les dominateurs.* En l'an peu éloigné 1860, un descendant de Mahomet, se voyant la barbe blonde, les yeux noirs et à peu près semblable au personnage annoncé, se posa en sauveur, parcourut les tribus comme envoyé d'Allah et souleva tout le Hodna. Le pays était soumis et très-calme depuis longtemps, l'on crut d'abord à une révolte insignifiante et l'on n'envoya que peu de forces ; mais bientôt le Commandant supérieur reçut cette lettre d'un officier : « *Mon Colonel ! Les Arabes du Hodna sont soulevés et fanatisés par le Schériff et si vous ne m'envoyez pas aussitôt des renforts nous sommes perdus.* » Le colonel Pein, qui connaissait cet officier pour n'être exagéré ni dans ses paroles ni dans ses appréciations, rassembla de suite toutes les troupes qu'il avait à sa disposition et il partit en avant avec la cavalerie.

Les Français battaient en retraite et avaient déjà 80 blessés lorsque le renfort arriva au *Boutaleb*. Les Arabes faisaient de la poudre et avaient chacun 25 cartouches ; et dans les charges de cavalerie à travers les tentes, les femmes et les enfants, croyant être protégés par le *Schériff*, se pendaient à la bride des chevaux et se laissaient traîner et tuer sans lâcher prise.... Enfin, les Arabes furent refoulés sur une montagne, où ils restèrent cernés un mois avant de faire leur soumission ; le *Schériff* fut pris, et l'on étouffa ce mouvement qui serait devenu général si on ne l'avait pas arrêté dès le commencement. En effet, le colonel trouva parmi les prisonniers plusieurs bons Scheiks qui nous étaient soumis et attachés depuis longtemps et qui lui disaient: « *Mon Commandant, nous aimons les Français ; ils nous ont fait du bien, mais le Schériff!... le Schériff nous appelait... et nous avons dû te laisser et te combattre.* »

Que faire sans être le plus fort, c'est-à-dire sans la crainte, sur une nation fanatique et fataliste qui dit avec conviction, d'après ses Marabouts : « L'arrivée des Français était prédite et décidée par le destin ; ils devaient venir pour nous faire du bien, nous construire des villes, des routes et parce que Dieu le voulait ainsi — mais un jour nous devons les chasser, car Allah l'a dit.... » Aussi, il faudra longtemps encore avant que notre colonie d'Afrique puisse se passer de l'aide de l'armée.

En effet, les Arabes sont par nature fiers et guerriers, mais ils sont méfiants et profondément dissimulés. L'on ne doit pas les juger d'après les chefs qui viennent en France, parce que ceux-là sont déjà civilisés soit par leurs fréquents rapports avec nos autorités, soit par leur position supérieure aux autres. Il faut se rappeler que dans tout *douar*, dans toute tribu, dans toute population, il y a trois éléments distincts qui sont *le Scheik, le Marabout et le Peuple*.

Le Scheik est un Arabe ordinairement des plus intelligents, choisi et grandi par nous, et qui tient à nous par reconnaissance ou par intérêt ; mais dans le fond il n'en est pas moins Arabe et, secondé ou poussé par les circonstances, il peut arriver qu'il se tourne contre nous.

Le Marabout, quelquefois fou ou illuminé, est le plus souvent un intrigant qui trouve moyen de se rendre important, influent, de se faire considérer et bien venir des naïfs Arabes par des bizarreries religieuses et par des actions aussi astucieuses que faciles. Celui-là nous est toujours opposé, tant par esprit religieux qu'à cause de la stabilité de son personnage qu'il sait bien n'avoir aucune consistance, aucune valeur pour nous.

Le peuple, ignorant et naïf, n'est pas plus méchant que tout autre ; mais à l'instigation de ses marabouts il nous déteste par fanatisme et par les souvenirs de guerre. De sorte que lorsqu'on voit les Indigènes si soumis, si craintifs et si polis devant un Français *en uniforme* — contraste frappant avec leurs brusques et sauvages allures entre eux — ce n'est réellement que la soumission du vaincu.

Aujourd'hui ils nous croient bien certainement vainqueurs et les plus forts, et ils ne bougeront pas ; mais qu'il survienne quelqu'ébranlement, que leurs marabouts en profitent pour leur dire *de par Allah* que notre force et notre règne sont achevés, et chaque tribu se révoltera comme par le passé. Alors, malheur aux colons et à la colonie si l'on n'est pas en mesure de leur résister... En effet, les Arabes seront toujours disposés à nous combattre, s'ils espèrent réussir, et par plusieurs raisons faciles à concevoir. D'abord, parce qu'ils sont toujours mahometans, fanatiques et ennemis des chrétiens; ensuite parce qu'ils aiment par-dessus tout à faire la guerre, à monter à cheval et *à faire parler la poudre* et, avec leurs idées de prédestination et de fatalisme, tous sont braves, aucun d'eux ne craint la mort, parce que qu'ils s'exposent ou qu'ils ne s'exposent pas au danger ils croient fermement que leur destin et leur heure sont décidés d'avance.

Ainsi, l'on voit que les Scheiks ne sont pour nous qu'une puissance administrative mais non pas une digue solide en cas de sédition; et, toucher aux Marabouts, tels ridicules et risibles qu'ils soient, c'est impossible et ce serait tout-à-fait impolitique pour gagner la confiance des Arabes et les franciser.

Ce n'est pas à dire pour cela que notre colonie ne sera jamais établie sûrement, et que les mesures généreuses et philanthropiques ne vaillent pas mieux que les moyens coercitifs pour nous concilier les Indigènes; mais il faut du temps, il faudra faire germer dans une ou deux générations des idées différentes de celles qui les gouvernent aujourd'hui : et l'on n'arrivera à cela que par l'instruction. L'on n'arrivera à cela qu'en donnant aux jeunes Arabes, — forcément, s'il le faut — une instruction *française* qui leur fera comprendre naturellement, graduellement et sans efforts, les choses qui les environnent, l'avantage et l'honorabilité du travail, l'infériorité de leur genre de vie, leur ignorance, et l'inconsistance et la niaiserie de leurs croyances fanatiques qui les empêcheront jusque là de nous croire, de nous imiter et de se civiliser.

Les Arabes sont intelligents et des rêveurs — ce qui est presque dire des penseurs — et ils s'instruiraient aisément s'ils voulaient s'y prêter. Pour les y amener, il y a plusieurs moyens. Par exemple : ils sont tous orgueilleux et avides, et — comme la pensée généreuse de l'Empereur a voulu que les tribus fussent propriétaires incommutables des territoires qu'elles occupent et que les Indigènes devinssent par la suite propriétaires d'une partie du sol, — qu'on les fasse arriver à la propriété individuelle en récompensant les plus instruits, après avoir établi gratuitement des écoles françaises. Alors, possédant des idées plus larges et quelque chose en propre, ils pourront avoir avec nous des rapports plus naturels et intimes, faire de plus nombreuses transactions, des échanges qui les porteront peu à peu à mêler leurs intérêts avec les nôtres, à quitter leurs tribus et à vivre au milieu de nous, sans méfiance et sans répugnance.

Mais jusqu'à ce que ces importantes transformations soient accomplies, que nos soldats ne quittent pas l'Afrique ; parce que tant que les Arabes vivront seuls et réunis en tribus, tels obligés ou soumis qu'ils nous soient en apparence, notre colonie aura toujours autour d'elle de nombreuses légions hostiles et dangereuses.

Du reste, une fois désagrégés de leurs tribus, les

Arabes y gagneront de toutes les manières et ils ne pourront moins faire, par la suite, de nous être reconnaissants.

En effet, aujourd'hui, ils sont encore en plein moyen-âge et, bien que le dernier de la tribu discute des affaires avec le Scheik, ils ont tous les idées de la féodalité : aussi, ce que nous avons la justice de ne pas leur prendre en impôts, les Caïds leur prennent en amendes facultatives. Ils leur disent : « Tu as fait telle chose, c'est contre l'intérêt des Français et je vais leur dire et te faire châtier si tu ne donnes pas telle somme. » Cela contribue beaucoup à les rendre paresseux, parce qu'ils ne tiennent pas à être et paraître riches pour être spoliés après : ils préfèrent mal vivre, insoucieusement et sans rien faire. C'est pourquoi les Arabes, tous méfiants autant par expérience que par nature, ne placent jamais leur argent pour en retirer des intérêts ; ils le cachent et l'enterrent secrètement dans les bois ou les rochers. Aussi, comme ils se défient même de leur famille, il y a beaucoup d'héritages qui se perdent, et souvent le fils d'un Arabe, qui avait de grands trésors, reste pauvre si son père meurt subitement ou ne lui révèle pas la place des sommes enfouies.

PROMENADE DANS LA FORÊT DES CÈDRES, OU L'ON VERRA QU'IL VAUT MIEUX QU'UN GUIDE SACHE LE CHEMIN QUE LE FRANÇAIS.

15 Mai.

Hier, M. Orer, qui est retenu dans son cabinet par l'arrivée de son vérificateur d'enregistrement, m'a proposé de me conduire le surlendemain à la *forêt des cèdres* qui est la plus curieuse excursion des environs de Batna. Mais, comme j'ai hâte d'arriver au Désert avant les grandes chaleurs, je n'ai pas voulu retarder encore mon départ d'un jour; et il a eu la bonté de me faire louer un mulet et un cheval par son interprète qui devra m'accompagner à sa place.

A six heures du matin ce dernier est à la porte de l'hôtel avec les deux montures. C'est un jeune et maigre Arabe, portant un turban blanc, une culotte, une veste et un gilet bleu clair, enjolivés de soutaches blanches, et des bottes rouges avec des éperons en cuivre. Comme les Arabes n'ont pas la politesse de la civilisation, il s'empare du cheval qui a une vieille selle brodée d'argent et lui fait faire la *fantasia* tandis que je monte sur le mulet... Le mulet, animé ou effrayé par les mouvements du cheval, devient rétif et fait des demi-tours désagréables; c'est pourquoi je descends, je fais descendre l'interprète et j'enfourche le cheval que le gaillard pensait que j'allais louer pour lui.

Ce diable d'interprète sait un peu le français, mais il ne sait pas bien le chemin et il me fait faire dans la journée 70 kilomètres au lieu de 50, comme vous allez voir...

La forêt des cèdres de Batna s'étend sur une haute chaîne de gros pics obtus. L'on y monte ordinairement par un large ravin qui se nomme *le ravin bleu*, mais mon guide passe devant sans s'arrêter et nous suivons le pied de la chaîne, — en foulant un sol aride d'où sortent de loin en loin des couches verticales de roches, formées de gros blocs ronds et carrés superposés les uns sur les autres, de manière que l'on jurerait que ce sont les ruines d'épaisses murailles de fortification. Nous avançons ainsi, durant plusieurs heures, et nous arrivons à la maison du Garde général qui est située dans une large coupure de la chaîne, garnie de vertes prairies et formant la seconde entrée de la forêt. Nous tournons à droite, nous traversons, dans un chemin étroit, plusieurs feux de branches de gros cèdres abattus — que l'on brûla, que l'on réduit en cendres afin que les Arabes ne s'en servent pas pour incendier la forêt — et après avoir suivi quelque temps un sentier creux et ombragé, nous gravissons à gauche une rapide montagne.

Nous tournons alors le plus haut des pics ou le *Tamgout*, nous passons un défilé en montant sur de dangereuses marches de grès poli sur le bord d'un précipice et nous arrivons au *Bellezma*, où sont les plus beaux cèdres. Ils sont droits ou contournés, gigantesques, énormes, hauts de 40 mètres, et exploités en cet endroit. Seulement la difficulté n'est pas de les abattre, c'est de les dégager les uns des autres et de les sortir de la forêt; aussi les plus gros sont sciés sur place. Ces arbres centenaires poussent sur toutes les pentes des pics, et, dans le bas, ils forment un fouillis sombre et impénétrable. Beaucoup, brisés ou tombés de vétusté, se soutiennent penchés ou renversés sur les vivants jusqu'à ce que le temps les ait pourris ou consumés, et ils semblent ainsi de grands squelettes blancs qui tendent leurs bras ou leurs branches sèches au travers de l'épais feuillage vert des plus jeunes. Ailleurs, moins épais, ils se font jour au milieu de masses de pierres détachées et roulées du haut ; et ils forment de nombreux bouquets composés de longues tiges de différentes hauteurs. (N° 31.)

De là, nous descendons et remontons plusieurs sentiers à travers la forêt, les rochers, les pierres et les cèdres, et nous arrivons à un endroit élevé, découvert et garni d'une verte pelouse, il se nomme *Chellalah*. Il s'y trouve une source où viennent boire les lions et les rares voyageurs, et plus loin est la maisonnette d'un cantonnier.

Elle présente en ce moment un pittoresque effet : elle est entourée de 25 *zéphyrs* qui sont venus couper des poteaux pour le télégraphe, et au milieu de leurs sacs, de leurs outils et de leurs fusils en faisceaux ou à terre, ils sont en train de préparer leur dîner. Ils sont accompagnés par un sous-directeur du télégraphe, très-jovial et aimable homme qui me force à accepter avec lui le repas des troupiers. Je tire du *tellis* les provisions que j'ai apportées et j'en fais part aux soldats, qui du reste sont plus riches que moi : ils ont une soupe, du bœuf, une omelette, du vin et une salade fournie par le cantonnier. Il est bon de vous dire que le sous-directeur, l'interprète et moi, nous dînons avec les deux caporaux à l'ombre et dans la maison du cantonnier qui nous prête des assiettes et des verres.

Notre hôte est un vieil ermite de 70 ans, pauvre et heureux philosophe, qui vit seul avec son chien dans ces bois solitaires. Il est, à ce qu'il dit, connu et respecté des Arabes à cause de sa pauvreté; cependant, il nous montre son chien devenu borgne à la suite d'un coup de fusil qu'il a reçu en l'absence de son maître, un jour que des maraudeurs ont dévalisé sa maisonnette. Malgré cela il persévère à habiter seul sur ce pic escarpé, car, dit-il, il y est *Commandant supérieur :* mais en même temps il est un embarras pour les sapeurs du génie de Batna, qui sont quelquefois forcés, en hiver, de venir à son secours lorsqu'il se trouve bloqué par les neiges et sans vivres.

Notre repas se prolonge un peu, car l'ermite est un ancien militaire qui se rappelle encore les chansons de sa jeunesse, les zéphyrs sont — comme on le sait — gens peu mélancoliques, et le sous-directeur qui les a sous ses ordres ne donne pas celui du départ. Enfin, l'interprète et moi nous remontons à cheval afin d'arriver avant la nuit à Batna. Nous nous éloignons de la pelouse verte de *Chellalah*, et nous nous enfonçons dans un sentier frayé sur la pente d'un pic dans une masse de pierres et de roches écroulées, et sous une voûte de cèdres, les uns vivants, les autres morts ; les uns debout, les autres renversés et entassés les uns sur les autres; ou bien ils sont suspendus, à moitié brisés, au-dessus des précipices. Cela forme un pittoresque d'une variété étrange et curieuse : tantôt c'est un chemin gracieux et ombragé sous un vert et épais feuillage ; tantôt un sentier rocailleux, aride et sauvage ; ou bien un effrayant passage au-dessus de la dévastation de la nature comme le lendemain d'un cataclysme !

Ensuite, nous quittons les cimes et nous descendons par un sentier rapide, escarpé, glissant et difficile, au *ravin bleu* que nous avons manqué le matin. Il est ainsi nommé, probablement à cause des mamelons nus qu'on y rencontre et qui sont composés d'une terre cendreuse de couleur gris bleuâtre. Après avoir traversé ce long ravin en suivant les contours d'un torrent, nous débouchons dans la campagne de Batna ; et, lorsque je rentre de cette longue promenade d'agrément, il est huit heures et je suis parti depuis six heures du matin...

DE BATNA A BISKRA PAR LES MONTS AURÈS ET LA VALLÉE DE L'ABDI. — TOUTE SORTE DE TYPES, TOUTE SORTE DE VILLAGES ET TOUTE SORTE D'ASPECTS COMPLÈTEMENT ARABES.— LES ZAOUIA, OU ÉCOLES INDIGÈNES.

16 Mai.

C'est aujourd'hui que je dois partir pour Biskra en franchissant les monts *Aurès*, haute chaîne escarpée qui ferme l'entrée du Tell, depuis Tebessa sur la frontière de la Tunisie jusqu'à Batna. Je vais du matin au Bureau arabe pour voir si mon guide et mon cavalier sont prêts ; et une demi-heure après il arrive dans ma chambre un grand spahis nègre, beau et majestueux dans ses draperies rouges et blanches, pour m'annoncer que le cavalier et les montures m'attendent dans la rue. Je ferme mon sac de voyage et je lui dis d'attendre un instant; pendant ce temps-là il avise mon verre à toilette à côté de ma cuvette et de mon pot à eau, et il se verse une rasade de la caraffe sans dégoût et sans cérémonie...Cette action infime déprécie un peu à mes yeux la majesté du personnage.

Ensuite, il prend et descend mon sac, mon pliant et mon ombrelle qu'il remet à mon guide, en lui faisant des recommandations sur mon voyage. (N° 32.) Alors, j'enfourche un petit âne qui m'est destiné et je pars précédé d'un *cavalier bleu*, armé, bien monté et bien équipé, à côté duquel je dois paraître très-grotesque sur mon bourricot, avec un paletot d'été et un chapeau gris de colon... Heureusement la scène se passe en Afrique. Si les plis du double burnous du cavalier lui permettaient d'être maigre et que je fusse gras, je semblerais *Sancho* à côté de *Don Quichote*... Et, je crois que l'Arabe remarque lui-même notre évident contraste car il m'offre de faire échanger mon âne contre un mulet; mais, comme je veux essayer de tout en Afrique et que je sens ma selle assez douce — chose rare — je refuse.

Après quelques instants de marche, je m'aperçois que nous suivons la route de Lambesse, où je ne veux pas retourner; je dis à mon guide : « *Makache Lambesse,* » et aussitôt il tourne à droite en faisant sauter son cheval gris par-dessus le fossé du chemin. J'admire cette soumission arabe et sans réplique, en même temps qu'elle m'inquiète, car il doit être impossible à mon petit bourricot de franchir ce large fossé... Heureusement le prudent animal descend et remonte au pas, et nous suivons dans la plaine le même chemin aride que j'ai suivi la veille en allant aux cèdres. Mais, en vous reparlant de ce chemin qui a été une fatigue pour moi ce serait une fatigue pour vous; je vous dirai seulement que mon petit bourricot ne pouvant pas suivre le pas du cheval sans trottiner, ruant quand je le frappe pour avancer plus vite, et ayant peur de mon costume lorsque je veux descendre et surtout remonter, je regrette bien de ne l'avoir pas échangé, comme le cavalier me l'avait offert avant de partir.

Enfin, après avoir bu et fait boire nos montures à une source — il est huit heures et il fait déjà une chaleur étouffante, — nous tournons à gauche et nous entrons dans la montagne. Là, ne poussent que des pins et des genévriers aux troncs tortueux et à écorce brune, rougeâtre et feuilletée comme de la vigne; seulement ils sont de la grosseur de petits arbres. Je suis endolori par ma longue promenade de la veille... Le petit trot continuel et saccadé de mon bourricot me fatigue davantage, et je préfère aller à pied de temps à autre; ce dont est enchanté le maître de mon mauvais âne qui prend aussitôt ma place. Le *cavalier bleu,* qui s'aperçoit de mon peu de satisfaction, murmure en allongeant la lèvre inférieure : «*bourricot, makache bono...*» mais, pour me consoler ou me faire prendre patience, il se contente de m'indiquer avec la main la direction du village où nous devons coucher, en me disant : « *L'Arba est là.* » Assez longtemps après, je comprends que les Arabes par *est là* veulent dire *de ce côté*... Cependant je remonte sur mon âne pour traverser le lit profond de la rivière l'*Oued-benif-lala*, où nous descendons au risque de glisser par-dessus la tête de nos montures, et où j'étanche ma soif et déjeûne, tandis que les Arabes font aussi déjeûner leurs bêtes — dans un champ de blé... —

Plus tard, nous passons au milieu de grands pins et de genévriers gros comme des arbres, dont les troncs sont tous entamés avec des pierres tranchantes pour en faire découler la résine que l'on nomme la *sandaraque des Arabes*. Cette résine dissoute dans l'esprit de vin ou dans l'huile donne un vernis très-blanc et brillant, mais trop tendre ; aussi on la réduit, le plus souvent en poudre pour former la sandaraque, que tout le monde emploie pour empêcher le papier de boire là où il a été gratté. Il est fâcheux que les Arabes incisent sans précaution ces troncs d'arbres, car ils les auront bientôt tous fait périr : beaucoup sont déjà morts ou devenus jaunes. Mais, j'oublie que c'est là l'aspect de la plupart des forêts d'Afrique, qui sont continuellement ravagées par d'innombrables troupeaux lorsqu'elles ne le sont pas par les Indigènes.

Après une très-longue montée sur des mamelons d'une terre grise, bleuâtre et entièrement nue, et ensuite sur des rochers à pyramides et à escaliers où nous sommes forcés de mettre pied à terre, nous arrivons sur une haute crête, formant une terrasse escarpée. De là on découvre — de l'autre côté d'une large vallée — des montagnes composées de lignes et de bancs de pierres curieusement réguliers et horizontaux. (N° 34.) Tout au bas de ce plateau de roc est le village de l'*Arba*, encore invisible ; mais il s'agit d'y descendre et ce n'est pas chose facile. Derrière nous s'aperçoivent et nous dominons toutes les chaînes couvertes par les cèdres de Batna, les *Ouled-Soltan*, et au-delà, d'autres lignes indistinctes de montagnes.

Après avoir franchi et fait franchir aux chevaux un chaos de rochers et de bancs de pierres qui, détachés les uns des autres forment des murs, je dis au cavalier que je veux dessiner là et que je le rejoindrai à pied. Alors, il donne son cheval à conduire à d'autres Arabes qui se sont joints à nous et, comme je suis confié à sa garde, lui reste et vient se coucher près de moi. Ensuite, au moment où je le crois profondément endormi dans son burnous, il entend bourrir deux perdrix rouges qui s'envolent à quinze pas de nous, et, comme un chacal, il court chercher leur nid pour en gober les œufs.

Je me hâte d'indiquer mon croquis car je suis abîmé de fatigue et de faim, et je descends à l'*Arba* par un escalier de rochers très-difficile. Après de nombreuses glissades et en me retenant avec les mains aux pierres, j'arrive à un village d'un aspect tout nouveau. Chaque maison est bâtie sur les anfractuosités des rochers, en grossière maçonnerie de pierres et de boue avec des rangs de fascines à intervalles de deux pieds ; le dessus est une terrasse de terre grasse étendue sur des branchages et des poutrelles ; c'est le soir, et tous les Arabes y sont couchés ou assis. L'effet de ce village est très-pittoresque ; car les maisons plaquées au rocher comme des nids d'hirondelles sont au-dessus les unes des autres, et les femmes se parlent et s'appellent de bas en haut et de haut en bas avec ces cris arabes, gutturaux et perçants, qu'il faut avoir entendus pour comprendre et qui, là, font écho en se répercutant contre les hautes parois de la montagne. (N° 35.)

J'arrive de plain pied à l'une de ces terrasses chez le Scheik *Mahama*, grossier et rude de traits, homme musculeux et un peu moins mal vêtu que les autres. Tous ces Arabes paraissent misérables, et leurs burnous sales se détachent en sombre sur le fond roux des maisons. On m'étend une natte, mon hôte apporte un vase de lait, et, dans le coin de son burnous, des dattes sèches qu'il jette à terre. Le lait est aigre, les dattes sont desséchées et c'est très-mauvais, mais j'ai faim et je mange quand même. Après, je fume en jouissant plus agréablement de la belle vue et de la fraîcheur sur cette pittoresque terrasse. L'aspect est celui-ci :

Le soir d'une brûlante journée d'été, dont la température étouffante s'est changée en un air, toujours chaud, mais tiède et calme, figurez-vous être assis ou couché sur une terrasse de terre unie, escarpée et sans parapet. Derrière vous, au-dessus, et à droite et à gauche, sur la pente rapide de la montagne à pic sont plaquées de petites maisons et des terrasses pareilles ; toutes plus ou moins garnies d'hommes et de femmes arabes, couchés, causant, circulant et venant respirer à l'approche de la nuit. Les plus rapprochés vous regardent curieusement et parlent bruyamment de votre personne dans leur idiome. Mais vous ne comprenez pas s'ils pensent de vous du bien ou du mal, et dans tous les cas, ils n'empêchent pas votre vue de se promener sur leurs pittoresques aspects et de plonger, de planer à son tour, sur une quantité de terrasses qu'elle domine, et qui s'étendent au-dessous de vous comme des escaliers inégaux jusqu'au pied de cette montagne de roc.

En face, c'est un immense vide, saturé de vapeurs rousses et transparentes se fondant avec le ciel, qui est tout rose, limpide, et brille encore derrière un horizon plus sombre de grandes montagnes dentelées. Sur la pente éloignée de celles-ci, se distinguent quelques carrés jaunes, qui sont de petits champs de blé qui poussent sur le roc — là où se trouve un peu de terre; — et, tout au bas, dans le fond de cette immense gorge, blanchissent les cascades d'une petite rivière qui coule en serpentant dans les rochers.

Pour peu que vous soyez artiste, vous admirerez cette vue étrange et imposante; qui est cependant empreinte d'une sauvagerie si abrupte et si différente de l'Europe, qu'elle donne en même temps un sentiment d'effroi et de tristesse....

Mon cavalier, étendu à côté de moi dans son burnous bleu, n'admire probablement pas cela; mais cependant, il rêve silencieusement à quelque chose; — sans doute à quelque *houri* qu'il va retrouver au Désert... Il désire fumer aussi et il me demande mon tabac. Puis, comme le mouvement du voyage l'a réduit en poudre et qu'il voit que j'ai de la peine à réussir mes cigarettes, il veut m'en faire une en doublant le papier ; et il a même la trop aimable prévenance de me l'allumer, — en la tenant à sa bouche — après quoi il me l'a présente.

Bientôt la nuit arrive, en même temps que les troupeaux de chèvres et de moutons qui remontent au village. Ils sont précédés et suivis des femmes qui apportent de l'eau de la rivière dans des peaux de bouc ; et alors le froid et l'obscurité me forcent à me mettre à l'abri. Le cavalier me dit qu'il ne faut pas entrer dans le *gourbi* parce qu'il y a des *négros*, je pense que ce sont des *Nègres* et je persévère ; mais la nuit j'apprends que ce sont... des puces et des punaises...

Cependant je suis fatigué, et après avoir subi l'ennuyeuse visite des notabilités ou des curieux de l'*Arba*, au moment même où je me dispose à dormir, l'on apporte un plat de galette cuite au gras avec un poulet. J'avais grand'faim en arrivant, je me suis bourré de mauvaises dattes, et je goûte à peine de ce plat, en me servant seul d'une cuiller : les Arabes y pêchent à pleines mains ce qui, joint à la fatigue et au sommeil qui se sont emparés de moi, me répugne et m'empêche de continuer. Aussi je congédie au plutôt le plat de galette, les Arabes et leur étouffante torche de résine, et je me roule dans mon burnous sur la paille du gourbi.

17 Mai.

Le lendemain matin je dessine le village, et j'entends au moment de partir, une forte discussion entre mon cavalier et le Scheik; le premier m'appelle et me fait signe de monter son cheval, sur la selle duquel il plie en plusieurs doubles son burnous bleu; puis, étendant le bras du côté de Batna, il me dit avec véhémence : « *Toi, carta au colonel!* » Je comprends alors que le Scheik m'a donné un mauvais mulet de réquisition pour remplacer mon mauvais âne; et, tout en répondant à mon guide protecteur que j'écrirai pour me plaindre au colonel, je bénis au contraire le Scheik qui est cause de mon avantageux changement de monture. Alors, nous descendons de l'*Arba* par un sentier qui est une véritable échelle de roc, mon guide et le muletier suivent par prudence à pied derrière les bêtes, et moi, forcément à cheval pour protester devant le Scheik et pour manifester le déplacement et le mécontentement du cavalier, mécontentement que je ne partage cependant pas.

Au bas de la montagne nous traversons une rivière, la *Ména*, où les femmes du *douar* viennent chercher l'eau dans des peaux de bouc, qu'elles remplissent avec une écuelle tressée en alfa et qu'elles portent sur leur dos par-dessus une natte. Puis, nous remontons de l'autre côté du ravin, au milieu de rares et maigres pièces de blé, par un chemin affreux dans les rochers, parsemé d'arbustes épineux, rabougris, écorchés et rongés par les chèvres.

Lorsque, péniblement et après de longues heures,

on est arrivé au sommet de cette montagne des *Aurès*, on a une vue remarquable par sa vaste étendue et son étrangeté. Les chaînes, en face de soi, affectent toutes les formes : il y a des pics anguleux, des cônes contigus et continus ; des plateaux, des mamelons, des crêtes escarpées et pittoresques, des pentes douces et insignifiantes ; on aperçoit même au loin un pic très-élevé sur lequel de la neige miroite au soleil comme un dôme d'argent, enfin, il y a de tout excepté des arbres ; et cela imite ces tableaux représentant réunies à côté les unes des autres les singularités de la nature. En face de cette immensité sauvage, déserte et aride, de cette route pénible et sans fin, je ressens une forte impression de lassitude et d'ennui ; d'autant plus, qu'on m'avait dit que je rencontrerais dans ces montagnes abruptes de beaux arbres, de luxuriantes oasis de végétation et je ne vois, à perte de vue, qu'une nature brûlée, désolée et inculte où je regrette de m'être aventuré... La nostalgie me gagne malgré moi, et je pense au bien-être de la France, au *chez soi*.

Enfin, il faut lentement opérer notre descente sur des rochers à peu près pareils à ceux de la montée. Tantôt c'est un sol de pierres détachées, éparses et roulantes, sur lesquelles nos montures n'ont pas le pied solide et qu'elles font tomber, qu'elles lancent, en marchant, sur la pente du rocher avec un bruit continuel ; — et cette pluie d'avalanches pierreuses ne serait pas sans danger s'il y avait des voyageurs au-dessous de nous. Tantôt, il nous faut descendre de cheval pour passer sur des parties de rocher complètement nues, dont la pente trop rapide, polie et éblouissante sous le soleil, est par trop glissante et dangereuse ; et, à peine sommes-nous remontés à cheval, en profitant d'une anfractuosité plus plane, qu'il en faut forcément redescendre pour éviter un nouveau péril.

Arrivés au bas de la montagne, également brisés de fatigue, d'émotion et de chaleur nous cheminons, dans le lit d'un gouffre littéralement creusé, usé par un torrent en ce moment à sec, sur des rochers d'une couleur jaune et blanche. Plus loin ils surplombent et forment en certains endroits des galeries et des grottes voûtées où se tiennent et se cachent, à l'ombre, des troupeaux de moutons et de chèvres ; — car il fait un soleil d'Afrique qui, reflété sur ces pierres nues, est encore plus ardent. Tout à coup, au détour d'une de ces roches énormes, j'aperçois de la verdure, le sommet de gros arbres, une rivière, une cascade, un village en amphithéâtre !... C'est la terre promise ! ! c'est *Bouzina*. (N° 36).

Nous arrivons, en passant sous les galeries naturelles du rocher, et nous descendons de cheval au bord de la rivière, sous des noyers magnifiques. Pendant que le cavalier monte au village chercher le Scheik, je regarde une femme qui lave du linge avec les pieds en dansant dessus avec une certaine grâce : elle lève de côté tantôt une jambe, tantôt l'autre, et frappe le linge contre ses talons dans un mouvement régulier. Du reste, elle semble peu timide. Elle est rejointe par d'autres femmes, vêtues de draperies brunes et blanches, et ne portant plus la même coiffure des Arabes de la plaine :

elles ont un turban noir plus haut devant que derrière et des touffes de cheveux tressés avec de la laine de chaque côté du visage. En me voyant elles rient beaucoup entre elles, et toutes me paraissent assez jolies et coquettes. Je veux me rapprocher d'elles en traversant la rivière, qui n'a qu'un demi-pied d'eau, mais elles ramassent leur linge et se sauvent effrayées. Je continue néanmoins à explorer le bord de cette rivière, qui est garnie de végétation à une certaine distance de chaque côté; et j'avance sous des noyers, plus gros que je n'en ai jamais vu en France, et sous une quantité de figuiers, d'abricotiers et de pêchers, entrelacés avec des pampres de vignes qui, sans être taillées, donnent de très-beaux et excellents raisins. Tous ces arbres, chargés de fruits, poussent au milieu de petits champs de blé qui profitent très-bien sous leur ombre, et c'est bien là la verte et luxuriante végétation que l'on m'a dit que je rencontrerais au milieu des rochers arides. Cependant, je crains de m'aventurer trop loin dans ces vergers, et je reviens sous les grands noyers où nous nous sommes arrêtés.

J'y trouve mon guide, entouré d'une dixaine d'Arabes qui se tiennent debout devant un tapis sur lequel il y a de grands plats en bois contenant des dattes, du lait, des œufs durs et de la galette. Dès qu'ils m'aperçoivent ils se retournent tous curieusement de mon côté; je m'assieds sur le tapis et, sans rien dire, ils s'asseyent en rond. Ils ont tous des burnous trop peu blancs pour être si près de la rivière et des figures sauvages et peu bienveillantes; parmi lesquelles je remarque surtout celle d'un jeune Arabe, aux traits maigres et osseux, aux lèvres minces et serrées, parlant brièvement, vivement et d'une manière saccadée, en promenant sur moi de petits yeux fixes et perçants. A côté de lui est un vieux sournois, qui ne desserre ses dents longues et blanches que pour manger gloutonnement de chaque chose du repas — dont il a sans doute été forcé de fournir sa part; — et à côté de moi, j'ai un voisin à barbe rousse, d'allure brutale, m'examinant avec grande attention, et me disant à chaque instant avec un sourire sauvage qui contredit ses paroles: « *L'Arabe bono! le Français bono!* » et il me tend et serre la main de manière à la briser, — ce qui n'est pas dans les usages ordinaires des Arabes.

Enfin, lorsqu'il n'y a plus rien dans les plats, je fais signe à mon guide que je veux visiter le village; et nous y montons et nous y circulons par des rues étroites, contournées, en pente très-rapide, parfois coupées et couvertes par de grossières voûtes derrière lesquelles on pourrait bien soutenir un siège. Sur la terrasse de l'une des maisons, qui sont en terre et percées de petits soupiraux ronds ou triangulaires, j'aperçois une jolie femme couverte de parures d'argent; elle a de grands yeux noirs, le teint très-blanc et se laisse très-complaisamment regarder, en posant comme une odalisque dans ses longues draperies qui retombent en dehors de la terrasse. Plus loin, nous rencontrons une fileuse qui prend peur et ne veut pas me laisser examiner sa petite quenouille, qui est très-courte et ornée de plumes sur le bout; puis nous redescendons.

Mon guide a réclamé et obtenu un bon mulet pour moi ; il reprend son cheval et, l'esprit bien mieux disposé que le matin, je pars de Bouzina, en suivant le bord de la rivière garnie d'arbres et de champs de blé superbes — mais seulement à une largeur moyenne de trois cents mètres ; au delà, il n'y a plus ni humidité ni terre fertile. Nous rencontrons de loin en loin de rares cavaliers indigènes, car ces montagnes ne sont absolument habitées que par des Arabes et encore leurs villages sont-ils très éloignés les uns des autres. Nous avançons longtemps le long de cette bande verte et fertile, tantôt y pénétrant, tantôt nous en écartant ; et nous arrivons ainsi au côté opposé des monts *Aurès*, car les pentes deviennent moins montagneuses.

En route, je descends pour visiter un moulin arabe : c'est une maisonnette établie dans un ravin de manière à profiter d'une petite chute d'eau qui tombe sur une roue horizontale qui, à l'aide d'une barre de fer, fait tourner une petite meule de pierre, où le blé arrive, versé par un couffin de paille en forme d'entonnoir, et d'où il ressort mal écrasé. Je vais un instant à pied pour me délasser ; et, comme je me suis armé d'une baguette dont je fais usage pour activer la marche de mon mulet, nous rencontrons par hasard son véritable maître, qui le reconnaît, s'avance en parlant bruyamment, et veut me battre — ainsi que me l'apprend mon guide qui chasse et frappe l'agresseur à grands coups de mon ombrelle... — Je crains non pas pour moi ni pour l'Arabe, mais pour mon ombrelle qui m'est indispensable pour dessiner dans ces régions inondées de soleil.

Enfin, nous nous éloignons sans accident — malgré les menaces du bédouin, si fort mécontent que le Scheik de *Bouzina* m'ait prêté son mulet.

Un peu plus tard j'aperçois un gros oiseau bleu avec le bout des ailes noir, qui est un pigeon de Barbarie; et nous nous arrêtons au village de *Tagou*, je ne sais trop pourquoi. Ce village, bâti en moellons de terre glaise séchés au soleil et placés régulièrement les uns sur les autres, a une couleur rousse, chaude et orientale. Beaucoup d'Arabes sont couchés à l'ombre des maisons et à l'entrée d'une petite rue, où un seul d'entre eux tresse des sandales avec de l'alfa; les autres sont oisifs. J'examine avec attention tous ces groupes, assis ou étendus sans mouvement comme énervés par la chaleur, et ils sont aussi lumineux à l'ombre qu'au soleil tant les reflets sont brillants: cependant de loin, l'ensemble de l'ombre est très-sombre et, si le pan d'un burnous la dépasse, il paraît au soleil bien plus brillant encore. Il faudrait au peintre pour représenter exactement ces tableaux une couleur de plus sur la palette, c'est-à-dire une couleur broyée avec le soleil...

En ce moment, le Scheik *Amed Benserid* survient, et il nous emmène chez lui prendre un infame café sans sucre, qui n'a pour moi que l'avantage de me faire voir son habitation. C'est extérieurement une espèce de hangar au milieu d'une cour entourée de murs en terre, qui sont rouges à l'ombre et jaunes au soleil : intérieurement, c'est une espèce de cave creuse et fraîche où l'on descend par une échelle et où j'aperçois des enfants jouant à travers les ustensiles du ménage. De plus, sa femme passe plusieurs fois devant nous sans oser lever les yeux, et elle a, avec de beaux traits réguliers, un grand air de modestie et de dignité que je n'ai pas vu encore chez les femmes arabes. Mais j'ai appris depuis, que les femmes du Sud sont beaucoup plus belles et grandes que celles du Tell.

Enfin, après nous être reposés quelque temps, nous repartons, et, au sortir du village, nous descendons dans un frais et charmant ruisseau, bordé et ombragé par des lauriers roses. Ensuite, nous suivons une pente douce, ayant à notre droite de hautes montagnes triangulaires et entièrement nues. Leur sommet est gris-jaune, leur base est blanchâtre et couverte de pierres de gypse semblables à des morceaux de marbre blanc dépoli; et, tout-à-fait au bas et au milieu de la vallée, un long serpent vert, formé par des champs cultivés et des massifs d'abricotiers, indique le voisinage d'une rivière. Dans ces régions, la couleur locale n'est plus la même que celle des régions que j'ai antérieurement parcourues: jusqu'ici j'ai rencontré des aspects ressemblant jusqu'à un certain point à la France pendant les mois d'Août et de Juillet, mais ici c'est tout-à-fait l'Afrique brûlante et brûlée. Le ciel, hier encore sur les *Aurès* chargé de nuages blancs, se dépouille de plus en plus et devient d'un azur limpide et d'une transparence toute particulière ; la température est tellement chaude qu'elle sèche et absorbe la sueur sur les pores ; les montagnes n'ont plus le même caractère; elles sont moins hautes, s'aplatissent et paraissent blanchâtres, rousses ou jaunes comme le soleil ; toute végétation a cessé partout où il n'y a pas d'eau et d'humidité ; les Arabes ont le corps et la figure plus basanés ; enfin c'est une nature différente, plus brûlante et plus aride, qui n'est pas encore le Désert mais qui s'en rapproche de plus en plus.

Plus tard, nous mettons pied à terre au milieu de montagnes rouges, pointillées de genévriers rabougris et de petites plantes grises imitant de la sauge, et nous arrivons à la nuit chez le Caïd *Bennabès*, dont mon guide est un des cavaliers. Nous montons un petit remblai élevé, rapide et étroit comme un pont, nous passons sous une haute porte voûtée, et nous nous arrêtons dans une vaste enceinte devant un assemblage de petites constructions en terre, irrégulières et ayant l'aspect d'une espèce de château fort au moyen-âge. Il y a même, à l'extrémité, en guise de chapelle, une rustique mosquée, complétant la composition et les ressources des habitations seigneuriales. Le village de *Ména* est plus loin.

Le Caïd est absent et nous sommes reçus par ses deux frères, vêtus de burnous blancs et *propres* ; l'un a une figure assez rude, mais l'autre a une expression calme et une dignité polie et bienveillante. Il nous fait étendre une natte et un tapis sur un de ces divans indigènes qui méritent d'être décrits : ce sont des lits plats et carrés, élevés d'un ou deux pieds et faits en maçonnerie de terre unie, sur lesquels les Arabes passent leur temps assis ou couchés, dormant ou causant. Dans le Sud et les villes du Désert, ces lits sont ordinairement établis dans l'épaisseur des murs ou sous des porches couverts et en travers des rues, de manière à avoir du frais et de l'ombre ; mais celui-là est à découvert et à l'entrée d'une chambre sans porte où est un autre lit pareil.

Des serviteurs apportent un excellent plat de galette au miel, de grosses noix de Bouzina et de belles dattes fraîches : ici tout est bon. Le cavalier, qui a quitté ses bottes rouges, cause, assis sur le divan, avec les frères du Caïd et d'autres Arabes avec une volubilité et un en train qui feraient croire qu'il revient d'un long voyage ; cependant il n'est parti que depuis quatre jours pour venir me chercher à Batna. Il caresse et embrasse les enfants du Caïd qu'ont attirés la curiosité et les dattes sucrées. L'un est un joli petit garçon n'ayant qu'un burnous, des souliers et une chemise, et l'autre une petite fille à la figure mutine, ayant déjà les sourcils peints en noir et des anneaux d'argent aux jambes ; elle porte une robe jaune à rayures noires, drapée comme celle des femmes, et sur la tête un mouchoir rouge qui laisse voir à demi ses cheveux crépus et ses grandes boucles d'oreilles.

Après avoir pris de très-bon café dans des tasses *dorées*, comme il fait nuit et que les deux bougies allumées coulent plus qu'elles n'éclairent, je fais comprendre que je désire me reposer. Mon cavalier sait et dit que j'aime mieux coucher à couvert qu'en dehors, et l'on transporte la natte et le tapis sur le lit de la chambre voisine : je me fais un matelas de l'une, une couverture de l'autre, et le petit garçon du Caïd se couche à mes pieds ; je crois autant parce qu'il est gagné par le sommeil que pour me faire honneur. Du reste les Arabes, hommes ou enfants, portent toujours avec eux leur lit — qui est leur burnous — et ils se couchent partout où l'idée ou le sommeil les prend.

18 Mai.

L'entrée de ma chambre n'a pas de porte, et je vois un beau ciel étoilé pendant toute la nuit, dont le silence plein de charme n'est interrompu que par quelques hennissements de chevaux. Ce silence des nuits du Sud est — pardonnez-moi et comprenez l'expression de ces contre-sens — est, dis-je, un silence coloré, calme, à écho, qui fait éprouver une douce quiétude, qui n'a aucun bruit et pourtant s'entend et se respire ; c'est un fluide inconnu ailleurs, émouvant, chantant et invisible...

Dès que le jour paraît j'entends du côté de la mosquée une psalmodie tumultueuse et confuse, composée de récitatifs précipités et de chants plus lents, qui tantôt s'assourdissent et tantôt s'élèvent bruyamment ; ce sont les Arabes qui, au lever de l'aurore, récitent les prières du matin. Ces chants, dans ces lieux, ont pour moi des accents bien étrangers et étranges.

Quelques instants après je vois un Arabe entrer à pas de loup dans ma chambre, je feins de dormir, et je le vois prendre et emporter de petits carrés longs pendus au mur et recouverts de papier chargé de caractères arabes. La pièce où je suis couché est la salle d'école, la *Zaouïa*, et l'Arabe en est le maître, le *taleb* qui — pour ne pas déranger l'hôte du Caïd — va tenir sa classe sur une terrasse en face. Je me lève et sors, et je vois une quinzaine d'enfants assis en rond à terre, tenant chacun un tableau et étudiant ou récitant bruyamment ses leçons; autour d'eux circule le *taleb*, tenant une baguette indicatrice et correctrice...

Quelques enfants écrivent et se servent de leur genou pour pupitre et d'une épaisse feuille de papier roulée, qu'ils déroulent à mesure pour en remplir le blanc. Ils écrivent de droite à gauche avec un petit roseau, appelé *calam*, qu'ils taillent avec un canif plus fort que les nôtres; le roseau n'est pas fendu mais sa pointe se coupe sur une petite plaque de bois, d'écaille, d'ivoire ou d'argent qui se nomme *mecta*. En le taillant, on ôte en dedans toute la moelle et il ne reste qu'une écorce mince, élastique et assez forte; car les Arabes appuient peu sur le papier qu'ils font les trois quarts du temps glisser en tous sens sous le calam, et c'est pour cela que leur papier est très-épais, très-uni et lissé avec du savon. Pour mieux faire glisser le roseau, leur encre est épaisse et délayée avec de l'huile. Les encriers des enfants de *Ména* sont de petits pots remplis de coton imbibé d'encre, mais celui de leur maître est un long étui carré, en cuivre, qui renferme le calam, le canif et le mecta, et au bout duquel est une petite boîte qui contient l'encre. (N° 59.) Le *taleb* porte cet étui à sa ceinture et il ne le quitte pas plus que la flissa ne quitte le guerrier. Les Arabes ont différentes sortes d'écritures, comme nous avons nous la ronde, l'anglaise, la bâtarde, etc.; et dans leur alphabet 27 lettres qui changent de nom au moyen de points différemment placés. Ainsi voici un signe : le *nou* qui subit cinq transformations, il se prononce suivant les points :

ـبْ ba ; ـنْ na; ـتْ ta; ـثْ ts ; ـيْ ia.

Après m'être rendu compte de tout cela, je vais voir la mosquée où j'ai entendu réciter les prières du matin. C'est un bâtiment en terre lézardée, en contre-bas du sol et dont le dessus, plat à l'exception d'un dôme central ou *kouba*, peut servir de terrasse pour prier en vue du lever et du coucher du soleil. Dans l'intérieur, complètement nu et éclairé par de petits trous ronds, la voûte est supportée par de grossiers piliers en moellons dégradés qui font ressembler cette mosquée à une grotte qui aurait été creusée dans une carrière de terre grasse.

Ensuite, je reviens sur mes pas, et je trouve les frères du Caïd avec un Nègre que l'on a fait venir du village parce qu'il parle un peu français ; car ici tout est arabe et je ne peux pas me faire comprendre. L'on me demande ce que je désire manger, mais, comme je n'ai pas le moindre appétit le matin, je veux partir de suite (au grand déplaisir de mon cavalier) ; et l'on dépêche un Arabe pour faire préparer le déjeûner pour dix heures à *Abdelli*, le premier village que nous devons rencontrer. Pendant ce temps-là je prends seulement du café, et comme ici tout est bonne hospitalité et abondance, lorsque nous partons l'on remplit mes poches et la *dejebira* (*) du cavalier de noix et de dattes, — ce qui, par parenthèse, est excellent à manger ensemble.

(*) Sacoche en cuir brodé, pendue à l'arçon de la selle.

L'un des frères duCaïd vient m'accompagner, sur une mule, jusqu'au sortir du village de *Ména* qui est peu éloigné. Nous descendons du manoir africain du Caïd *Bennabès* par une cascade de rochers, nous suivons quelque temps le lit de la rivière — fraîche route que je voudrais bien qui durât toujours, — mais bientôt nous en sortons en grimpant sur quelques escaliers faits avec des troncs de palmiers, et nous passons au bas du village qui est bâti en pyramide sur un mamelon élevé et isolé. L'aspect de ce village est curieux : en suivant la pente du terrain les maisons sont placées les unes au-dessus des autres, et leurs terrasses de terre rougeâtre forment de larges gradins sur lesquels un géant pourrait descendre. Là, notre hôte nous quitte en nous souhaitant un bon voyage, et nous nous éloignons des champs de blé qui bordent la rivière, pour monter dans des rochers ronds, de couleur de sable et parsemés de maigres genévriers de un pied de haut. Nous rencontrons plusieurs troupeaux de chèvres, se détachant comme des points noirs sur les terrains jaunes, et une petite bergère arabe qui — au contraire des autres enfants qui se sauvent effrayés — me court après en m'offrant une rose ! J'ai peut-être tort, je regrette de le dire, mais la rose ne sentait pas bon en sortant de la main de cette jolie figure. En effet, avec les yeux noirs et vifs qu'ont toutes les filles arabes, avec leurs grands sourcils noircis de *henné* et leurs dents blanches, elles sont aisément jolies, mais... trop peu soucieuses de la propreté.

Plus loin nous croisons plusieurs tribus de *Saha-*

riens émigrant du Désert. (N° 30.) Les chiens, vigilants et hargneux, aboient devant et derrière à l'approche des étrangers. Des hommes à la figure et aux jambes bronzées, quelques-uns vêtus d'une simple chemise et du haïk, viennent en avant sur des chevaux la plupart sans bride ; d'autres, à pied et armés d'un bâton à tête de racine, dirigent la marche des chameaux chargés des *maisons de poil* de la tribu, des tentes, des provisions et des ustensiles de ménage. Quelques chameaux portent sur leur dos des *alatiches*, grandes et doubles corbeilles garnies d'un tapis et quelquefois d'un dôme, fait avec des cercles et des rideaux blancs ou rayés, pour abriter et transporter les femmes riches et les enfants. Derrière, viennent pêle-mêle les troupeaux de moutons, de chèvres, de bœufs et de mulets ; ces derniers portant du bois, de petits chevreaux fatigués et différentes choses. Ils sont suivis par plusieurs groupes de femmes.

Celles-ci portent le vaste turban noir — dont j'ai déjà parlé — enroulé autour d'un voile primitivement blanc, qui forme calotte et leur retombe sur le dos et les épaules ; elles ont une robe en laine de couleur lie de vin, garnie d'une bordure rouge à dents carrées et tissées dans l'étoffe, drapée et agrafée comme toujours avec des épingles d'argent. Elles ont les bras et les pieds nus, quelques-unes portent un enfant derrière elles et toutes une profusion de bracelets, d'anneaux de jambes, de coliers et de boucles d'oreilles plus historiées et luxueuses que celles que j'ai vues jnsqu'à ce jour. Avec leurs grosses touffes de cheveux tressés de laine, leurs grands yeux noirs et leurs dents blanches elles paraissent très-jolies ; à l'exception des vieilles, c'est-à-dire de celles qui ont vingt-cinq ou trente ans et qui avec des visages noirs, ridés, hâlés, portent sans coquetterie une foule d'objets dans leur robe au-dessus de la ceinture, ce qui leur fait devant et derrière des sacoches qui ne contribuent pas à les rendre gracieuses... Du reste, elles ne sont ni sauvages ni effrayées — comme les femmes du Tell — en rencontrant un Européen, et même plusieurs me disent bonjour en français.

La raison de cela est facile à comprendre et la voici : Chaque année, les Arabes du Sahara quittent en partie leurs oasis lorsque le soleil a desséché les herbes qui nourrissent leurs troupeaux, et ils sont forcés de venir dans le nord de l'Afrique. Avant l'occupation française, en traversant les régions sauvages des montagnes ils étaient assaillis par les Arabes qui les habitent et qui sont tous misérables et avides de pillage. L'époque de l'émigration était connue et guettée, chaque col, chaque passage difficile étaient gardés par les montagnards, et il fallait payer des rançons si nombreuses et si onéreuses, que souvent, lorsque les *Sahari* arrivaient au terme de leur voyage, ils avaient perdu toutes leurs provisions et une partie de leurs troupeaux. Aujourd'hui que nous sommes équitablement maîtres du pays, ils sont protégés par nous ; les Kabyles n'osent plus les attaquer ni les piller, eux le savent, en profitent et s'en montrent reconnaissants. Aussi les immenses peuplades du Sahara, qui ont ainsi gagné à notre domination en Afrique, nous sont plus soumises et payent plus volontairement l'impôt que les Arabes du littoral, par ces deux raisons très-aisées à comprendre : d'abord parce qu'il est facile avec des troupes peu considérables de leur fermer l'entrée du Tell, — ce qui serait la perte de leurs troupeaux et de leur fortune ; — et ensuite parce qu'ils aiment mieux nous donner chaque année un seul et modique impôt que d'être dévalisés, comme auparavant, dans leurs émigrations périodiques. (*)

Cependant, en avançant contre un vent debout, brûlant et étouffant, qui a tout l'air d'être du *Sirocco*, nous

---

(*) Ceci a été écrit avant la dernière révolte du Sud, et c'est toujours mon opinion. Seulement, comme le sentiment religieux, poussé jusqu'au fanatisme chez les Arabes, est toujours le principal, le plus fort mobile de leurs actions, (je l'ai dit et le répète, voir page 87) dès que les tribus les plus alliées, les plus amies de nous, seront excitées par un chef religieux *influent*, ou au nom de Mahomet pour *la guerre sainte*, elles se soulèveront infailliblement et elles nous deviendront hostiles et ennemies. Cela a toujours été, et il en arrivera très-probablement ainsi jusqu'à la seconde génération ; c'est-à-dire jusqu'à ce que les petits fils des Arabes contemporains de la conquête, aient été élevés, instruits dans des écoles françaises, et qu'ils aient grandi en participant à nos mœurs qu'ils auront, de cette manière, forcément appris à bien juger et à apprécier : car, en même temps que l'instruction française leur ouvrira les idées et les yeux, leurs préjugés tomberont d'eux-mêmes et, attirés par les avantages qu'on leur offrira, ils s'associeront sinon à nos mœurs du moins à notre vie industrielle et à notre société, puisqu'on ne veut les régir que par des lois justes et humaines. Mais on n'obtiendra jamais rien de *sûr*, ni *de définitivement stable des Arabes élevés par les Arabes* ; parce que ainsi, la haine ou les préjugés germeront et grandiront naturellement, sourdement et éternellement avec eux.

arrivons sur une hauteur où je m'arrête saisi d'admiration devant un panorama oriental et tout nouveau. Nous marchons sur un terrain de dunes solides, comme serait du sable scorifié; au bas, devant nous, s'étend une riante oasis toute garnie de palmiers, qui agitent leurs gracieux panaches autour de deux pyramides de maisons en terre rougeâtre, qui sont les villages de *Montane* et d'*Abdelli*. Le large lit blanc d'une rivière, presqu'à sec, serpente au milieu des champs cultivés, et de l'autre côté des villages et de l'oasis s'élève une haute ligne de montagnes de formes originales et curieuses. Elles sont composées de bancs de roches verticales, parallèles et en zigzag; avec le temps les terres sablonneuses ont glissé, les bancs sont restés à découvert, et le tout représente des ondulations régulières, bizarres et imitant exactement de la moire. Ces montagnes jaunes et brillant au soleil, de même que le terrain de sable où nous sommes, forment un cadre clair et brûlant autour des palmiers vert sombre de la fraîche oasis. (N° 37.)

Je veux dessiner tout cela, et je m'arrête à l'ombre d'une de ces tours carrées, qui sont bâties sur les hauteurs en avant de tous les villages du Sud. Elles servent de redoute aux Arabes qui, en temps de guerre, s'y tiennent en sentinelles pour signaler l'arrivée ou les mouvements de l'ennemi. Mon cavalier, qui pense probablement au déjeûner que les frères du Caïd de *Ména* nous ont envoyé préparer à *Montane*, me quitte et descend à l'oasis. Je reste seul, mais quelque temps après je vois arriver deux burnous au bas de la hauteur où je suis ; ils s'arrêtent, me regardent et montent près de moi : l'un est le Scheik de Montane, *Laquedar-ben-Kaoua*, qui vient me garder et me chercher. Ils arrivent très à propos pour tenir mon ombrelle, car je ne puis la planter dans ce terrain dur et calciné, ni dessiner au soleil éblouissant. Le brave Scheik la tient très-obligeamment, seulement il n'en peut comprendre l'usage, et il s'inquiète beaucoup lorsque, l'ombre changeant de place, je le fais déranger lui-même.

Enfin, je me hâte d'indiquer mon dessin et je descends avec les deux Arabes. En route, je vois tisser un haïk par deux femmes, vêtues de robes bleues et chargées de bijoux d'argent. C'est en plein air ; les fils de laine sont tendus parallèlement sur deux bâtons en forme de paloniers, attachés à des piquets fichés en terre, et elles passent la trame entre les fils de la chaîne, en serrant le tissu avec une espèce de peigne en métal. A côté d'elles est une large étrille de fer sur laquelle elles cardent la laine brute, et tout autour, par terre, sont des fuseaux courts et bourrés de laine et de soie. Je m'arrête pour les regarder faire, mais le Scheik ne comprend pas ma curiosité ; il croit que j'ai besoin de quelque chose et il s'empresse de leur faire cesser leur travail pour m'aller chercher du lait... Que le diable emporte ce *Laquedar* trop officieux !

Dans une maison du village de *Montane* où l'on grimpe par des rues souvent couvertes et à escaliers, et où je pénètre par le dessous d'une espèce d'oubliette, on m'offre un déjeûner de *Diffa* (*).

(*) Repas de cérémonie.

Dans un hangar à porte basse, qui n'a pour tous meubles que des poteaux de palmier où sont pendues des outres pleines d'eau, il y a étendue à terre une natte sur laquelle fume un agneau rôti; à côté, est un énorme plat de gâteaux de miel sortant de la ruche et qui sont excellents, mais impatientants à cause des mouches qui viennent s'y coller au moment où l'on porte le morceau à la bouche, lesquelles mouches les Arabes veulent par politesse retirer avec les doigts..... Il y a encore des poules bouillies, entourées d'œufs durs sans sel, et une profusion de grosses noix et de dattes avec de la galette chaude. Tout cela est très-bon et dévoré des yeux et des dents par mon cavalier qui fait des prodiges de gloutonnerie; mais pour moi, suffoqué par l'extrême chaleur du pays augmentée encore par le sirocco, je le trouve trop doux et trop fade.

Cependant, si je ne peux prendre qu'une part modeste de cette abondante *Diffa*, les Arabes qu'elle a attirés n'en paraissent ni contrariés ni offensés, et, après avoir régalé copieusement mes hôtes, elle profite aux voisins, en deux catégories : à ceux d'abord qui nous regardent à distance du fond de la petite cour close de murs qui laissent à peine voir le ciel, et à ceux qui attendent dans la rue. Ensuite, lorsque les plats sont vides et que tout le monde est bien repu, je vois, en sortant, mes arabes s'étendre et se coucher sous une petite construction carrée et à soupiraux triangulaires qui, supportée sur des travons, coupe la rue et forme une voûte ombreuse : là, s'aperçoivent leurs silhouettes sombres, qui se détachent vigoureusement sur les murailles frappées par le soleil. Et là aussi, s'entendent des bruits d'estomacs trop pleins que la bienséance arabe permet... mais que le lecteur ne me pardonnera peut-être pas de lui relater.

Après ce repas d'honneur — qui m'en a plus fait que je ne lui en ai fait moi-même, — nous repartons par un soleil éblouissant en se reflétant sur ce sol de sable durci. Nous descendons vers la rivière, qui s'encaisse quelquefois dans des rochers à pic, et le terrain cultivé disparaît ; puis il reparaît de loin en loin avec de petits espaces plantés de palmiers. Nous suivons tantôt le lit tantôt le bord de la rivière, entre des murailles de béton naturel rouge, rose et blanc. Partout où il y a de la terre et des palmiers, les Arabes ont fait de grossiers murs de soutènement pour supporter des canaux d'irrigation qui y amènent l'eau de la rivière ; c'est pourquoi elle est barrée à chaque instant avec des troncs de palmiers, des branches de lauriers roses et de la terre. Dans ces contrées rien ne vient sans eau ; les Arabes sont forcés de la faire arriver dans leurs champs, et dans ce travail indispensable et continuel, ils montrent, pour établir et répartir l'irrigation de l'un à l'autre, une adresse qui peut défier les niveaux et la science de nos géomètres. C'est pourquoi, par l'habitude ou par la force des choses, ils sont plus laborieux, plus riches et soigneux que les Arabes de la plaine dont les récoltes viennent dans de grands espaces et sans aucune précaution. Aussi, les premiers ont des champs et des jardins de palmiers clos de murs ; ils ont des maisons construites en terre pour les abriter et formant des villages, lesquels s'appellent des *Ksours*, par opposition aux réunions des tentes de la plaine qui s'appellent des *Douars*.

Nous arrivons de bonne heure au village de *Beni-Souik*, où malgré tous mes efforts et ma colère il faut que je reste, parce que le cavalier me dit qu'il n'y a pas de case, de maison, pour coucher au prochain *Ksour* de *Djammora*, mais seulement des tentes sous les palmiers. C'est précisément ce que j'aimerais et je veux que nous repartions de suite. Mais je crois que mon satané guide, qui est un assez joli homme, a quelque rendez-vous d'amour à *Beni-Souik*, car malgré mon expressive pantomime et mes menaces, je ne puis pas seulement parvenir à le faire lever de dessus la natte où il s'est assis et où l'on nous a déjà apporté du lait et des dattes.

Je n'ai pas faim, je suis vexé et je refuse leurs dattes; puis, comme il n'est que deux heures, je vais me promener sous les palmiers qui sont sur le bord de la rivière. Je suis accompagné par un jeune Arabe qui a des manières polies, prévenantes, douces et nonchalantes, qui feraient plutôt croire à un Parisien élevé par une femme du monde qu'à un fils d'Arabe élevé à côté du Désert. Il me fait entrer dans les jardins, où les blés sont déjà coupés, mais qui sont charmants par leur verdure et le calme et la fraîcheur qui règnent sous les palmiers, qui y poussent par groupes et de toute grandeur. Ces jardins sont séparés les uns des autres par de petits murs de terre, sous lesquels passent les nombreux canaux d'irrigation, qui se nomment des *Séguia* et qui amènent l'eau de la rivière au pied de chaque arbre ; et, dans cette solitude ombragée, on n'entend que le murmure de ces ruisseaux et le bruit du vent qui se joue dans les hautes palmes. Je vois aussi de la vigne, des abricotiers, des pêchers et une espèce de mûrier chargé de fruits blancs : le jeune Arabe monte sur l'arbre pour me faire goûter de ces mures qu'il appelle des *toûtes*. Nous rencontrons par hasard le Scheik, *Agé-Ména*, grand Arabe grisonnant qui paraît être un très-digne vieillard. Il demande et apprend d'où je viens, et il veut m'emmener chez lui ; mais je lui dis que j'aime mieux rester là et il me quitte en me disant : « *Melé !* » *Eh bien, soit.*

Cependant la nuit arrive, et je remonte au village qui est beaucoup moins agréable que les jardins. Il est bâti sur une pente élevée, les maisons sont fondées en pierres et construites au-dessus avec des moellons coupés dans de la terre pétrie et séchés ensuite au soleil ; quelques-unes ont leurs murs tâchés de ruisseaux de sang qui découlent de certaines terrasses où l'on tue des moutons, et cela fait un singulier effet à l'Européen qui s'y trouve seul. La maison, où je loge, est au bas d'une assez grande place en pente, inégale et garnie çà et là de plantes sauvages et d'aloès ; au haut de cette place est un long bâtiment percé de petites ouvertures rondes et triangulaires, et surmonté de créneaux arabes : il ressemble exactement à une redoute ou à une prison.

L'on entre dans ma *case* en descendant trois marches, et la pièce n'est éclairée que par la porte d'entrée et

21

par une autre ouverture plus basse et sans porte, qui donne accès sur une terrasse close de trois côtés par des murs. Du quatrième côté, l'on domine les toits et les cours des maisons du bas du village; mais, dès que j'y parais et m'y promène, tous les chiens hargneux des maisons environnantes m'aperçoivent et font un vacarme effrayant qui attire précipitamment les Arabes sur leurs terrasses.

Le soir, le Scheik et plusieurs Arabes d'assez mauvaise mine viennent pour me voir ou profiter du souper qu'ils m'apportent. Il se compose d'un plat de mauvais *Kouskous*, avec des œufs cuits à dur que mon cavalier veut — avec une politesse que je trouverais très-impolie si je n'y étais déjà habitué — qu'il veut, dis-je, absolument broyer avec ses doigts dans ma portion de *Kouskous*... Le pot de fer blanc qui contient le lait aigri est à tour de rôle porté à chaque bouche, qui, au lieu de le boire, le hume ce qui n'est guère plus propre; et j'ai beaucoup de peine à me faire donner de l'eau pour moi seul. Tous ces Arabes, en arrivant, m'ont invariablement demandé : « *d'où viens-tu? où vas-tu? d'où es-tu?* » au mépris du fameux et beau précepte de la loi musulmane, qui dit : « *La première loi de l'hospitalité est de s'abstenir de demander à un étranger de quelle région il est venu, dans quelle foi il a été élevé; mais il faut lui demander s'il a faim, s'il a soif et s'il est vêtu ?* »

Après le repas — dont mes hôtes ont pris une large part — la discussion s'engage, à mon insu, pour savoir lequel d'entre eux me fournira un mulet pour le lendemain. Tous refusent l'un après l'autre au Scheik sous différents prétextes. Ce dernier insiste avec calme et dignité, mais la discussion s'anime, s'irrite et devient violente; mon cavalier s'en mêle et, sans comprendre les paroles, je vois le moment où l'on va en venir aux mains. Heureusement le Scheik parvient à faire sortir les furieux, et mon cavalier ferme la porte au verrou. La discussion se continue en dehors plus furieuse et bruyante, j'entends souvent les mots *Francis* et *Roumi* prononcés avec des accents peu sympathiques, l'on frappe à coups de pierres contre notre porte de derrière laquelle mon guide riposte par des sottises et des menaces, et cela dure assez longtemps.

Enfin, peu à peu tout bruit cesse dans la nuit; et la dernière impression inquiétante que nous éprouvons, mon guide et moi, c'est lorsque nous entre-voyons, dans l'obscurité, un Arabe qui arrive par l'ouverture sans porte de la terrasse et se couche en travers... Mais, c'est un parent du Scheik qui vient au contraire coucher près de nous pour me protéger.

BISKRA ET SES OASIS. — PROMENADES DANS LE DÉSERT. — LES GAZELLES. — LES DANSES ARABES, ET MŒURS CURIEUSES DES FEMMES OULED-NAYL.

19 Mai.

Je pars de grand matin sur un mauvais mulet qui n'a pour toute selle qu'un méchant *tellis* sur le dos. Il est conduit par un Arabe sans haïk, coiffé seulement d'une chechia kabyle, ayant le front fuyant, de petits yeux à moitié fermés, avec des sourcils relevés sur les coins ; le nez long, la barbe plus longue et rousse, enfin une vraie tête de bouc.

A une petite distance, nous passons au milieu des tentes de *Djamorra*. Elles sont établies dans un bois de palmiers, qui s'étend sur les deux bords de la rivière dont le lit caillouteux est très-large en cet endroit. Cette rivière est l'*Abdi* qui donne son nom à cette contrée. — En effet, depuis notre descente des *Monts Aurès* nous sommes dans la vallée de l'*Abdi*, où les dernières montagnes du Tell viennent, en s'aplatissant de plus en plus, expirer devant le Désert.

Après, nous nous engageons à travers de grands mamelons parsemés de pierres rondes, sur un terrain jaune et semblable à des dunes, où des chèvres noires broutent de rares plantes à feuilles grises et blanches surmontées de fleurs roses et violettes. Plus loin, nous retrouvons tout-à-coup la rivière, qui est resserrée entre de grands rochers, formant un étroit passage qui s'appelle le *Knek*. Nous y descendons par un sentier très-rapide, et, bien que la rivière soit très-basse en ce moment, comme elle tombe en cascades sur des escaliers de roches et forme, au bas des chutes, des mares d'eau qui peuvent être profondes, le cavalier les fait sonder par l'Arabe qui est à pied : puis nous y descendons, après nous être ainsi assurés qu'il n'y a ni gouffre ni danger.

En sortant de ce long passage, étroit, caverneux et

sombre, nous débouchons dans un lumineux vallon tout garni de grandes touffes de lauriers roses en fleurs. Autour de chaque touffe serpente la rivière, divisée en une infinité de petits ruisseaux qu'elle s'est creusés elle-même ; et ce brusque et gracieux contraste me fait l'effet d'un décor d'opéra. Seulement, au beau milieu de mon admiration pour cette nature riante et baignée de lumière, mon mulet se couche et j'ai à peine le temps de dégager mes pieds du *tellis*... Mon guide le fait relever et je remonte dessus avec assez de peine, tandis que son maître lui cache la tête dans son burnous; car, cet animal n'est pas habitué aux costumes européens ; il a peur de moi, et sa peur se manifeste par des écarts et des ruades. Aussi, soit qu'il m'ait entrevu ou qu'il soit naturellement quinteux, à mon second passage de la rivière — dont les petits ruisseaux se sont réunis — il veut encore se coucher dans l'eau pour se débarrasser de moi. Alors je descends, je le cravache et il se sauve en lançant des ruades... Son maître lui court après, le rattrape et me le ramène; mais je ne veux plus de cette bête rétive; je prends le cheval du cavalier, qui monte le mulet à ma place, et nous arrivons ainsi à *Berranis*.

Berranis est un endroit charmant dans un bois de hauts palmiers arrosés par de fraîches *séguia* d'irrigation, mais je n'y aperçois ni village, ni tentes, ni habitants ; aussi, en voyant mon guide s'arrêter sous un massif de palmiers et me faire signe de descendre de cheval, je lui demande pourquoi? Et, lorsqu'il me fait comprendre que c'est pour déjeûner et changer de mulet, je ne conçois pas du tout comment nous allons faire. Enfin comme je m'inquiète très-peu des difficultés en voyage, j'ouvre mon couteau et je profite de notre isolement pour monter sur un palmier et couper des cannes pour moi et mes amis de France. Seulement, dans mon inexpérience et mon ignorance des choses, je me déchire bien inutilement les doigts contre les longues et dures épines qui garnissent chaque tige des palmes; car les cannes tachetées de jaune et de noir, les seules appréciées, ne se cueillent que sur les palmiers noirs que l'on ne trouve qu'à *Tuggurt*, à 56 lieues dans le Désert... Et encore faut-il les faire tremper de suite dans l'huile pour qu'elles ne se dessèchent et ne se flétrissent pas.

Cependant mon guide avait raison : car, à peine ai-je fait mon inutile provision de palmes que — je ne sais ni pourquoi ni comment — il arrive deux Indigènes, dont l'un, jeune, blond et sans caractère étranger est le Scheik de *Berranis*. Il nous fait étendre une natte à l'ombre des palmiers ; et de derrière les arbres sortent des Arabes qui nous apportent un plat d'œufs durs avec de la galette, un autre où il y a de la viande jaune, assez bonne, mais je crois assaisonnée avec du safran, enfin un troisième rempli d'une sauce faite avec des ognons pilés, du piment, des épices et du poivre rouge, le tout fondu ensemble. A peine y ai-je goûté, par curiosité, qu'il me semble avoir avalé une gorgée d'alcali, et j'abandonne ce plat de *Margah* au cavalier qui l'engloutit à lui seul... Par charité je lui passe le bidon d'eau fraîche afin qu'il éteigne l'incendie qu'il doit avoir dans l'estomac; mais il paraît n'avoir aucun incendie ni mal, à en juger par le bon appétit qu'il montre encore pour la viande safranée et la galette chaude.

Curieuse race d'hommes que ces Arabes! indolents et fougueux, pétris d'opium et de poudre, qui vivent de rien, sont sobres ou insatiables à l'excès; vrais corps de fer, résistant à tout, mus par moments par des ressorts d'acier !

Après ce tonique déjeûner, il apparaît derrière nous un nouvel Arabe portant une selle sur son bras; il appelle d'une certaine manière et, comme par enchantement, il sort du bois de palmiers un mulet en liberté qui se laisse prendre et brider. Mon cavalier le monte, je garde son cheval et nous partons. Mais le rusé Arabe sait bien ce qu'il fait, car la selle et le mulet sont bons cette fois tandis que son cheval, fatigué par le pénible voyage, boite et n'a plus une allure agréable. Néanmoins, nous nous éloignons ainsi de l'oasis de *Berranis* et longtemps nous avançons sur un terrain plat, brûlant, roux, pierreux et aride, ayant à notre gauche la dernière pente d'une montagne, qui vient finir et se fondre dans le Désert. Il fait une chaleur embrasante à laquelle je ne suis pas encore habitué; abîmé de soif, je m'obstine à suivre le lit à sec d'une rivière dans l'espoir d'y trouver un peu d'humidité, mais, lorsque je rencontre enfin une petite flaque d'eau au pied d'une touffe flétrie de laurier rose, mon guide me fait comprendre qu'elle est corrompue et dangereuse. Enfin nous traversons un défilé de rochers mêlés de sable, le *Méléga*, et quelque temps après j'aperçois au loin la ligne verte et horizontale de Biskra. Nous nous y dirigeons, en suivant une masse de grands roseaux qui avoisinent le large lit d'une rivière presque à sec, l'*Oued-Biskra*. Cette rivière, à l'aide d'un hardi et solide barrage construit par le Génie, est amenée dans la ville par une large *séguia* bordée de quelques cyprès et palmiers. Son eau sert en été à arroser les jardins et au printemps à remplir les citernes ; car l'eau des fontaines de Biskra est non seulement saumâtre, mais elle donne des furoncles qui laissent de très-fortes cicatrices.

Nous passons au bas des ruines d'un fort turc construit en terre sur un mamelon, et de là on découvre le Désert et Biskra entouré de ses oasis les plus rapprochées. Dans une immense étendue de sable, finissant à l'horizon par une longue et simple ligne droite, d'autres lignes minces, vert sombre et séparées les unes des autres, se détachent. C'est, à droite, l'oasis d'*Oumach*, avec son bois de palmiers derrière un mamelon de sable ; c'est à gauche l'oasis de *Mégéniss*, sur le bord du large lit blanc de la rivière qui vient serpenter jusqu'au barrage ; et au milieu c'est Biskra dont les maisons s'aperçoivent à peine derrière le fort *St-Germain*, précédé lui-même par les nouveaux bâtiments des casernes. Puis, la vue se promenant sur l'immense plaine sablonneuse, ne rencontre plus rien que la petite maison isolée d'un Caïd, le carré du cimetière, et la longue trace du chemin sur lequel les chameaux et les Arabes paraissent à peine comme des points noirs. (N° 33.)

Cependant nous arrivons. J'entre avec mon cavalier dans le fort Saint-Germain par une porte militaire qui donne accès dans une grande cour, garnie de jardins de fleurs en avant de deux longs bâtiments parallèles et à arcades : je demande le Commandant supérieur et je trouve M. Forgemol dans son cabinet. Il me reconnaît de suite et m'accueille comme un ancien ami. Je change de vêtements, et il me montre son habitation, qui est très-confortable et jolie, son jardin ombragé de jeunes palmiers, sous lesquels fleurissent toutes les plantes du Sud, et la belle vue de la terrasse du fort sur le Désert.

Le soir, il a à dîner les officiers des troupes arrivant de Tuggurt, — ville la plus éloignée dans le Désert où l'on envoie une garnison que l'on fait revenir chaque année le 15 Mai à cause des chaleurs ; — et mon hôte me fait connaître messieurs Rose et Boulland, les chefs de son Bureau arabe. Le premier est un officier digne, sérieux, essentiel, qui connaît le cercle de Biskra dans ses moindres détails ; le second est un jeune homme plein d'entrain, élégant, habitué au pays et qui, à cause du Commandant, se montre très-aimable pour moi. Il me parle de toutes les curiosités des environs, et au dessert il s'écrie : « Mon Commandant, il y a promenade arrangée pour demain avec M. Carteron ; nous allons visiter dans le Désert les *sources chaudes et le cratère du Hammam-Salahin.* »

20 Mai.

Nous montons à cheval à cinq heures du matin pour éviter la grande chaleur, et nous sortons du fort au milieu des gardes montantes et des beaux étalons que l'on promène dans les cours. Nous traversons les petites tentes blanches des troupes de Tuggurt, qui sont campées en dehors, et nous avançons dans la plaine sablonneuse précédés par deux spahis qui nous escortent et par un cavalier arabe qui nous conduit; car, dès que l'on a perdu Biskra de vue, il est assez difficile de s'orienter dans cette immensité sans routes et déserte. Avant de nous y engager, nous franchissons de vastes terrains, brûlés, crevassés et découpés en carrés par des fossés sans eau, et ce sont les champs de Biskra. Le blé est déjà moissonné, il ne reste plus que les chaumes et je trouve qu'on les laisse bien longs; mais cela a sa raison d'être, car, indépendamment que les Arabes n'aiment pas courber les reins bien bas, ces chaumes, dans ce pays sans herbe, servent de pâtis à leurs troupeaux.

En franchissant tous ces fossés, nos chevaux s'animent les uns les autres; ils prennent un galop précipité, qui est ici leur allure habituelle, et en peu de temps ils nous font faire beaucoup de chemin dans les sables. Cependant le sol du Désert n'est pas, comme on le croit peut-être, une dune plate et unie; c'est un terrain sablonneux mais résistant, parsemé de pierres et garni à chaque pas d'inégalités et de petits mamelons plus ou moins hauts : sur ces mamelons poussent de petites plantes grises, que l'on nomme l'herbe des chameaux, et de nombreuses touffes de *sbat* dont les racines s'étendent au loin et font sortir de nouvelles tiges. Nos chevaux, en galopant là-dessus de front et quelquefois forcément l'un après l'autre, déploient une émulation et une ardeur qui font ressembler notre promenade à une véritable *course au clocher*. Le fait est qu'ils ne galopent pas ; ils bondissent, et M. Boulland me dit à chaque instant : « Hein ! Quelles jambes d'acier ! Quels ressorts ! Si c'étaient des chevaux de France, ils broncheraient plus d'une fois là-dedans... » Je suis trop occupé à me tenir en selle et je n'ai pas le temps de lui répondre ; mais je vois s'allonger son beau coursier alezan dont la queue et la crinière, flottantes et teintes avec du *henné*, paraissent au soleil d'un rouge de feu qui aurait un grand succès aux Champs-Elysées ou au Bois.

Tout-à-coup, mon compagnon arrête son cheval pour me montrer une particularité curieuse du Désert et il appelle un spahis : mais les trois Arabes, qui sont là dans leur élément, ont poussé leurs montures au lieu de les retenir et ils sont trop loin pour entendre. Cependant l'officier redouble ses cris d'appel avec accompagnement de gestes télégraphiques, et un coup de vent portant son nom aux oreilles du spahis, celui-ci se retourne, fait cabrer son cheval sous la brusque pression de son mors meurtrier, et il revient droit sur nous et à fond de train : pour cela il franchit sans s'écarter les mamelons et les inégalités du terrain, et dans ces grands mouvements l'Arabe ne bouge pas plus sur sa selle que s'il était un centaure. Puis, ce que ce cavalier fait le second et le troisième le font l'un après l'autre, et tous arrivent ensemble.

M. Boulland a aperçu une vipère cornue — qui ne se

rencontre qu'au Désert, — il descend de cheval, prend le sabre du spahis, et avec le bout de la lame il serre et maintient sur le sable le petit reptile qu'il me fait examiner et qui siffle ou souffle bruyamment. C'est un *céraste*, il est long d'un pied et demi ; sa tête est couverte de petites écailles rondes, et chacune de ses paupières supérieures s'élève en pointe et forme une espèce de corne. Il paraît qu'il supporte très-longtemps la soif, et sa morsure est mortelle au bout d'une heure ; du reste il est de la couleur du sable, ainsi que tous les lézards et les rats qui s'enfuient devant nous et se cachent dans les touffes de *sbat*. L'officier veut emporter sa trouvaille à Biskra pour le cabinet zoologique d'un capitaine en retraite ; et le spahis, détachant le foulard pendu à son haïk, entortille adroitement la vipère dedans, avec plusieurs doubles et plusieurs nœuds, et il met le tout sans crainte dans le capuchon de son burnous...

Après, nous nous éloignons en foulant un terrain dur, blanc et couvert de salpêtre, qui est en hiver humide et marécageux, et qui forme avec les sables les deux principales variétés du sol du Désert. Tout-à-coup, en arrivant au haut d'un pli du terrain qui nous cachait l'horizon, ce Désert me paraît au contraire très-peuplé, car j'aperçois devant moi une immense ligne de tentes et de troupeaux. Ce sont les tribus du Sahara, arrêtées là parce que la récolte est en retard dans le Tell et — pour éviter les dégâts, les querelles et les représailles inévitables que causerait le passage de leurs innombrables troupeaux, — il leur est défendu d'entrer dans le pays avant que les blés soient coupés. De plus, une prudente ordonnance du Commandant supérieur de Biskra veut qu'ils tiennent ici leurs chiens à l'attache, et, comme l'un de ces hargneux quadrupèdes vient attaquer mon compagnon et surtout comme il aperçoit deux jeunes filles qui jouent avec des gazelles devant une tente, il s'approche d'elles pour faire acte d'autorité. Il parle arabe comme un Indigène, et tandis qu'il fait rattacher le chien par le maître de la maison *de poil* — qui est accouru à la vue du képi, — j'examine cette agglomération de tentes et de populations errantes.

Les premières sont de toutes formes, pointues, obtuses et surtout rondes ; elles sont de couleur rougeâtre avec de grandes rayures noires, et fixées à terre par une profusion de piquets de diverses hauteurs, de cordes, de cordelettes et de cordages. Les unes ont une petite porte formée par un pan ou par une étroite bande de la tente relevée sur deux piquets ; d'autres sont entièrement fermées ; et il y en a dont les toiles ne touchent pas le sol d'un côté et laissent voir leur intérieur à jour. Dans cet intérieur, en avant des berceaux suspendus, des selles, des cribles, des tellis et des couffins remplis de dattes, des pots de terre et du pêle-mêle des ustensiles du ménage, se tiennent debout ou accroupis de petits enfants noirs et nus autour de leurs mères qui causent, filent, ou allaitent des nourrissons. En dehors et autour des tentes sont de nombreux chameaux en liberté, et circulent des femmes et des cavaliers aux burnous blancs et au teint basané : au soleil ils se confondent avec le sable, mais dès qu'ils passent à l'ombre des tentes ils paraissent comme de vigoureuses silhouettes noires. — Cependant ce rassemblement de tentes, d'hommes et d'animaux qui s'étend à perte de vue, et tous ces mouvements perdus ou noyés dans le soleil du Désert seraient presque silencieux, sans les quelques beuglements des chameaux et le vacarme habituel des chiens arabes.

Mais, mon compagnon m'appelle; les spahis ont repris les devants, et je quitte ce campement curieux et immense dont j'ai peine à rassasier ma vue et dont j'aurai plus de peine encore à perdre le souvenir.

Quelque temps après nous arrivons aux sources chaudes du *Hammam-Salahin*. Elles sortent en bouillonnant d'un creux en forme d'entonnoir ; elles ont 45 degrés de chaleur et sont bonnes pour les rhumatismes ; c'est pourquoi l'on a construit autour un mur d'enceinte en terre et quelques chambres garnies de nattes pour les malades. Seulement, il ne faut pas être très-malade pour pouvoir y venir à cheval de Biskra. C'est probablement à cause de cela que nous n'y trouvons que trois vieilles et affreuses baigneuses arabes, qui crient ou rient dans leur idiome sauvage lorsqu'elles se brûlent en s'approchant trop près des bouillonnements ; et elles ont certainement autant besoin de se baigner pour se nettoyer que pour se guérir. Du reste, je vous fais grâce de la description de leur poitrine et de leur vilain corps...

Ensuite nous remontons à cheval, et, après avoir avancé quelque temps à l'Ouest, du côté de la chaîne des montagnes de *Sfa* qui s'aperçoivent en arrière d'une ligne de hauts mamelons de sable, nous arrivons au cratère du *Hammam-Salahin*. C'est un grand trou rond, garni de joncs et de roseaux, sans fond ou du moins insondable, dont l'eau, qui ne tarit jamais, guérit de la gale. Mais, indépendamment qu'il y a peu de gens atteints de cette maladie, à cause de la réputation effrayante de ce gouffre, les bons nageurs seuls osent s'y baigner. Pour le voyageur, il n'a de curieux que sa position anormale au milieu de l'aridité des sables du Désert ; et c'est ce qui fait croire que ce doit être le cratère d'un ancien volcan éteint par une nappe d'eau souterraine : d'autant plus que ses bords et ses abords, jusqu'à une certaine distance, sont composés d'un sol inégal et à couches feuilletées, dures et noires comme de la lave. Je dessine ce gouffre et son entourage (n° 42) ; puis, nous revenons à Biskra par une autre route ou direction que celle suivie le matin, mais elle a absolument le même aspect.

Nous arrivons un peu tard pour le déjeûner ; cependant M. Forgemol a eu la bonté de nous attendre et, lorsque nous avons réparé nos forces, il nous offre le café dans le pavillon ombragé de son jardin. Là, au milieu des plantes étrangères et des arbustes fleuris, entourés de petits ruisseaux qui font couler à nos pieds l'eau des *séguia* et la versent sur les plates-bandes du jardin, nous passons, en fumant et causant, des heures charmantes. En effet, le Commandant absorbé par ses nombreuses occupations, n'est jamais libre, et ce n'est qu'après ses repas que nous pouvons nous promener et être ensemble.

C'est que le cercle de Biskra, qui est la clef du Désert

oriental, a plus d'étendue à lui seul qu'aucune des trois provinces de l'Algérie et il a une très-grande importance tant politique qu'administrative. Il se compose des Zibans, d'une partie des Aurès, de l'Ouadrir et de l'Oued-Souf dans le Sahara. Le Commandant supérieur a sous sa direction quatorze Caïds et des Scheiks en proportion, et il commande, régit, surveille et protège une grande partie du Sahara. Il faut savoir prendre et conserver de l'autorité sur ces innombrables populations, dont beaucoup sont tellement éloignées qu'on ne peut guère avoir d'action sur elles; du reste, dans l'intérêt de notre commerce futur et pour le paiement des impôts il vaut mieux être en paix, s'en faire aimer et leur être utile, que d'être en guerre et de les châtier. Pour se faire une idée des impôts dont il faut établir et obtenir le paiement, l'on saura que dans le Souf et l'Ouadrir il y a plusieurs millions de palmiers dont le nombre peut augmenter ou diminuer chaque année et pour lesquels les Arabes donnent la *lezma*, c'est-à-dire dix centimes par chaque pied d'arbre, ou bien souvent, chaque village paye un prix général réglé à l'amiable en argent ou en bétail.

A Biskra, où les choses peuvent être mieux établies, chacun des palmiers est imposé cinquante centimes — bien qu'ils ne soient pas aussi bons ni aussi rendants que ceux du Souf. Ces derniers rapportent en moyenne quatre à cinq francs par pied d'arbre ; mais il est des palmiers qui produisent pour quarante francs de dattes, car c'est là qu'elles sont les meilleures de l'Afrique et elles se vendent sur place cinq et six francs le demi-boisseau.

21 Mai.

A Biskra, où le thermomètre monte en été à quarante-cinq degrés et ne descend jamais en hiver au-dessous de zéro, les nuits n'ont déjà aucune fraîcheur au mois de Mai. Aussi, bien que je laisse toutes grandes ouvertes les fenêtres de la chambre où je couche, j'y étouffe ; et lorsque je sors le matin pour respirer un air moins chaud, je vois suspendues sous les arcades de la galerie une certaine quantité de gargoulettes humides afin d'obtenir de l'eau un peu fraîche pendant le jour. Je comprends alors que le mal est général, je prends forcément mon parti et ma part de cette atmosphère suffocante, et j'entre en me promenant dans les salles du Bureau arabe.

Il y a à la porte des groupes d'Indigènes assis sur les escaliers et attendant leur tour d'audience pour exposer devant les officiers leur défense, leurs excuses ou leurs plaintes ; et ce sont des *chaouchs*, armés d'une canne, qui les appellent et les introduisent, tandis que de graves spahis se promènent autour d'eux et maintiennent l'ordre. Je trouve dans les salles intérieures, où l'on répartit et juge les affaires d'après leur degré d'importance, plusieurs Caïds qui sont là pour fournir des renseignements sur les procès, les plaignants ou les accusés qui sont de leur tribu. Quelques-uns portent sur leur burnous la croix de la légion-d'honneur, et je distingue parmi eux le Caïd de Biskra, *Mohamed-Srir-ben-Ali-Bel-Guidoum-ben-Ganah*. C'est un homme aux yeux veloutés, vifs et doux avec de grands sourcils bien dessinés, à la barbe noire et soyeuse, aux traits réguliers avec un teint blanc, des mains potelées et une dignité fière et gracieuse, enfin c'est un homme d'une beauté remarquable. A côté de lui est un grand, sec et rude Arabe, connu sous le nom de *Grand Serpent du Désert*. C'est un chef qui nous a résisté longtemps, mais depuis sa soumission il nous a toujours été fidèle, et sous le titre de *Scheik-el-Arabe*, il est notre intermédiaire auprès des tribus nomades du Sahara. C'est lui qui pour tirer vengeance du massacre de la garnison de Biskra, au commencement de notre occupation, entoura et surprit les cinq cents irréguliers qu'Abd-el-Kader avait envoyés pour soulever les *douars*; et qui, après leur avoir fait couper la tête, envoya leurs cinq cents oreilles à Constantine, où elles furent promenées dans les rues.

En ce moment le Commandant supérieur arrive et dit à M. Rose qu'il veut que certain Scheik — qui a fait je ne sais plus quelle faute — soit sévèrement puni : le malheureux Scheik, qui est présent et entend sa sentence, tombe évanoui sur le carreau... Cette sensibilité susceptible ou nerveuse m'étonne beaucoup chez un chef arabe ; mais elle n'empêche pas la justice d'avoir son cours, et les Caïds moins sensibles rient beaucoup de cette faiblesse.

Je sors avec le Commandant qui me parle de l'emploi de ma journée ; il me propose d'aller visiter les ruines de *l'ancien Biskra* et m'y fait conduire par un *Turco*. Ce dernier ne sait pas un mot de français et s'intéresse probablement très-peu aux artistes, mais il exécute sa consigne sans répliquer, prend mon ombrelle, marche devant moi et je le suis.

Au sortir de la ville, nous nous engageons dans un grand espace sans culture autre que des palmiers sous lesquels est le quartier des Nègres, c'est-à-dire leurs cases. Ce sont de petites cahuttes rondes et pointues, dont le bas est de terre et percé d'une porte sous laquelle il faut ramper pour entrer, et dont le haut est fait avec des branches de palmier superposées et nouées ensemble sur le dessus. Au-delà des cahuttes et des palmiers s'aperçoit la grande ligne nue et uniforme du Désert.

Après avoir traversé plusieurs larges *séguia* pleines d'eau, tantôt sur des troncs d'arbre jetés en travers, tantôt sur le dos de mon Turco — car les Arabes ne se font pas prier pour se mettre les jambes dans l'eau ou dans la boue, — nous rencontrons un chemin frayé, auquel aboutissent une infinité de sentiers piétinés qui se dessinent sur le terrain sans herbes. En avant, à droite et à gauche, les palmiers deviennent plus nombreux, plus épais et entourent, ombragent de petits champs qui sont moissonnés, et dont les ruisseaux qui les arrosaient ne baignent plus que le pied des arbres. Bientôt après, nous arrivons au village de *M'cid*.

Le chemin alors devient une rue, qui serpente, avec une *séguia* remplie d'une eau jaune et trouble, entre de grossiers murs de terre plus ou moins irréguliers et dégradés. Devant la porte basse et

épaisse de chaque maison il y a deux morceaux de palmier recouverts de terre en manière de pont ; et toutes les rues se ressemblent, à l'exception des endroits où elles sont coupées par une voûte sous l'ombre de laquelle causent ou dorment les Arabes, sur ces lits en terre battue que nous avons décrits à *Ména*.
— Aussi, l'aspect de ces villages des oasis est-il plus curieux que joli, car la vue est bornée de tous côtés, et rues, séguias et maisons, tout est couleur de boue ; excepté quelques hauts palmiers, qui apparaissent au-dessus des murs et dont la tête verte ou jaunie se détache sur le ciel bleu et sans nuage. (N° 39.)

Derrière le mur d'un jardin j'aperçois un énorme cyprès, rond et aussi élevé, sinon aussi gros que la colonne Vendôme ; et c'est l'arbre le plus curieux du pays. Un peu plus loin, — d'après la recommandation du Commandant — le Turco me conduit à la mosquée de *M'cid* qui est une tour en terre moins haute que le cyprès, mais percée d'ouvertures arabes, lézardée, surplombant beaucoup d'un côté, et couronnée d'une Kouba et, aux angles, de quatre créneaux pointus. Cette tour n'est nullement belle, mais elle est pittoresque à cause de son caractère étranger, de son entourage de masures arabes, et des palmiers qui poussent droits, penchés ou recourbés autour d'elle. Je veux la dessiner mais je ne peux pas trouver une place convenable : de la rue je la vois trop près, et si je m'éloigne en pénétrant dans les jardins, ils sont séparés entre eux par une infinité de murs très-rapprochés et, dès que j'ai franchi l'un d'eux, je ne vois plus la mosquée... Il n'y a qu'un seul endroit découvert où je pourrais me placer: mais il est encore plus impossible car il est garni de trop nombreuses preuves que ces lieux sont habités, et c'est en plein soleil... Aussi, je renonce à mon projet et je fuis la mosquée comme la peste.

Après avoir circulé dans des rues sinueuses et étroites, où la vue est toujours bornée par des murailles en terre qui se ressemblent toutes, — vrai labyrinthe où il serait impossible de se retrouver sans guide, — nous sortons du village de *M'cid*. Ensuite, toujours en traversant des champs de blé moissonnés et environnés de palmiers, nous arrivons à l'oasis de *Mégéniss*. Je vous fais grâce de la description de ses rues de sable, de ses maisons de boue et de ses séguias d'eau trouble, toutes pareilles à celle de *M'cid*; et je vous amène de suite à l'autre bout du village, où je rencontre deux femmes entièrement enveloppées dans une mante blanche à bordure bleue et la figure voilée, ce que je n'ai pas vu encore. Puis, nous débouchons dans un endroit découvert, au milieu duquel est une grande et haute ruine qui est la casbah de l'*ancien Biskra*. Quand je dis *endroit découvert et haute ruine* je mens; car l'horizon est masqué à droite et à gauche par des bois de palmiers, et l'élévation de la forteresse a tout l'air d'être simplement faite avec la terre de ses fossés : en effet, son entourage est un large bas-fond où il nous faut descendre pour monter à la casbah... Quoiqu'il en soit, ces ruines fortifiées sont très-vastes, les murs très-nombreux forment une infinité de chambres de diverses grandeurs; et ceux du dehors, percés de meurtrières, sont très-épais et tous en terre. Ces murailles de boue et encore debout après tant d'assauts, sont plus solides et résistantes qu'on ne le croit; car elles sont à l'épreuve du feu et des balles, et les boulets n'y creusent qu'un trou rond ; de telle sorte, qu'il faut très-longtemps pour y faire brèche, et l'on a pu en juger à la prise de *Zaatcha* et en mainte autre circonstance.

A droite de la casbah est un bois de palmiers qui s'appelle le *Jardin des officiers*; j'y pénètre en grimpant par-dessus le mur à l'aide des épaules de mon Turco, car il n'y a pas d'entrée de ce côté-là. C'est un endroit charmant dont on ferait aisément un jardin très-agréable : il est ombragé de beaux palmiers de toutes les grandeurs et sillonné de ruisseaux d'eau courante qui — en attendant mieux — font pousser partout une herbe verte et épaisse. Je ne rencontre dans ce bois solitaire que quelques Négresses, qui se promènent ou cherchent je ne sais quelle herbe. Elles portent une jupe bleue à grosses rayures jaunes et rouges, et sont suivies de plusieurs petits Négrillons entièrement nus qui, effrayés à ma vue, se cachent dans l'unique jupe de leurs mères ; tandis que celles-ci me montrent en riant et sans crainte leurs longues dents blanches. Charmé par ces frais ombrages, en quittant la réverbération brûlante des murs réchauffés par le soleil, je m'assieds sur l'herbe et je dessine les ruines de la casbah que je vois à travers les palmiers. (N° 40.)

Ici se confirme le jugement que j'avais porté sur mon Turco, c'est-à-dire qu'il a plus de goût de la marche que celui des arts... Car il s'étonne beaucoup de ce que je reste si longtemps en place pour faire une chose à laquelle il ne comprend absolument rien, en effet, après avoir attentivement regardé mon dessin, il lève les yeux au ciel et à droite et à gauche, enfin de tous les côtés où il ne faut pas. Aussi, ennuyé ou impatienté, il me tourne le dos avec dépit, et il s'accroupit et s'endort.

Après cela, il est venu avec moi sans être prévenu et c'est peut-être l'heure de son dîner qui se passe.... En effet, lorsque j'ai fini et lui dis que je veux retourner à Biskra, il se lève vivement et, avec un pas que j'ai peine à suivre, il prend le chemin le plus direct qui est une large route française, bordée de fossés et d'une ligne de jeunes palmiers qui plus tard feront une longue et belle avenue. La ville est au bout de cette grande route, mais quoique nous l'apercevions au loin il nous faut encore longtemps pour y arriver.

22 et 23 Mai.

Bien que les oasis de Biskra soient assez éloignées, comme le Commandant met gracieusement ses chevaux à ma disposition, j'en visite plusieurs; mais toutes se ressemblent. Ce sont partout de petites rues de sable; partageant leur peu de largeur avec une *séguia* d'eau trouble qui se répartit et se subdivise de distance en distance; puis des maisons de boue, plus ou moins dégradées et plus ou moins animées par des groupes d'Arabes, demi-nus et très-basanés, qui causent ou dorment aux portes. Je dessine — pour donner leur caractère général — une rue dans l'intérieur de ces oasis. (N° 39.)

Seulement, en me rendant à l'une d'elles, je suis témoin d'une erreur générale ici, et dont, je crois, il n'est pas inutile que je parle. Nous voyons, en route, fuir au loin devant nous des gazelles qui broutent quelques herbes aromatiques. Le spahis cherche et ramasse leurs crottes rondes et parfumées, puis il les met dans sa tabatière.... (Les Arabes prisent du tabac indigène en poudre rougeâtre et impalpable qu'ils renferment dans une corne de bœuf : ils répandent par la pointe percée de la corne un peu de cette poudre sur le dessus de la main et ils reniflent.) D'après les herbes plus ou moins aromatiques que les gazelles mangent, leurs crottes ont une fausse odeur de musc ; c'est pourquoi les Arabes et beaucoup d'Européens croient que ce sont les gazelles qui le produisent, mais il n'en est rien.

Ce parfum provient d'un animal originaire de la Haute Tartarie ou du Grand Thibet, et qui se nomme le porte-musc. Il porte sous le ventre une petite poche d'un à deux pouces de diamètre, où se fait la sécrétion de l'essence odoriférante que l'on croit être un composé des molécules les plus exaltées du sang. Comme les chasseurs ou les marchands orientaux qui vendent ces bourses de musc y font souvent pénétrer des matières qui en augmentent le poids ; il y a un moyen ingénieux et bien simple pour en reconnaître la falsification : l'on trempe un fil dans du suc d'ail, on le fait passer avec une aiguille au travers de la poche, et si le fil conserve l'odeur d'ail le musc est falsifié. Ce parfum pur est extrêmement fort et pénétrant, et il a besoin d'être mélangé avec d'autres pour être agréable : de plus il est prolifique et surtout aphrodisiaque et c'est pour cela que certaines femmes arabes en imprègnent leurs vêtements.

Le porte-musc, haut de quarante à cinquante centimètres, diffère de la gazelle en ce qu'il n'a ni queue ni cornes ; il a le poil plus long, avec du blanc et du noir sur le cou et les oreilles, et deux longues dents recourbées qui sortent de sa bouche. Mais auparavant j'aurais dû vous rappeler l'aspect des gazelles. Ce sont de jolis quadrupèdes à pieds fourchus, d'une taille fine, bien prise et très-légers à la course; ils ont les oreilles grandes, droites, ouvertes dans leur milieu et noires et polies en dedans comme de l'ébène. Leurs cornes sont noires, environnées d'anneaux qui marquent leur âge, et elles se rapprochent dans le dessus comme les branches d'une lyre. A l'origine de ces cornes, il y a une touffe de poil plus long que celui du reste du corps; lequel est court et de couleur fauve sur le dos et blanc sous le ventre, avec une bande brune qui sépare ces deux teintes au bas des flancs. Leurs yeux sont noirs, grands, vifs, et en même temps si tendres, que les Arabes, dans leurs poésies, comparent toujours les yeux de leur bien-aimée à ceux de la gazelle.

Ces gracieux animaux vivent en société, et, lorsqu'on ne les chasse pas au fusil en les poursuivant à cheval comme font les Français en Afrique, (N° 38), on les prend vivants de cette manière : On a un mâle de gazelle apprivoisé que l'on mène dans les lieux où il y a des gazelles sauvages ; on lui attache et entrelace dans les cornes une corde garnie de nœuds coulants, et on le met en liberté. Il s'approche des troupeux de gazelles, et les mâles, en voyant arriver ce rival étranger, accourent avec agilité à sa rencontre ; ils frappent sa tête avec leurs cornes et ils ne tardent pas à les embarrasser dans les nœuds coulants. Alors le chasseur s'avance, et comme ces animaux sont d'un naturel très-doux et timide, ils se laissent prendre sans défense. A Biskra, on vend au marché de jeunes gazelles pour deux francs, mais loin du Désert, même en Afrique, elles vivent difficilement.

24 Mai.

Le matin je vais visiter la ville qui se compose de quelques jolies maisons françaises ; et toutes les autres sont peu élevées et uniformément construites en moellons de terre avec peu d'ouvertures. Certaines rues sont assez pittoresques : on y laisse pousser dans le milieu ou sur les côtés quelques palmiers qui forment des bouquets de palmes de distance en distance, et, dans ce pays de sable où il n'y a pas de voitures et où tous les transports se font à dos de chameaux, les passants peuvent circuler autour de ces massifs ou s'abriter sous leur ombre.

Il y a à l'extrémité de la ville une fabrique de salpêtre, et un jardin public assez bien tenu et planté en grande partie de palmiers et de bananiers, qui offrent aux rares promeneurs des allées fraîches et solitaires. Ensuite, un marché et deux places dont la plus grande s'étend devant le fort, devant l'hôtel du Sahara et devant le cercle. Ce dernier bâtiment, le plus beau, est entouré de larges arcades couvertes qui donnent de l'ombre, mais une ombre toujours chaude. Aussi elles servent plutôt à éloigner le soleil des salons intérieurs, où tous les officiers et fonctionnaires civils de Biskra passent leurs loisirs; et cela avec un bon accord qui ne se rencontre pas partout.

Le soir, je parle de mon excursion à M. Boulland et il me dit : « Vous avez vu Biskra pendant le jour, il est alors calme et endormi ; mais je vais vous le montrer pendant la nuit et vous verrez qu'il est tout différent. » En effet, nous sortons ensemble et il me conduit dans un quartier que j'ai trouvé silencieux le matin, et en ce moment, à cette heure, et à mesure que nous en approchons, j'entends un bruit de tambourins et de musique, des rires et des cris joyeux, enfin tout le brouhaha d'une foule et d'une fête. Il y a deux cafés, deux tavernes illuminées qui se partagent les visiteurs arabes. Nous pénétrons dans la plus belle ou la mieux éclairée de ces tavernes, qui est une grande pièce plus basse que la rue, divisée en deux par des piliers supportant le plafond et entre lesquels sont de larges bancs où des Arabes, les uns couchés, les autres assis, prennent du café. D'un côté est l'orchestre, placé sur une galerie ; il se compose de deux ou trois tambourins, d'une espèce de hautbois et d'une flûte en roseau.

Lorsque nous entrons, le milieu vacant de la pièce

est occupé par un danseur indigène, dont la pantomime, plutôt que la danse, simule la vie de l'Arabe. Il tient un bâton, et d'abord il commence par une marche, calme mais affectée, imitant l'allure d'un berger conduisant son troupeau aux champs; tout-à-coup il s'arrête comme s'il apercevait l'ennemi, il s'accroupit, s'embusque, fait avec son bâton le geste de tirer un coup de fusil; puis, soit qu'il ait manqué son ennemi ou qu'ils soient nombreux, il recule, il fuit et vole au secours de sa maîtresse. Alors, en s'animant et avec des mouvements exagérés, il fait tous les gestes de prendre et d'emporter dans ses bras une femme qu'il défend longtemps contre son rival; enfin, après des contorsions et des bonds simulant une lutte acharnée, il est blessé et il tombe à terre — je crois autant de lassitude réelle que feinte.

Sur les larges bancs qui entourent la salle, de jeunes femmes arabes sont assises, buvant du café, seules ou avec des Indigènes; elles sont là pour charmer l'assemblée et faire des conquêtes... Ce sont des *Ouled-Nayl*, des houris terrestres, et leur costume mérite d'être décrit : Leur robe se compose de trois pièces d'étoffe cousues ensemble et de couleurs différentes; à commencer par le bas, il y en a qui sont bleues jusqu'aux genoux, jaunes jusqu'à la ceinture, et l'extrémité rouge du haut forme le corsage en réunissant les coins de l'étoffe sur la poitrine avec deux grosses épingles d'argent. La bande du dos, en se plissant derrière le cou, ramène ses deux angles s'agrafer, un peu au-dessus des seins, avec la bande de la poitrine qui retombe en partie sur la ceinture. Cette robe ou cette draperie a des manches en gaze tissée d'or, ou n'en a pas ; et la ceinture est dorée, ou bien en laine et en soie avec des plaques de métal. De plus, avec de grandes boucles d'oreilles rondes qui arrivent jusqu'aux épaules, avec de nombreux bracelets et des anneaux d'argent aux jambes, une profusion d'orfévreries bizarres retombe du cou jusqu'à la ceinture : ce sont des colliers de sequins, des chaînes d'argent, d'ambre ou de corail de diverses grosseurs et auxquelles sont attachés des plaques, des croissants de métal, des poignards, de petites glaces et toutes sortes de choses. Leurs pieds nus sont chaussés de petites babouches jaunes et noires, ou bien de brodequins en cuir rouge lacés et brodés de soie. La coiffure est un vaste turban noir ou en soie de couleur, garni de franges ou de sequins ; il recouvre jusqu'au sourcil une figure basanée, tatouée de trois petites étoiles au front et sur les joues, et encadrée de grosses touffes de cheveux luisants et tressés avec de la laine, ce qui fait paraître la tête énorme : d'autant plus, que de dessous ce turban flotte et retombe par derrière un long voile blanc ou rouge. Mais, cette immense coiffure et cet accoutrement ne sont nullement disgracieux, car il y a cela de particulier dans la nature et dans les arts — qui en sont les reflets — que toutes les fois qu'il se trouve dans un personnage du nu et des draperies, tel original qu'il soit, il offre plus de grandeur que de ridicule (N° 41.)

L'*Ouled-Nayl*, ainsi vêtue, s'avance lentement au milieu de l'assemblée, en donnant à ses hanches un mouvement prononcé qui fait cliqueter ses ornements de métal et imprime à ses longues draperies des ondulations frémissantes ; puis après avoir promené un regard langoureux et presque timide sous ses longs cils teints de *henné*, elle commence sa danse séductrice, qui du reste a beaucoup plus de caractère que les danses des Mauresques qui sont simplement lascives et matérielles. L'almée du Sahara ramène avec la main son voile sur sa poitrine et, ouvrant et baissant à chaque instant ses grands yeux noirs avec une sorte de pudeur passionnée, elle recule en tournant lentement sur elle-même comme pour fuir la vue de son amant ; puis, cambrant sa taille et sa tête en arrière, elle revient sur ses pas comme entraînée par un charme irrésistible : bientôt le voile s'échappe, elle porte la main à son cœur, l'amour l'a atteint..., et sa poitrine haletante et provocante n'est plus cachée que par ses bras nus qui, en signe de défense, s'étendent défaillants et gracieux. Alors, en suivant le rythme précipité de la musique, elle se détourne et pirouette plus vite, en donnant au bas de son corps et à ses hanches une agitation et un mouvement qui sont loin d'être aussi modestes qu'au commencement. Puis la houri — qui pendant cette passion feinte a très-bien distingué l'Arabe qu'elle a le plus enchanté — va énervée et haletante s'asseoir à côté de lui...

Il y a des *Ouled-Nayl* qui, imitant les danseuses mauresques, ne s'arrêtent pas ainsi au moment où elles ont provoqué l'admiration. Au contraire, la tête renversée en arrière, elles continuent leur pantomime lascive et fébrile jusqu'à ce que les jeunes Arabes enthousiasmés, surexcités, émus, viennent l'un après l'autre placer des piécettes d'argent et quelquefois d'or sur leur front, leur menton et leurs joues; puis, en continuant leurs évolutions sans que rien ne tombe, lorsqu'elles sentent que leur visage est suffisamment couvert ou que l'admiration est devenue stérile, elles ramènent leur voile à la hauteur de leur poitrine et, en relevant la tête, elles font tomber les piécettes dedans avec une adresse toute particulière et qui ferait honneur à un jongleur. Mais ces quêtes lascives, qui sont quelquefois ruineuses pour les jeunes et passionnés Arabes, ont été défendues dans les grandes villes; notamment à Constantine où les danses ne sont permises dans les cafés maures qu'avec une autorisation de la préfecture.

Inutile de vous dire que ces cafés — où la clarté des chandelles est obscurcie par leur propre fumée et celle des cigarettes et des pipes arabes... — ne sont pas fréquentés par la population la plus digne : si la curiosité y attire quelques Arabes estimables ou y rencontre aussi et surtout les jeunes gens les plus efféminés, les Indigènes les plus corrompus et l'on y racolerait même, si l'on voulait, des assassins ou des hommes à tout faire. Aussi, lorsque nous sortons, comme il y en a plusieurs qui affectent de se trouver sur mon passage, M. Boulland saisit l'un d'eux par le bras et le repousse brusquement : «Car, me dit-il, bien que vous ne portiez pas l'uniforme d'un fonctionnaire, ces..... vous ont vu promener dans le jour avec le Commandant supérieur, ce qui est assez pour qu'ils vous fassent place; et, comme ils sont pleins d'orgueil avec leur indifférence apparente, si on leur passait leur arrogance ils ne manqueraient pas de se dire entre eux : *as-tu vu comme j'ai marché sur le Français, sur l'ami du Commandant ?* »

— Mais, lui demandai-je, si ces gens *peu recommandables* vous avaient résisté ? »

— Eh bien, je n'avais qu'un signe à faire pour les punir — et ils le savent bien : — car nous avons dans ces réunions douteuses des *chaouchs* qui font l'office d'agents de police.

« A présent, me dit mon précieux guide, que je vous ai montré les cafés chantants ou dansants des Arabes du Sud — qui ont existé bien avant ceux de France et leur ont probablement servi de modèle, — je vais vous faire voir la suite, le résultat et le but de leur attrait. »

En disant cela, il me conduit dans une étroite et longue rue qui est près de là, et où la plupart des entrées ont une lanterne allumée pendue à la porte. Cette rue doit s'appeler, ou je la baptise *la rue des lanternes*. C'est là que sont les demeures des *Ouled-Nayl* ; et elles se composent toutes d'une simple petite chambre garnie de nattes, d'un tapis ou d'un divan. Lorsque la houri est visible, la porte est ouverte et la lanterne pendue en dehors ; et lorsque la porte est fermée et la lanterne absente, cela ne veut pas dire que la demeure soit inhabitée...

Au commencement de mon voyage je vous ai promis de vous faire connaître l'Afrique et les mœurs arabes dans tous leurs détails ; et pour cela je dois ajouter que les *Ouled-Nayl* (qui sont loin d'être des saintes, comme vous le voyez...) les *Ouled-Nayl*, dis-je, dans ce pays étrange où la femme n'est pas regardée comme l'égale de l'homme, ne sont pas non plus des femmes méprisées par les Arabes comme elles le sont par vous en ce moment. Ce sont les filles d'une tribu du Sahara, généralement jolies et bien faites, et elles font commerce de leur beauté. Elles se rapprochent des centres les plus habités, et après y avoir séjourné quelque temps, elles retournent dans leur tribu ou elles achètent avec leurs tristes économies quelques champs et quelques palmiers, et — chose singulière — elles trouvent à se marier bien mieux et bien plus avantageusement que lorsqu'elles étaient pauvres et honnêtes.

25 Mai.

Il a été convenu la veille avec mon obligeant et aimable guide qu'il me ferait venir les *Ouled-Nayl* les plus belles, afin que je puisse dessiner leur costume. Le rendez-vous est dans la *popote* où il prend ses repas avec les officiers de son grade, et en nous promenant le Commandant m'y conduit. Chemin faisant, M. Forgemol (aujourd'hui lieutenant-colonel d'état-major) examine et me montre la répartition des eaux, espèce de barrage qui, à l'aide de pierres diversement taillées et placées, divisent régulièrement le contenu de la grande *séguia* dans la ville et les villages de Biskra.

Le long de cette *séguia*, bordée de palmiers, sont construites sous leur ombre et de distance en distance les différentes *popotes* des officiers. Ce sont de petites maisons en terre, construites et aménagées avec cette propreté et cette régularité que l'on voit dans tous les campements militaires: intérieurement elles sont plâtrées ou plus ou moins peinturées d'arabesques, suivant que le soldat, qui fait la cuisine, est plus ou moins artiste... Quelques-unes ont un salon en plein air garni d'une table et de chaises rustiques, et plusieurs une salle de bain qui est une ingénieuse piscine, creusée sur le passage de la *séguia* à l'ombre des palmiers.

Lorsque nous arrivons, nous trouvons M. Boulland qui m'attend, entouré d'une dixaine d'*Ouled-Nayl* dans leurs beaux costumes étincelants de chaînes et de bracelets. La chambre est très-petite et n'a pour ouverture que la porte, la cour plus grande est en plein soleil, et pour dessiner, l'endroit est à peu près impossible... Mais ces messieurs ont tant mis de complaisance pour préparer cette séance, que je n'ose point ne pas paraître satisfait, et, comme je vois qu'ils s'étonnent que je ne me mette pas de suite et enthousiasmé au travail, je m'assieds et fais au hasard des à-peu-près que j'efface à mesure que les femmes arabes changent de place. Si bien que les officiers, pensant qu'ils me gênent, retournent à leurs occupations et me quittent par discrétion en me souhaitant bonne réussite.

Resté seul avec les nombreuses odalisques, qui me regardent et m'entourent curieusement en passant les unes devant les autres, je pense comment je pourrais m'y prendre pour en dessiner quelques-unes dans ce petit espace; mais ce n'est pas chose facile, et il ne me faut rien moins qu'une adresse des plus politiques pour en venir à bout. Car, dessiner toutes ces femmes c'est impossible parce qu'elles s'encombrent, vont et viennent, bougent sans cesse, et ensuite que toutes ne sont pas jolies; ne dessiner que les jolies et congédier les autres c'est chose bien plus difficile encore, car on leur a dit que j'allais emporter leurs portraits en France et dès que je donne quelques coups de crayons chacune vient voir si c'est elle que je fais. Alors je m'arrête à un moyen que je crois très-bon: c'est de les fatiguer, de les ennuyer en faisant traîner la séance en longueur, afin de pouvoir renvoyer aisément celles qui ne me conviennent pas. Mais autre difficulté: je crains que lorsque les vilaines seront ennuyées de rester, les jolies le soient aussi et si je reste tout seul j'aurai bien plus de peine encore...

Enfin, j'essaye d'un expédient qui me réussit mieux. Il vient de temps en temps, pour me servir d'interprète, leur maître ou surveillant, espèce de chaouch, grand et maigre, qui parle assez bien français; je lui indique celles que je ne veux pas dessiner; je lui fais dire à voix haute leurs noms, et j'écris en gros caractères et devant elles sur mon album: *Messaouda, Kouméria, Yaména, Zéna, Kadidja, Bacta, Fatma*; puis, je leur dis que je vais porter et faire connaître leurs noms en France et qu'elles peuvent se retirer. Le moment est favorable; elles commencent à être fatiguées de se tenir debout; elles causent et rient beaucoup entre elles en regardant leurs noms inscrits sur le papier, et elles sortent très-contentes en me disant adieu. Celles qui restent paraissent moins enchantées, surtout lorsque je leur assigne une place et leur recommande de ne pas bouger; mais je leur fais apporter du tabac et de la limonade; elles boivent et se font des cigarettes, et je parviens à les dessiner l'une après l'autre malgré leurs mouvements continuels dont je me garde bien de me plaindre; car, lorsque je les fais rester tranquilles, ce ne sont plus des *Ouled-Nayl* mais des *mannequins* raides et recouverts de pièces d'étoffes de couleur. (N° 41.)

Je vous ai décrit hier les costumes, aujourd'hui je vous parlerai des figures. Ces filles du Désert sont plus belles de corps que de visage, car elles sont toutes remarquablement bien faites, au contraire des autres femmes arabes qui sont ordinairement sèches, maigres et déformées. Quelques-unes ont les traits réguliers, toutes ont de jolies dents et de jolis yeux, et d'autant plus apparents que leur teint est basané : mais en définitive ce sont des femmes de tribu arabe, et bien qu'elles affectent, pour plaire, des regards langoureux et des sourires passionnés, elles ont toutes des allures un peu brusques et sauvages. Ensuite la plupart ont les traits communs, la figure ronde, et, avec leur costume chamarré d'or et de gaze, avec leur teint bronzé et leurs grosses joues qu'elles ont le tort de farder de rouge, elles rappellent les visages trop colorés de nos robustes filles de campagne, qui paraissent d'autant plus durs et hâlés qu'ils sont entourés de garnitures de fleurs ou de parures délicates.

Du reste, au risque d'ôter du merveilleux à mon

voyage, j'avoue que je n'ai pas trouvé la femme arabe généralement bien — sans vouloir parler des horreurs malpropres, flétries et réformées qui travaillent dans les *douars*. Pour ceux qui aiment les grands yeux, elle en a, avec accompagnement de cils et de sourcils noirs grâce à la teinture de *henné*…. mais elle n'a pas la figure aussi régulière que les hommes. Sur dix hommes arabes que l'on rencontre il y en a huit qui ont de beaux traits ; sur dix femmes il n'y en a pas quatre de jolies. Pourquoi puisque c'est le même sang ? Je n'en sais rien, mais c'est ainsi.

Les Mauresses d'Alger, qui ont du sang et du type espagnols, sont généralement plus belles ; et je trouve dans cette particularité et dans les allures ou les manières des Arabes des deux sexes une ressemblance et certain rapprochement — en sens inverse — avec la race espagnole, (permettez-moi cette digression). En Espagne, la femme est généralement moins distinguée et plus causeuse et remuante que l'homme, qui est le plus souvent, à son état ordinaire, silencieux et digne comme les Arabes, et qui, comme les Arabes, à certaines excitations, sort de ce calme et de ce silence pour devenir fougueux, violent et terrible. Mais, sur dix femmes espagnoles il y en a huit de jolies ; tandis que les hommes, en ayant tous une forme de tête particulière, sont loin d'être beaux dans la proportion féminine.

Pour revenir à la femme arabe, parlant même de celles considérées comme belles dans le pays, je répète qu'elles n'ont pas proportionellement d'aussi beaux traits que les hommes. Tout enfants et jeunes filles,

elles ont dans le brillant des yeux et dans la vivacité
sauvage de leurs mouvements quelque chose d'étrange,
d'original, de souple et de gracieux; mais aussitôt
mariées, elles perdent beaucoup de cette ardeur fougueuse, de cette expression brûlante qu'on leur prête de
loin; et, pour la timidité modeste et naïve qui est une
des variétés séduisantes de la beauté de l'Européenne,
les Arabes ne l'ont jamais, — si ce n'est en présence
d'un képi de militaire qu'elles craignent par tradition
et qui leur en impose toujours. La seule beauté remarquable que je leur aie trouvée, c'est dans la démarche.
La femme arabe marche la poitrine en avant et les
reins fortement cambrés, en se déhanchant d'une manière toute particulière qui, avec les grands plis de ses
vêtements paraît très-calme, naturelle et gracieuse. Ce
ne sont pas les mouvements exagérés des danseuses
espagnoles, encore moins des danseuses françaises.....
C'est une démarche naturelle, qui imprime au bas de
leur corps quelque chose de souple et de gracieux,
pour ne pas dire de lascif: tandis que le haut reste fier
et digne.

26 Mai.

Le matin, tandis que j'écris mes notes au jardin,
dans le pavillon du Commandant, ce dernier m'appelle
pour que j'aille voir passer les tribus de Sahariens;
car la permission d'entrer dans le Tell leur est donnée.

Je sors du fort, et en effet je vois l'immense plaine
du Désert sillonnée de lignes serpentantes d'hommes,

de chameaux et de troupeaux, soulevant derrière eux de petits nuages de sable. Au loin, il y en a qui paraissent comme des points noirs et d'autres qui se confondent avec le sol. Plus près, il y a des groupes qui sont tout-à-fait distincts et j'y aperçois les silhouettes des chevaux et des cavaliers, et celles des hommes et des femmes qui vont à pied ; j'y compterais, si je voulais, les chameaux serrés les uns contre les autres et les *attatiches* (*) que quelques-uns portent sur leur dos : ils sont suivis de nombreux troupeaux, et la caravane est fermée par une arrière-garde de mulets chargés des provisions, des tentes et de différentes choses utiles à ces migrations. (N° 30.)

Peu à peu je m'éloigne de Biskra en me rapprochant de ces masses mouvantes et nomades, et j'arrive ainsi jusqu'au bas de l'ancien fort turc. Il est sur un mamelon élevé ; j'y monte et, assis sur un pan de mur écroulé, je continue à regarder défiler solennellement dans le Désert ces tribus errantes, qui, en avançant lentement au pas, franchissent cependant de si grands espaces. Ces nombreux convois d'émigrants se rendent dans les contrées cultivables et toujours vertes du *Tell*, en suivant la route de Batna et en passant à El-Kantara par une étroite crevasse de rocher où — avant l'occupation française — ils étaient souvent attaqués et rançonnés par les Arabes de la montagne. Aujourd'hui, ils achèvent leur long voyage sans crainte et sans danger,

(*) Grandes et doubles corbeilles garnies de tapis, de coussins, et surmontées de rideaux en forme de dôme, qui servent à transporter les femmes riches et les enfants.

et respectent eux-mêmes les petits villages qu'ils traversent.

A présent que nous avons aperçu, sinon parcouru, l'Afrique française dans toute sa largeur, c'est le moment de vous parler de la manière dont ses diverses régions sont scindées, nommées et définies.

Supposez un triangle très-obtus avec le sommet aplati, placé debout du Nord au Sud, c'est-à-dire de la Méditerranée au Désert. Du côté du Nord, à la base, le pays qui s'étend sur le bord de la mer se nomme le *Sahel*; le sommet aplati forme les *Hauts-Plateaux*, la pente opposée, appelé *Dakhla*, est un terrain sablonneux, caillouteux, raviné par les pluies, qui descend jusqu'au Désert; et l'ensemble des contrées cultivées ou toujours cultivables qui s'étendent de la mer jusqu'au *Sahara* est ce que l'on nomme le *Tell*. Le Sahara se divise lui-même en *Fiafi*, parties toujours habitées, grâce aux sources qui vivifient les oasis; en *Kifar*, parties rendues seulement humides par les pluies d'hiver et habitables; et en *Fala*, ou régions arides et inhabitables, formant le Grand Désert, la mer de sable.

Cette grande ondulation du sol de l'Algérie fait que Constantine, qui est situé au commencement des Hauts-Plateaux, est à 600 mètres au-dessus de la mer; Batna, qui est plus élevé, à 1200 mètres; El-Kantara, sur la descente au Désert, à 500; Outaïa à 230, et Biskra à 100 : puis, le Sahara est en certains endroits au-dessous du niveau de la mer, et c'est pour cela que les terrains salpêtrés et humides du Désert, en même temps que l'eau que l'on trouve partout dans le *Souf* à une très-petite profondeur font croire qu'une mer submergeait autrefois le sol et est aujourd'hui souterraine.

L'éthymologie que l'on donne aux noms du Tell et du Sahara est très-ingénieuse sinon vraie, la voici : Le mot *tali* chez les Arabes signifie *dernier*; et ils nomment *seheur* la clarté douteuse qui précède le lever du soleil. Cette espèce de crépuscule est plutôt appréciable dans la plaine unie et sur l'horizon plat du Désert que derrière les hautes montagnes du Tell, qui est en outre un pays inégal et accidenté; et de là le nom de Sahara, Sahariens de *seheur*; et celui de Tell, de *tali*, dernier à apercevoir le soleil.

L'on voit, d'après ce que nous avons expliqué plus haut, que ce Sahara ou Désert n'est pas aussi désert que son nom l'indique; car, — outre les endroits temporairement habités — les oasis, qui sont éloignées les unes des autres mais nombreuses à l'infini, sont continuellement peuplées. Leur population se compose de deux races d'Arabes différentes et distinctes : les cultivateurs et les nomades. Les premiers sont sédentaires, fixés et établis dans les oasis où ils sont chargés de la culture et de la récolte des palmiers; les seconds sont pasteurs, oisifs et guerriers; ils viennent primitivement du littoral, et sont par droit de conquête propriétaires d'une partie du sol; mais soit qu'ils aient conservé l'indolence de la plaine unie à l'orgueil des conquérants, ils se croient trop grands seigneurs pour travailler la terre; et ils abandonnent la culture de leurs palmiers aux anciens habitants des oasis qui leur en donnent le revenu...

En revanche, ils émigrent au commencement de chaque été dans le Tell avec tous les troupeaux du Ksour, emportant des cargaisons de dattes, des plumes d'autruche et les fins tissus fabriqués au Désert, qu'ils échangent contre du blé qu'ils rapportent pour la nourriture des premiers ; car, les dattes sont trop échauffantes et ne peuvent pas remplacer entièrement le grain qui leur manque. De cette manière ces deux types d'Arabes, différents de mœurs et de caractère, vivent ensemble en bonne intelligence. Seulement, tandis que les uns sont simples, laborieux et attachés au sol et à la culture qu'ils perfectionnent, les autres sont fiers, chevaleresques et rappellent par leurs goûts, leur luxe et leur genre de vie, toutes les allures du moyen-âge. Ils partagent leurs loisirs entre l'amour, les expéditions guerrières et les chasses à cheval contre les autruches ; ou bien, le faucon au poing et entourés de nombreux serviteurs et de grands lévriers, ils poursuivent les gazelles, les antilopes et les lièvres du Désert.

27 et 28 Mai.

Un Saharien est venu trouver le Commandant supérieur pour lui dire qu'il connaît le refuge dans le Désert d'un parti de *Touareg* qui ont déjà dévalisé plusieurs caravanes ; et, si l'on veut donner des ordres aux Arabes de sa tribu, il se fait fort avec eux de surprendre et de détruire les maraudeurs. Le Commandant, sans croire entièrement à ces renseignements souvent exagérés des Indigènes, fait alors partir plutôt un officier qui doit aller jusqu'à Tuggurt pour passer l'inspection des puits artésiens : il m'engage beaucoup à profiter de cette occasion pour faire un voyage aussi intéressant que difficile, et je me dispose à partir.

Nous quittons Biskra, le lieutenant D... et moi, un jeudi, car un proverbe arabe dit : « *Pars toujours un jeudi et en nombreuse compagnie.* » Nous sommes à cheval et accompagnés, en effet, d'un nombreux convoi de chameaux et d'Arabes qui ont eux-mêmes affaire et se rendent dans l'Ouadrir.

Peu à peu, nous perdons la ville de vue, en passant au milieu des manœuvres équestres de quelques pelotons de chasseurs d'Afrique. Ce sont les *zouaves* de la cavalerie ; et montés sur des chevaux arabes ils s'exercent à des charges arabes. Chacun d'eux sort des rangs à son tour, tire son sabre au galop, puis, lançant son cheval à fond de train dans l'immense plaine sablonneuse, il porte des bottes à droite et à gauche ou bien arrête brusquement sa monture à des points indiqués.

Plus tard nous rencontrons une enceinte et de petites constructions en pisé. C'était un abri industrieusement fait par une compagnie de soldats qui a protégé les travaux des puisatiers d'*Oumach* ; et à une petite distance, nous trouvons, en effet, au milieu d'une grande étendue de plantes d'alfa, une source d'eau vive : elle coule jusqu'à la susdite oasis, dont la ligne sombre des palmiers s'aperçoit à l'horizon.

Puis, la verte pelouse formée par les alfas s'interrompt et se perd; et bientôt nous sommes en plein Désert, partout environnés d'une mer de sable dont les vagues ou plutôt les mamelons de la même couleur fauve et uniforme, n'ont de tous côtés pour limites apparentes que le ciel azuré et transparent. Le soir, après avoir avancé longtemps dans cette immensité monotone et imposante, nous traversons une large rivière desséchée, l'*Oued Dieddi*, qui, lorsqu'elle remplit son lit, doit faire un singulier contraste dans ces lieux brûlants et arides. Enfin, nous nous engageons de nouveau dans les sables, en suivant machinalement et sans inquiétude notre guide, notre *Khrébir*, qui reconnaît son chemin, je ne saurais dire à quelles indices, car tout est uniforme, tout se ressemble autour de nous.... Et cependant, il ne se trompe jamais et s'écarte rarement de sa route.

A la nuit, devant nous notre horizon change de couleur, la ligne des sables s'assombrit, verdit; puis, nous distinguons de la végétation, des arbustes et c'est le bois de *Saada*. Quand je dis *le bois* c'est pour parler comme les Arabes, car la plupart des arbres cachent à peine un homme et il n'y a pour essences que des tamarins, des arbustes épineux et des broussailles rabougries de chênes verts. Néanmoins, c'est cette forêt qui alimente Biskra et sa fabrique de salpêtre.

Nous nous arrêtons, l'on décharge les chameaux, l'on dresse les tentes et nous passons la nuit là. Malgré la chaleur lourde et étouffante cet endroit me paraît charmant, car je ne m'attendais pas à trouver un bois et de la verdure dans le Désert. Nos provisions sont encore toutes fraîches et abondantes, dans le calme de la nuit je vois briller les feux que les Arabes ont allumés pour préparer leur repas, et peut-être par impression imprévue et relative, j'oublie que je suis au milieu du Sahara.

29 Mai.

Dans la nuit il s'est élevé un vent très-fort qui agite ou soulève tout ce qui est à la surface du Désert. De longs et épais nuages de sable se traînent sur le sol, la transparence et la couleur du ciel sont effacées, l'horizon voilé n'est plus visible et le jour est morne et triste. Lorsque nous montons à cheval ce vent violent est encore plus incommode, car nous l'avons en face et il nous apporte continuellement du sable dans les yeux et sur les lèvres. Je ne sais si c'est une tempête passagère ou un ouragan dangereux et terrible, mais dans tous les cas le temps et l'aspect sont bien différents de la veille.

Cependant, les chameaux marchent tous le cou tendu en avant, et quelques-uns beuglent de temps à autre; le *Khrébir* a serré sur sa tête le capuchon de son burnous avec une corde, voilé jusqu'aux yeux le bas de sa figure avec son méchant haïk, et, les coins de son burnous relevés sur les bras, il avance à pied en regardant devant lui un endroit plus clair de l'horizon. Il espère probablement nous y faire arriver avant que l'orage ait envahi toute la plaine — car il n'est encore déclaré que d'un côté — et c'est pour cela qu'il a précipité notre départ.

Types curieux que ces chameliers, en certains moments plus durs et énergiques encore que les Arabes ! Paresseux, gourmands et indolents comme eux; dans les moments difficiles ils se réveillent, ne prennent pas le temps de manger ou touchent à peine aux provisions qu'ils portent dans le capuchon de leur burnous, et allant presque toujours à pied, ils ont plus de force, de courage et d'activité que tout le monde. Ils sont aux autres Indigènes ce que les marins sont aux autres hommes : insouciants, fous, riboteurs à l'excès au port, et courageux et calmes en mer ou devant le danger. En effet, le *Khrébir* est non seulement le pilote, mais c'est l'homme de ressource. Habitué à traverser le Désert, lui seul peut en sonder les profondeurs, lui seul sait se retrouver dans cet océan de sables d'après mille repères invisibles ou inappréciables aux autres; il connaît toutes les sources, toutes les précautions à prendre pour éviter le mal, les remèdes pour guérir de la morsure des vipères : et s'il y a danger, il se multiplie, il encourage, il stimule la marche des hommes et des montures, fait ménager les provisions; enfin, c'est l'âme de la caravane.

Comme pour augmenter encore l'aspect effrayant de cette triste journée, nous passons à côté d'une oasis abandonnée. Là, des masses de sable, apportées continuellement par les vents du Sud, ont peu à peu envahi et recouvert les murs de terre et de branches d'arbres que les habitants avaient élevés pour leur opposer une digue, et les palmiers morts et encore debout sont ensablés à une très-grande hauteur. Les troncs de quelques-uns portent encore des touffes de palmes jaunies qui, battues et soulevées par l'ouragan terrible, se détachent en noir sur le ciel blafard et ressemblent à des têtes de furies échevelées. Dans certaines localités, plusieurs oasis désavantageusement situées, ont besoin d'un travail incessant et très-pénible pour se défendre de l'envahissement des sables ; et tôt ou tard elles seront ensevelies...

Mais laissons — puisque nous ne pouvons l'empêcher — les éléments bouleversés passer leur colère sur nous en nous envoyant une pluie sèche et brûlante de poussière, et, après nous être entretenus du chamelier qui est le pilote dans cet océan sablonneux, entretenons-nous des chameaux qui en sont les navires.

D'abord, le chameau d'Afrique n'est pas un chameau c'est un dromadaire... Ce qui forme non pas deux espèces mais deux races distinctes, dont la principale différence est que le premier a deux bosses sur le dos et le second n'en a qu'une. (Mais, bien que j'explique cela, je continuerai à l'appeler de même, car, à moins d'être un écrivain spécial ou compétent, l'on ne peut pas impunément contredire des usages consacrés, tels erronés qu'ils soient.)

Les chameaux sont originaires du Turquestan en Asie, et les dromadaires se trouvent en Asie et dans toute la partie septentrionale de l'Afrique : ils sont plus grands, plus forts et beaucoup plus robustes que les premiers, car ils portent quelquefois jusqu'à six cents kilos. C'est pour cela qu'on les appelle ici des *navires de terre*.

Ce sont de tous les animaux les plus propres à supporter les rudes fatigues au milieu des sables arides et brûlants des déserts; les seuls, pour ainsi dire, qui puissent subsister et lutter contre l'horrible tourment de la faim et de la soif: en effet, ils peuvent rester quelquefois neuf jours et même davantage sans boire, en faisant cependant chaque jour vingt ou trente lieues. Si par hasard aussi il se rencontre une mare à quelque distance de la route, ils sentent l'eau de plus d'une demi-lieue; la soif qui les presse leur fait doubler le pas, et ils boivent en une seule fois pour tout le temps passé et pour autant de temps à venir ; car souvent leurs voyages durent plusieurs semaines et on ne leur donne pour nourriture, chaque jour, qu'un peu de pâte de farine d'orge ou de fèves et on ne les laisse reposer qu'une heure.

Cette facilité qu'ont les chameaux de s'abstenir de boire aussi longtemps est un effet de leur conformation: ils ont, indépendamment des quatre estomacs qui se trouvent dans les animaux ruminants, une cinquième poche qui leur sert de réservoir pour conserver de l'eau. Ce cinquième estomac est assez vaste pour contenir une grande quantité de liquide, qui peut y séjourner sans se corrompre et sans que les autres aliments s'y mêlent. Lorsque l'animal est pressé par la soif, ou qu'il a besoin de délayer les nourritures sèches et de les macérer par la rumination, il fait remonter dans sa panse une partie de l'eau par une simple contraction des muscles : et c'est à l'aide de cette conformation particulière qu'il fait sa provision, qu'il boit si longuement lorsqu'il boit et qu'il peut s'en passer aussi longtemps après.

Le chameau a en partage la force, la vitesse, la patience, la douceur et la sobriété. On le dresse dès son enfance à se baisser et à s'accroupir lorsqu'on veut le charger : pour l'y former, dès qu'il est né on lui plie les quatre jambes sous le ventre, et on le couvre d'un tapis sur les bords duquel on met des pierres afin qu'il ne puisse pas se relever. Comme il est très-haut, on l'accoutume à se mettre dans cette posture dès qu'on lui touche les genoux avec une baguette, afin de pouvoir le charger plus aisément. A un âge plus avancé, au lieu de le laisser paître à volonté et boire à sa soif, on éloigne peu à peu et à de longs intervalles l'heure de ses repas en diminuant aussi la quantité de nourriture : et lorsqu'il est un peu fort, on l'exerce à la course en l'excitant par l'exemple des autres. On n'étrille pas les chameaux ; on les frappe seulement avec une petite baguette pour faire tomber la poussière qui est sur leur corps. Et pour les faire avancer il suffit de siffler ou de chanter : c'est un moyen de charmer leur ennui, et lorsqu'ils font un long et pénible voyage on leur attache des sonnettes au cou et aux genoux ou bien l'on bat des timbales.

On ne fait pas porter de fardeaux à ces animaux avant qu'ils aient trois ou quatre ans, et il ne faut pas les surcharger car alors ils se rebutent et se relèvent à l'instant.

Et, si on les force, ils jettent des cris lamentables et deviennent méchants et dangereux ; alors s'ils peuvent atteindre leur maître ils l'enlèvent avec les dents, le laissent retomber à terre et le foulent aux pieds jusqu'à ce qu'il soit écrasé. La même chose arrive quelquefois si on les fait travailler dans le moment du rut ; pendant lequel temps leur bosse s'affaisse, ils mugissent, n'ont plus d'appétit, maigrissent et perdent leur poil que l'on recueille alors avec soin pour faire les tentes et les tellis en le tissant avec de la laine. Le temps du rut passé, ils reprennent leur première douceur ; aussi les Arabes du Sahara regardent le chameau comme un présent du ciel, un animal sacré, sans le secours duquel ils ne pourraient ni subsister, ni commercer, ni voyager. Cependant cela n'empêche pas qu'ils le réduisent à la plus dure servitude ; car *on prétend* que leur bosse, qui se transmet par la génération, n'a eu d'autre origine que la compression des fardeaux qui, portant inégalement sur certains endroits du dos, auront fait élever la chair et boursouffler la graisse et la peau.

30 et 31 Mai.

Cependant la tempête de la veille s'est calmée dans la nuit, et autant tout était bouleversé et tumultueux, autant tout est calme et tranquille.

Bien que fatigué, je n'ai pu dormir et j'assiste debout au réveil du jour. Devant nous, le Désert, encore dans une obscurité indécise, se présente comme une immense ligne d'un noir violet. Derrière l'horizon paraît une clarté jaune se dégradant en nuances bleues et vertes; au-dessus est une autre clarté, jaune rose et rose vif, s'élargissant en une bande plus longue rose foncé et pourpre, qui se fond elle-même, par des demi-teintes violacées, avec l'immense azur plus foncé, de couleur bleu cendré et parsemé de quelques traînées de nuées rougeâtres.

Bientôt après, le sommet de la voûte céleste paraît plus clair, plus diaphane et transparent; près de l'horizon le bleu est plus foncé, comme faisant encore opposition aux clartés lumineuses; toutes les bandes violettes, roses, orangées et verdâtres deviennent d'un même jaune brillant; le soleil monte derrière la ligne du Désert qui paraît un instant plus noire, puis il surgit un globe blanc, éblouissant, qu'on ne peut plus regarder, et tout est inondé de lumière et bientôt de chaleur. Dans ces régions il n'y a ni aube ni crépuscule.

Nous prenons un frugal repas, préparé sur un feu de fientes de chameaux, car nous n'avons plus de bois et il n'y en a pas une brindille autour de nous. Je suis fatigué par le temps de la veille ou par le voyage et je n'ai pas appétit: je suis altéré et je trouve que le café m'altère davantage; je voudrais boire et je ne le puis pas, d'abord parce que nous avons peu d'eau et ensuite parce qu'elle est chaude, et que je sais très-bien que plus je boirais plus j'aurais soif. L'on me donne du lait de chameau, il est assez bon mais trop épais; je le mêle avec de l'eau, mais l'eau et le lait sont chauds et cela ne me convient pas davantage...

Cependant, nous continuons notre route, et avec l'extrême chaleur qu'il fait je n'ai pas de bonne place. Je prends et ouvre ma grande ombrelle de dessinateur pour avoir de l'ombre; mais en même temps qu'elle me garantit mal du soleil elle me garantit du peu d'air que produit le mouvement de notre marche, et j'étouffe en respirant sous son abri une atmosphère plus lourde et plus chaude encore. Il me semble que je suis mal à cheval, et, en voyant les Arabes tranquillement assis sur leurs chameaux, je veux partager leur monture.... Mais, après avoir été quelque temps sur l'un de ces pittoresques coursiers — dont le trot surtout est plus dur et saccadé que le cahotage d'une charrette au galop, — je demande à descendre et je suis heureux de retrouver mon cheval...

Toutes ces fantaisies de la fatigue je me les passe grâce à l'intervention du lieutenant, mon compagnon de voyage, qui est un homme d'un caractère à la fois sérieux et farceur, et d'un tempérament sec, aguerri et habitué au pays. Il fume presque continuellement dans sa longue pipe en racine de caroubier — qu'il fourre éteinte dans ses longues bottes de cavalier en manière d'étui — et, lorsque je me plains de la fatigue ou de la chaleur, il se contente de rire bruyamment en continuant de fumer et il me dit: « Ah, ah! le Sahara n'est pas la France!... » Ce qui n'empêche pas qu'il soit très-positif et obligeant pour les renseignements qu'il me donne et pour tous les services qu'il peut me rendre.

Cependant, plus tard, tandis que je chemine silencieusement en me joignant avec mon cheval contre les chameaux, dans le fol espoir que leur hauteur, augmentée encore par leur chargement, me donnera un peu d'ombre, le lieutenant m'appelle et m'annonce une ville et de l'eau... Je m'écarte aussitôt, et en effet j'aperçois, un peu avant l'horizon, des silhouettes d'arbres et de maisons en arrière d'un grand lac!....... Cette vue me ravive et me donne de la force, je vois briller l'eau du lac, il me semble déjà sentir de la fraîcheur et j'ai hâte d'arriver! Mais, à mesure que nous avançons, il me semble que la ville s'éloigne, puis elle s'efface devant nous et je la vois reparaître plus loin, le haut des maisons en bas et leur base en haut... Oh! décevante illusion! c'était un *mirage*... Et, lorsque nous arrivons au premier endroit où nous l'avons aperçu, je ne trouve que du sable brillant et le lit d'une rivière complètement à sec...

Alors, malgré le rire joyeux de mon compagnon de voyage, je retombe dans l'abattement de ma première lassitude ; et cela dure pendant deux jours, car la chaleur au lieu de diminuer devient de plus en plus forte. En effet, plus à l'Ouest dans le Sahara il y a des hauteurs et des montagnes — *Djebel Amour, Djebel Ziana et Djebel El-Dour* — où la température est fraîche à cause de l'élévation ; mais ici le Désert est partout bas et partout plat et brûlant.

1er Juin.

Cependant, nous avons atteint *Oum-el-Tiour*, qui est une étape habitée où nous avons trouvé de l'eau, du bois et quelques provisions fraîches : il en était temps, car notre pain, desséché par le vent chaud et le soleil, est réduit à l'état de biscuit ou de caillou et le café a peine à le détremper.

Ici nous passons des Zibans dans l'Ouadrir (ou mieux l'*Oued-Righ* c'est-à-dire la *rivière souterraine*,) et, bien que ce soit toujours le Désert, la physionomie des lieux change. Les sources et les oasis sont plus rapprochées les unes des autres, et nous rencontrons de grands marais, pleins d'eau salée en hiver, à sec en été pendant quel temps ils conservent à leur surface un dépôt blanchâtre de sel où il y a en certains endroits de la vase et des fondrières. Ces marais plus ou moins desséchés s'appellent *Bakhbakha* ou des *Chott* : ce sont des terrains salpêtrés, mêlés de détritus végétaux et peut-être d'un peu de marne glaiseuse.

Quelquefois, en passant forcément trop près de ces terrains humides et glissants, on est obligé d'étendre des nattes ou des tellis pour faire avancer les chameaux ; parce que leurs pieds, qui sont plats et larges, charnus en dessous et revêtus d'une peau molle et peu calleuse, glissent à chaque pas, ce qui les effraye et les rebute.

C'est dans l'Ouadrir et les Zibans que l'on fait des puits artésiens qui sont si utiles à ces contrées brûlantes. Ils ont été commencés, sous le commandement du général Desvaux et du colonel Séroka, depuis dix ans à peine, et ils ont déjà rendu d'immenses services dans ces pays de sable où l'eau est ce qu'il y a de plus rare et de plus précieux : car, partout où il y a de l'eau il y a de la végétation et des récoltes, et partout où il en manque il n'y a que la stérilité et le Désert aride. En certains endroits ils ont non-seulement apporté l'abondance, mais ramené la vie ou empêché la mort ; car dans l'oasis de *Sidi-Amran* où je vois fonctionner le premier de ces puits artésiens, les palmiers manquant d'eau étaient déjà tout jaunes, desséchés et à moitié abandonnés, lorsque le puits artésien, qui les a en quelque sorte ressuscités, est venu déverser à leurs pieds 4700 litres d'eau par minute !... Celui de l'oasis de *Temerna-Djdidda* (où nous arrivons le soir) est aussi abondant, et celui de *Djema* donne 4500 litres. On trouve partout l'eau à 55 ou 60 mètres de profondeur et c'est ce qui fait croire qu'il y a une rivière souterraine. Il se rencontre aussi des trous naturels de 40 mètres de diamètre — que les Arabes nomment *Bahr* ; — ils ont le fond rempli d'eau, et une idée du lieutenant (que je dévoile parce qu'il a dû déjà en faire un rapport,) c'est que si l'on donnait plusieurs coups de sonde dans ces trous, la rivière souterraine ferait peut-être éruption et arriverait à la surface du sol.

L'administration militaire fait faire ces puits artésiens partout où le besoin et les populations du Sahara le demandent ; et les Arabes en payent la dépense avec bonheur, attendu que les puits qu'ils faisaient eux-mêmes auparavant pour l'irrigation de leurs oasis n'avaient que peu d'eau et s'ensablaient bien vite. Ils les creusaient péniblement ainsi : lorsqu'ils étaient descendus à une certaine profondeur, et que l'eau arrivait dans le trou mais non encore à la surface du sol, des plongeurs remplissaient au fond de l'eau des couffins de déblais et l'on retirait à chaque instant avec une corde les déblais et le plongeur qui continuait ce travail aussi longtemps qu'il le pouvait. Mais, avec les éboulements du sable ces puits avaient peu de durée, et il leur en fallait un très-grand nombre car ils étaient peu abondants.

2 Juin.

Temerna-Djdidda — où nous avons passé la nuit — est une oasis ressemblant à toutes les autres; c'est-à-dire maisons de boue entourant un minaret en terre, et petits champs de blé entourés de palmiers et arrosés par des *séguia*. L'on y arrive ou l'on en part en contournant plusieurs grandes *chott*, et ce que je lui trouve de mieux c'est d'être la dernière étape avant Tuggurt le terme de notre voyage...

Après avoir quitté cette fraîche oasis nous nous engageons de nouveau dans la plaine sablonneuse, et le Désert reparaît avec son aridité et son éblouissante chaleur. Il n'y a pour végétation que des absinthes et quelques touffes d'une petite herbe grise qui est la ressource des chameaux. Nous trouvons toujours des chott, entremêlées de collines et de mamelons de sable uni, de diverses grandeurs, formés, déformés ou déplacés par les vents. Au loin, sur l'un de ces mamelons il me semble apercevoir des êtres vivants et un rassemblement de masses remuantes: je ne me fie plus au lieutenant, j'examine moi-même avec ma longue vue et je reconnais que ce sont des autruches. (N° 43.)

Elles cherchent là je ne sais quelle pâture et, bien qu'elles soient très-éloignées, dès qu'elles nous aperçoivent elles fuient en étendant leurs petites ailes qui leur servent moins pour voler que pour aider à leur course. Cette troupe d'autruches, fuyant avec leurs longs cous élevés et surmontés d'une toute petite tête, avec leurs corps plus gros supportés sur de hautes jambes et soulevant derrière elles un nuage de poussière, me fait absolument l'effet d'un escadron de cavalerie. Leur course est très-rapide et elles sont bientôt hors de vue. Mais je vais vous rappeler le genre de vie de ces oiseaux sauvages pendant que nous traversons les monotones régions qu'elles habitent.

L'Afrique est la vraie patrie de l'autruche. Cette dernière est haute de plus de huit pieds et forme une espèce à part : elle paraît tenir le milieu entre les quadrupèdes et les oiseaux, car en même temps qu'elle a la forme de ces derniers elle a dans son organisation des conformités avec les premiers. Elle a la tête et le cou garnis de poils, des callosités aux jambes et sous le corps comme les chameaux, et des ailes comme les volatiles : mais ces dernières ne peuvent lui servir pour voler parce qu'elles ne sont pas construites comme celles des oiseaux, dont les plumes, serrées et appuyées les unes sur les autres, forment un corps continu capable de frapper l'air. Les plumes de l'autruche, dont les tuyaux ont peu de force, sont flottantes et flexibles et ne se tiennent pas unies les unes contre les autres. Ensuite, si elle était classée avec les oiseaux — dont elle serait le plus grand, — elle devrait produire très-peu suivant l'ordre observé dans la nature qui a voulu que les animaux se reproduisent d'autant moins qu'ils sont plus grands — tels le condor, l'aigle, le lion, l'éléphant, la girafe, etc. ; — tandis que, considérée comme animal terrestre, elle devient proportionnellement petite et alors, il n'est plus étonnant qu'elle fasse plusieurs pontes par an de douze à quinze œufs.

Ces pontes commencent au mois de Juin ou de Juillet. Les autruches déposent leurs œufs, qui sont très-gros, très-durs et ovales, sur un tas de sable et elles les couvent pendant la nuit ; le jour elles les laissent exposés à la chaleur du soleil, mais si elles s'en éloignent elles ne les abandonnent jamais comme on l'a prétendu. Leurs petits marchent au sortir de l'œuf, et le père et la mère les accompagnent et leur aident à trouver leur nourriture. Mais, si on veut les leur enlever, ils n'osent ni les défendre ni attaquer le ravisseur, bien que ces oiseaux puissent d'un coup de pied renverser un homme.

Leurs pieds ne sont composés que de deux doigts en avant, garnis d'un ongle noirâtre et unis jusqu'à la première articulation par une forte membrane. Leur tête est petite, plate ; le bec noir à l'extrémité est court, mais large à sa naissance ce qui lui permet de s'ouvrir beaucoup plus qu'il n'en a l'air ; les yeux, grands et excellents, ont des cils comme ceux des bipèdes et deux paupières dont celle de dessous est seule mobile et se relève contre l'autre ; le cou très-long n'est garni que d'une espèce de poil ou duvet clair-semé, et sa base ainsi que le dos, le croupion, la poitrine et le ventre sont couverts de plumes noires chez le mâle et seulement brunes ou grises chez la femelle. Les grandes pennes des ailes sont très-blanches et les moyennes noires. La queue est serrée, ronde, composée de plumes qui sont, cette fois, blanches chez le mâle et brunes chez la femelle : ce sont les plus recherchées et les plus belles, surtout celles du mâle ou *délim* parce qu'elles sont mieux fournies et plus larges. Le reste du corps est nu et la peau en est d'un blanc rose, de même que celle des jambes qui sont — comme on le sait — très-hautes.

L'autruche a — comme le dit le proverbe — un estomac extraordinaire, car elle avale avec voracité tout ce qu'elle trouve, jusqu'à des cailloux. Mais cela a sa raison d'être; car les animaux qui prennent une nourriture dure sans mâcher, — comme sont les oiseaux qui vivent de grains, — ont besoin d'avaler des cailloux, qui par leurs frottements broient dans leur gésier musculeux ce que les autres broient avec les dents : aussi l'autruche a-t-elle un ventricule fortifié en dehors par des muscles très-puissants, dont quelques-uns sont épais de trois pouces.

L'on chasse ces animaux de plusieurs manières : à l'affut ou bien à courre; et c'est alors que les Sahariens nomades font ces chasses seigneuriales dont j'ai parlé plus haut. Montés sur leurs chevaux barbes, les premiers du monde pour le fond et la vigueur; entourés de lévriers et de nombreux serviteurs pour conduire et disposer les relais; ils poursuivent les autruches à la course. Celles-ci, qui sont ordinairement en troupe, fuient dans tous les sens et gagnent d'abord de l'avance sur les chasseurs ; mais comme elles craignent beaucoup la grande chaleur— bien qu'habitantes du Désert, — leurs forces s'épuisent à la fin, et en ce moment, on lâche les lévriers qui les devancent, les effrayent, et souvent elles s'étourdissent et reviennent sur leurs pas en faisant de brusques détours. C'est alors que la chasse devient une lutte d'adresse plutôt que de vitesse, dans laquelle les Sahariens seuls excellent; car il faut les jambes nerveuses et toute la vivacité des chevaux barbes, de même que toute la solidité des cavaliers arabes pour atteindre les autruches dans leurs tours et détours continuels.

Quelquefois on les prend toutes vivantes, et si on les tue c'est à coups de bâton car si l'on employait un autre moyen le sang coulerait et gâterait les plumes. On les frappe sur la tête, et comme elles ont le crane très-mince et fragile le moindre coup peut le briser et les faire périr : c'est pour cela que lorsqu'elles se voient prises, elles se cachent la tête sous les ailes, sentant bien que c'est leur partie la plus faible. La chair de l'autruche est lourde et peu délicate, mais ses œufs sont aussi bons que ceux de la poule et un seul peut faire une omelette pour quinze personnes.

Enfin, sans être portés par une rapide autruche, nous arrivons néanmoins à Tuggurt. Mais, quelle triste ville ! Quelle décevante *terre promise !*... Ecoutez plutôt le résumé de mes observations.

Tuggurt abrite à peu près deux mille habitants, tous

indigènes, dans des maisons faites mi-partie de pierres et de boue ; elles sont petites, irrégulières, plus malpropres encore en dedans qu'en dehors, et l'on m'a dit qu'il y en avait trois cents. Du reste, je n'ai pas eu le courage de les compter, ni même de circuler dans toutes les rues qui se ressemblent la plupart : ce sont des couloirs brûlants, bien que tortueux et étroits, quelquefois coupés par des voûtes, et toujours formés par des masures ou des murs en terre au-dessus desquels se balancent les têtes de quelques palmiers qui ne donnent même pas d'ombre, car leur ombre bouge sans cesse. Le seul et unique magasin est un débit de liquides tenu par un Européen, qui s'obstine à rester là après le départ de la garnison française et je ne sais pas par quelle raison, car les turcos, qui gardent à notre place la ville pendant les grandes chaleurs, sont tous enfants de Mahomet et ne doivent pas faire de bien fréquentes libations.

À l'extérieur, la ville est entourée d'un fossé marécageux et fétide, qui a été creusé moins, je crois, pour la fortifier que pour prendre la terre qui a servi à faire son mur d'enceinte et ses maisons. En face des portes il n'y a pas de ponts, mais le fossé n'est plus creusé afin de laisser un passage. Ces portes sont un grand amas de moellons de terre plutôt qu'une construction ; lequel amas est creusé intérieurement pour former un porche ou un corps de garde, est percé d'une porte carrée plus ou moins haute, quelquefois flanqué d'une tour écrasée, et presque toujours surmonté, couronné au milieu et aux angles de créneaux ou de petites pyramides pointues et dentelées.

L'oasis de Tuggurt se compose de quatre villes qui sont rapprochées les unes des autres : *Tuggurt*, qui a trois cents maisons, *Nezla*, qui en a quatre cents, *Zaonïa* et *Debesbert* autant, plus quatre petits villages. Tout cela est habité par dix mille Arabes et arrosé par quatre cents puits, faits par eux : mais l'eau est partout saumâtre et mauvaise, toutes ces villes sont malpropres et couleur de boue, les aigrettes des palmiers brûlées, jaunes et flétries par l'ardeur du soleil, et comment dix mille hommes ont-ils pu se réunir là ?... Il faut qu'ils y soient nés et ne connaissent rien autre.

3 et 4 Juin.

Le lieutenant, qui va dans le Souf pour savoir ce qu'il en est du rassemblement de *Touareg* qui infeste le pays, me propose de l'accompagner ; il me promet de bonne eau à boire et la vue des palmiers qui produisent les meilleures dattes du monde, seulement en cette saison elles sont encore petites et vertes. J'accepte, car je ne veux pas rester seul à Tuggurt qui m'offre trop peu d'attrait...

Nous nous engageons encore dans le Désert, et je ne veux pas vous en faire une nouvelle description, mais je vais vous indiquer le singulier aspect des oasis du Souf. Ici la rivière souterraine est à une si petite profondeur, que les Arabes ont fait de nombreux puits balanciers d'où ils peuvent retirer l'eau à plein seau, et ils la versent dans des *séguia* ou rigoles qui la conduisent aux pieds de leurs palmiers. Ces puits sont simplement des trous, et les balanciers deux petits troncs de palmier fichés en terre et en supportant un plus long qui fait bascule. Du petit bout qui s'élève en l'air pend une corde soutenant une outre, qui, en guise de seau sert à puiser les arrosages journaliers : seulement ici, comme l'intérieur du terrain est plus humide, les palmiers ne s'arrosent que l'orsqu'ils sont jeunes. Tous ces troncs d'arbres, s'élevant obliquement ou en croix sur le sol plat et se détachant avec les cordes qui en retombent en vigueur sur le ciel uni, font exactement, de loin, l'effet de mâts de vaisseaux avec leurs vergues, et il semble que l'on approche d'une flotte en mer ou d'un port.

Cependant *El-Oued*, qui est la capitale de l'oasis, est loin d'être une ville maritime... Elle ressemble beaucoup à Tuggurt, à l'exception que l'eau y est potable et que les Arabes y portent une plus grosse masse de plumes d'autruche sur leurs larges et longs chapeaux de palmier. Du reste, elle est aussi entourée d'oasis rapprochées qui contiennent douze mille habitants ; ce sont : *Guemar, Tharzout, Kouinin, Bilnina, Zgoum, Dbila et Aïdi-Aoum*.

Nous trouvons à El-Oued deux *Touareg*, qui ont été surpris par les Arabes et qui ont dévoilé la retraite de leurs compagnons de pillage. A cette occasion, je vous dirai ce qu'ils m'apprennent sur leur genre de vie, ou plutôt ce que le lieutenant a la complaisance de me traduire.

Les *Touareg* (au singulier le *Targui*) habitent les profondeurs inconnues du Désert et seront peut-être plus tard les convoyeurs de notre commerce avec le Soudan : en attendant, ils dévalisent les caravanes pour lesquelles ils sont de dangereux ennemis. Montés sur de petits dromadaires, appelés *Mahara*, très-élevés, plus légers que les autres et qui font jusqu'à soixante lieues par jour, ils fondent sur les voyageurs qu'ils sont continuellement occupés à surprendre en se couchant et se cachant dans le sable avec leurs terribles coursiers. Lorsqu'ils ne vivent pas de rapine ou de la chair de leurs moutons, (qui ont le poil très-court et une queue très-large,) ils mangent la graine d'une petite plante du Désert mêlée avec un peu d'orge ; et au besoin ils se passent de manger et de boire plusieurs jours sans que leur force ou leur énergie en soient sensiblement amoindries. Le petit nombre d'entre eux qui sont venus sur le littoral, et n'ont presque rien voulu dire de leur pays, ont cependant fait pressentir qu'ils avaient des plaines fertiles et de beaux pâturages car, en visitant le Tell, ils n'ont été étonnés que de la hauteur des montagnes.

Le nom de *Touareg* signifie *voilés*, et en effet, leur figure est voilée par une espèce de haïk noir qui ne laisse à découvert que leurs yeux ; avec cela ils portent un turban dont la calotte est très-élevée et une grande robe turque par dessus un pantalon et par dessous une ceinture de laine. Les hommes n'ont ordinairement aucune chaussure « parce que, disent-ils orgueilleusement, ils ne vont jamais à pied. » Ils sont grands, nerveux, bien faits, et ont la peau blanche et les mains remarquablement petites. Leurs armes — à l'exception d'un poignard, qui ne les quitte jamais et est attaché à leur poignet — sont pendues à la selle de leur *mahara* ; elles se composent d'un long sabre à deux tranchants, d'un bouclier en peau d'éléphant, d'un arc en roseau, d'un carquois en cuir avec couvercle, et d'une lance dont la pointe recourbée est empoisonnée ainsi que celles de leurs flèches. Cette dernière circonstance fait que je ne crois pas à leur réputation, qui les dit plus humains que les Arabes parce qu'ils ne coupent pas la tête de leur ennemi l'orsqu'il est blessé. Du reste, ils sont ignorants, voleurs, audacieux et intrépides comme des écumeurs de sables.

Les femmes, vêtues d'un pantalon noir, d'une large robe et d'une pièce d'étoffe enroulée sur la tête, ont le teint blanc et sont très-jolies. Mais une particularité qui mérite d'être connue, c'est que jeunes filles, elles vont toutes nues ; mariées elles sont vêtues, et les hommes sont voilés... La raison qu'ils allèguent pour cela me paraît assez judicieuse : « c'est, disent-ils, que la femme doit être connue de celui qui veut l'épouser ; une fois mariée elle n'a plus besoin d'être vue de tout le monde ; et l'homme qui passe sa vie embusqué dans les sables doit être caché à son ennemi. » (N° 44.)

Bien que les *Touareg* aient la même religion que les Arabes, ils en diffèrent pour bien des choses : d'abord, ils les méprisent et les détestent, ensuite ils ne s'allient qu'entre eux, n'épousent *qu'une seule femme*, ne jeûnent jamais *volontairement*, ne font pas d'ablutions, en un mot ils ne suivent pas les lois du Koran ; moins encore que les Kabyles auxquels ils ressemblent sous plusieurs rapports : par le teint, par l'énergie du caractère et par le langage. En effet, les *Touareg*, les *Kabyles* et les *Chaouia* qui habitent (ces derniers) les montagnes entre El-Kantara et Batna, ne parlent pas arabe mais parlent le *berbère*, idiome des premiers habitants de la Barbarie ; et tout donne à croire que ce sont les anciens éléments de la race primitive de l'Afrique septentrionale, ou plutôt des Vandales, ses premiers dominateurs après les Romains, qui ont été refoulés, les uns dans les hautes montagnes inaccessibles, les autres dans les profondeurs du Désert lors de l'invasion des Arabes. — L'on sait que ces mêmes Arabes d'Afrique envahirent aussi l'Espagne, où ils furent appelés par le comte Julien pour venger l'outrage fait à sa fille par le roi Visigoth Rodéric ; mais plus tard, lorsqu'ils furent chassés à leur tour par Ferdinand, roi d'Aragon, et repassèrent en Afrique, ils y rapportèrent leur caractère insouciant, fier et paresseux avec leur fanatisme de Mahométan.

Pour le retour, je vais vous faire franchir les quatre-vingts grandes lieues qui séparent le Souf de Biskra en vous y transportant de suite (comme j'aurais bien voulu y arriver moi-même), sans retraverser les longueurs monotones, les fatigues et des péripéties à peu près pareilles à celles de l'aller. Je retrouve avec bonheur Biskra qui est pourtant brûlant et à l'entrée du Désert, et les personnes françaises et amies que j'y ai laissées.

CULTURE DES PALMIERS. — DÉPART DU DÉSERT ET ARRIVÉE A EL-KANTARA.

14 Juin.

Après m'être reposé de la fatigue de mon voyage au Désert, je me décide à quitter mon aimable hôte, le commandant Forgemol. Cette fois je prends la voiture publique qui va de Biskra à Constantine, du moins pendant l'été alors que les chemins sont secs et possibles.

Avant de partir, je vais encore visiter la pépinière de *Beni-Mora* qui est à une petite distance de la ville, afin de connaître l'horticulture de ces régions. L'établissement est dirigé par un Français qui ne fait travailler que de jeunes Arabes que l'on rend ainsi jardiniers et laborieux; et c'est un essai d'hommes en même temps que de végétaux. La pépinière, isolée dans la plaine sablonneuse, est assez vaste et bien tenue. Là se fait la culture de tous les arbres, plantes et fleurs du pays, et des essais de plantes et d'arbres exotiques. Le Directeur me montre *l'arbre savon*, portant de petites graines grosses comme des cerises, qui moussent en les frottant dans l'eau; le *jujubier*, arbre à épines, à feuilles luisantes et à fleurs roses; le *pistachier*, qui forme un vaste parasol de cinquante à soixante pieds de diamètre; le *podo-corpus de la Nouvelle-Zélande*; le *goyavier de la Martinique*, à fruits de la forme de petites poires; le *gommier du Sénégal*, qui ne vient que dans une chaleur humide; le *figuier du Brésil*, ayant de toutes petites figues et des feuilles semblables à l'oranger ; le *bananier* qui est une vaste plante herbacée plutôt qu'un arbre, car elle n'a ni bois ni branches et forme la transition entre les deux manières d'être des végétaux; enfin le *cassia*, plante à fleurs d'un bleu violet; le *poinciana* portant des régimes à fleurs jaune clair avec les étamines et le pistil rouges ; le *nopal* ou cactus à cochenille ; et l'*aloès* à larges feuilles pointues et piquantes. A l'âge de cinq ou six ans, il s'élève en peu de jours du centre de l'aloès une tige verte de plus de vingt pieds de haut, qui se termine par de petites branches chargées d'une infinité de fleurs dont l'ensemble forme un lustre pyramidal. La plante meurt après avoir étalé sa beauté, mais elle est remplacée par de nombreux et vigoureux rejets. Pour en extraire la filasse avec laquelle on fait les brides, les harnais, les hamacs, les glands, les bourses et tous les petits objets de sparterie ; l'on met les feuilles nouvellement coupées sur une pierre unie, on en fait sortir le suc en les pressant sous un rouleau de bois, et lorsqu'elles sont sèches, on les défait avec un peigne de fer : — car l'on doit savoir que la seconde écorce de ces feuilles est composée de fils très-forts et rougeâtres qui sont appliqués et collés les uns contre les autres.

Ensuite, le Directeur me fait connaître toutes les espèces de palmiers qui sont nombreuses; et voici ce que j'en sais tant d'après ce qu'il me dit que d'après ce que j'ai vu dans les oasis du Sahara.

Le *palmier dattier* est un arbre de la grande espèce

des palmiers; son tronc droit, élancé et quelquefois très-haut, a pour écorce les queues ou chicots des branches qui restent après qu'on les a coupées; le haut de l'arbre est terminé par une grosse tête composée de nombreuses palmes, dont celles du milieu sont droites et les autres retombent grâcieusement courbées tout autour. Pour la reproduction l'on sème quelquefois des noyaux, mais le plus souvent on plante de jeunes rejets de deux ans que l'on a soin de bien arroser pendant l'été. Au bout de quatre à cinq ans ils commencent à donner des fruits. Il naît d'abord une grosse enveloppe qui s'ouvre et laisse paraître des fleurs blanches, disposées en faisceau au bout d'une longue tige verte; à ces fleurs succède une grappe de 180 à 200 petites dattes ce qui forme un régime; et les gros palmiers portent huit ou dix régimes. Il y a des palmiers mâles et des palmiers femelles; aussi pour obtenir la fécondation, il faut, à la fin de Février, cueillir les grappes mâles et fécondantes et en fixer une brindille sur chaque grappe femelle, sans cela les palmiers produiraient très-peu ou peut-être rien. Après, l'on n'a besoin que d'arroser le pied des arbres à l'aide des rigoles ou *séguia* et les fruits germent. Au mois d'Avril ils sont ronds, verts et de la grosseur de gros grains de plomb; au mois de Mai ils sont gros comme des balles coniques; en Juin leur noyau se forme, leur chair devient plus solide et ils mûrissent à la fin d'Août.

La récolte se fait en automne et voici comment. L'on distingue trois sortes de dattes, selon leur degré de maturité: celles qui ne sont mûres qu'à l'extrémité, celles qui le sont à moitié, et celles qui le sont entièrement. Mais, on les cueille souvent en même temps parce que trois jours suffisent pour mûrir celles qui ne le sont pas, et, comme elles tombent alors d'elles-mêmes, elles se meurtrissent et s'imprègnent de sable; aussi, lorsqu'on ne peut pas les cueillir à la main, on secoue les grappes dans un filet.

Pour achever de mûrir et sécher ces trois classes de fruits, on les expose au soleil sur des nattes. Elles deviennent d'abord molles et se changent en pulpe; puis elles s'épaississent et se bonifient au point de n'être que peu ou point sujettes à se pourrir. Les dattes étant desséchées ou plutôt devenues solides, on les entasse sur une table de bois inclinée; elles fermentent, et, étant pressées par leur propre poids ou par des pierres dont on les charge, elles laissent échapper leur liqueur que l'on recueille dans un vase de terre. Ce suc mielleux, qui est gras et doux, sert de beurre aux Arabes pour leurs pâtisseries et leurs mets de cérémonie. Les dattes pressurées ainsi sont achetées par les populations misérables des montagnes, qui en font leur nourriture; et c'est pour cela que celles qu'on me fit manger à l'*Arba*, à *Bouzina* et à *Beni-Souik* me parurent si desséchées et si mauvaises.

Mais, il y en a dont on ne retire point le suc et que l'on arrose au contraire dans des pots de terre avec le sirop des autres, et ce sont les plus recherchées et les meilleures. Celles que l'on envoie à Tunis et en Europe sont simplement desséchées au soleil et renfermées dans des peaux de bouc ou dans des couffins tressés avec les feuilles du palmier.

Le palmier, étant jeune, a dans le milieu de son tronc une espèce de nerf ligneux qui, au bout d'un an, se change en une moelle bonne à manger. Lorsqu'il est vieux le tronc s'endurcit, et cette moelle tendre, blanche, charnue, douceâtre et savoureuse, ne se trouve que dans les boutons du sommet; et c'est elle qui donne le *vin de palmier*. Pour le recueillir, on coupe le dessus de la tige et l'on attache de petits pots au-dessous de la liqueur qui suinte : mais, comme cette moelle est le germe productif des branches qui doivent naître, l'arbre meurt lorsqu'on la coupe. Aussi, l'on ne fait guère du vin de palmier que pour satisfaire le caprice des grands seigneurs indigènes, ou bien la curiosité des étrangers. Le vin est blanc jaunâtre, très-sucré et s'aigrit très-vite; de sorte qu'il faut boire chaque soir la récolte du jour.

Le soir, le commandant m'emmène au cercle pour faire mes adieux à mes nouvelles connaissances et à mes nouveaux amis de Biskra; et, en revenant assez tard par un vent presque froid tant il est vif, nous rencontrons à la porte du fort St-Germain un soldat ivre qui rentre longtemps après la retraite. Je pense en moi-même quelle mauvaise chance a ce pauvre diable de se trouver en faute juste en présence de son supérieur; mais, soit par l'effet de la boisson, soit par présence d'esprit, le troupier s'écrie en portant la main à son képi : « Ah, mon Commandant! que je suis heureux que vous arriviez pour me faire ouvrir la porte ; il y a plus de trois heures que je frappe sans qu'on veuille m'ouvrir... »

15 Juin.

Le matin, au point du jour, je prends congé du Commandant supérieur et je vais à la voiture, conduit par son planton arabe.

Il fait un vent frais et très-vif, et tandis que je regarde des chasseurs d'Afrique qui sortent de leur caserne en faisant cabrer et galoper leurs chevaux intrépides, l'on charge la voiture dans la cour de l'hôtel. Mais, au moment de partir, elle ne peut passer sous le couvert du portail car les bagages sont trop hauts et il faut tout décharger pour les replacer. Enfin tout s'arrange, et je monte en compagnie d'un capitaine du génie de Batna et d'une femme galante de Biskra... (relation exacte...)

En sortant de la ville, nous traversons les marches du Désert et nous nous éloignons par la *grande route*, chemin affreux de descentes et de montées à travers de petits ravins ; puis, au bout d'une plaine bornée par une montagne de sel qui, fondant sous les pluies, est sillonnée du haut en bas par des crevasses qui font des ombres verticales et capricieuses, nous arrivons au caravansérail d'*Outaïa*. Là, tous les arbres détruits pendant je ne sais quelle expédition militaire n'ont encore repoussé qu'en partie ; et nous déjeûnons dans cette grande auberge brûlante et triste avec un autre capitaine de l'état-major du génie, M. Guillemot, qui fait réparer le caravansérail.

Après, nous repartons en nous enfonçant dans des montagnes tantôt de terre, tantôt de roches jaunes, blanches et incultes; seulement de temps à autre il y a dans la plaine des champs d'orge maigre et peu haute, avec des tentes arabes. En passant près d'une de ces tentes, le conducteur et les voyageurs, accablés de chaleur et de soif, demandent à acheter du lait : alors une femme arabe appelle ses chèvres qui broutent au loin; celles-ci accourent à sa voix stridente et elles les trait *par-derrière*. Puis, sans l'avoir aucunement passé dans un linge, elles nous offre le lait; mais il est chaud et d'autant plus désagréable qu'il nous faut le boire tous dans la même gamelle en alfa...

A cinq heures, nous arrivons à *El-Kantara*, où est la fente, l'échancrure de la montagne par où passent les Sahariens qui vont dans le Tell; et j'apprends que ce village arabe s'appelle *El-Kantara*, c'est-à-dire, le *pont*, parce qu'au débouché il y a un petit pont fait du temps des Romains pour traverser le précipice. Je dépose mes bagages dans la chambre du caravansérail où je dois coucher, et je vais aussitôt avec le capitaine dans le passage afin de pouvoir le visiter avant la nuit. Nous mettons une demi-heure pour y arriver.

En sortant du caravansérail l'aspect est celui-ci : l'horizon est masqué par une haute muraille, une montagne verticale de rocher dont la crête peu accidentée paraît de loin presque horizontale. En coulant du sommet, les eaux pluviales y ont creusé de longs sillons parallèles, après avoir entraîné toutes les terres qui, entassées dans le bas, forment des mamelons de différentes grosseurs où les eaux continuent de marquer leur passage. A un endroit, cette haute barrière de roc est fendue, s'interrompt et présente une large crevasse triangulaire : c'est là le passage. Au pied de ces mamelons est le village, dont les maisons basses et rousses s'aperçoivent au-dessus d'un grand bois de palmiers qui sont les derniers que nous devons rencontrer; et au premier plan, plus élevé, s'élève une de ces hautes tours en terre qui précèdent les Ksours du Sud. (N° 46).

Le capitaine et moi nous descendons au bois de palmiers, qui s'étend dans un bas fond où coule la rivière; nous remontons près d'une fontaine où puisent, en causant bruyamment, des femmes arabes, vêtues de robes rouge foncé; puis, nous traversons un cimetière, reconnaissable à un amas de petites pierres plates fichées en terre autour d'un *marabout*; et, en suivant toujours la lisière du bois, nous arrivons à l'entrée du passage. Là, le chemin, de la largeur à peine d'une voiture, est tracé sur les anfractuosités du roc à l'aide de grossiers murs de soutènement; et il forme un aussi pittoresque que magnifique parcours entre et contre la crevasse des hauts et sombres rochers de la montagne. Tout en bas, à nos pieds, coule l'*Oued El-Kantara* dans un lit large et profond, au milieu duquel une énorme pierre écroulée a formé un barrage et une cascade; puis, au bout du défilé, on traverse la rivière sur un petit pont romain d'une seule arche et long de dix mètres.

Je vais m'établir à une petite distance afin d'embrasser le point de vue et d'en faire le croquis; mais lorsque je suis assis et en train de dessiner, je me vois assailli par une grêle de pierres rondes qui me roulent dessus... Je me lève aussitôt, j'examine à l'entour et je ne vois personne ; cependant j'entends du bruit au-dessus de moi, je lève la tête et j'aperçois à la base du rocher et sur la pente escarpée du mamelon, au bas duquel je suis, un immense troupeau de chèvres noires qui, en marchant sur ce terrain sablonneux, détachent les pierres qui m'arrivent. Il n'y a pas à parlementer avec de pareils assaillants — qui sont du reste au nombre de plusieurs milliers — et, comme ils avancent toujours en m'envoyant une avalanche de cailloux dont quelques-uns sont très-gros et d'autant plus rapides, je me hâte de plier bagage; je traverse la rivière à gué, et je vais prendre place de l'autre côté, juste en face du petit pont et de l'échancrure.

De là, la vue est très-belle : à droite et à gauche s'élèvent les hautes parois qui forment la coupure de la colossale montagne ; au milieu et au bas serpente la rivière avant de s'engager sous le pont, au-dessus duquel s'aperçoivent la brillante plaine du Sud et les têtes des palmiers d'*El-Kantara*. En arrivant du Tell et de ce côté, l'aspect de ces palmiers est d'autant plus saisissant que ce sont les premiers que l'on voit et qu'ils apparaissent tout-à-coup sur un fond de paysage lumineux, inondé de chaleur et de soleil, et dans un cadre de grandes roches sombres, sauvages et incultes. (N° 45).

En ce moment, mon compagnon, le capitaine, qui s'est rendu compte du chemin que le Génie doit élargir, vient me chercher pour retourner au caravansérail, mais, comme mon dessin n'est pas fini et que l'heure du dîner se passe, il part et me laisse seul. Je reste là aussi longtemps que j'y vois clair, et dans cette région où la nuit arrive sans crépuscule je me trouve subitement dans une demi-obscurité. Je traverse la rivière à tâtons ; je regagne le pont et je m'engage dans le gigantesque défilé. Au milieu, je m'arrête un moment pour écouter le bruit de la rivière qui coule au fond de ce décor nocturne ; et, enveloppé, dominé par ces roches noires, majestueuses et sonores ; dans cette double obscurité et à cette heure, n'entendant aucun bruit humain, aucun autre que celui de l'eau monotone du gouffre, j'éprouve quelque chose de bien imposant !

Cependant mon admiration me fait revenir avec la nuit close. Je crains de m'égarer dans ces chemins sauvages où je n'ai passé qu'une fois et, après avoir marché longtemps et la main sur mon révolver, je vois blanchir le *marabout* ; je reconnais le village, j'entends des voix arabes ; je passe devant des groupes, assis et couchés à terre, qui me regardent avec étonnement, mais ne me disent rien : puis, je descends à la fontaine et, en suivant la lisière du bois de palmiers, je remonte au bordj où l'on m'attendait avec grande inquiétude.

16 Juin.

Nous partons du caravansérail à cinq heures du matin. Après avoir passé le pont d'El-Kantara nous suivons un chemin plus difficile que celui de la veille : il est à peine tracé au milieu de nombreuses ravines qui forment continuellement des descentes et des montées à pic où les chevaux rebutent souvent et reculent ; heureusement la mécanique retient la voiture et à force de coups de fouet ils reprennent.

Cependant, à un endroit déclaré plus mauvais pour un certain temps pendant lequel les chevaux ne peuvent aller qu'au pas, les amateurs de marche descendent et il ne reste que le capitaine, la femme galante et moi dans le coupé, et un jeune Juif assis à côté du conducteur. Quelques instants après, tandis que nous descendons lentement dans le lit de la rivière sinueuse (que l'on traverse à tout moment) la voiture glisse sur un banc de roche inégal ; elle perd l'équilibre, et nous versons juste dans l'eau, qui heureusement n'est pas très-haute en cette saison. Je reçois, je ne sais pas comment, une mauvaise secousse dans les reins qui m'empêche de monter à cheval pendant plusieurs jours ; le capitaine a le bras meurtri et notre voisine n'a pas de mal, mais le Juif en tombant à terre s'est donné une entorse.

Les voyageurs à pied, qui ont vu de loin l'accident, reviennent à notre secours et l'on appelle des Arabes qui conduisent près de là un convoi de chameaux ; ils refusent d'abord de nous aider, mais lorsqu'ils voient l'uniforme du capitaine ils prennent peur ; ils nous prêtent des cordes qu'on attache au-dessus de la voiture et l'on tire tous ensemble, mais inutilement : la voiture est lourde et versée en contre-bas. Alors l'on décharge tous les bagages qui sont sur l'impériale, l'on stimule les Arabes, chacun s'emploie de son mieux — car nous ne voulons pas rester dans ces montagnes sans ressources et éloignés de tout secours — et avec de

grands efforts nous parvenons à relever la voiture!....
Seulement, la mécanique est brisée... et dans ces chemins de dangereuses descentes il aurait mieux valu perdre un cheval...

Enfin, après quelques heures de retard, nous nous remettons en route avec assez peu de confiance ; ce qui nous fait descendre pour retenir ou pousser la voiture à tous les mauvais pas... et il y en a souvent jusqu'au caravansérail de *Tamarin*. Là, nous déjeûnons; et je ne vois rien de remarquable qu'un singe très-méchant, attaché dans la cour, et une grande hôtesse prétentieuse et en robe rose très-empesée — probablement mise à notre intention, car il ne passe guère de voyageurs que tous les huit jours.

Depuis *Tamarin* la route devient meilleure et nous trottons quelquefois. Elle serpente toujours autour des mêmes ravines et de montagnes jaunes et incultes, mais plus tard nous trouvons la plaine ; et, depuis une smala de spahis, des champs d'orge apparaissent et deviennent de plus en plus rapprochés. De distance en distance nous rencontrons des convois de Sahari, dont les chameaux en prennent quelques gueulées en passant. (N° 30.) Puis, après nous être arrêtés un instant au caravansérail des *Ksours*, nous arrivons à sept heures du soir à Batna ayant traversé à gué quatorze fois le lit de la rivière ; circonstance qui rend cette *grande route* assez difficile dans la saison des pluies... sans parler de la boue.

20 Juin.

Je séjourne à Batna par deux raisons : d'abord parce que je me ressens fortement de ma chute de la veille et ensuite parce que la voiture de Constantine ne part qu'à la fin de la semaine. J'écris mes notes à l'hôtel, et je vais voir un lion apprivoisé par le chasseur Chas-saing. Il a trois ans, il vit seul dans une chambre et toujours de viande cuite pour lui empêcher de trouver bonne celle de son maître.

RETOUR A CONSTANTINE ET DÉPART POUR SÉTIF. — LA RICHE PLAINE DE LA MEDJANA. — BORDJ-BOU-ARIREDJ.

21 Juin.

Parti de Batna à cinq heures du soir, j'arrrive le lendemain matin à Constantine par la même route que j'ai suivie la première fois.

Mon premier soin est d'aller rendre visite au secrétaire général de la Préfecture, M. Toutain. C'est un ami de mes amis, qui devient tout de suite le mien : nous causons longuement de mon voyage, des lieux que j'ai visités, des personnes qu'il connaît, et il se montre très-aimable pour moi, notamment pour la régularisation de mon retour en France par Alger que — comme artiste — j'ai obtenu du Ministère et sans époque indiquée. Enfin je le quitte pour prendre mes dispositions de départ, et nous regrettons, je crois autant l'un que l'autre, de ne pas rester plus longtemps ensemble.

Pour aller de Constantine à Alger il y a deux voies. En prenant la voiture de Philippeville, on peut embarquer à Stora et y arriver par mer ; ou bien l'on peut y aller par terre : mais, pour franchir les six ou sept cents kilomètres qui séparent Constantine de la métropole, il n'y a des diligences que jusqu'à Sétif ou jusqu'à *Bordj-bou-Ariredj*, et il faut faire le reste du chemin à cheval par des sentiers à peine tracés dans les plaines et les montagnes de la grande Kabylie. Le premier moyen est beaucoup plus prompt et facile ; mais un voyage en Kabylie me tente et me séduit, et je me décide à passer de ce côté-là, tel long et pénible que ce soit.

22 Juin.

Je quitte Constantine, à la nuit, en suivant une route charmante qui est bordée de grands accacias de Chine aux longues grappes violettes et parfumées. Le soleil est couché, le temps est calme, chaud bien que rafraîchi par le soir, et longtemps nous rencontrons des dames en voiture et des promeneurs, des flaneurs, soldats, civils ou indigènes, qui représentent le *far niente* d'une population tranquille en même temps que l'animation originale d'une grande ville en Algérie.

Je suis sur la banquette de la voiture et j'ai pour voisins deux Arabes qui reviennent d'un voyage en France. Le plus jeune est le fils d'un Scheik *Mokrani*, et l'autre est probablement son *Mentor*, car c'est lui qui parle, paye et discute pour les deux. Du reste, ils ont l'un est l'autre une canne de jonc à pommeau d'argent, ce qui est le raffinement de l'élégance arabe, et en plus, de doubles burnous de laine, heureusement pour moi blancs et propres, car je suis à chaque instant envahi et couvert par leurs amples plis. Cependant la nuit, cet inconvénient devient un avantage : l'air est très-froid et cette double barrière de laine ne m'est pas du tout désagréable.

La voiture s'arrête longtemps à un endroit que l'on me nomme *Fontaine pourrie*; et, tant parce que je me suis habitué à la chaleur du Désert et que j'ai froid que pour voir ce qui justifie ce nom, je descends et me promène dans les champs qui avoisinent la route. Il fait nuit, et en avançant sans défiance, je rencontre tout-à-coup devant moi les masses noires de deux ou trois mulets; pour éviter une ruade je m'écarte brusquement, et je heurte et tombe contre quelque chose qui se trouve à terre... Ce *quelque chose* rend un son que je ne distingue pas bien dans mon trouble; mais, en tâtant, je comprends que c'est un Arabe, le maître des mulets, qui les a mis en liberté afin qu'ils cherchent leur souper tandis que lui-même, couché dans son burnous, a mis en pratique le proverbe : « *Qui dort dîne.* »

Je change alors de direction et je marche droit sur un feu qui brille à une petite distance. Ce sont des charretiers, qui se chauffent devant un feu de bivouac pendant que leurs chevaux mangent et se reposent.

Je regarde avec intérêt ce groupe à la fois lumineux et sombre, car la moitié se dessine par des reflets rouges et brillants, et l'autre par de vigoureuses silhouettes noires; et tout en se rôtissant à l'extérieur, je vois que les personnages se réchauffent aussi intérieurement par de très-fréquentes libations. Je me rapproche de leur brasier bienfaisant à cette heure, et l'un d'eux veut m'offrir le baril de vin ou d'eau-de-vie qui ne décesse de faire la ronde, « car, me dit-il, l'eau ici est mauvaise... » Et pour preuve, il me montre à quelques pas plus loin la fontaine, que je n'aurais certainement pas reconnue à un petit carré de maçonnerie, autour duquel je ne sens aucune humidité mais non plus aucun goût de pourri.

Enfin je me contente de cette explication douteuse ; et je regagne la voiture où je retrouve mes deux voisins en burnous qui causent en arabe avec un officier supérieur, lequel occupe tout un compartiment avec sa famille. Puis, nous reprenons chacun notre place et l'on part. La route ne paraît pas mauvaise ; cependant il y a deux conducteurs, et l'un est pour descendre de temps en temps afin d'examiner, de sonder certains passages marécageux avant de s'y engager.

Le lendemain lorsque le soleil brille, nous arrivons au caravansérail, je crois de *Sidi-Embarek*, qui ne mérite pas que je vous en parle, mais qui est entouré de belles prairies où serpente une agréable petite rivière. Un peu plus loin nous traversons un marché, où il y a toute sorte de marchands indigènes, toute sorte de chevaux, et toute sorte de cavaliers et de costumes arabes. Là, sont en grand nombre des poulins et des chevaux sans selles ou recouverts de caparaçons aux vives couleurs ; quelques cavaliers les font courir en laissant flotter derrière eux leur burnous qui ne leur tient qu'au cou, d'autres n'en ont pas et conduisent même leur monture sans bride. Dans cette contrée, les chevaux et les bœufs me paraissent et sont réellement plus hauts et plus grands qu'ailleurs.

Nous passons outre, et nous nous engageons dans une plaine immense où se déroulent à perte de vue de magnifiques champs de blé ; une seule montagne, isolée et un peu haute se voit à l'horizon et elle s'appelle le *Pain de sucre*. C'est là la riche et fertile plaine de la *Medjana*, le grenier de l'Algérie ou plutôt de la France, et elle s'étend jusqu'à l'entrée de la Grande Kabylie. Ce pays est uniforme et sans aucun arbre, excepté quelques saules-pleureurs autour des habitations ; notamment à *Fontaine-Romaine*, où il y a en effet une fontaine recouverte d'une ancienne voûte et entourée d'un ombrage de saules-pleureurs gigantesques.

Enfin, nous arrivons à trois heures à Sétif. On aperçoit de loin les casernes sur une légère hauteur, puis le mur d'enceinte, et l'on entre par une porte fortifiée. Sétif, qui renferme quatre à cinq mille habitants européens, a l'aspect de toutes les petites villes de France. Il est très-proprement sain ; les deux principales rues qui le traversent en entier, sont celles de *Constantine* et de *Sillègue*, et la première est plantée de muriers qui font un assez joli boulevard. Il y a ici, comme toujours, le quartier militaire à part et clos de murs ; mais, à l'exception d'un minaret à côté du lavoir public et du Bureau arabe, rien n'est remarquable pour le voyageur, pas même le jardin planté d'arbres au sortir de la ville. Les nombreuses pierres et sculptures romaines qui le décorent sont renversées et enfouies à terre comme de vraies ruines, et quelques fûts, ornés de chapiteaux qui ne sont pas les leurs, entourent, à l'extrémité d'une allée, une colonne supportant le buste du duc d'Orléans, avec cette inscription : « Plantation créée par le 19ᵉ léger sous le commandement du général Sillègue 1842. » —

De l'autre côté de la route est un second jardin public, dessiné en jardin anglais, plus ombragé, mieux soigné et plus agréable que le premier. Du reste les dehors et les environs de la ville sont garnis de potagers, de fermes et de maisons de campagne d'un aspect entièrement français. (N° 48).

23 Juin.

Je pars de Sétif pour Bordj-bou-Arriredj, avec les deux Arabes, mes compagnons de la veille, dans une voiture qui mérite d'être décrite. C'est une vieille calèche dont la capote a été enlevée et remplacée par un baldaquin en coutil blanc, rayé et bordé de lambrequins rouges, de manière à garantir du soleil tout en agitant et en laissant circuler l'air.

A une certaine distance nous traversons une rivière, le petit *Bucelam*; et nous passons au milieu ou plutôt sur le front du village suisse *Earnate*, car ce n'est qu'une ligne uniforme de petites maisons se détachant très-blanches sur une plaine verte. La façade de la chapelle est seule jolie : elle a pour fronton une espèce de galerie en triangle aigu, supportée sur deux groupes de colonnettes et supportant un petit clocheton couronné lui-même d'une croix. Dessous, il n'y a qu'une étroite et haute porte ceintrée, surmontée d'un trèfle ogival.

Après, nous avançons continuellement dans l'interminable plaine de la *Medjana*, qui tantôt offre à la vue d'immenses champs de blé mûrs, tantôt de grands espaces incultes ou en jachère. A un endroit, la route est coupée par un fossé qu'a creusé un Indigène pour faire écouler l'eau de son champ ; et le conducteur, forcément arrêté, se fâche, crie, tempête et réclame l'intervention de son voyageur, le jeune chef arabe, — car ce pays est sous l'ancienne autorité des *Ouled-Mokrani*. Ce dernier appelle le cultivateur indigène et sans gêne, qui accourt en voyant son supérieur ; et, après qu'il nous a baisé l'épaule à tous et qu'il a reçu en récompense une forte semonce, il abolit son fossé en partie avec les mains.

Nous passons, et c'est là la seule distraction ou variété que nous ayons jusqu'au caravansérail de *Tagout*, où nous nous arrêtons pour déjeûner. Je ne vous dis que son nom, car je vous ai déjà trop souvent parlé de ces grandes hôtelleries fortifiées et elles se ressemblent toutes. Seulement, lorsque nous nous remettons en route, je m'étonne de trouver la fontaine d'eau à boire à une certaine distance et en dehors des murs ; car, en cas de guerre et de siège, il me semble que l'eau doit être au moins aussi utile que les meurtrières. Néanmoins, je fais là une critique indigne d'un artiste; car la source, laissée ainsi dégagée et isolée, conserve un aspect très-pittoresque : Au bas d'une descente assez rapide, un grand rocher paraît s'être déjoint et séparé en deux ; la partie tombée repose enterrée sur le sol, tandis que le haut surplombe et forme une demi-voûte d'où sort une eau claire et abondante. Là boivent et se reposent, à l'ombre de cette voûte, tantôt les voyageurs et leurs montures, tantôt les bergers et leurs troupeaux présentant des groupes et des effets très-curieux.

Plus loin, nous passons près d'un moulin que fait tourner un bras détourné du *Bucelam*; et, si nous rencontrons de distance en distance quelques tentes arabes, nous n'apercevons pas un seul arbre. Enfin, en avançant sur une large route ou plutôt un large espace toujours bordé de céréales, nous découvrons *Bordj-bou-Arriredj*.

Sur une hauteur peu sensible s'étend la ville, qui se compose de l'habitation du Commandant supérieur, grand bâtiment flanqué de quatre tours rondes et recouvertes de dômes brillants, ce qui lui donne l'air d'une construction orientale ; puis, au côté opposé est le Bureau arabe, massif de maisons renfermées dans une enceinte et assises sur un petit mamelon isolé ; et au milieu se dessine le fort, dont les murs stratégiques et anguleux cachent en partie l'église et les quelques maisons irrégulières, qui indiquent avec trop d'évidence une ville à son commencement. En avant est le quartier arabe, c'est-à-dire une agglomération de tentes noires ressemblant de loin à des tas de charbon. (N° 49.)

Je descends à l'unique auberge de Bordj-bou-Arriredj. C'est une espèce de cabaret où j'assiste, en entrant, à une bruyante discussion au sujet de verres cassés que ne veulent pas payer les buveurs, et où l'on me donne une chambre qui doit servir de passage à celle d'un autre locataire... heureusement, je vois à travers la porte vitrée que c'est un gendarme et cela me rassure.

Mais, comme ces lieux ne me paraissent pas très-gais et que j'ai des dispositions à prendre pour ne pas y séjourner longtemps, je vais trouver les officiers du Bureau arabe pour lesquels M. Moreau m'a donné une très-chaude lettre de recommandation. L'un est le capitaine Sénaux et l'autre le lieutenant de Pondevez. Je ne rencontre d'abord que le second qui, connaissant le peu d'agrément et de ressources de mon auberge, m'invite à rester avec lui ; et plus tard, je fais connaissance de mes deux aimables hôtes.

Le soir, amené au Cercle par ces messieurs qui veulent bien me faire les honneurs de la localité, je me trouve assis à côté du Commandant supérieur de Bordj-bou-Arriredj, le colonel (*) Marmier. « —Ah, vous êtes en Afrique pour faire un voyage artistique ? me dit-il. Eh bien alors je vais vous aider; car, nous autres Européens exilés ici, nous sommes heureux lorsque nous pouvons être utiles à un compatriote. »

Je sais très-bon gré au colonel de cette sympathique obligeance (dont je n'ai pu assez le remercier depuis), et je reste à causer fort tard sous le portique du Cercle, jouissant de la douce fraîcheur de la nuit après une

(*) Nommé général par décret du 7 Juin 1865.

journée brûlante, et de la vaporeuse beauté d'un clair de lune à la fois mystérieux et brillant.

A TRAVERS LA GRANDE KABYLIE. — DE BORDJ-BOU-ARRIREDJ A LA SMALA DU CAID SIDI-AMOUD-BOU-RENNAN.

24 Juin.

Le matin, je trouve au Bureau arabe, d'après les ordres du colonel, un mulet de réquisition pour mes objets de voyage, une mule pour moi et un spahis pour m'accompagner. Je prends donc à regret congé de mes hôtes aimables, je pourrais presque dire de mes nouveaux amis, et je quitte la petite ville de Bordj-bou-Arriredj pour m'enfoncer dans la Kabylie.

Mais d'abord un mot d'explication sur mon escorte. Le mulet de charge était chétif, tout petit, et à part la tête et la queue, il était presque entièrement caché sous le tellis. Son maître, qui le suivait à pied, était un jeune Arabe de taille moyenne, imberbe et ayant pour tout vêtement une mauvaise chemise serrée à la taille par une courroie et sur la tête une chéchia. Il avait la peau rude et sombre des Indigènes avec l'embonpoint de la jeunesse, des mouvements à la fois moux et nerveux, et en somme des traits peu caractérisés ; du reste, ce type indécis représentait assez bien pour moi le type de transition, c'est-à-dire le passage de la plaine à la montagne. Le spahis était un assez beau cavalier ; mais déjà vieux, roux de barbe et de figure, et tout-à-fait silencieux ce qui contrastait beaucoup avec les autres guides que j'avais eus. Cela venait probablement de ce qu'il ne parlait pas français, mais aussi de la disposition naturelle de son caractère car il n'échangeait pas un seul mot avec son compagnon. Ce devait être ou un Arabe déçu, attristé sur ses vieux jours de l'occupation française, ou bien au contraire un cavalier très-soumis, servant les vainqueurs avec discrétion et peut-être l'homme de confiance du Bureau arabe : je ne sais lequel des deux, mais je m'arrêtais à cette dernière supposition qui me promettait un guide sûr.

Il avançait à une petite distance devant moi, et au détour des chemins, il ne manquait pas de tourner la tête pour voir si je le suivais. Il faisait une chaleur écrasante : c'était au mois de Juin et le soleil, voilé par le sirocco, n'en était que plus fatigant. Toutes les montagnes et les accidents de terrain s'estompaient, s'effaçaient presque dans une atmosphère épaisse, lourde, étouffante, et l'eau nous ruisselait sur le corps bien que nous n'avancions qu'au pas.

Aussi, le jeune Arabe qui suivait à pied se rapprocha de nous, et, après m'avoir dit quelques mots que je ne compris pas, il enjamba mon mulet et se trouva en croupe derrière moi avant que je me doutâsse de ce qu'il voulait faire...

Recommandé comme je l'étais, je pouvais très-bien le repousser à terre, en ne le faisant pas je me déconsidérais même à ses yeux, je le savais ; mais il n'y avait là que deux Arabes pour le voir ; j'y étais de passage temporairement et pour n'y jamais revenir ; le pauvre diable me fournissait son mulet, et je lui laissai partager ma monture en lui faisant signe toutefois de ne pas s'accrocher à mes vêtements. Voyant que je ne me fâchais pas, le spahis, qui s'était arrêté pour réprimer la hardiesse du jeune Arabe, se contenta aussi de lui adresser quelques paroles sans colère; et nous allions reprendre notre marche calme et silencieuse lorsque j'entendis derrière nous le galop précipité d'un cheval.

C'était un jeune cavalier, d'apparence fougueuse et bravant le sirocco beaucoup mieux que nous. Il portait, avec un burnous de fine laine, un haïk de gaze blanche et une chemise également très-blanche, ce qui faisait une opposition frappante avec ses bras et sa longue figure basanés. Il avait pour monture une grande mule grise, dont le riche harnais de maroquin rouge, brodé de soie de toutes couleurs, faisait encore ressortir sa silhouette et ses grands mouvements.

Après être passé au galop près de nous il s'arrêta brusquement vers le spahis, lui demanda qui j'étais, et faisant volte face : « *Bojour*, me dit-il, *moi sabir français; toi andar Kabylie? andar Algir?* » Puis, pour me montrer son savoir, il me lâcha une suite de mots inintelligibles et avec tant de volubilité que je lui fis signe que je ne comprenais rien.

— *Toi makache sabir l'arabe?...*

— *Makache.* » Répondis-je.

Alors, jugeant que la conversation était impossible, après m'avoir bien examiné il partit à fond de train, décoiffant le vieux spahis en passant près de lui. Ce dernier lança son cheval au galop et s'efforça quelque temps d'atteindre ou de suivre son agresseur ; mais le jeune cavalier, debout sur ses étriers tout en se retournant et le narguant, gagna insensiblement du terrain et bientôt il disparut dans l'épaisseur de l'atmosphère.

Pendant ce temps là, nous étions arrivés près de grosses touffes de lauriers roses qui garnissaient les bords d'une petite rivière entièrement à sec ; nous la traversâmes et nous descendîmes dans une gorge profonde, plus brumeuse et plus chaude encore que le chemin que nous venions de quitter. Puis, après l'avoir parcourue quelque temps en suivant un petit sentier tortueux, nous remontons sur un terrain inculte et parsemé de roches cailloureuses ; et, tout au sommet, au moment où je m'y attends le moins, nous débouchons dans une vallée presque en forme d'entonnoir. Au milieu de cette vallée nous découvrons un amas de tentes noirâtres, au centre desquelles il en est une plus grande, à larges rayures jaunes et noires ; c'est celle du Caïd *Sidi Amoud-bou-Rennan-el-Mokrani*, et c'est là que nous devons passer la nuit.

J'avais une lettre pour le Caïd et j'espérais entrer là ; mais mon spahis, après avoir parlementé avec quelques Arabes qui sont venus à notre rencontre, me conduit un peu plus loin à une autre tente destinée aux étrangers. Extérieurement elle n'a pas meilleur aspect que les autres ; mais à l'intérieur elle est tapissée de beaux tapis de Tunis, bien que déjà usés et fanés. Elle est, comme toujours, divisée en deux : un côté pour les hôtes et l'autre pour la cuisine.

Après être descendus de nos montures au milieu

d'un groupe d'Arabes, qui s'assemblent tant pour nous faire honneur que pour satisfaire leur curiosité, on nous invite à entrer sous la tente et à nous coucher sur le large tapis en sparterie que l'on déroule pour tous les étrangers de quelque importance. De plus, on met le cheval et les mulets au piquet et l'on nous apporte religieusement nos tellis, nos fusils et tout ce qui compose notre petit bagage de voyage. Alors, on nous laisse seuls, le spahis et moi, c'est-à-dire que les Arabes s'accroupissent à l'entrée de la tente et nous examinent avec une attention plus ou moins curieuse, discrète ou indiscrète, bienveillante et farouche, fière ou indifférente : il y a de tout cela dans leurs regards.

Un moment après, il arrive un Arabe d'une taille moyenne et d'une figure vive, nerveuse, intelligente et distinguée. Il lit la *carta* (la lettre de recommandation); il me salue en portant à ses lèvres sa main qui a touché la mienne ; puis, il me fait comprendre avec assez de difficulté que son frère, le Caïd *Sidi-Amoud-bou-Rennan*, est absent, et il m'invite avec un geste empreint d'une certaine noblesse orgueilleuse, à me reposer sur le tapis. Lui, se met à jouer avec le spahis sur une pierre plate qu'ils rayent d'une certaine façon, l'un se servant en guise de pions de petits cailloux ronds, l'autre de boulettes de terre glaise. C'est le *Riddez*, espèce de jeu de dames. Les Arabes alors s'enhardissent à entrer sous la tente, et ils entourent les joueurs avec beaucoup d'intérêt.

Pour moi que cela intéresse moins que des silhouettes de femmes assez gracieuses, que j'aperçois à l'entrée de la tente du Caïd, je sors et je m'en approche. Il y a là un groupe d'enfants et de jeunes femmes qui travaillent, et dont l'une surtout me paraît très-rieuse et très-jolie. Elle rapporte à chaque instant de dessous la tente une corbeille remplie d'orge, qu'elle verse à terre sur des peaux de bouc pour en faire sortir la poussière. En versant, elle élève la corbeille le plus haut possible, et dans ce mouvement, ses bras qui sont garnis de bracelets et se découvrent, ses grandes draperies qui se plissent et se tendent sur un corps jeune et bienfait, sa figure rieuse et ses grands yeux noirs qui surveillent le travail : tout cela, dis-je, au milieu de l'animation d'autres femmes et d'enfants pittoresquement vêtus ou se roulant à terre, est très-curieux et très-joli à voir.

Malheureusement, il survient un serviteur inquiet et farouche, qui me dit qu'on ne doit pas approcher aussi près de la tente de *madame* Caïd ; je crois même comprendre aux mots les *francis*, les *arabes*, qu'il me répète plusieurs fois, qu'il veut m'apprendre que les Arabes ne permettent pas qu'on regarde leurs femmes comme les Français, et je suis forcé de battre lentement en retraite.

Je vais alors à une autre tente plus humble, et j'espère plus abordable, où une toute jeune femme bat du beurre dans une peau de bouc qu'elle agite sur le feu. Le mari est accroupi à côté d'elle ; il est trop basané pour ces régions et il doit avoir du sang nègre ; peut-être à cause de cela sera-t-il moins rigoureux, car les Nègres sont beaucoup moins jaloux.

Je lui demande de me laisser voir comment les Arabes battent le beurre ; mais il dit quelques mots à la jeune femme qui quitte aussitôt son travail et disparaît... Elle reparaît un instant après en m'apportant un plat rempli de lait. Je la remercie et m'efforce d'expliquer au brave *Négro* que je voulais seulement me rendre compte de la manière dont elle faisait le beurre. Mais il me fut impossible — malgré la plus ingénieuse pantomime — de lui faire concevoir une pareille idée ; et même s'il l'eut comprise cela m'aurait rabaissé à ses yeux, car les Arabes regardent comme un déshonneur de s'occuper de ces travaux de ménage qui sont — comme la plupart des autres, du reste, — l'unique et pénible lot de leurs femmes. Aussi, je changeai de tactique : je m'assis à côté de lui, je lui offris des cigarettes, et au bout d'un moment il arriva ce que j'espérais : la jeune femme reprit naturellement son travail inachevé et je pus apprendre ce que je voulais savoir. Le voici :

Les Arabes, ennemis en toute chose de la perfection et surtout de la peine, n'écrèment pas comme nous leur lait pour faire du beurre avec la crême seule et du fromage avec le lait caillé ; ils versent (du moins les femmes) tout simplement le lait dans une peau de bouc qui n'a qu'une ouverture ; elles la ferment, la suspendent par une corde au-dessus du feu, suivant la température, et elles l'agitent jusqu'à ce que la partie du lait, qui doit faire le beurre, en ait pris la consistance. De temps à autre, elles ouvrent la peau de bouc pour retirer le petit lait, qui nuit à l'opération et qui est, avec le lait des troupeaux ou l'eau des sources, l'unique boisson des Arabes. (N° 64.)

Cependant la nuit approchait, et avec elle un orage mêlé de tonnerre qui est ordinairement la fin du sirocco. De larges gouttes d'eau commençaient à tomber et je me rapprochai de ma tente. Tout à coup le *douar*, si calme pendant le jour, s'anima. Il arrivait à chaque instant des cavaliers, rentrant au galop précipité de leur cheval. Il sortit de chaque tente des enfants et des femmes qu'on n'aurait pas cru auparavant y être en aussi grand nombre; ces dernières s'agitant, courant, criant, appelant avec ces cris arabes stridents et précipités qu'il faut avoir entendus pour s'en faire l'idée. Bientôt apparurent de tous les côtés des masses noires et mouvantes de troupeaux, revenant des pâturages de la montagne ; ils étaient précédés par les enfants arabes, rentrant au galop sur les cavales sans brides, et suivis, divisés, poussés, harcelés par des bergers à pied, les stimulant ou les effrayant avec leurs sifflements aigus: ajoutez à cela les mille bêlements des moutons et des chèvres, le hennissement des chevaux, le beuglement lugubre des bêtes à cornes fuyant devant l'orage, les sourds grondements du tonnerre, la voix ou plutôt les cris des hommes arabes, courant, s'arrêtant, se croisant au milieu du douar pour arrêter ou conduire leur bétail effrayé. Enfin, ce vacarme, ce pêle-mêle d'hommes, d'animaux, de tentes et d'éléments déchaînés, rendu sombre par l'obscurité de la nuit et de l'orage, s'éclairant par moment, s'illuminant tout à coup sous la vive clarté de la foudre brusquement accompagnée d'un bruit formidable, ou bien le tonnerre s'assourdissant et grondant au-dessus de cette tumultueuse obscurité; imaginez-vous tout cela et vous n'aurez que l'idée terne et affaiblie de ce superbe vacarme....

Cependant, l'orage et la pluie duraient encore que déjà chaque troupeau était parqué et réuni à sa place ; je ne pouvais plus rien voir et, malgré mon admiration, je sentais qu'il était grandement l'heure de dîner. Aussi je rentrai définitivement sous la tente, où l'on tenait avec assez de peine une bougie allumée.

On m'apporta un simple plat de kouskous, une maigre poule bouillie et de l'eau pour boisson...Heureusement j'aimais le kouskous et j'en mangeai beaucoup ; de la poule, comme mon spahis me fit la politesse de me la découper, c'est-à-dire d'en arracher chaque membre l'un après l'autre avec les doigts et de me les présenter ensuite, j'en mangeai moins... (N° 50.) Du reste je n'avais pas de pain, et manger de la viande sans pain était une habitude arabe que je ne me décidais pas à prendre. Mais, cette abstinence ne fit aucune peine au spahis, non plus qu'au frère cadet du Caïd, un jeune garçon de douze ans qui était rentré le soir et qui me faisait aussi les honneurs du repas — c'est-à-dire le partageait avec moi — ou, pour parler plus vrai, *après moi*, car l'Arabe qui vous donne l'hospitalité, ne mange que lorsque vous vous êtes servi; et, après lui — s'il reste encore quelque chose — le plat passe au groupe de curieux qui ne manque jamais de se former à la venue d'un étranger.

Ce jeune frère du Caïd était un très-beau garçon, mais il avait l'assurance d'un Caïd et l'indiscrétion d'un serviteur mal appris, ou bien la curiosité d'un enfant : car il me demanda ma montre, la tourna et regarda en tous sens, prit mon fusil, palpa mon bagage et enfin se rendit compte de tout ce qui composait ma personne et ses accessoires.

Tout-à-coup, il se fait dans la tente un grand mouvement parmi les Arabes; ils sortent, ils regardent, ils appellent; et un instant après je vois entrer un cavalier tout trempé par la pluie. C'est le Caïd qui arrive et descend de cheval. Aussitôt il vient près de moi, me salue en français et s'assied près de la bougie pour lire la lettre de recommandation qu'il demande au spahis, en me regardant avec inquiétude. C'est la même figure et le même homme que son second frère : petit, nerveux et distingué. Il porte deux burnous, un rouge et un blanc; son haïk, à petites rayures de soie, est serré sur sa tête par plusieurs tours d'une corde en poil de chameau; il n'a pas de veste mais seulement une large culotte blanche serrée à la taille et les bottes rouges du cavalier, brodées, et garnies de longs éperons.

Après avoir lu la lettre, il se fâche et touche à peine dans sa colère la main des Arabes qui viennent baiser la sienne; puis, il donne une petite clef — qu'il détache d'autres pendues sur sa poitrine à un nœud fait à sa chemise, — et un instant après on apporte une corbeille pleine de dattes et de noix, du lait dans un bol de porcelaine dorée (de fabrique française) et dans un plat kabyle du fromage de brebis.

Il me fait ses excuses en me regardant avec grande inquiétude, et me dit : « *J'étais pas ; et mon frère petit garçon... je te demande pardon.* »

En même temps il tire son couteau, espèce de poignard enfermé dans une gaine de cuir pendue à sa ceinture, et il me coupe des morceaux de fromage qu'il m'offre au bout de la lame. Mais, j'ai mangé du kouskous et n'ai plus faim ; du reste c'est trop fade et je le remercie après en avoir avalé deux ou trois bouchées. Lui continue de manger, en prenant le fromage avec ses doigts, et me dit avec un sourire à la fois poli, fier et gracieux qui ferait croire à un vrai Montmorency (*) : « *Le couteau pour l'étranger, mais l'Arabe mange comme l'animal, le bourricot toujours...* » Ensuite, il me dit encore en s'excusant : « *Du café, makach, il n'y a pas... mais du thé à la place ?* » Et en effet, il me fit apporter du thé excellent.

Après ces tardives politesses offertes et acceptées, le Caïd, qui avait craint d'encourir les reproches du Commandant supérieur, c'est-à-dire de l'autorité française, en ne recevant pas bien quelqu'un qui lui avait été recommandé, le Caïd, dis-je, parut beaucoup plus à l'aise. Assis, les jambes croisées, à côté de la bougie avec les Arabes et moi, il relut encore la lettre mais avec moins d'inquiétude ; il la mit dans le capuchon de

---

(*) L'on connaît la prétendue tradition qui veut que les chefs de la puissante tribu des Ouled-Mokrani soient les descendants d'un Montmorency autrefois détourné des croisades.

son burnous et en retira un papier : c'était une chanson écrite.

Il dit quelques mots d'introduction ou d'explication que je ne compris pas et il se mit à lire sa chanson, en chantant et en faisant répéter les refrains aux Arabes. Cela avait l'air de les amuser beaucoup, mais c'était une psalmodie peu harmonieuse — comme bien vous pouvez penser — et de plus interminable ; aussi, après avoir entendu une vingtaine de refrains ou de répétitions, je fis comprendre que j'étais fatigué et que je désirais dormir.

Je crois que cette observation fut aussi du goût du Caïd — qui était entré près de moi, aussitôt en arrivant et sans être allé à sa tente, et qui était encore tout mouillé. — On m'obéit à l'instant, la chanson fut interrompue, le chant monotone cessa, et tout le monde se retira à l'exception de mon spahis et du plus jeune frère du Caïd qui, tant pour me faire honneur que pour me sauvegarder, passa la nuit sous ma tente. Nous nous étendîmes donc sur le tapis, enveloppés dans nos burnous de la tête aux pieds, en nous faisant tant bien que mal des oreillers de nos selles ; la bougie fut éteinte, la toile de la tente abaissée et je m'endormis.

DES TENTES DU CAID SIDI-AMOUD-BOU-RENNAN JUSQU'AU PIED DU JURJURA, PAR MANSOURAH, LES PORTES DE FER, SIDI-BRAHIM ET BENI-MENSOR. — ASPECT, MŒURS ET USAGES DES KABYLES.

25 Juin.

Le lendemain, au point du jour, je reprends ma route sur une bonne mule qui appartient, je crois, au Caïd; lequel est déjà sur pied et à l'entrée de ma tente pour prendre congé de son hôte. Mon vieux spahis ne vient pas plus loin; je lui donne une étrenne qu'il prend sans avoir l'air d'y faire attention, et je pars seul — ce qui m'étonne — avec l'Arabe qui pousse le mulet de charge et sera probablement mon guide.

Je m'éloigne en montant une longue pente inculte, partout sillonnée de sentiers contournant autour de touffes de genets. Mais bientôt l'aspect change, l'aridité cesse, et à mes pieds se déroule une verte plaine, partiellement boisée et fermée par des montagnes couvertes de broussailles. Devant moi, des touffes de lauriers roses en fleurs apparaissent de temps à autre dans les rochers, où probablement coule un ruisseau. Le temps est frais et doux, humide et calme comme après un orage en été; le soleil qui s'élève commence à percer la brume, les oiseaux chantent dans les broussailles comme en France, et même, au chant sonore et régulier du coucou sous les arbres de la plaine, il me semble entendre le tic-tac d'un moulin...

Tandis que, en proie à ces douces rêveries, je descends la montagne, j'entends derrière moi un cavalier, qui nous rejoint au galop, du moins autant qu'il peut galoper dans ces sentiers rocheux et *broussailleux*. — Lorsqu'il arrive près de moi, j'éprouve une certaine émotion en reconnaissant l'Arabe que j'ai si fort mécontenté la veille... Mais j'ai oublié de vous dire comment, le voici :

Pendant que j'attendais l'arrivée du Caïd, il y avait, à l'entrée de ma tente parmi les Arabes qui m'examinaient, un d'entre eux que j'axaminais beaucoup moi-même, à cause de sa figure sauvage et des mieux caractérisée. C'était un jeune homme d'une trentaine d'années, au teint mât, les sourcils épais, sombres, froncés, la barbe très-abondante et très-pointue ; avec une figure parfaitement sérieuse, silencieuse et malveillante, où l'on ne voyait rien de blanc que ses dents et ses yeux. Le spahis, en voyant que je l'examinais plus que les autres, me dit en souriant : « *lui Marabout.* » Je crus à une plaisanterie, car il n'avait pas du tout pour moi l'aspect des marabouts que j'avais toujours vus vieux, ou bizarrement vêtus ou idiots (*mabhoul*), et je répondis : « Lui! makache marabout... » Cette réponse parut faire grand plaisir au spahis et aux autres Arabes, qui éclatèrent tous de rire; mais elle ne fut pas du goût du prétendu marabout, qui me jeta brusquement un regard farouche et courroucé qui me fit comprendre que s'il n'était pas encore marabout *reconnu*, *accepté*, il aspirait à l'être, et dans tous les cas qu'il ne serait pas de mes amis.

Aussi, lorsque je le vis me rejoindre dans ces montagnes solitaires, je ne fus pas sans inquiétude. Heureusement, mes craintes étaient vaines : c'était au contraire le cavalier qui avait été commandé pour m'accompagner et sa mauvaise humeur n'avait osé se manifester que par un retard ; et, comme sa tribu était responsable, je ne courais pas plus de danger avec lui qu'avec un autre, à moins toutefois qu'il voulût faire un coup de tête, en coupant la mienne... Cela n'arriva pas, mais il était évident qu'il me conservait rancune, car, après être resté trop en arrière, il prit les devants et disparut sans trop s'occuper de moi.

Enfin, en suivant le muletier, j'arrive à huit heures au bas d'un village, bâti au sommet d'un mamelon élevé, entouré et coloré de jaune par des champs d'orge mûre ; c'est *Mansourah*. Le futur marabout, qui m'attend là, me propose d'y déjeûner, ne devant rencontrer aucun autre village avant *Sidi-Brahim* où nous devons coucher. Je n'ai pas encore faim, mais cette raison me paraît concluante. Nous montons par un sentier frayé entre de grosses touffes de lauriers-roses et de grands figuiers qui bordent un ruisseau, et après, nous grimpons par un chemin plus large au milieu des champs d'orge ; chemin bordé de grossiers murs à pierres sèches, mais parsemé aussi de cailloux énormes et de rochers en escalier : — heureusement je suis sur une bonne mule.

Mansourah, si joli d'en bas à cause de sa position élevée et pittoresque, perd beaucoup à être vu de près ; néanmoins ses constructions sont très-curieuses à observer. De chaque côté d'une rue étroite et tortueuse, montante et descendante suivant les inégalités du rocher, il y a des maisons bâties avec une maçonnerie de terre glaise et de pierres rondes, anguleuses et non taillées. Les toits, tout unis et souvent garnis d'herbe, sont faits avec de la terre grasse étendue et battue sur des genêts, posés eux-mêmes sur des travons très-rapprochés qui retiennent le toit avec des crochets de bois, qui sont choisis et trouvés dans la forme naturelle des branches. Quelques-uns ont des tuiles faites à la main et séchées au soleil. La charpente intérieure se compose d'une poutre, quelquefois en plusieurs morceaux, posée et soutenue sur de grosses branches d'arbre dont on a ménagé les cornes. Ces maisons sont précédées d'une petite cour, et ont une porte faite avec deux grosses planches de bois aminci avec la mauvaise hache kabyle, et dans l'une desquelles on a ménagé un tournant qui tient et pivote dans le bas et le dessus de l'entrée. Ces villages, toujours placés au sommet d'une montagne, d'un mamelon ou d'un rocher — en prévision de la guerre et de la défense — et tout grossièrement bâtis qu'ils sont, indiquent chez les Kabyles une certaine industrie et un travail que n'ont pas les Arabes de la plaine, que leur vie nomade, leur apathie et le climat laissent coucher sous la tente ou sous des *gourbis*.

C'est le mois de Juin, l'on moissonne déjà l'orge et la plupart des Arabes sont dans leurs champs. On fait revenir, à cause de moi, un moissonneur qui parle français et il me demande ce que je veux pour déjeûner; je demande surtout à aller voir préparer ce déjeûner, et je m'établis dans la maison kabyle, dont je fais le dessin. Elle est divisée en deux parties, l'une plus creuse pour le bétail et l'autre pour les maîtres. Contre les murs, sont ces grandes amphores pittoresques dans lesquelles les Kabyles conservent le grain et que leurs femmes font ainsi : l'une d'elles se tient au milieu pour conserver la forme creuse, tandis que les autres élèvent et bâtissent le vase avec de la terre glaise, qu'elles délayent, soudent et polissent avec les mains. Lorsque ce vase est arrivé à la hauteur voulue, elles retirent la femme qui est dans l'intérieur ; puis elles rétrécissent, finissent l'ouverture et les ornements, et l'on fait sécher l'amphore au soleil ou bien en faisant du feu autour.

Lorsque je pénètre — en baissant la tête pour entrer — dans ce sanctuaire kabyle, deux jeunes femmes y sont occupées à moudre de l'orge avec un moulin à bras. (N° 51.) Je prie le mari de les laisser continuer et poser devant moi, et il y consent : mais au bout de quelques instants, je vois que cela le contrarie beaucoup, les jeunes femmes ne font que rire et il les fait sortir.

Du reste, le Scheik du village est arrivé me faire ses salutations, mon farouche marabout, qui s'ennuie, me tourmente pour partir — ce qu'il n'ose cependant pas faire avant moi ; — je mange à la hâte quelques œufs durs avec de la galette et je remonte à cheval.

Cette fois je suis accompagné par le Scheik, Kabyle assez laid et misérable d'aspect : il est sale, tousse et paraît malade ; et de plus par un jeune *cavalier bleu*, très-poli et très-empressé. Ce dernier semble ravi d'escorter un étranger et pour cela il a pris ses plus beaux habits : il porte une veste brodée, un burnous très-blanc, le capuchon relevé sur sa tête, un burnous bleu flottant par-dessus, et son sabre passé sous la sangle de sa selle.

Après m'avoir fait descendre du village par un sentier qui est un véritable casse-cou, leurs chevaux gagnent beaucoup de chemin sur mon mulet et, laissé seul en arrière, je puis examiner le pays tout à mon aise. Il y a, au bas et en face du village, un charmant massif d'oliviers et de figuiers, dont l'ombre me fait envie en sentant déjà le soleil si chaud sur ma tête. Probablement sous ces arbres coule un ruisseau ou une source, car il en revient une procession de femmes, portant sur leurs épaules des outres pleines d'eau. De loin, avec les lignes noires de *henné* qui agrandissent et donnent de l'éclat à leurs yeux, elles me paraissent toutes jolies ; du reste, leurs vêtements sont moins malpropres que ceux des Arabes de la plaine. Elles portent deux jupes, l'une blanche (ou à peu près) l'autre bleue ou brune : quelques-unes relèvent celle de dessus en la passant sous leur ceinture, ce qui fait un drôle d'effet avec le balancement habituel de leurs hanches et leur démarche vive et nerveuse. Pour coiffure, elles ont une espèce de turban noir, très-négligé, par-dessus une pièce d'étoffe — dont il serait difficile de dire la couleur primitive, — mais dont les deux bouts, retombant de chaque côté de la tête, ne manquent pas d'une certaine coquetterie. Du reste, elles portent la ceinture de laine, les épingles d'argent sur la poitrine, les grandes boucles d'oreilles, et des anneaux aux bras et aux jambes comme les autres femmes arabes.

Cependant, le sol sur lequel j'avance devient singulier : c'est un terrain noir comme de la terre de bruyères mêlée avec du charbon, et entièrement inculte, si ce n'est quelques touffes de genets qui apparaissent de distance en distance. Nous traversons plusieurs fois une rivière, la *chebba*, qui contourne de nombreux monticules de formes assez insignifiantes.

Le Scheik, probablement arrivé à la limite de son territoire, me quitte en me souhaitant un bon voyage, et je continue ma route avec le jeune cavalier. Celui-ci, devenu mon seul guide, devient aussi d'une politesse et d'un empressement obséquieux ; il veut tout me faire remarquer, m'expliquer et, comme il ne sait pas un mot de français, cela est fatigant. Nous rencontrons une quantité de petits creux faits dans la terre avec trois pierres noircies de fumée autour, et il se donne une peine terrible pour m'expliquer ce que je comprendrais seul, c'est-à-dire que ce sont les feux d'un campement militaire. Après, il me fait monter et descendre une suite de petits monticules, plus ou moins garnis d'orge, au-dessous d'une ligne horizontale de hautes montagnes ébréchées où il se voit plus de rochers que de broussailles.

Ici, je paye l'agrément du temps doux et couvert du matin, car la pluie se met à tomber si fort et si promptement que je suis traversé avant d'avoir pu sortir mon caoutchouc du *tellis* ; et l'eau ruisselle tellement dans les sentiers, qu'on les confond avec le lit de la rivière que nous retraversons encore.

Tout à coup, l'aspect change, devient plus sauvage,

et les rochers qui se trouvent de l'autre côté de la rivière sont des masses arrondies, polies, noires et marbrées de petites veines blanches. Nous suivons et descendons par un passage naturel entre des roches verticales et régulières comme des murs; la rivière serpente elle-même entre des murailles de rochers noirs, où elle s'amasse quelquefois jusqu'à ce qu'elle forme cascade; le plus souvent elle trouve des brèches, des espèces de portes naturelles qui semblent taillées, coupées exprès pour la laisser passer. C'est pour cela que les Arabes nomment ces montagnes les *Bibans*, c'est-à-dire les *Portes*. — Ensuite, après avoir côtoyé quelque temps la rivière, la laissant à nos pieds en nous frayant difficilement un chemin sur la pente escarpée d'une montagne garnie de genévriers et de grands pins; nous retraversons cette rivière, et nous montons au flanc de roches verticales par un sentier à escaliers de roc qui, au sommet d'un angle, devient tout-à-fait étroit, au point qu'on a de la peine à y passer à cheval : ce sont les *Portes de fer* — *Bab-el-Kébir*. En face, la crête ou des blocs culminants de la montagne affectent des formes très-bizarres : tantôt c'est un moine dont la silhouette se détache très-nettement sur le ciel, tantôt c'est un lion gigantesque et d'autres animaux.

Plus loin, le sentier devient très-pittoresque, il serpente en descendant dans une montagne boisée de beaux pins alep et de genévriers, avec des espaces de terrain noirâtre et inculte. Nous passons devant et au pied de hauts mamelons assez singuliers. L'un a tout-à-fait l'aspect d'une forteresse : il est couronné d'une bande de pierres horizontale et régulière au sommet d'un cône escarpé et, au-dessus de cette muraille naturelle, des silhouettes d'arbres, agités par le vent, imitent une garnison en mouvement... Ce serait un second Constantine, seulement dominé là par aucune autre montagne. Au détour de ces mamelons, nous apercevons le village de *Sidi-Brahim* sur une hauteur. Pour y arriver, nous descendons d'abord sur des terrains cendreux, noirs et nus, qui glissent dans une petite vallée, profonde, sombre et garnie d'énormes oliviers; après, nous montons au village qui se présente en amphithéâtre. Nous passons dans des rues tortueuses et étroites, et une quantité d'Arabes, hommes, femmes et enfants, sortent des maisons pour nous voir passer.

L'endroit, où nous nous arrêtons, est une dépendance de l'habitation du Scheik, mais c'est aussi triste qu'une prison. Une énorme porte ferrée donne accès dans une petite cour, entourée de grands murs lézardés; elle est très en pente; le bas qui est rempli de fumier est réservé aux bêtes de somme, et dans le haut, quelques longues pierres fichées en terre sont là, je présume, pour attacher les prisonniers, ou bien pour empêcher les dormeurs de rouler en bas sous les pieds des chevaux.... Par une petite porte, on pénètre dans un grand hangar noir et nu : pour tous meubles il y a plusieurs paquets de cordes à mailles, en lin et en alfa; sorte de filets avec lesquels les Kabyles transportent et rentrent toutes leurs récoltes à dos de mulets. Ce lieu me paraît si triste que je demande à en sortir de suite ; et mon *cavalier bleu*, qui ne peut comprendre pourquoi je ne veux pas me reposer, croit que j'ai besoin de quelque chose et il s'empresse d'aller chercher le fils du Scheik. Celui-ci arrive. C'est un grand jeune homme à la barbe blonde, aux yeux bleus et d'une physionomie beaucoup plus agréable que son habitation; il me dit que son père s'est cassé la jambe le matin, en tombant de dessus un arbre, et qu'il ne peut venir. Puis, comme je lui fais comprendre que je désire visiter le village, il me conduit à sa maison, à lui, qui est dans le haut et qui a une terrasse dominant toutes les autres. La vue en est assez curieuse : sur tous les toits, faits avec de la terre battue et étendue sur des genets, les Arabes sèment de l'orge; et ces petits carrés d'orge mûre et jaune, ondulant au souffle du vent au-dessus des maisons, sont d'un aspect tout nouveau pour moi.

De là, je sors du village en suivant un buisson de grands cactus et je vais voir des Kabyles qui pressurent des olives. Ils font d'abord écraser les olives sous une pierre ronde que fait tourner un mulet; ensuite, ils mettent le marc — après qu'une certaine quantité d'huile s'est déjà perdue entre les dalles mal jointes du sol — ils mettent le marc, dis-je, dans des couffins en alfa, espèce de sacs ronds et plats qu'ils empilent et pressurent sous une planche que fait serrer une grossière vis à bras. L'huile coule et tombe, au-dessous, dans un pot placé dans un trou creusé en terre: mais, comme vous le pensez bien, une bonne partie de l'huile se perd ou reste dans le marc. (N° 51 *bis*.)

Enfin en revenant, j'entre par politesse et aussi par curiosité chez le Scheik, *Sisaïd-Mansor*, que je trouve étendu sur un lit en maçonnerie de pierres et de terre, recouvert de quelques guenilles. Il a le mur pour oreiller... sa jambe, entourée de linges et de certaines herbes, est fortement ficelée et maintenue droite dans une grosse écorce d'arbre ; son pied butte contre un pieu fiché en terre de manière à ce que rien ne bouge ; et il doit rester là jusqu'à ce que les os se soient soudés. Avec ce traitement primitif le plus souvent le malade meurt ; mais quelquefois, si la gangrène ne se déclare pas et si l'arabe a une robuste santé, il guérit et conserve sa jambe plus ou moins droite. Le pauvre Scheik, pour chasser l'essaim de mouches qu'attirait sa blessure, était occupé à agiter avec la main un chiffon d'étoffe pendu par une corde au plancher. Au pied de son lit était précisément le *tébibb* ou médecin, faisant des salamaleks et des prières sur la jambe cassée. Lorsqu'il me vit entrer il parut visiblement contrarié, parce que les Arabes nous croient tous un peu médecins ; mais il se rassura lorsqu'il vit que je me contentai de regarder sans rien dire, et que je me hâtai de prendre congé du malade après quelques signes de condoléance ; car il y avait dans la chambre une odeur infecte et insupportable. (N° 51 *ter.*)

Le soir, je rentre forcément dans ma sombre prison du matin, et l'on me donne pour souper du kouskous, une poule et du lait. Mais, il n'y a pour toute lumière que de petites branches de pin que l'on fait brûler et un feu que l'on ravive de temps en temps pour faire clair : ce feu, dans cette saison, me fait tellement avoir chaud que je suis forcé de sortir dehors pour prendre l'air. Cela étonne beaucoup les Arabes, qui sont également insensibles au chaud et au froid. Je m'assieds contre un des poteaux de pierre, dans le haut de la cour où la lune répand sa lumière blafarde; et, avec l'ombre noire des grands murs, qui rétrécit encore ce petit espace, c'est d'un aspect effrayant, — surtout en se sentant seul au milieu de la Grande Kabylie... — Les Arabes sortent chacun à son tour, un à un, pour voir ce que je deviens, et quelques-uns font leurs prières à haute voix. C'est un récitatif sur le même ton, monotone et lugubre, qui dans ce lieu et en ce moment, me fait encore l'effet d'une sentence de mort lue par un *chaouck*, tandis que les bourreaux se tiennent debout et attendent... Enfin, la fatigue et le sommeil font trêve à ces impressions pénibles : je me couche sur une natte que je me suis fait donner, et j'essaye de dormir.

26 Juin.

Le lendemain, de grand matin, je pars de *Sidi-Brahim* avec le fils du Scheik, qui est vêtu d'une simple chemise serrée à la taille par une courroie et d'une *chéchia* en cuir. Il est monté sur un mulet avec un autre Arabe, qu'il emmène à cause de moi parce qu'il parle un peu français. Il me donne des figues sèches et de la galette pour emporter, car nous ne devons rencontrer aucun village où l'on puisse déjeûner.

Nous faisons un long détour de plusieurs heures pour aller voir les petites portes de fer (*Bab-el-Sérir*), qui sont les plus curieuses et que je veux dessiner. Pour cela, à une petite distance du village, il faut nous frayer un chemin au milieu de grosses touffes d'alfas et de genévriers rabougris ; après, nous montons et redescendons de nombreux mamelons nus, formés de ce terrain noir et cendreux que j'ai déjà rencontré la veille. Ce terrain sans consistance, lorsqu'il longe la rivière se laisse facilement miner et entraîner, et alors le lit de la rivière paraît celui d'un large fleuve où se voient des îles, des îlots et une quantité d'arbres morts ou déracinés. En plusieurs endroits ces mamelons, qui tombent par bandes, sont déjà crevassés, et, lorsque pour franchir ou éviter ces crevasses nous passons sur le bord à pic du côté de l'eau, je ne puis m'empêcher de penser à l'affreuse dégringolade que nous ferions si l'heure où le mamelon doit tomber était arrivée...

Après nous être exposés plusieurs fois à ce danger, nous descendons dans la rivière qui coule sur un lit de gros cailloux ronds, assez ennuyeux pour les mulets qui ont de la peine à y choisir leurs pas. Il y a trois petits palmiers sur le bord, et je n'ai vu que ceux-là dans toute cette région. Bientôt, à un contour de la rivière, nous arrivons aux fameuses *Portes de Fer*. C'est un passage étroit de deux à trois mètres, formé par l'écartement ou l'usure de grands rochers noirs, arrondis, polis et marbrés de petites veines blanches. Lorsqu'on s'est engagé dans cette espèce de couloir, qui a à peu près trois cents mètres de long, on a de chaque côté de soi d'immenses murailles de roc, verticales, espacées et formant des chambres étroites et sombres. Primitivement ces bancs de rocher étaient reliés entre eux par de la terre, mais la rivière, qui dans la saison des pluies s'engouffre là et monte à une très-grande hauteur, a peu à peu tout entraîné et tout évidé : aussi il y a une grande sonorité, et le bruit de nos voix ou de la marche de nos mulets dans l'eau s'entend d'un bout à l'autre du passage.

En sortant, nous sommes éblouis par le soleil, et nous traversons une grande chambre formée par des rochers et à ciel ouvert, où la rivière s'amasse avant d'entrer et est plus profonde. Un peu plus loin, il nous faut traverser une cascade, formée accidentellement par un barrage de gros cailloux ronds amoncelés, et je me demande comment nous allons faire. Le fils du Scheik et l'autre Arabe, qui sont tous les deux sur le même mulet, le dirigent sur cet humide escalier de pierre, à force de coups de talons et de cris: *arrha!* Mais le pauvre animal est trop chargé pour faire cette ascension difficile, et il s'abat en jetant les Arabes à droite et à gauche. Je crains qu'en se débattant il roule sur le mien, qui le suit de trop près et fait déjà des efforts d'équilibre, et je me hâte de sauter sur une pierre qui forme îlot ; — mouillé pour mouillé, j'aime mieux l'être sans une jambe cassée...

Ensuite, nous montons par un sentier escarpé (d'où nous manquons d'être précipités par un troupeau de petits bœufs de Constantine qui prennent peur de nous), dans le chemin qui quitte la rivière et conduit à *Takbou* et à *Bougie*. Ce chemin est tracé, frayé par moment dans un profond fossé de roc, où l'on voit encore les trous de mine faits par la colonne du duc d'Orléans. Je dessine, par un soleil brûlant et en m'accrochant à des broussailles de genévriers, l'endroit où la rivière rencontre ces *Bibans*, cette agrégation de rochers qui lui font obstacle et à l'entrée desquels elle s'arrête et s'élève quelquefois, en hiver, à plus de vingt mètres. La première entrée qu'elle a à franchir est une petite porte naturelle et assez régulière, au bas de hautes arêtes de roches superposées comme de la maçonnerie. En face il sort de la montagne, presque nue, quelques sommets de ces roches verticales qui, entièrement dégarnis de terre par les pluies, semblent absolument des murs. (N° 52 *bis*).

J'ai vu tout ce qu'il y a de curieux à voir de ce côté-là et nous n'allons pas plus loin ; mais il faut retraverser la cascade... En arrivant aux premières pierres, mon mulet se défend, glisse, et je saute prudemment à terre ou plutôt à l'eau. Le fils du Scheik le prend par la bride, lui fait descendre l'escalier de gros cailloux et je remonte au bas ; mais le courant en cet endroit est fort et profond, le mulet ne voit pas son chemin dans l'écume blanche, il glisse sur une pierre ronde, s'abat et me plonge trois ou quatre fois dans l'eau avant de se remettre sur ses pieds !... Heureusement il y a du soleil, et, comme je suis tout mouillé, je me fais sécher et je profite de mon immobilité pour dessiner du milieu de la rivière l'entrée des *Portes de Fer*. (N° 52.)

Ensuite, nous revenons sur nos pas jusqu'au pied de *Sidi-Brahim*, et nous nous dirigeons vers *Beni-Mensor*.

Le fils du Scheik, qui était venu pour me montrer *Bab-el-Sérir*, remonte à son village et me laisse l'Arabe qui parle un peu français pour m'accompagner. Mais, comme dans tout ce qu'ils font les Arabes sont mus par un sentiment de crainte ou d'intérêt; celui-ci, lorsque nous arrivons devant un champ qui lui appartient, me demande « à aller voir si son orge est *cuite* (mûre), l'Arabe qui conduit mon mulet de charge connaissant le chemin aussi bien que lui. » Je crois n'avoir rien à craindre et je le laisse partir. Puis, je continue ma route avec le muletier, à travers de belles campagnes partiellement couvertes de pins et de genévriers.

Il y a en plusieurs endroits des espaces vides où je ne vois que des tronçons d'arbres noirs et brûlés ; et c'est ainsi à l'aide du feu et de l'incendie, que les Kabyles défrichent et préparent les places de nouveaux champs d'orge. Plus tard, nous montons sur un immense banc de granit, formant des marches d'escalier assez régulières, et qui pourraient faire une magnifique base de temple si elles étaient placées un peu plus horizontalement et ailleurs qu'en Kabylie. Pour moi, ce que je leur trouve de mieux c'est qu'elles laissent sourdre une petite source fraîche ; car il fait une chaleur excessive et, bien que nous ayons traversé plusieurs ois la rivière, nous n'avons pu boire parce que l'eau en est dangereuse en cette saison. Toute cette région de montagnes bouleversées : petites, grandes, rondes, plates ; tantôt parallèles et tantôt à angle droit les unes sur les autres ; partiellement couvertes de cultures et de bois de pins, s'appelle l'*Ouennougha*.

Bientôt, en sortant d'un bois de pins, nous apercevons devant nous, à découvert et apparente d'un bout à l'autre, la chaîne du *Jurjura*, avec de la neige sur les pics. Cela nous fait grande envie car nous étouffons de chaleur en face et tout près en apparence, — bien que nous en soyons encore éloignés de sept lieues. — Nous descendons longtemps ; et après avoir traversé plusieurs fois une large rivière, nous découvrons, en débouchant dans une vaste et brillante plaine d'orge jaune, tigrée d'oliviers vert foncé, le village de *Beni-Mensor* sur le haut d'un mamelon. (N° 53.)

Nous ne montons pas à ce village, qui est complétement entouré d'un massif de cactus et de figuiers de Barbarie ; mais nous contournons le mamelon à mi-côte en suivant un sentier au milieu des champs d'orge et, au détour, nous apercevons le bordj militaire qui se présente très-bien avec ses hautes murailles et sa porte fortifiée. Il est situé sur un mamelon, s'étendant en face de celui du village ; et de l'autre côté il domine le lit profond de l'*Oued-Sahel*. Cette rivière, qui est à sec, dessine un large serpent de sable en avant d'une plaine ou plutôt d'une pente de sept lieues de champs d'orge et d'oliviers ; pente qui présente d'abord une bande jaune et lumineuse, puis tigrée d'oliviers, puis sombre et allant jusqu'au pied du Jurjura qui ferme l'horizon.

J'avais une lettre de recommandation pour le capitaine Fain, qui commandait le bordj, et je le demandai à la sentinelle. Alors, quelques soldats qui se disputaient l'ombre sous le porche se levèrent, et l'un d'eux me conduisit dans son cabinet. Je le trouvai en discussion d'affaires avec son lieutenant, un Arabe et un jeune homme qui avait établi dans le pays des pressoirs à huile; il me fit attendre longtemps et j'augurai mal de sa réception. Cependant, plus tard, il fut au contraire pour moi très-aimable, très-obligeant et sympathique. C'était un jeune homme sérieux et distingué de manières, qui justifiait très-bien la confiance qu'on lui accordait en lui remettant le commandement important de *Beni-Mensor*. C'est là la frontière des provinces d'Alger et de Constantine; et, indépendamment de l'importance militaire du bordj qui est isolé au milieu de la Grande Kabylie, tout ce qui y arrive peut donner lieu à des discussions délicates parce que ça relève de l'administration, toujours éloignée, de l'une ou de l'autre province.

Le soir, le capitaine me fait visiter son habitation. Le bordj a la forme d'un grand carré long, avec une vaste cour intérieure de chaque côté de laquelle sont les casernes, des magasins et des écuries; au fond sont les bureaux et son appartement, meublé très-confortablement; il y a même un petit jardin où des singes, un jeune sanglier, des oiseaux privés et des lapins vivent tous ensemble en assez bonne intelligence. De là, on monte à une terrasse sur les remparts, d'où la vue est superbe: on a à ses pieds, à une immense profondeur, la rivière l'*Oued-Sahel*, allant à Bougie; elle est large comme un fleuve et roule tumultueusement, en hiver, d'énormes pins et quantité d'autres arbres que les torrents déracinent et entraînent de la montagne. En face, on a la sombre plaine d'oliviers, dont j'ai déjà parlé, et les pics du Jurjura qui paraissent être tout près. Les plus hauts de ces pics sont: le *Tamgout*, qui est à 2066 mètres au dessus du niveau de la mer; ensuite, le *Nador*, à 1273 mètres; et l'*Aiguille*, qui est beaucoup moins élevée.

Tandis que le capitaine me fait l'éloge des Kabyles et de leur organisation politique ; qu'il m'explique que dans chaque village le Scheik est nommé à l'élection par une assemblée des vieillards et des chefs de familles ; que ce Scheik choisit dans chaque famille des auxiliaires, nommés *Tammann*, pour l'instruire, le renseigner sur tout ce qui se passe et faire exécuter ses ordres et ses condamnations; qu'il y a un tarif des amendes pour chaque crime et des usages kabyles, connus de tous et conservés traditionnellement de pères en fils depuis des siècles; qu'on ne condamne jamais à la prison ni à la mort, mais qu'on vend les immeubles pour couvrir les amendes ; lesquelles amendes sont reçues par les Scheiks qui les emploient aux besoins des villages et en rendent compte à la fin de leur gestion : que ces Scheiks de village nomment à leur tour le grand Scheik, *Elouamma*, c'est-à-dire de toute la tribu, qui est le plus puissant et qui est chargé de veiller à la justice et à la tranquillité des marchés, qui sont fréquents; qu'enfin toutes ces fonctions, gratuites et purement honorifiques, changent de mains tous les ans pour qu'on n'en abuse pas ; pendant tous ces renseignements, dis-je, je pense que je voudrais bien faire une ascension sur le plus haut des pics du Jurjura, tandis que je suis dans le pays, et je fais part de ma réflexion au capitaine. « — Si vous le désirez c'est chose possible, me dit-il, vous irez avec mon ami, le lieutenant, qui veut aussi faire cette excursion : je vous donnerai une tente, des guides et tout ce qu'il vous faut pour cela ; c'est un voyage de deux jours. »

J'acceptai de suite, je remerciai et nous descendîmes de la terrasse, car il se faisait tard et le vent qui était excessivement fort nous apportait par trop de sable dans les yeux. Ce vent violent et incommode est continuel à *Beni-Mensor* ; et c'en est le plus grand inconvénient avec le manque de source. En effet il faut aller chercher l'eau à la rivière, qui est encore loin, et la conserver dans des peaux de bouc, ce qui fait qu'elle n'est jamais fraîche.

ASCENSION AU TAMGOUT, LE PLUS HAUT PIC DU JURJURA.

27 Juin.

Nous nous mettons en route, le lieutenant et moi, avec les Arabes qui doivent nous servir de guides et d'escorte. Nous traversons l'*Oued-Sahel* bordé de quelques beaux frênes, puis, après avoir cheminé longtemps au milieu de champs d'orge et d'oliviers, nous arrivons au pied de la montagne.

Le Jurjura est une haute et étroite chaîne qui s'étend entre Bougie et Aumale et entre le grand et le petit Atlas, sur le massif des autres montagnes kabyles. Ces montagnes sont ravinées par des torrents, verticalement coupées, irrégulièrement séparées ; ce qui forme tantôt des vallées, tantôt des ravins profonds et infranchissables, au sommet desquels les Kabyles se retirent, après avoir ramassé leur récolte dans la plaine, et où ils se croient inattaquables. Aussi, ces pentes, en apparence inhabitables, sont au contraire garnies de villages qu'on aperçoit nichés à toutes les hauteurs. Là est la puissante tribu des *Zouaounas*, celle des *Beni-Abbès*, des *Beni-Ala* du côté de la mer, et celle des farouches et insoumis *Malikeuchs*.

A mesure que nous avançons, en gravissant ces pentes escarpées, par des sentiers que les Arabes seuls connaissent, la végétation change à chaque instant. Les ravins sont généralement garnis de pins, quelques-uns très-gros ; dans les endroits tout-à-fait perpendiculaires, la terre a été entraînée et l'on ne voit que le rocher à nu, aride, surplombant sur un gouffre ; puis, lorsqu'on arrive à un plateau où à une vallée, les cultures reparaissent : l'on retrouve des oliviers, des figuiers, et des chênes à glands doux dont le fruit sert à faire du pain. Nous traversons plusieurs villages. Ils sont entourés de vergers, qui sont reliés quelquefois à des maisons isolées par un chemin bordé de murs à pierres sèches ; et cette industrie et ces travaux — tout grossiers qu'ils sont — font un singulier effet dans ces montagnes sauvages, en apparence inaccessibles et inhabitables. Tous les Kabyles, que nous rencontrons sur notre chemin ou apercevons sur les rochers au-dessus de nos têtes, sont armés et nous regardent avec des airs défiants, fiers et farouches qui me font apprécier le képi imposant du lieutenant.

Ici je ferai une observation que j'aurais pu faire plutôt, c'est que les Kabyles diffèrent en toute chose des autres Arabes. Ils ont la figure moins ovale et moins belle, la barbe moins longue, le plus souvent blonde ou rousse et les yeux bleus; les épaules plus larges, le corps plus fort, plus musculeux et moins élégant; ils sont généralement plus laborieux et plus industrieux, car, pour obtenir des récoltes dans leurs difficiles montagnes, ils sont forcés d'y transporter de la terre et d'y faire un travail que les Arabes de la plaine ne font et ne feraient pas: enfin, ils se construisent des maisons en pierre et fabriquent eux-mêmes leurs outils, leurs armes, leurs poteries et les divers ustensiles de leur ménage. Leur costume n'est pas le même: ils ne portent le burnous qu'en hiver ou pour les grandes occasions, et ils n'ont ordinairement qu'une longue chemise (*Akandour*) dont ils nouent les manches derrière le dos pour travailler, et un petit tablier de peau à bavette. Pour coiffure, ils portent une *chéchia* de cuir par-dessus une autre de toile, rarement le haïk et jamais le turban. Du reste, ils parlent le *berbère*, comme tous les montagnards et les *Touareg* qui sont probablement les premiers habitants de l'Afrique qui, lors de l'invasion des Arabes, se sont réfugiés les uns dans les montagnes inaccessibles, les autres dans les profondeurs du Désert.

C'est pour cela qu'ils aiment peu les Arabes, car, bien qu'ils aient la même religion qu'eux, si le koran est pour ces derniers le mobile de leurs actions, la loi religieuse et civile, nous avons vu que pour les Kabyles il n'est que la loi religieuse : leurs lois civiles consistent en des usages qui remontent à la plus haute antiquité. Aussi, l'on arrivera bien plus vite à civiliser les Kabyles que l'on croyait indomptables, que les Arabes de la plaine que le fanatisme, le fatalisme et la paresse rendront longtemps encore indifférents et hostiles à nos conseils et à nos exemples.

Cependant, à force de monter, nous étions arrivés à une certaine hauteur dans le Jurjura : quelques pics paraissaient au-dessous de nous et la cime du *Tamgout* n'était plus bien éloignée. Mais il était trop tard pour continuer à avancer; la température dans ces régions élevées s'était sensiblement refroidie, et nous nous arrêtâmes sous des cèdres, qui commençaient à remplacer toute autre végétation, et sont en effet la dernière et seule essence d'arbre que l'on rencontre au sommet des pics. La plupart même ne sont pas boisés et ne présentent que des rochers entièrement nus.

On dressa la tente, et l'on fit du feu autour pendant la nuit, au risque de donner l'alarme et d'attirer sur nous des Kabyles insoumis ou maraudeurs.

28 Juin.

Au point du jour nous fûmes sur pied, car le froid nous talonnait; et dès que le soleil eut reparu nous continuâmes notre ascension. Nous traversâmes un bois de cèdres de toutes formes et de toutes grosseurs :

quelques-uns étaient énormes, beaucoup étaient morts, brisés ou déracinés. Plus haut toute végétation cesse, et la pente devient très-raide jusqu'au sommet qui n'a que quelques mètres de long sur deux ou trois de large. Mais nous ne pûmes pas y arriver à cause de la neige et de la glace qui le couvraient. Et, bien que les Arabes nous assurassent qu'il n'y avait dessous aucun précipice, nous nous arrêtâmes à une petite distance, près d'un marabout en ruine, à côté duquel une large crevasse de rocher qui n'avait pu être comblée par la neige, nous laissait voir un gouffre, sombre, profond et effrayant. Ce petit monument, qui est un but de pélérinage pour les Arabes, est la sépulture d'une Maraboute, *Lalla Khedidja*, qui guérissait ou soignait les malades.

De là, on aurait une vue magnifique et sans bornes si elle était moins indécise. D'un côté, la mer se reconnait moins à sa grande ligne horizontale qui se confond avec le ciel, qu'à ses bords dentelés, écumeux, et moins sombres que les sables ou les falaises de la côte; de l'autre côté, au-dessous de soi et des cèdres, l'on distingue à peine dans les vapeurs ou les nombreuses couches de l'atmosphère, les masses confuses des terrains et des montagnes de la Grande Kabylie. Cette immensité indécise est cependant d'un aspect bien grandiose et imposant.

Après avoir longuement examiné tout cela, nous redescendîmes par le même chemin; et, en pressant le pas de nos montures, nous pûmes rentrer au bordj à la tombée de la nuit.

Nous trouvâmes le capitaine souffrant. Il avait eu un

accès de cette terrible fièvre d'Afrique qui attaque presque toutes les personnes qui y séjournent longtemps, et il me dit qu'il allait faire le seule remède qui lui réussit en pareil cas et qui était le changement d'air. Il allait donc passer quelque temps à Alger, où je me dirigeais moi-même; et il m'offrit de traverser l'Atlas — avec son ordonnance et des Arabes qu'il avait commandés, — en suivant l'ancien chemin que les Turcs prenaient lorsqu'ils venaient chercher les impôts. Lui, devait se rendre à Aumale où il avait affaire, et de là gagner Alger par la diligence.

J'acceptai cette offre précieuse dans ce pays sans ressources; et le lendemain, après déjeûner, je partis avec l'ordonnance et les muletiers arabes qui emmenaient les cantines du capitaine. Je pris à peine congé de ce dernier qui devait partir plus tard, mais qui, mieux monté que nous, devait nous atteindre le soir pour diner ensemble au caravansérail *Dain-el-Esmam*.

DÉPART DE BENI-MENSOR PAR DAIN-EL-ESMAM, PRÈS D'AUMALE, ET LES ISSER. — L'HOSPITALITÉ DES KABYLES LORSQU'ON N'EST PAS RECOMMANDÉ.

29 Juin.

Après avoir descendu le mamelon où est bâti le bordj, nous suivons une route bordée de fossés et frayée au milieu de nombreux champs d'orge, qui sont séparés les uns des autres par des buissons d'épines sèches.

Partout les Kabyles, vêtus de la grande chemise et du petit tablier de peau, moissonnent avec une faucille qui, au lieu d'être tranchante et arrondie comme les nôtres, est à dents de scie et en forme de triangle obtus. A notre gauche, aux sommets d'une suite de mamelons coniques il y a des villages kabyles, entourés, fortifiés par des massifs de cactus; et à notre droite, le large lit de la rivière à sec et la haute chaîne du Jurjura. Il fait très-chaud, et un vent affreux -- qui est ordinaire ici — nous amène continuellement et très-désagréablement du sable dans les yeux.

Plus loin, la ligne des mamelons s'aplatit en se couvrant d'une nappe dorée de champs d'orge. Nous passons au beau milieu d'un groupe de gourbis faits de terre et d'épines, où nous n'apercevons que des femmes assez jolies, mais beaucoup plus jolies que propres... Ces gourbis sont construits par les Kabyles, afin de les abriter dans la plaine pendant qu'ils y descendent pour travailler et enlever leur récolte; après, ils remontent dans leurs montagnes et les abandonnent. Nous continuons d'avancer, par plusieurs sentiers, au milieu de touffes de lentisques à feuilles de myrte que les troupiers appellent *brûle-capotes*, — probablement parce que la résine qu'ils contiennent les rend très-inflammables. — Je remarque que les Arabes n'en recueillent pas le mastic. (*)

(*) L'on sait que le lentisque produit le mastic, résine sèche, astringente et d'un goût aromatique. Il se casse net sous la dent, s'amollit à la chaleur comme de la cire et s'enflamme sur les charbons. C'est ce mastic que les femmes turques mâchent continuel-

En ce moment nous sommes rejoints par un spahis, arrivant au triple galop de son cheval. Il est porteur d'une lettre du lieutenant à l'ordonnance qui lui apprend que le capitaine est devenu plus malade, qu'il n'a pas pu monter à cheval et n'ira probablement pas à Alger... Alors, l'ordonnance ne sait trop que faire; mais il se décide à retourner à *Beni-Mensor* avec les cantines. Pour moi, je le prie de témoigner mes regrets au capitaine, et comme je ne suis qu'à quelques kilomètres du caravansérail d'*Ain-el-Esmam*, je continue ma route avec le maître de mon mulet; lequel est un grand et jeune bêta d'Arabe qui fait toutes les difficultés possibles pour venir avec moi, parce qu'il craint que je l'emmène seul à Alger. Enfin, il se décide forcément; mais en me suivant il pleure et crie comme un enfant, — ce qui m'ennuie d'autant plus que cela peut me faire un mauvais parti dans ce pays, où je suis isolé et dont je ne parle pas la langue pour expliquer ce qu'il en est. Pourtant, ce n'est pas là le plus grand inconvénient qui doit m'arriver.

Quelque temps après, peut-être à un kilomètre du caravansérail, un autre cavalier arabe survient encore au galop; il arrête mon mulet et me fait comprendre par des signes très-énergiques, qu'il faut que je retourne

---

lement à jeun pour donner à leur haleine une odeur de baume, pour fortifier leurs gencives et blanchir leurs dents. Il se recueille ainsi: on fait des incisions aux troncs et aux grosses branches des lentisques au mois d'Août, la résine coule jusqu'à terre, mais la meilleure est celle qui se congèle en larmes sur les branches. On en recueille de cette manière jusqu'au mois de Novembre. Le bois qui est astringent fait de très-bons cure-dents.

sur mes pas... Je suis assez désagréablement étonné, et j'éperonne ma monture pour continuer ma route, malgré le cavalier qui me barre le chemin en criant : « *Carta capitan galli! Galli capitan!* » Je ne comprends rien à tout cela et je lui explique qu'il vienne avec moi jusqu'au caravansérail, où je suis sur le point d'arriver, et que là nous trouverons quelqu'un qui parlera arabe et français. Mais le Kabyle n'entre pas du tout dans mes idées, il s'empare du paquet où est attaché mon fusil et dit au jeune Arabe de remmener le mulet : chose que ce dernier s'empresse de faire car il m'accompagne déjà à contre cœur. Alors, l'inquiétude faisant place à la colère, j'éperonne mon mulet pour le faire retourner; et, comme il obéit mieux à son maître qui le tire par la bride tandis que l'autre Arabe le frappe par derrière, je descends et je menace le cavalier de me plaindre à qui de droit; — en faisant mine de continuer seul mon chemin. Mais celui-ci m'en empêche sans vouloir comprendre ce que je lui dis; je suis emmené de force; le jeune Arabe, enhardi, enfourche son mulet à ma place; et je le suis à pied, pestant, protestant, menaçant, enfin horriblement vexé...

Heureusement, au bout d'une demi-heure — qui m'a parue bien longue en revenant ainsi sur nos pas, — nous rencontrons un vieil Arabe auquel le cavalier explique longuement ce qui arrive. Le vieil Arabe parle un peu français, et j'en profite pour lui demander des explications. Il m'apprend qu'après le départ de l'ordonnance, le spahis a montré la lettre du lieutenant à son Scheik qui, en lisant l'ordre de revenir avec les cantines du capitaine, a craint que l'ordre n'ait pas été bien exécuté en me laissant aller avec un mulet de charge, et qu'il avait aussitôt envoyé un cavalier à ma poursuite pour me ramener au bordj. C'était pour cela qu'il m'avait donné pour toute réponse ces mots : « *Carta capitan galli!* La lettre du capitaine l'a dit ! »

Alors, tirant de ma poche les clefs de ma malle et de ma boîte de peinture, j'en ouvre et ferme les serrures, et par une énergique pantomime, je fais comprendre aux Kabyles que tout ce que porte le mulet est bien à moi et non au capitaine; mais que je suis son ami, que je vais à Alger et qu'il les punira sévèrement pour m'avoir arrêté. Le vieil Arabe rend compte de mes paroles à l'autre, cela leur donne à penser, les inquiète, et après une vive discussion entre eux, ils me rendent mon fusil et ma liberté.

Seulement, pendant ce temps là la nuit est venue, le jeune Arabe, qui me suit encore une fois malgré lui, ne connaît pas le chemin ou fait semblant de ne pas le connaître, et je m'éloigne au hasard. En avançant ainsi et sans voir clair, nous arrivons à une pente très-rapide que nous descendons jusqu'à un bas fond, qui se trouve être le lit de la rivière; et, après l'avoir traversé à tâtons et en nous heurtant aux cailloux, nous remontons l'autre bord. Puis, nous nous dirigeons sur une lumière que j'aperçois au loin, et que je crois être le caravansérail. Mais en y arrivant, après bien des détours dans l'obscurité, nous tombons dans un village kabyle, où je suis forcé de m'arrêter...

Mon mulet, qui me conduit plutôt que je ne le conduis moi-même, m'amène devant un reste de feu qui fume plus qu'il ne flambe, et à la lueur duquel je distingue vaguement quelques figures d'Arabes. L'un d'eux vient à notre rencontre, cause longtemps avec mon guide ; après quoi il nous conduit plus loin, probablement à la maison des hôtes. J'ai mis pied à terre et, comme la nuit est sombre et comme l'éclairage est un progrès qui n'a pas encore pénétré chez les Kabyles, je bute plusieurs fois contre des Arabes couchés et dormant à terre en travers du chemin. Enfin, nous arrivons à une cahutte en ruine, une espèce de *gourbi* qui doit nous servir de gîte et d'écurie, et notre hôte se retire. Le jeune Arabe décharge son mulet et je lui aide à rentrer le *tellis* dans la cahutte ; mais, à peine y suis-je resté quelques instants, que je sens des picottements insupportables. Je fais aussitôt flamber quelques allumettes pour examiner les lieux, et je vois les murs couverts de punaises et d'une vermine grouillante et pire... Je me hâte de sortir, je change de vêtements et, bien qu'il tombe une pluie fine et incommode, je reste couché dehors sur ma malle.

Cependant il est tard et la faim se fait fortement sentir... Je ne peux tirer aucun renseignement de mon jeune bêta de guide ; mais je m'attends à voir arriver le Scheik avec un plat de kouskous ou autre chose, et je fume pour prendre patience. Mais j'attends une heure... deux heures... trois et enfin toute la nuit sans que rien arrive...... D'où je conclus que l'hospitalité arabe, si vantée, n'existe réellement que là où vous êtes recommandé par une autorité que l'on flatte ou que l'on craint. Cette fois, j'ai tout juste assez d'importance pour ne pas être dévalisé ; du moins je l'espère.

30 Juin.

Toute la nuit, en fumant des cigarettes, j'ai songé comment j'allais faire pour pouvoir continuer mon voyage ; car je ne pense plus me servir de mon mulet ni de mon Arabe, d'abord parce que, aussi entêtés l'un que l'autre, ils ne veulent plus m'obéir, et ensuite parce que nous ne savons pas du tout quel chemin prendre... — J'espère, en trouvant un Français au caravansérail, qu'il me facilitera le moyen d'aller à Alger; mais je n'ignore pas que ce pays offre peu de ressource en ce genre. Aussi, dès que le jour commence à paraître, je me dispose à partir pour calmer mon anxiété et savoir à quoi m'en tenir. L'endroit où je suis est à l'entrée du village ; je secoue et je serre mes vêtements de la veille, et tandis que je ferme ma malle, une vieille femme, sortant du gourbi en face de moi, s'approche et me demande avec une grimace avide, souriante et plaignarde : un mouchoir, quelque chose, en me montrant qu'elle est demi-nue et n'a rien pour se parer. Il y a avec elle une jolie jeune fille qui n'est pas encore rhabillée, et dont les longs cheveux, enroulés avec de la laine, tombent derrière elle en deux tresses noires et crépues.

Cependant personne ne vient nous aider, bien qu'il y ait des Arabes couchés à terre à côté de nous; il faut que ce soit moi qui aide à recharger le tellis, et nous partons sans escorte et sans déjeûner.....

Après avoir suivi pendant une demi-heure le bord de la rivière puis remonté une colline, nous apercevons dans une plaine, toujours au pied du Jurjura, le caravansérail *D'aïn-el-Esmam*. En regardant avec ma longue-vue, je vois, en dehors des murs, un groupe d'Arabes et quelques Européens qui semblent nous observer avec attention; et, en arrivant plus près, je reconnais à ma grande surprise l'ordonnance et les muletiers du capitaine!...

J'apprends plus tard qu'ils étaient très-inquiets sur mon compte. L'ordre de retourner au bordj avait été envoyé précipitamment par le lieutenant et non par le capitaine, qui avait toujours l'intention d'aller à Alger et qui, comprenant dans quel isolement et dans quel embarras j'allais me trouver, avait aussitôt dépêché un autre spahis pour donner contre-ordre; de sorte que l'ordonnance avait rebroussé chemin une seconde fois et était arrivé à onze heures du soir au caravansérail, où il pensait me trouver. En ne me rencontrant pas, il a mis plusieurs cavaliers en campagne pour aller aux renseignements et me chercher au loin tandis que j'étais tout près. Enfin, je ne m'attendais pas à cette surprise et j'en éprouvai un grand plaisir; car mon voyage redevenait possible, facile, et mes inquiétudes superflues.

Le caravansérail *D'aïn-el-Esmam*, qui a son nom gravé en manière de fronton sur une haute porte d'entrée, est une espèce de bordj avec des murs percés de meurtrières, une grande cour intérieure et de vastes écuries dans le fond. J'y trouve une garnison de quatre soldats, quelques spahis casernés là pour le service de la poste ou tout autre, le sérasquier avec sa femme et sa petite fille, et un vieux philosophe qui me dit avoir parcouru toute l'Afrique. C'est un vieillard vêtu d'une manière tout-à-fait pittoresque et misérable, mais dont la prononciation distinguée et les manières polies et affables indiquent un passé plus brillant; du reste, il a un caractère très-enjoué et paraît très-heureux. Il vit là en pêchant dans la rivière, l'*Oued-Sahel*, de l'excellent poisson — barbeaux et anguilles — qu'il vend à Aumale à un franc le kilo. Lorsque la rivière se retire il en prend beaucoup qui restent dans les creux des rochers; mais s'il ne peut trouver de suite un mulet de transport, ils se gâtent très-facilement, et souvent ses pêches abondantes restent dans les fossés du caravansérail.

Aumale, qui n'est qu'à une distance de 15 à 20 kilomètres, est une ville toute française et sans caractère étranger : les rues sont régulières, les maisons ont des magasins de différentes choses, et, si elle est bonne à habiter, elle n'offre rien de curieux pour le touriste.

NOS GUIDES S'ÉGARENT. — DEUX JOURS ET UNE NUIT DANS L'ATLAS. — ARRIVÉE A FONDOUK.

Enfin les cavaliers envoyés à ma recherche reviennent; les spahis qui jouent au *riddez*, couchés à côté les uns des autres, se décident difficilement à aider à recharger les mulets, — ce qu'ils font pourtant avec des airs superbes de nonchalance et d'orgueil ; — deux turcos viennent à cheval avec nous jusqu'à Alger, pour nous servir de guides et d'escorte ; et nous partons. Mon vieux pêcheur, qui a besoin de poissons et retourne à la pêche, nous accompagne jusqu'à l'*Oued-Sahel* en nous traçant notre itinéraire. « Nous devons passer, dit-il, près de l'ancien fort turc de *Bou-eira* ; traverser en quatre heures une grande forêt, où nous trouverons le campement d'un Caïd très-sociable (chez lequel il nous conseille de déjeûner plutôt qu'au village de *Cara-Mustapha*, aussi sur notre route) ; et de là nous pouvons aller coucher à *Fondouk* le soir. Le lendemain, en traversant la plaine de la Métidja, nous devons arriver de bonne heure à Alger. »

Après avoir suivi un sentier au milieu de la plaine qui s'étend jusqu'au bas du Jurjura, le pêcheur nous quitte, et nous descendons à travers des lentisques dans une prairie peuplée de quelques tentes arabes. Plus tard, nous passons à côté du fort, construit autrefois par les Turcs à *Bou-eira*. Il y est très-bien placé sur un mamelon en face le pied de le chaîne du Jurjura, et il a la forme d'une étoile, de manière, que chacun de ses angles garde l'entrée ou la sortie des gorges. Il renferme quelques canons de fer et une garnison de dix à douze hommes. Bientôt, devant nous, il n'y a plus de champs d'orge ; ce sont des mamelons couverts de broussailles et de palmiers nains, parsemés de scilles déjà brûlées par le soleil et qui sont d'une pittoresque couleur : leur teinte verte est devenue jaune de chrôme, réchauffé par du vermillon, il y a même des endroits rouge pur.

Cependant, nous n'entrons dans aucune forêt. Nous avançons longtemps en tournant une immense montagne inculte et aride, où nous rencontrons une jeune femme arabe qui, en nous voyant, se met à pleurer et crier, afin que son mari jaloux ne lui reproche pas une familiarité suspecte et ne la batte pas. Mais je remarque que tout en criant et se sauvant — sans trop se presser, — elle nous examine avec grande curiosité et plaisir. Plus loin, des Arabes voyageurs, que nous interrogeons, nous disent que nous sommes bien sur le chemin d'Alger ; mais, comme nous n'apercevons pas encore la forêt promise et que nous désespérons de déjeûner chez le Caïd, nous faisons halte près d'une source qui coule à l'ombre d'un bouquet de lauriers roses. Moi, j'ai du saucisson et du frommage, que j'ai achetés au caravansérail ; l'ordonnance a du pain et des œufs durs ; il fait du café dans sa gamelle de soldat ; et, l'air du matin et l'appetit aidant, nous déjeûnons comme des rois.

Nous partageons même généreusement avec les turcos, que je ne vous ai pas encore présentés. L'un est un assez joli homme, brun de barbe et de figure, craintif en apparence, gai d'expression et peu causeur ; l'autre est un petit Arabe au teint pâle, à la barbe claire et rousse, avec des yeux bleus et perçants ; il a un caractère peu complaisant, insoumis et orgueilleux, de plus il fait le plaisant et est très-bavard. Il a une flûte de roseau dont il ne sait pas se servir et il nous casse les oreilles. L'ordonnance lui défend de jouer, et, comme pour nous contrarier il continue et tire à chaque instant cette flûte de dessous son burnous, il la lui arrache et la brise : ce qui fait que le turco et son compagon, tous deux irrités, restent en arrière et font mine de ne plus vouloir nous suivre. Cependant ils n'ont garde de le faire et bientôt après ils nous rejoignent.

Mais il nous font décidément faire le tour de la forêt au lieu de la traverser, car les hauteurs qui sont à notre droite sont toutes boisées ; et à gauche, nous avons de hautes montagnes uniformément couvertes d'orge et serpentées de lignes de figuiers et de lauriers. Ces lignes d'arbres poussent au bord des torrents qui coulent du haut en ravinant le sol, et cela ressemble à une immense plaque de marbre jaune veiné de vert. Enfin, après avoir traversé la rivière — à un endroit où son lit, très-large, laisse des îlots de terrain garnis de grandes touffes de lauriers roses, ce qui forme des abris ombragés et charmants — nous passons sous d'énormes frênes, et nous entrons dans un taillis de broussailles où disparaît par moment le sentier. J'espère cette fois entrer dans la forêt, mais j'espère en vain : je la vois toujours à notre droite et nous sortons de ce taillis pour suivre encore le bord de la rivière. Evidemment les turcos nous ont égarés ; je le fais remarquer à l'ordonnance qui parle un peu arabe, il leur reproche de ne pas savoir le chemin, leur dit des sottises, s'empare d'une nouvelle flûte que s'est faite l'Arabe orgueilleux et insouciant, et dans la lutte le fait tomber de cheval. Mais cela n'aboutit à rien.

Cependant, nous cheminons depuis le matin et la journée s'avance ; le soleil est couché, nous ne rencontrons plus depuis longtemps aucun village et nous ne savons où nous allons, —bien que nos Arabes, qui sont menteurs et ne doutent de rien, répondent de nous faire arriver avant la nuit à des habitations. Ils galopent en avant pour aller à la découverte, et nous voyons bien qu'ils avancent au hasard. L'endroit où nous sommes est assez sauvage, surtout à cette heure avancée. C'est une gorge large et profonde au bas d'immenses montagnes toutes couvertes de grands pins et de chênes, et présentant, à perte de vue, des ondulations boisées en arrière de hauts monticules coniques, formant entre eux des ravins impénétrables et des gorges plus sombres. (N° 54). Nous traversons encore la rivière à côté d'un vieux pont en ruine, dont les arches sont tombées dans l'eau presque entières et sans se démolir. Il me semble même qu'on les a nouvellement cimentées pour les conserver ainsi. Dans tous les cas, c'est évidemment la ligne de l'ancien chemin des Turcs dans l'Atlas, dont le capitaine m'a parlé ; et j'espère que nos guides vont se reconnaître. Mais le chemin est entièrement détruit, effacé, et nous le distinguons à peine. Bientôt la nuit devient trop sombre, et les Arabes s'arrêtent tout-à-coup dans une prairie où ils déchargent les mulets et où nous campons, — ne pouvant aller plus loin à cause de l'obscurité... —

Ils nous assurent qu'ils veilleront et nous protègeront contre les Kabyles et les bêtes fauves, mais je n'ai pas grande confiance en eux ; aussi je réamorce mon fusil, je tire de ma malle mon révolver, et nous nous organisons pour passer la nuit. L'ordonnance a heureusement dans les cantines du capitaine une bougie et du linge. Il tend deux draps superposés sur ma canne d'ombrelle et sur un faisceau de mes cannes de palmier fichés en terre ; il noue les quatre bouts à des ficelles qu'il attache à des touffes de genets ou d'herbes ; il étend sous cette tente improvisée les tellis en guise de matelas, et mon sac nous sert de traversin. Je mets ma malle devant ma tête pour me garantir un peu de l'air ou d'une attaque, mon fusil à côté de moi, mon révolver dans ma poche et je me couche, après avoir mangé un morceau sans boire — car nous n'avons pas d'eau, — et bien décidé à ne pas fermer l'œil. D'autant plus, que nous entendons depuis un moment des rugissements effrayants, tantôt éloignés tantôt rapprochés, qui nous annoncent qu'un lion se promène dans la montagne..... Et, bien que je sache que le lion n'est dangereux que lorsqu'on l'attaque ou qu'il est trop affamé, ces rugissements magnifiques au *Jardin des Plantes* me paraissent *ici* assez désagréables ; — de même qu'aux Arabes, qui couchés devant la tente, relèvent à chaque instant la tête en prêtant l'oreille avec inquiétude...

Cependant, je suis tellement fatigué, que malgré mes craintes et ma résolution, malgré les rugissements et les cris des chacals et des hiènes qui viennent rôder tout près de nous, je m'endors ; et je ne m'éveille que le matin à trois heures.

1er Juillet.

Nous nous remettons en route à trois heures et demie; il fait un peu clair, grâce à la lune qui s'est levée pendant mon sommeil, mais nous ne savons ni quel chemin il nous reste à faire ni où nous allons. Il tombe une ennuyeuse pluie fine ; mon mulet est mal sanglé, je descends, le fais ressangler et pendant ce temps-là je perds de vue l'ordonnance qui marche en avant. Nous montons une longue pente et nous rencontrons des Kabyles à qui nous demandons notre chemin : nous sommes bien dans la direction d'Alger, disent-ils, mais nous avons fait le tour de la forêt ce qui est bien plus long que de la traverser... Je crois que les turcos ont craint les bêtes fauves, parce que quelques jours avant une panthère a dévoré un berger arabe.

Ensuite, nous gravissons des sentiers pierreux et difficiles, dont j'ai eu assez antérieurement : d'autant plus que nos montures sont très-fatiguées et butent à chaque instant. Puis, nous traversons un village assez bien cultivé; avec des clôtures faites de branches de lauriers roses, pliées et piquées en terre; et j'y remarque de la vigne. Enfin après quatre heures de montée, étant au haut d'une montagne escarpée, j'aperçois au-dessous de moi l'ordonnance et ses muletiers qui traversent une rivière ; mais, bien que j'entende le bruit de leur voix, il me faut plus d'une heure pour arriver où ils sont. En descendant, nous rencontrons une grande porte de roseaux à claire-voie, qui ferme le chemin passant au milieu d'un champ cultivé; mais il suffit pour l'ouvrir de la pousser et les mulets le font eux-mêmes avec leur tête.

Lorsque j'ai rejoint notre avant-garde et que nous sommes tous réunis, nous continuons ensemble une descente interminable et en lacet dans d'énormes montagnes, aux cimes arrondies, couvertes de bois ou de broussailles, avec des gorges suisses où jaunissent des champs d'orge : ce sont les montagnes de l'Atlas, que nous traversons depuis le matin, et dont les cimes s'estompent et disparaissent par moment dans le brouillard ou dans les nuages. A chaque contour des ravins nous reconnaissons, à des murs dégradés mais encore debout et remblayant les profondeurs, la route turque : et nous suivons à pied une vilaine descente où les mulets glissent dans la terre grasse et humide. Nous remontons à cheval dans le bas pour passer la rivière ; et ensuite, nous avançons encore longtemps dans des montagnes boisées où, de l'autre côté des gorges sur les revers en face de nous, nous voyons de longues lignes blanches qui sont des routes tracées par les Français et conduisant à Aumale, à Fort-Napoléon et à différents centres habités.

A midi, nous apercevons la mer à l'horizon et un fort crénelé sur une hauteur ; le chemin devient meilleur, il est presque entretenu. Puis, nous débouchons sur une grande route, nous passons devant des fermes, des maisons de campagne, nous rencontrons des charrettes et ces types, mixtes et négligés d'allures et de vêtements qui se voient autour des villes de l'Algérie. Bientôt nous arrivons devant un faubourg, une ville française entourée de murs, et nous croyons être aux portes d'Alger ! Mais ce n'est encore que Fondouk où nous devions arriver hier au soir... Néanmoins, nous sommes arrivés, car nous n'avons plus que quatre heures de marche de Fondouk à Alger, et sur une bonne route.

ARRIVÉE A ALGER. — LA VILLE ARABE ET LA VILLE FRANÇAISE. — LE PORT, LA CASBAH, LES JARDINS ET LES MONUMENTS. — ASPECT DES ARABES ET DES MAURESSES, DES JUIVES ET DES NÉGRESSES D'ALGER. — LES CAFÉS MAURES.

Cependant tel fatigué que je sois de mon voyage ou que vous le soyez vous-mêmes de me lire, il nous faut encore faire ces quatre heures de marche. Pour cela, nous quittons Fondouk en passant devant une promenade plantée d'arbres, sous lesquels des Indigènes étalent diverses marchandises ; car c'est jour de marché. L'un vend des couffins en alfa, de doubles corbeilles pour charger les ânes et les mulets, des tabourets en fenouil, ou bien des pots pour le kouskous et de grands plats kabyles en bois ; d'autres, assis autour d'une fontaine, raccommodent les chaussures ou font bouillir du café pour les amateurs arabes. En dehors du mur d'enceinte il y a plusieurs bouchers mozabites, dont l'étalage est très-simple : ils tuent et écorchent leurs moutons sur place, ils les détaillent, puis ils pendent les morceaux à trois perches de bois réunies en faisceau et qui sont garnies de clous ou de crochets. (N° 63.)

Bientôt, nous retrouvons le calme et l'isolement sur la grande route d'Alger, qui est aussi bien tenue que celles de France. D'abord nous ne la trouvons peuplée que par de grandes cigognes peu sauvages, qui s'envolent seulement à quelques pas devant nous pour aller se poser un peu plus loin et s'envoler encore ; mais, en avançant toujours, la route s'anime de plus en plus. Nous laissons derrière nous et à notre gauche les montagnes du Petit-Atlas où nous avons passé le matin, et nous traversons l'immense et fertile plaine de la Métidjah, entièrement convertie en prairies et en champs de blés abondants. Les foins sont enlevés et les moissons s'achèvent ; car nous rencontrons à chaque instant des groupes de moissonneurs kabyles, qui sont venus pour les faire et qui retournent dans leurs montagnes, avec leur faucille triangulaire et à dents de scie et avec leur grosse gourde pendue derrière le dos. D'un autre côté, de grandes charrettes bleues, attelées de plusieurs chevaux, emmènent des gerbes ; et l'on a besoin de voir tout cela pour savoir que les blés sont coupés, car les chaumes sont laissés très-hauts sur terre. Plus loin, la route est bordée de fermes, de petites auberges, de vide-bouteilles, et nous voyons miroiter les maisons d'Alger au-dessus de la mer. Bientôt, nous passons devant la *Maison carrée*, grande caserne construite par les Turcs pour surveiller la plaine ; elle est en effet carrée, avec de hautes murailles percées de nombreuses ouvertures et d'une seule porte cintrée sur la route. Ensuite, après une descente, nous passons sur le pont d'une rivière, l'*Arach*, et sous celui du chemin de fer ; puis, nous atteignons le village de l'*Aga-Mustapha*, qui est comme un faubourg de la métropole.

Là, nous trouvons toute l'animation des abords d'une grande ville française : de nombreux piétons et de nombreuses voitures publiques se croisent, le chemin poudreux est bordé de beaux mûriers et de constructions de plus en plus rapprochées et importantes ; telles que la *Manufacture des Tabacs* et l'entrée du *Jardin d'essais*. A droite, sont les jardins potagers qui fournissent à la France les primeurs en hiver. Au-dessus de leurs murs s'élèvent les hautes tiges fleuries des agaves, et les *norias* ou longues chaînes garnies de godets de terre, mises en mouvement par une roue et un mulet pour puiser l'eau des arrosages. A gauche s'étend l'agréable coteau de *Mustapha*, avec son damier de maisons blanches dans les massifs d'arbres verts et en fleurs. C'est là que sont les villas, les maisons de plaisance d'Alger, qui bien qu'entourées de charmants ombrages, ont toutes une magnifique vue sur la mer ; sur la mer que je vois aussi de la route, baignant à l'extrémité de la rade, le phare de l'Amirauté et la ville en amphithéâtre.

Enfin j'arrive. Mais je n'ai pas quitté mes vêtements depuis trois jours, pendant lesquels j'ai essuyé la pluie, la chaleur et la poussière ; et mon accoutrement négligé de voyageur jure tellement avec la tenue soignée des personnes et des choses que je rencontre en ville, que je m'arrête à l'hôtel d'*Europe* qui est le premier que je trouve sur mon passage. Heureusement, le hasard ne me sert pas mal, car il est à côté du théâtre, sur la place *Napoléon*, et il offre tout le luxe et le confort désirables.

2 Juillet.

Alger, assis en amphithéâtre sur le bord de la mer, présente trois villes ou trois aspects bien différents qui, selon moi, font son originalité et sa beauté. Au centre est la ville française, à gauche séchelonne sur la hauteur le quartier entièrement arabe, et à droite sont le port et le quartier de la marine qui offrent tout le spectacle et le mouvement d'une ville maritime.

Au milieu de ces quartiers distincts circule une population très-variée de types, de costumes et de couleur : ce sont des Français militaires et civils, des Espagnols, des Allemands, des Mahonnais ; des Nègres et des Négresses, des Juifs et des Juives, et surtout des Arabes et des Mauresses. Je ne vous dépeindrai que ces trois parties féminines de la population, car vous vous ferez aisément l'idée des autres.

Les Négresses d'Alger, qui viennent généralement de Tombouctou, ont les traits grossiers et affreux. Elles portent toutes une pièce d'étoffe de couleur sur la poitrine, retenue par une ceinture ; une jupe étroite, ordinairement bleue et garnie d'une large rayure jaune et rouge ; enfin une longue draperie bleue sur la tête et le dos, avec les bras et les jambes nus.

Les Juives ont ici comme à Constantine (N° 28) un corsage bordé, à l'emmanchure et autour du cou, par un galon d'or qui s'élargit en forme de cœur sur la poitrine ; leur jupe est tantôt de la couleur du corsage, tantôt d'une couleur différente ; et elles ont invariablement pour chaussure de petites pantoufles, quelquefois en velours brodé d'or, toujours pointues et sans quartiers, avec lesquelles il faut une grande habitude pour marcher. Leur coiffure est un mouchoir de soie, qui maintient les cheveux noués sur le derrière de la tête et dont les deux bouts, tissés d'or ou d'argent, retombent sur le dos ; et souvent, un morceau de tulle ou de gaze est censé leur cacher le bas de la figure. Malheureusement *pour le voyageur*, les Juives d'Alger se francisent et elles portent presque toutes un châle, des bas et des gants. Les jeunes filles sont mises de même ; seulement leur coiffure — tant qu'elles ne sont pas mariées — est une petite calotte pointue, coquettement placée sur un côté de la tête, et formée par des galons d'or ou des rangs de sequins, avec un gros gland en or ou en soie.

Les Mauresques d'Alger — qu'il est plus juste d'appeler Mauresses — ont des habitudes et un costume différents des autres femmes arabes. Elles se promènent seules et continuellement par la ville ; mais, comme la religion musulmane prescrit à la femme de se conserver entièrement pour son mari, lorsqu'elles sortent, elles s'affublent toutes d'un large pantalon blanc descendant jusqu'au-dessous du mollet ; elles recouvrent leur tête, jusqu'à moitié front, d'un long voile également blanc (*foutah*) que leur main retient croisé sur la poitrine ; et une pièce d'étoffe (*rdjar*), attachée au-dessus des oreilles, leur cache le bas de la figure jusqu'aux yeux que l'on voit briller sous leurs grands sourcils noirs. (N° 56). A ces yeux, seuls visibles, il faut reconnaître si la femme est jolie ou ne l'est pas.... Du reste, ces dominos blancs ou ces petits fantômes, que l'on rencontre à chaque pas, se laissent assez complaisamment examiner tout en vous examinant curieusement vous-même.

Si vous voulez visiter la métropole avec moi, nous allons grimper d'abord au quartier arabe. Il y a derrière le théâtre un escalier monumental qui y monte en zigzags ; mais je préfère suivre les rues pour voir leur caractère. La transition entre la ville française et la ville arabe est occupée par des boutiques juives garnies de cotonnades de couleur, et de babouches, de savates et de souliers plus ou moins brodés pour les Indigènes ; ou bien par des boutiques de boulangers arabes. Ces derniers embarrassent souvent le chemin avec des planches sur lesquelles ils placent leurs petits pains ronds et leurs galettes, qu'ils font cuire dans un four toujours ouvert, car, à peine ont ils fini d'enfourner qu'ils retirent les premiers mis. Ils les jettent alors en tas par côté, où de petits Arabes de bonne figure les prennent et les alignent sur une planche, qu'ils portent très-adroitement sur leur tête dans les boulangeries ou par la ville.

Ensuite, on monte continuellement par des rues étroites et en pente, qui sont pavées de petits grès noirâtres très-glissants sur lesquels les Arabes seuls courent pieds nus et sans danger. Les quartiers qui ont le plus conservé le caractère étranger sont ceux de *Sidi-Abdallah*, de *Sidi-Mohamed-Schérif*, et la rue de la *Casbah* ainsi que celles qui y aboutissent. Là, toutes les maisons ont l'étage supérieur avançant en saillie sur la rue et supporté par des travons et de grosses perches rondes, plus ou moins régulièrement fichées dans le mur en manière de consoles ; et tout cela est recouvert d'un blanc et hygiènique lait de chaux. En certains endroits, soit pour intercepter entièrement l'ardeur du soleil, soit parce que les consoles ont fléchi, les maisons se joignent dans le haut, s'appuient les unes contre les autres, et forment une voûte sombre où percent seulement quelques rayons de lumière. (N° 56.)

Cette demi-obscurité abrite de nombreuses toiles d'araignées, en même temps qu'elle favorise la trame des intrigues amoureuses, — comme vous allez le voir avec moi tout-à-l'heure.

Je m'étais assis pour dessiner dans une petite rue qui aboutit à celle de la Casbah. Elle était solitaire comme la plupart des rues de ce quartier, car là, il n'y a ni boutiques, ni fenêtres, mais des portes presque toujours closes ; et les femmes mauresses qui sortent pour se promener ou faire des emplettes descendent toutes dans la ville française. Seulement, à de longs intervalles, il avait passé — longtemps précédée par sa voix perçante — une Négresse portant sur sa tête une corbeille de petits pains sans levain, et s'arrêtant par moment en criant : « *Sordi ! Sordi ! (un sou ! un sou !)* » Alors une des portes s'était entrebaillée ; deux petits Arabes avaient paru ; le plus jeune était aussitôt rentré en m'apercevant ; mais l'autre s'était curieusement assis devant moi, puis, sans que j'en comprisse la raison, il s'était brusquement enfui. Ensuite, j'avais vu sortir d'une autre maison une jeune Mauresse, suivie d'une vieille femme aussi laide que la première semblait jolie. Celle-ci, en me voyant dessiner, s'approcha, et, en me montrant sa figure avec un gracieux geste de la main, elle me dit, en riant, quelques mots que je ne compris pas, mais qui probablement me demandaient si je voulais faire son portrait. Je lui fis signe que oui ; mais la duègne qui l'accompagnait la bourra, la poussa et lui fit continuer son chemin avec tant d'effroi et d'insistance, qu'elle n'eut pas le temps de me répondre. Puis la rue demeura déserte et silencieuse un très-long temps.

Plus tard, il survient un Arabe assez simplement mis qui paraît être un serviteur, il suit et inspecte attentivement la rue, il m'examine avec une sorte d'inquiétude, puis il s'engage dans la partie sombre formée par le surplomb des maisons ; là il s'arrête, regarde ou écoute et revient sur ses pas. Un moment après, je le vois revenir avec un grand Nègre et avec un Arabe enveloppé dans un burnous brun à glands rouges et à gances d'or, qui semble être le maître des deux premiers. L'Arabe ralentit sa marche, le Nègre le précède et va jusqu'à une petite porte qui a une grosse pierre pour escalier ; il frappe dans ses mains d'une certaine manière, la porte s'ouvre, et alors le chef resté en arrière avance à grands pas, entre seul et la porte se referme. Je ne sais si je me trompai, mais je crus voir là un rendez-vous d'amour pendant l'absence d'un mari...

Maintenant, que je vous ai montré l'aspect des rues et l'extérieur des maisons mauresques, si vous êtes accompagné par une personne assez puissante pour vous faire pénétrer dans l'intérieur des habitations et des familles, — ce qui n'est pas très-facile, — vous verrez ceci :

Dans une petite cour à ciel ouvert, carrée et entourée de plusieurs étages de galeries à arcades, supportées les unes au-dessus des autres par des colonnes de marbre plus ou moins sculptées et luxueuses; il y a ordinairement, ou une fontaine jaillissante, ou un palmier, ou un bananier dont l'épais feuillage amortit l'ardeur du soleil. Sous l'ombre ou sous la fraîcheur de l'arbre ou de la fontaine, des femmes mauresses sont couchées ou assises sur un tapis, causant, recevant des visites ou prenant des sorbets. Elles ont alors la figure découverte et portent leur beau costume, qui se compose de vêtements de soie, de satin et de gaze brodés d'or, avec de nombreux colliers et bracelets; mais je préfère vous le dessiner que vous le décrire. (N° 57). Dans la cour, sous les galeries et autour des colonnes, courent et jouent les enfants de tout âge ; tandis que le mari arabe, ou plutôt le maître — qui cependant est moins maître dans sa maison qu'on ne le croit, car il entre rarement dans l'appartement de ses femmes sans les faire prévenir et sans leur en demander, en quelque sorte, la permission — tandis que le mari, dis-je, se tient accroupi dans une de ces niches ceintrées qui sont ici ménagées dans les murs. Là, il fume à l'ombre son narghilé, en promenant sur sa famille ses yeux calmes, satisfaits ou jaloux, suivant la disposition morale de ses pensées.

Tel est l'intérieur des habitations mauresques.

Mais, lorsque le mari arabe consent à vous y laisser pénétrer, quatre fois sur cinq ses femmes auront revêtu leur domino blanc; et encore, en sa présence, cacheront-elles devant vous leurs yeux avec un coin de leur voile.

Après avoir exploré ainsi le quartier arabe, je monte au haut de la ville par une rue rapide, glissante et souvent coupée par des voûtes; puis, en dehors d'une espèce de porte autrefois fortifiée, je me trouve au pied des hautes murailles de la *casbah*, l'ancienne citadelle du Dey. C'est un épais massif de maçonnerie en briques et en terre, irrégulier, immense, percé de nombreuses meurtrières et couronné de créneaux. J'y pénètre par une large porte voûtée; et en circulant dans ces vastes constructions, occupées militairement mais ouvertes à tout le monde pendant le jour, je rencontre un chemin planté d'arbres; je passe devant une fontaine mauresque, devant des masures en terre, des casernes, des cantines; je traverse une place encombrée de canons; et en suivant une espèce de rue montante et sinueuse, j'arrive au donjon, au point culminant de la casbah. Sur cette haute terrasse je ne trouve qu'un poste d'artilleurs, qui s'amusent à contrarier un singe enchaîné au mur, et de longues pièces de canon qui garnissent les embrasures; mais par ces embrasures je découvre une vue magnifique. J'ai au loin, bien au-dessous de moi, la pleine mer avec son immensité imposante, sur laquelle quelques grands navires apparaissent comme des points blancs; et à mes pieds, le port et la ville tout entière, avec ses toits, ses terrasses en gradins et ses éblouissantes murailles blanches.

Lorsque j'ai promené mes regards sur ce beau panorama, je descends, et je fais le tour d'Alger en suivant en dehors son ancienne enceinte, qui est — ou plutôt qui était car on l'a récemment démolie — une suite de hautes et épaisses murailles en briques et en terre, descendant de la casbah jusqu'à la mer en formant une longue ligne de créneaux en escaliers. De ce côté l'aspect change sans cesser d'être joli : l'on découvre la campagne, et elle présente de riches vallées formées par de grandes ondulations de terrain, sillonnées par de nombreuses routes et animées par de nombreuses maisons de campagne. A gauche est, derrière le fort l'Empereur, le village d'*Elbiar*, à droite sur le bord de la mer celui de *St-Eugène*, et, de l'autre côté de la montagne, *Sidi-Ferruch* où les Français débarquèrent en 1830. (N° 55.)

Tout en descendant avec la pente de la ville par un sentier très-rapide, je vois une petite mosquée très-jolie : elle est toute incrustée de carreaux bleus vernis, et son minaret est formé par des colonnettes sculptées ; puis, je rencontre et je traverse le jardin *Marengo*. C'est une pittoresque et agréable promenade publique, garnie de dattiers, d'arbustes et de toute sorte de fleurs ; de sentiers escarpés, de jets d'eau, de terrasses et de kiosques rustiques. Je me repose quelques instants au pied d'une colonne, dédiée à l'Empereur avec les noms gravés de ses victoires ; puis, je descends toujours, et après avoir passé devant un grand pavillon destiné aux concerts des dimanches, je sors du côté de la cité *Bugeaud*, et je rentre dans la ville par la rue *Bab-el-Oued*.

Ici, je dois vous dire qu'Alger est traversé d'un bout
à l'autre, ou plutôt d'une porte à une autre, par une
rue centrale, garnie d'arcades couvertes et de magasins
français; cette rue s'appelle du côté du nord *Bab-el-
Oued*, et du côté du sud *Bab-Azoun*. Dans son milieu,
cette rue rencontre la place du *Gouvernement*, où se
voient une promenade de grands orangers en pleine terre
et une statue équestre du duc d'Orléans : du côté de
la mer il n'y a pas de maisons, la place forme terrasse
sur le port et il y a, sans cesse accoudés sur la balus-
trade de pierre, de nombreux flaneurs qui regardent
partir ou arriver les navires. Pour moi, en continuant
mon chemin dans la direction du théâtre, je rencontre
de larges escaliers; je monte et j'arrive à la place de
Chartres, moins belle que la première mais également
ornée de portiques et d'une fontaine jaillissante. Et c'est
la dernière chose que je visite ce jour-là.

3 Juillet.

Le matin, je descends au port par un escalier qui
conduit sur le bord de la mer, et je suis un très-large
quai qui règne au bas des maisons d'Alger et qui est
encombré de filets de pêcheurs et de marchandises.
Plus loin est la magnifique terrasse, appelée *Boulevard
de l'Impératrice*.

Au nord, le port est fermé par une épaisse et haute
muraille, et à l'est, par un retour de rochers sur lesquels sont construits les bâtiments et magasins de la
marine. C'était là l'ancien port des Turcs ; mais depuis

l'occupation française, sa grandeur a été considérablement augmentée par des jetées qui s'étendent en face de la ville et dont l'une, en demi-cercle pour briser les lames et faciliter l'entrée du port, n'a pas produit tout le résultat attendu. Quoi qu'il en soit, le port est très-vaste et très-bien défendu par trois fortes batteries : celle de Bab-Azoun, celle du Centre, et celle de l'Amirauté.

En suivant toujours le large quai, bordé de barques, de bateaux à vapeur, et de vaisseaux à voiles, je rencontre le bâtiment de la Santé établi sur le port, le logement et le pavillon de l'Amiral, et le quartier de la marine : quartier, où je ne vois que des canons turcs réformés et fichés en terre en guise de bornes d'amarre, des matelots au travail ou en promenade, des chantiers de construction, et des officiers de marine. Après, je passe sous de basses et larges voûtes, qui forment une galerie sombre au-dessus de laquelle sont construits les bâtiments de l'Amirauté; et ensuite, j'arrive au phare, haute et massive tour qui s'élève au-dessus des magasins à poudre et d'une formidable batterie.

Je monte, par un escalier intérieur, à la plate-forme du phare ou je ne rencontre qu'un vent très-violent et des poules, celles-ci vivant en compagnie du matelot de garde qui signale l'arrivée ou la vue en mer des gros navires et des vapeurs.

D'ici Alger s'aperçoit en entier et c'est, selon moi, son plus joli côté. A gauche, sur les hauteurs, sont le fort l'*Empereur*, et la *Casbah* qui couronne l'amphithéâtre de maisons blanches du quartier arabe ; au bas, la ville française, la terrasse de la place du *Gouvernement*, les coupoles et les minarets des mosquées ; puis, s'étendant à droite, la cité *Bugeaud*, le *fort neuf*, baignant dans la mer, et au loin le village *St-Eugène* ; enfin en face de la ville, le port avec toutes ses batteries et ses navires. (N° 55.)

Après avoir vu et dessiné tout cela, je reviens au centre de la ville par la rue de la *Marine* ; et après avoir traversé la place du *Gouvernement*, je visite l'église cathédrale, qui est grande mais n'a rien de remarquable, et j'entre à l'Archevêché qui est en face d'elle. C'est une construction entièrement arabe, sans apparence extérieure, mais très-belle intérieurement. La cour, recouverte par un grand vitrage, est toute en marbre blanc richement sculpté, piliers, colonnes et escaliers ; et les balustrades des galeries supérieures sont des boiseries, je crois en ébène, très-finement et adroitement découpées.

Comme le palais du Gouverneur est à côté de l'église, je ne passerai pas sans vous le faire connaître en quelques mots. Extérieurement, il a une façade arabe, avec des fenêtres ogivales peinturées d'une bordure de couleur ainsi que les guérites des factionnaires ; intérieurement, un large escalier conduit à la cour centrale, très-jolie et très-riche en colonnes de marbre doré et en boiseries sculptées ; ce qui contraste avec les balustrades supérieures qui sont peintes en rouge, en bleu, en vert et en jaune. Au rez-de-chaussée de cette cour luxueuse sont les salons de réception, joignant une longue galerie dont le plafond est une suite d'arabesques dorées et en saillie, et dont le meuble et les tentures sont en damas algérien, avec les portraits en pied de l'Empereur et de l'Impératrice encadrés dans les draperies soyeuses. Il est facile de se faire l'idée de la beauté et de l'originalité d'une fête de nuit dans ces appartements orientaux, éblouissants de marbre, de dorures et de couleurs variées et pittoresques. Au premier étage se voit encore l'ancien salon du Dey, précédé d'une anti-chambre toute en vitrage et donnant sur la cour. L'on entre dans ce salon par une large arcade ogivale ornée en dessous de peintures de fleurs, d'oiseaux et d'arabesques ; le plafond est tout en dorures, le plancher en carreaux vernis, les meubles sont à panneaux arabes sculptés en zigzags et dorés, et sous des espèces de voûtes ou de niches ogivales très-gracieuses règnent des divans de satin, surmontés de belles glaces de Venise. Les appartements particuliers, notamment la petite salle à manger, sont tout arabes et conservent un caractère assez curieux.

De la place où donnent l'église, l'évêché et le palais du Gouverneur, l'on peut entrer dans le bazar algérien où se vendent tous les objets du luxe indigène. C'est un long passage, garni de boutiques de soiries rayées et brochées d'or ou d'argent, de burnous de toutes les couleurs, de savates, de pantoufles, de babouches brodées ; d'essences orientales, de plats et de brule-parfums en métal ciselé, de bijoux, de bracelets et de colliers pour les femmes mauresses ; enfin d'œufs d'autruche, d'éventails et d'étagères algériennes ; de tabacs étrangers, de blagues en maroquin parfumé, de pipes en racines de caroubier ; de toutes sortes d'armes arabes et de doubles bottes rouges pour les cavaliers. Au centre du bazar est une rotonde (*le Bezeistein*), qui est occupée en grande partie par les tailleurs qui confectionnent ces riches vêtements brodés avec des soutaches d'or ou de soie de couleur; et c'est là que se fait, à certaines heures, la vente à l'enchère des objets arabes en promenant la marchandise au milieu des groupes d'acheteurs. Inutile de dire que les marchands sont Juifs, car l'on doit se rappeler que les Arabes méprisent autant le commerce qu'ils méprisent ce peuple commerçant. Mais néanmoins, depuis l'occupation française ils sont forcés — à leur grand regret — de traiter équitablement les Juis et de compter avec eux comme avec tout autre, car ils sont devenus leurs égaux devant nos lois; et c'est là, je crois. la seule chose que les Arabes regrettent de la domination des Turcs.

Avant de retourner à l'hôtel, je visite un café maure. Ces cafés sont fréquentés à Alger comme en France par les oisifs, qui y passent leur temps à causer, à jouer au *riddez*; ou bien à ne rien faire que prendre à de fréquents intervalles la liqueur noire, sans sucre et dans de petites tasses sans soucoupes. Quelques-uns de ces établissements sont décorés d'arabesques et assez luxueux; tous ont autour des murs un large rayon, plus ou moins garni de nattes et de tapis, sur lequel les clients montent — après avoir quitté leur chaussure — et se tiennent assis les jambes croisées. Là ils fument, causent entre eux, ou le plus souvent restent toute la journée sans rien dire et sans penser : absorbant silencieusement de nombreuses tasses de café, que leur apportent un Nègre ou un jeune Arabe dans de petites cafetières à long manche qui contiennent chacune la mesure d'une tasse. (N° 66.)

Les Arabes, auxquels la loi de Mahomet défend expressément l'usage des liqueurs, sont très-heureux d'avoir trouvé dans l'infusion de *Moka* une défaite pour satisfaire leur gourmandise, car ils ne voient pas là une boisson enivrante. Au commencement, quelques disciples fervents de l'Islamisme désapprouvèrent la liqueur nouvelle ; mais bientôt les goûts sensuels des Musulmans l'emportèrent sur l'esprit religieux, et la liqueur fut admise comme n'étant pas fermentée... Aussi, l'on doit se rappeler que le café fut introduit en France par un ambassadeur turc, Soliman Aga, en 1669 ; et qu'il était en usage dans l'orient (bien avant Mahomet) depuis 1258 ; — époque à laquelle un Muphti arabe de Moka, voulant prolonger ses prières et ses veilles plus que les Derviches les plus dévots, imagina de boire des infusions des fruits du caféier, dont il connaissait l'effet irritant sur les chèvres qui en mangeaient dans la montagne. Puis, il fit religieusement part de sa découverte à ses disciples. Mais le pieux expédient du saint homme fut dénaturé ; car, le goût de cette boisson étant trouvé bon, l'usage s'en repandit bien vite chez les Turcs, les Persans et les Arméniens dans un but uniquement profane...

Ici, je ferai une remarque, c'est que les Arabes d'Alger conservent au physique la trace évidente du séjour prolongé des Turcs parmi eux. Ils ne ressemblent pas aux Arabes des autres localités. Ils ne portent plus sur la tête le haïk serré avec une corde et formant la coiffe bédouine, mais généralement le turban et la veste turcs; ils ont plus d'embonpoint, sont moins grands et moins nerveux; ils ont la figure grasse, souvent boursoufflée et sans barbe comme les Osmanlis, ou bien hâve, avec des yeux fixes, ronds et une barbe hérissée comme les anciens pirates du Riff. (N° 66.)

VISITE AUX MOSQUÉES ET AUX GRANDS-PRÊTRES LES MUPHTIS. — LE TRIBUNAL DU MEDJELÈS.

4 Juillet.

Je vais rendre visite à M. Baltar, adjoint au Bureau arabe départemental, qui malgré ses occupations m'a promis de m'accompagner dans les mosquées.

D'abord il me montre, à la Préfecture, le tribunal des *Amins* indigènes des Tunisiens, des Mozabites, des Kabyles, des Nègres, des Marocains, etc. (*) qui représentent et me rappellent dans le même groupe tous les types arabes que j'ai rencontrés dans mon voyage. La seule chose nouvelle que je remarque dans les bureaux — ou plutôt qu'il m'explique, — c'est que tous les *taleb*, savants, écrivains ou prêtres arabes ont pour coiffure caractéristique un haut turban très-blanc et formé non pas par une écharpe roulée en plusieurs tours, mais par une fine étoffe soigneusement tendue, presque sans faire de plis, sur une calotte en forme de dôme.

Delà, en passant dans de petites rues sombres **et** voûtées, nous gagnons celle de la *Marine*, où est **la**

(*) Voir page 175 où il est parlé des Amins.

mosquée *Maleki*. Mais d'abord, je ferais bien de vous rappeler que la religion musulmane a quatre rites distincts : le rite arabe, *Maléki*; le rite turc, *Hanefi*; et les rites *Chafaï* et *Hambli*, non représentés en Algérie.

La grande mosquée arabe présente une longue façade d'arcades mauresques sur la rue de la *Marine*; elles sont blanches avec une frise en carreaux bleus vernis, et vers le milieu, il y a une jolie fontaine publique dans le même style, dont l'eau retombe d'une vasque de marbre dans les bidons des porteurs d'eau Nègres, Biskris ou Cologlis (*), ce qui offre un tableau d'un caractère tout-à-fait étranger. L'intérieur de la mosquée, où l'on arrive après avoir traversé une cour, est tout en arcades également mauresques et d'une blancheur éclatante; elles sont elliptiques, demi-rondes ou ovales, toutes dentelées, à jour et supportées sur de gros piliers entre lesquels pendent des lampes orientales. Il y a des paillassons partout, excepté du côté où se tient le Muphti et où est étendu un immense et beau tapis. En face l'on sort de plein pied dans une cour très-propre, où une fontaine, abritée dans un kiosque à dôme oriental, coule pour les ablutions que chaque croyant doit faire avant ses prières. La cour est dallée, mais néanmoins la fontaine est sous l'ombre de quatre gros arbres, qui poussent avec des roses à bâton dans de petits ronds de terrain ménagé dans le sol de pierre.

Le jeune garçon, qui nous accompagne en tenant respectueusement ses babouches à la main, a une figure sérieuse et raisonnable qui me rappelle — même à son

(*) Fils de Turc et de Mauresse.

âge—cette dignité arabe dont j'ai été bien souvent déjà témoin et jaloux. Il me cueille par politesse une fleur des mauves qu'il m'offre sans affectation, et il nous conduit par un petit escalier tournant, au haut du minaret, où l'on hisse à une espèce de potence un drapeau vert pour les fêtes et un drapeau blanc pour les prières de chaque jour. L'on sait, qu'au haut de ces minarets les *Muezzins* montent, au soleil levant, à midi, au coucher du soleil et à l'heure de minuit, pour y clamer, y psalmodier une exhortation à la prière qui peut se traduire ainsi : « *Dieu est grand et le plus grand, Mahomet est son prophète. Croyants! venez à la prière, venez au temple du salut; car la prière est préférable à tout. Grand Dieu! il n'y a pas de Dieu sinon toi-même!* »

En retraversant la première cour, nous entrons au *Medjelès* ou tribunal supérieur indigène : il rappelle le nôtre, à part que les personnages ont des costumes différents et sont assis à terre ou sur les tables. Au haut de la pièce, les juges, à longue barbe blanche et assis les jambes croisées sur une estrade circulaire, sont séparés des plaideurs par une petite barrière ; et de chaque côté sont les greffiers et d'autres magistrats subalternes, avec leur longue écritoire dans la ceinture, leurs grosses lunettes sur le nez, et tous coiffés du turban à dôme des *taleb*. A gauche est une petite chambre formée et fermée par une grille, derrière laquelle les femmes arabes doivent se tenir, répondre et parler lorsqu'elles sont en instance.

J'ai déjà dit que les procès arabes commencent devant les *Cadis*, et vont ensuite devant les *Medjelès*.

Ce tribunal supérieur était autrefois souverain ; mais aujourd'hui, que l'on sape les institutions arabes, ce n'est plus qu'un tribunal de conseil qui donne simplement son avis, et les différends qui offrent de la gravité sont renvoyés devant un tribunal de première instance et enfin en cour d'appel.

Delà, M. Baltar va faire une visite — à cause de moi — au grand Muphti *Sidi-Hamida-ben-el-Amali*, que nous trouvons entouré de livres et de manuscrits dans son cabinet donnant sur le port. Ce cabinet est carré, tout petit, le plafond peut se toucher avec la main, et dans de grandes ogives mauresques, bordées de bleu, sont percées des fenêtres de forme bizarre au-dessus desquelles sont de petits tableaux chargés de sentences religieuses. Il y a des divans tout autour ; il nous fait asseoir ; il veut nous offrir le café sur une petite table orientale, difficile à décrire, et, tandis qu'il cause en arabe avec M. Baltar, tout en éloignant les mouches de sa figure avec un éventail de palmier, je fais son portrait. (N° 59.) En bon musulman, cela ne lui plaît pas trop ; mais comme il est plus intelligent que fanatique et qu'il voit que je persévère, il relève alors, il drape son écharpe de cachemire blanc bordée de palmes, — qu'il doit officiellement porter par-dessus son turban et retombante sur la poitrine. Il a pour costume d'intérieur une veste, un gilet et une large culotte d'une même couleur verte tirant sur le jaune.

Après être restés quelques instants, nous prenons congé du Grand-Prêtre, et nous allons voir la mosquée du rite turc *Hanefi*, qui donne sur la place du *Gouver-*

nement. Cette mosquée, entièrement à découvert du côté du port, présente extérieurement plusieurs dômes orientaux, autour desquels règne une galerie ogivale, d'où la vue s'étendant sur les navires et sur la mer est des plus pittoresques. Pour arriver à la mosquée, l'on descend une espèce d'escalier en contre-bas de la place et, après avoir passé sous un porche, l'on pénètre dans l'intérieur qui a la forme d'une basilique chrétienne. Il y a trois nefs dont les deux latérales sont interrompues, coupées pour imiter *une croix*; aussi l'architecte, qui était un Italien, a-t-il payé de sa tête à l'achèvement de la construction cette plaisanterie religieuse.

Intérieurement, à l'entrée, est une grande coupe de marbre, d'où une nappe d'eau jaillissante retombe continuellement dans un bassin circulaire, où les Arabes font leurs ablutions aussi hygiéniques que religieuses : c'est-à-dire qu'ils se lavent avant chacune de leurs prières, les jambes, les bras et la tête. Les nefs latérales sont garnies de deux rangs de galeries peintes en bleu et en rouge qui sont réservées pour les femmes ; et dans celle du milieu, où se tiennent les hommes, il y a un grand tabernacle à balustrades, ou mieux une petite terrasse carrée, supportée par quatre colonnes. On y monte par un escalier surmonté d'une espèce de chaire, surmontée elle-même d'une campanille, qui finit en pointe et par un croissant. Au fond du sanctuaire musulman est une sorte de grand rétable en marbre blanc ; il est couronné de créneaux pointus et percé de trois petites niches au-dessus d'une grande, dans laquelle se tient le Muphti assis sur un coussin. A côté est un petit minaret également de marbre, en forme de guérite pointue et à deux étages. Et ce sont là tous les ornements de la mosquée, avec deux larges chaises carrées, imitant des tribunes, quelques petits tableaux de marbre où sont gravées des sentences religieuses, et une suite de grosses boules de cuivre doré qui pendent du plafond en manière de lustres. (N° 60.)

En examinant tout cela, malgré les remontrances d'un Arabe qui nous poursuit pour nous faire quitter nos chaussures, nous rencontrons précisément le Muphti qui vient dire la prière. C'est un vieillard qui porte avec une bonne figure une longue barbe blanche et de grosses lunettes; il est vêtu de plusieurs draperies, de plusieurs écharpes à franges, et d'un burnous blanc. Il reconnait mon obligeant cicerone qui lui dit que je suis un Français, faisant en Algérie un voyage artistique, et il me touche la main en lui disant qu'il est bien content de m'avoir vu; puis, il nous quitte pour aller officier.

Alors il va s'asseoir dans sa niche de marbre, plusieurs enfants montent et se tiennent en rang sur la terrasse du tabernacle, de nombreux croyants sont déjà agenouillés dans la mosquée, et tous récitent la prière en psalmodiant lentement le chant religieux sur une seule note, par moment, par intervalles plus ou moins vive et bruyante. Puis, à chaque instant ils se prosternent la tête contre terre, se redressent, se cambrent et se prosternent de nouveau; et ces mouvements se font plus ou moins longtemps et avec plus ou moins d'exagération. Mais, comme c'est toujours la même chose et que nous ne partageons pas ces ferventes démonstrations musulmanes, nous sortons.

LES MOZABYTES. — LES BAINS MAURES OU LE SUPPLICE BIENFAISANT.

5 Juillet.

A Alger, comme dans toutes les villes habitées par des peuples musulmans, il y a plusieurs bains maures qui méritent d'être visités par les étrangers. Ces établissements sont tenus par des Mozabites, qui en ont en quelque sorte le privilége et voici pourquoi :

L'on raconte qu'en 1541 lorsque Charles-Quint tenta la conquête d'Alger (*), les Mozabites offrirent et promirent eu Dey de lui rendre le fort l'*Empereur* dont les Espagnols s'étaient emparés. Pour cela ils se déguisèrent en femmes, ce qui leur fut facile, grâce à leur petite taille et au costume voilé des Mauresses; puis, ils allèrent à l'entrée du fort en imitant les danses lascives de ces dernières. Les Espagnols, qui les voyaient du haut des murs où ils étaient enfermés depuis longtemps, se laissèrent séduire; plusieurs sortirent et voulurent rame-

(*) C'est alors que l'Empereur fit cette réponse au vieil amiral André Doria qui n'approuvait point ce projet hasardeux : « Mon père, 72 ans de vie à vous et 22 ans d'empire à moi doivent nous suffire... S'il faut périr, périssons! » Il ne périt pas, mais l'expédition fut malheureuse.

ner avec eux ces dangereuses conquêtes qui se laissèrent aisément entraîner, et une fois dans le fort, les Mozabites s'en rendirent maîtres... C'est pourquoi le Dey d'Alger leur accorda en récompense le monopole des bains maures.

Quelques-uns de ces bains, très-luxueux, sont organisés pour les mœurs des Européens; mais je veux vous faire connaître ceux des Arabes où se font toutes les opérations avec leur singularité primitive. Ainsi, je vais vous conduire à celui de *Hammam-Sidna*, qui a le mieux conservé son caractère indigène. L'on entre par une porte assez simple dans un petit couloir; et après avoir passé une seconde porte, l'on descend par un escalier dans une grande pièce plus basse que le sol, éclairée par en haut, et entourée intérieurement de deux étages de galeries supportées par des colonnes torses. Sur ces galeries, sont des nattes et des lits composés d'un matelas et d'un coussin pour les baigneurs; et l'on monte à la première par deux ou trois grosses marches en pierre polie et luisante sur lesquelles on se déshabille. — Mais rassurez-vous, cette pierre est chaude; bien qu'au centre de la pièce il y ait une fontaine de marbre, d'où s'échappe une eau fraîche et jaillissante qui est là au contraire pour rafraîchir et régler la température.

Lorsque vous êtes déshabillé, un jeune Arabe d'une bonne figure et entièrement nu, à l'exception d'un linge de couleur enroulé à la taille, un jeune Arabe, dis-je, serre vos vêtements et vous fait avec une serviette un caleçon pareil au sien; puis il vous chausse des sandales de bois et, en vous aidant à marcher sur le pavé humide et glissant, il ouvre deux portes et vous fait entrer dans l'étuve.

C'est une chambre voûtée, à lourds arceaux, éclairée par un seul jour dans le dessus, et prolongée de trois côtés par de grandes niches ceintrées. Au milieu est une élévation carrée, en pierre polie et chauffée par dessous, et c'est là que commence la première opération. Vous quittez vos sandales, vous vous étendez sur cette table chaude en mettant une serviette sous votre tête, et avec la vapeur brûlante, épaisse et étouffante qui règne, vous ne tardez pas à tomber en sueur. Alors on vous fait étendre à terre dans l'une des grandes niches ceintrées, où sont placées contre le mur des coquilles de marbre au-dessus desquelles ouvrent à volonté des robinets d'eau bouillante et d'eau froide ; l'Arabe commis à votre personne vous masse, tourne, retourne, sur les côtés, sur le dos et sur le ventre ; et, pendant que votre corps est rattendri par la vapeur chaude et pénétrante, il vous tire l'un après l'autre chaque bras et chaque jambe, de manière à vous déboîter les os dans l'état de moiteur et de faiblesse où l'on est. Puis, s'il aperçoit sur votre corps quelque grosseur irrégulière, sans s'inquiéter de vos défectuosités naturelles ou sans remède, non plus que de vos plaintes françaises qu'il ne comprend pas, il vous saute à pieds joints et à plusieurs reprises sur la difformité, en se frappant prestement les mains avec un *nif*, — traduisez *chic* — de clown qui en dresserait ou disloquerait un autre...

De ce jour, je compris pourquoi les Orientaux sont

si souples dans leurs mouvements indolents et comment ils peuvent rester si longtemps les jambes croisées sans prendre la crampe.

Pendant ces exercices disloquants, je n'avais affaire qu'à un seul bourreau, mais bientôt il m'en vient un second, plus âgé. Il me demande si je veux qu'il me lave la tête? Je lui dis que ce n'est pas utile ; mais il ne comprend pas, je suis sous les robinets, et par habitude il me poudre de savon en un clin d'œil; puis, avant que j'aie pu me défendre, il m'inonde les yeux et toute la tête d'eau et de mousse blanche au point de m'asphyxier, et cela à plusieurs reprises...

Ensuite, tandis que mon premier masseur me fait de nouvelles pressions sur les membres pour exciter la fermeté de la peau, le second me frotte avec un gantelet de laine et de crin, en me montrant avec orgueil les petites boulettes qu'il jette devant moi et qu'un bon masseur trouve sur le corps le plus propre... puis, l'on me rince à grande eau, tout s'écoule dans de petites rigoles qui entourent le dallage de l'étuve, et après m'avoir rendu mes sandales, l'on me fait tenir debout contre la table du milieu. Là, une masse de linges chauds m'attendent : on m'entoure la tête d'une longue serviette en manière de turban et le corps de cinq ou six doubles de linge bordé de franges; après quoi, on m'emmène coucher sur un des matelas de la pièce voisine où l'on me couvre de couvertures et où je reste longtemps en moiteur.

Cependant peu à peu je me découvre, me sèche, et l'on m'apporte sur un plateau du café et une pipe. Je fume, en

humant jusqu'au marc—qui reste au fond de la tasse—
de l'excellent Moka ; ayant à ma droite et à ma gauche des
Arabes à longues barbes, qui ont fait comme moi, et procèdent lentement à leur toilette en refaisant leur turban
avec toute la gravité d'un pacha. Beaucoup d'entre eux
viennent là chaque jour, et le bain est pour eux comme
un cercle, où ils passent un certain temps à fumer dans
le bien-être qui suit les différentes opérations dont je
viens de parler. Le fait est, qu'on se sent plus souple
et plus fort qu'après nos bains d'eau tiède, qui raffraîchissent et font du bien mais affaiblissent et énervent
souvent le reste du jour.

En sortant, l'on me remet ma montre que le maître
Mozabite a serrée, lorsque je suis entré, dans un coffre
avec les bijoux et l'argent des baigneurs, et, sans que
personne ne retire jamais aucun numéro ni reçu, il n'y
a pas d'exemple d'une erreur. Enfin, pour payer les longues opérations et toutes les fournitures de ce bain, je
suis généreux en donnant un franc cinquante centimes.

Ces établissements servent, à des heures différentes,
aux Arabes des deux sexes : les hommes viennent le
matin, et le soir est réservé aux Mauresses, très-assidues à ces bains qui font la plus grande distraction de
leur existence cloîtrée. Seulement, ce sont des Négresses qui sont chargées du service et du massage ; et il
est absolument impossible à un œil indiscret d'y pénétrer...

FÊTES ET BALS DES NÈGRES ET DES NÉGRESSES EN ALGÉRIE.

6 Juillet.

Je vais voir M. Baltar qui a eu l'obligeance de me proposer le spectacle d'un bal de Négresses. Je le trouve dans son bureau, occupé à traduire une lettre d'Abd-el-Kader recommandant un jeune homme arabe au Préfet d'Alger ; et c'est chose très-difficile que de faire la traduction exacte de toutes les métaphores orientales et élogieuses, des souhaits de bonheur pour les Français et leur fonctionnaire, et des protestations d'affection et de reconnaissance dont l'Emir fait précéder et suivre sa lettre.

Ne pouvant quitter cette besogne délicate, il me fait conduire à la salle de danse de *Zizi* par l'Amin des Nègres : vilain, grand et sec vieillard, dont les quelques poils de barbe paraissent d'autant plus blancs qu'ils se détachent sur son teint noir, ou plutôt mulâtre car la vieillesse l'a en quelque sorte effacé !

En arrivant, je vois dans la rue un rassemblement de Négresses, de Mauresses et d'Arabes, et j'entends un sourd brouhaha avec un son de tambourin. J'entre, précédé par mon guide plus respecté que respectable — du moins au physique, — je descends par un escalier, encombré d'Arabes et d'enfants curieux, dans une petite cour où sont assises, en costume de fête, une quinzaine de Négresses, —fleurs de jeunesse, peut-être d'innocence mais non pas de beauté !

Figurez-vous des Négresses de *Tombouctou*, (race généralement grossière et laide) coiffées de guirlandes de fleurs naturelles et parées de draperies de soie de couleurs variées et très-éclatantes. Leur volumineuse poitrine est recouverte d'une pièce d'étoffe blanche; et la jupe est formée par une autre pièce enroulée à la taille, à raies de soie roses et blanches, bleues et jaunes ou vertes et rouges, avec une longue ceinture dorée retombant au-dessous des hanches. Avec cela, elles ont un collier et des bracelets de métal, quelquefois des souliers de Mauresses, mais le plus souvent les pieds nus ; enfin, le derrière de leur tête est caché sous un foulard noir ou sous un voile blanc et virginal, et ces figures de singe, à grosses lèvres et à nez épaté, paraissent d'autant plus affreuses qu'elles sont coiffées d'ornements délicats.

Lorsqu'une des invitées arrive, elle quitte en entrant une espèce de manteau de rue, en coton et à petits carreaux bleus et blancs, dont les coins drapés sur la tête ressemblent — sans exagération, — à des oreilles pendantes de quadrupède. Et, lorsque l'une de ces vilaines jeunes beautés veut danser, elle se lève, soutient et serre fortement avec une écharpe sa lourde poitrine, puis elle s'avance en se déhanchant au milieu de la cour; là elle tire sa bourse nouée dans le coin de son foulard, fait changer une pièce d'argent et en rejette négligemment la monnaie de billon ou de piécettes, une à une, devant un musicien qui a fonction de les ramasser. Ensuite, elle touche la terre du bout des mains, ce qui est le salut ou le signal, et elle commence à remuer lentement les pieds l'un après l'autre en frappant de la pointe et du talon sur la terre; puis, elle précipite leur mouvement comme si elle voulait courir sans changer de place ; enfin, peu à peu elle s'anime, tourne, saute en agitant les bras, et toujours de plus en plus, jusqu'à ce qu'elle tombe de fatigue aux murmures approbateurs de l'assemblée ! Alors, on l'entoure, on essuie sa figure baignée de sueur, on dénoue son écharpe ; ou bien on l'emporte dehors respirer un air moins étouffant que celui qui règne dans la petite salle de danse. Il y a des danseuses qui excitées, transportées par l'admiration des spectateurs, se frappent, en sautant, les côtés avec deux couteaux à pointes arrondies : mais il est bon de dire que leurs hanches sont massives et invulnérables... Lorsqu'elles veulent finir leur danse, cette *Kalenda*, avant de tomber épuisées, elles touchent la terre avec la main et l'orchestre s'arrête avec elles.

Cet orchestre se compose de plusieurs Nègres en turbans blancs, qui jouent les uns d'une espèce de hautbois ou d'une flûte de roseau à deux ou trois trous (*gaspah*), d'une grossière guitare à trois cordes (*rebbeb*), d'une grosse timbale (*tarr*), sur laquelle ils frappent vivement avec deux petites baguettes ainsi que sur des pots de grès recouverts d'une peau sonore (*derbouka*) ; les autres marquent la mesure avec de longues castagnettes de fer, qui sont rondes sur les deux bouts. Ces grotesques et bruyants musiciens sont assis à terre, sous une galerie au-dessus de laquelle sont de petites tribunes voûtées où se tiennent, tout yeux et oreilles, des spectatrices mauresques : petits fantômes animés et bavards qui ressortent en blanc sur le fond noir de la voûte. (N° 61)

A de très-courts intervalles, la musique recommence en préludant par le chant grogné, sourd et monotone des virtuoses à grosses lèvres, et cela dure aussi longtemps qu'il y a des amateurs. Quelquefois plusieurs Négresses dansent ensemble, et alors, elles se tiennent en rond en exécutant la même pantomime que lorsqu'elles sont seules ; seulement, cette mutualité divise les regards et enhardit les timides et ingénues moricaudes...

Il y a aussi la danse des hommes, qui est moins grotesque. Ceux-ci, nu-tête et vêtus de la veste brodée et de la culotte turques, ordinairement sans chaussure ou bien les jambes nues dans des bottes françaises, se réunissent et tournent en rond, en sautant le plus haut possible ; puis tout-à-coup, à des intervalles égaux, ils se baissent tous ensemble et frappent, en se relevant et se retournant les uns contre les autres, de petits bâtons longs d'un pied qu'ils tiennent tous à chaque main. Et, tout en faisant cela en mesure, ils sourient et montrent leurs dents blanches plus ou moins prétentieusement et risiblement...

Tel est l'aspect d'un grand bal de Nègres. L'on conçoit que toute la beauté de ce spectacle est dans son originalité ; mais la plus grande difficulté pour les Européens, est moins d'y être admis que d'y rester quelque temps à côté de l'infernal tapage de l'orchestre. Aussi, pour ménager mes oreilles qui tintent encore, je me hâte de finir par quelques mots sur la population négre de l'Algérie.

Presque tous les Noirs que l'on y rencontre ont été

amenés de *Tombouctou* par les Beni-Mzab ou Mozabites qui habitent à l'extrémité méridionale du Sahara et qui, dans leurs voyages au Soudan, les ont enlevés ou bien achetés de leurs familles. Arrivés jeunes dans l'Afrique française et une fois établis, ils y deviennent musulmans par la force des choses ou par le fait de l'habitude et de l'exemple de leur entourage; mais néanmoins, ils conservent des pratiques et des supertitions païennes qui se perpétuent entre eux.

Ainsi au printemps, ils vont tous sur le bord de la mer précédés de leur musique de tambourins et de castagnettes, et y font des sacrifices. Là, ils tuent une grande quantité de coqs — qu'ils mangent ensuite en festin, — et les Négresses courent et se précipitent dans l'eau, en poussant de grands cris jusqu'à ce qu'on les en retire. A une autre époque, réunis en procession générale et en habits de fête, ils promènent un taureau paré de fleurs qu'ils immolent après; toujours pour célébrer à belles dents la fête religieuse. Du reste chez nous ils sont libres, et, moins paresseux que les Arabes, ils acceptent toute sorte de travaux et de fonctions dont les Indigènes se soucient peu : ils se font domestiques, cafetiers, musiciens, jongleurs, manœuvres etc., et quelques-uns ont acquis et possèdent de la fortune.

ENVIRONS D'ALGER. — BLIDAH. — LES GORGES DE LA CHIFFA, ET MÉDÉAH DANS L'ANCIENNE PROVINCE DE TITTERIE.

Du 7 au 12 Juillet.

Avant de quitter l'Afrique française que je vous ai fait connaître sous tous ses aspects divers, curieux et pittoresques — car la province d'Oran, qui nous reste à visiter, ressemble à ce que nous avons vu ; seulement dans un pays très-cultivé et peuplé de plus nombreux colons et de plus nombreuses villes françaises, ce qui lui enlève son caractère arabe ; — avant de quitter l'Afrique, dis-je, nous allons encore faire une excursion autour d'Alger afin d'avoir une idée de ses environs.

Pour cela, nous n'irons pas à *Koleah*, la ville sainte des Arabes, ni à *Cherchel*, où les ruines romaines sont plus remarquables que la cité moderne, ni à *Ténès*, jadis capitale d'un petit royaume, ni à *Orléansville* sur la frontière d'Oran ou à *Boghar* sur celle de Sahara — bien que de bonnes routes et des voitures publiques conduisent facilement à ces villes françaises ; mais nous irons à *Blidah* et à *Médéah* dont les chemins sont pittoresques et les campagnes délicieuses.

Pour ce voyage, l'on sort d'Alger dans une prosaïque diligence, tout européenne, et l'on traverse la Métidjah dans toute sa largeur. Au centre de cette plaine immense et fertile l'on rencontre *Bouffarik*, jolie petite ville entièrement française. La place où elle est bâtie était autrefois un endroit marécageux et pestilentiel, fréquenté seulement de temps à autre par un rassemblement d'Arabes. Ceux-ci venaient y tenir un marché et, aussitôt leurs transactions faites, ils s'éloignaient bien vite, car la plaine solitaire était encore plus malsaine la nuit que le jour; — surtout pour ceux qui revenaient avec quelque argent ou quelques marchandises... Plus tard, les Français y établirent un blokhaus, puis, quelques baraques pour les troupes : enfin le maréchal Clausel y décréta une ville, et aujourd'hui Bouffarik est assaini, peuplé de colons, ombragé de beaux platanes, de nombreuses allées d'arbes et environné de magnifiques cultures.

Assez longtemps après avoir quitté Bouffarik, l'on arrive à Blidah qui est dans une situation délicieuse. Grâce à son territoire excellent, elle est entourée d'une végétation luxuriante et de très-beaux et très-nombreux orangers qui, sous leur ombre embaumée, charment la vue par leurs fleurs blanches et leurs fruits d'or qui pendent ensemble aux mêmes branches ou jonchent le sol. Partout les champs et les jardins de cette ville de sept à huit mille âmes offrent cet agréable spectacle; et la seule chose regrettable pour le touriste, c'est que toutes les constructions sont françaises. C'est pourquoi je passe rapidement, pour n'emporter aucune autre impression que celle causée par la vue et le parfum des fleurs.

Au commencement de l'occupation française, l'on ne pouvait aller de Blidah à Médeah qu'à cheval ou à mulet à travers les escarpements dangereux du mont *Mouzaïa*, au haut duquel il fallait franchir le col du *Teniah* pour arriver dans la province de Titterie ; et c'était la seule route possible pour les caravanes venant du Désert à Alger. En 1842, le maréchal Bugeaud, voulant établir solidement et définitivement notre domination dans ces montagnes de ravins difficiles, qui abritaient et favorisaient les continuelles attaques d'Abd-el-Kader, employa le génie et l'armée à faire une route carrossable jusqu'à Médeah de manière à ce que les fourgons militaires pussent y porter des provisions ; et six semaines après la route était faite !... Seulement, ce qui avait été obtenu en si peu de temps et en triomphant de difficultés inouïes était imparfait, et cette route, détruite et enlevée bien souvent par les torrents de l'hiver et par les éboulements des roches, fut recommencée plusieurs fois. Aussi, ce n'est qu'après une dépense de plusieurs millions qu'elle est devenue ce qu'elle est aujourd'hui, c'est-à-dire solide, à l'abri des éboulements et régulièrement fréquentée par les voitures publiques.

En quittant Blidah, l'on entre dans une jolie vallée. A l'extrémité de cette vallée est un étrécissement par où débouche la *Chiffa*, rivière torrentueuse, qui après de nombreux circuits dans les ravins profonds du Mouzaïa, sort dans la plaine, traverse la Métidjah, et va se réunir et se jeter avec le *Mazafran* dans la mer. Pour éviter les pentes raides du Mouzaïa et le passage du col Teniah, la route entre dans les gorges de la Chiffa qu'elle se partage avec la rivière ; et autant il a été difficile de l'établir là, autant le spectacle qu'elle y offre est curieux, pittoresque et imposant. Tantôt le chemin est assis sur les anfractuosités du rocher, reliées entre elles par des enrochements et des murs de soutènement ; tantôt il est entièrement taillé dans le roc. Et partout son parcours présente un aspect magnifique. Après des espaces garnis de chênes, d'arbres de vie, de *thuyas* au feuillage toujours vert, l'on rencontre des aspérités arides, des blocs énormes de pierre qui surplombent et forment des demi-voûtes; puis, en serpentant, l'on monte au flanc de roches verticales et l'on arrive à un endroit où les rochers resserrés donnent à peine passage à la rivière encaissée et à la route. Tout-à-coup, l'on a devant soi un précipice, et, au moment où l'on croit y tomber, la route sinueuse se détourne, l'on rencontre une petite maison française placée là comme un nid d'aigle ; et en face de ce refuge pour les voyageurs, les eaux qui descendent des hauteurs de la montagne forment plusieurs lignes blanches d'écume et superbes. Tellement, que de loin l'on ne saurait dire si ce sont d'immenses jets-d'eau, qui s'élancent au milieu des massifs de lauriers roses de la profondeur du ravin, ou bien de longues cascades qui y descendent.

Plus tard, on passe au bas du *rocher pourri*, endroit naguère très-dangereux à cause des blocs de pierre qui, détachés par les pluies de leur base de terre glaise, obstruaient souvent la rivière et emportaient la route ; puis, après avoir franchi sur un pont français le ravin et le lit de la rivière torrentueuse, l'on sort des gorges de la Chiffa et l'on est à moitié chemin de Médeah ; de Médeah où l'on arrive alors par une douce et interminable montée sur les pentes du *Djebel-Nador.*

Médeah, chef-lieu de l'ancienne province de Titterie, est très-important par sa position stratégique et par la fertilité de ses belles campagnes ; mais c'est une ville moitié française, moitié arabe, et je vous ai parlé trop souvent de ces doubles cités algériennes pour vous décrire encore celle-ci. Figurez-vous toujours un quartier de maisons blanches, sans ouvertures ou plutôt avec de rares ouvertures élevées et grillées ; et un autre quartier de maisons françaises, depuis les simples baraques en planches jusqu'aux constructions en maçonnerie régulière ; et tout cela couronné par des minarets, animé et peuplé de burnous et de cavaliers arabes, d'Européens en paletots ou en casaques blanches avec de larges chapeaux de colons ; et vous aurez l'aspect de Médeah.

La ville, assise sur un plateau très-élevé, est encore dominée par des pentes de la montagne ; mais néanmoins elle commande et surveille toute la haute vallée du *Cheliff*, et assure la route de Boghar et du Désert.

RETOUR EN FRANCE.

15 Juillet.

Enfin, je quitte Alger et notre colonie d'Afrique, contrée riche et fertile, où il ne manque que de plus nombreuses voies de communication pour profiter des ressources abondantes qu'elle recèle en tout genre : nature grandiose et pittoresque, avec le ciel d'Orient, pur, limpide et magnifique ; climat tour à tour brûlant, froid et tempéré ; population variée et originale ; pays curieux enfin pour l'œil et la pensée, parsemé de ruines antiques et de souvenirs intéressants !

Je m'embarque sur le paquebot le *Thabor*, l'un des meilleurs marcheurs de la Méditerranée ; et nous sortons du port au milieu des grands navires à l'ancre et au milieu des nombreuses barques des matelots, des parents ou des amis des passagers. La yole de l'officier de marine passe devant nous comme une flèche, le lourd chalan des marchandises et des bagages s'éloigne lentement, tandis que se balance sur notre sillage la chaloupe, pavoisée d'un tapis de la femme riche ou de la femme du fonctionnaire, et que reste à la dérive la barque garnie de colons ou d'ouvriers à longue barbe, qui font avec leurs chapeaux leur amical et dernier adieu !...

Le temps est beau, la mer est calme, de chaudes brises se jouent doucement dans les cordages, et tout le monde reste sur le pont à regarder disparaître dans l'éloignement le blanc amphithéâtre d'Alger. Des officiers, des fumeurs se promènent d'un point à un autre en causant, des voyageurs prétentieux se montrent affublés d'un costume moitié européen, moitié arabe, et de jeunes dames s'enveloppent dans de soyeux burnous algériens. Il y a des enfants qui jouent et qui courent au milieu de tout cela, tandis que leurs bonnes s'endorment en laissant tomber et rouler sur le pont leurs jouets ou leurs provisions de friandises ; puis, à l'avant, se voient quelques familles arabes qui vont faire le voyage de la Mecque ; enfin des personnages plus ou moins hétéroclites, et ces types mixtes, barbus et farouches, à la fois brusques, polis et complaisants que l'on ne rencontre que dans les colonies.

Le soir, toute cette population remuante et variée se case, se couche, se tait et s'endort sous un clair de lune splendide.

Le lendemain le temps est toujours beau, personne n'est malade et tout le monde se dispute l'ombre sous la tente du navire. De pauvres caméléons, qui sont dans une cage en compagnie de petites tortues, me paraissent seuls tristes et mécontents ; car ils arrivent au degré du voyage qui leur est ordinairement fatal. En effet, nous passons près des îles Baléares, nous apercevons de loin Minorque, et la journée s'achève calme et chaude comme elle a commencée.

17 Juillet.

A quatre heures du matin nous arrivons à Marseille, mais par une pluie battante... Le paquebot s'arrête, tourne lentement dans le port au milieu d'une forêt de trois-mâts, et il s'amarre à sa place. Puis, nous descendons dans les chaloupes, et, après deux ennuyeuses heures d'attente à la Douane et une longue journée de chemin de fer, mon voyage s'achève.

En rentrant en France, l'impression la plus forte ou la plus extraordinaire que j'éprouve c'est moins de retrouver la pluie depuis longtemps oubliée, moins de retrouver une différence de chaleur ou des costumes uniformément européens; c'est, après avoir vu les moissons terminées au Sahara, faites à Alger et en train de se faire en Kabylie, c'est, dis-je, de retrouver en France des champs de blé sur pied et à peine mûrs...

Le souvenir et la vue de ces saisons, interverties dans le cours de la même année, font que mon voyage me paraît un songe qui se dissipe devant la vie réelle; et il me semble avoir fait un long rêve pendant lequel mon esprit seul a trotté tandis que le temps a suivi plus lentement son cours. Cette année me paraît plus longue que les autres, et en effet, c'est qu'elle a été pour moi plus remplie et que j'ai plus vécu.

FIN.

TABLE

—

Appréciations sérieuses, administratives et politiques sur l'Algérie, pages 86 — 220 — 278 — 283 à 290 — 318 — 340 — 364 — 442 et 445.

A Marseille	7
En mer de Marseille à Stora	12
Stora et Philippeville	21
Les embarcadères d'Afrique en hiver. — Un cabaret maltais	27
Arrivée à Bône. — Le fort génois. — Les Maures . . .	44
La ville de Bône et les ruines d'Hippone. — Tombeau de saint Augustin.	48
De Bône à Lacalle par Séba, Bordj-ali-Bey et Chicmélah. — Les lacs, les douars de la plaine. — Aspect et réception des Arabes sous la tente. — Les Marabouts . . .	57
Séjour à Lacalle. Les environs. — Les forêts de chênes-liége. — Les campagnes incultes de l'Afrique	84
Visite à la riche mine de plomb-argentifer d'Oum-Théboul. — Un bal de petite ville en Algérie	94
Le marché arabe d'Oum-el-Souk, sur l'extrême frontière de la Tunisie. — Dîner chez un Caïd. — Les Kroumirs	127
Une partie de campagne en Afrique. — Les Turcos et les Spahis. — La pêche du corail et les coralleurs . . .	140

	Pages
Comment l'on apprend beaucoup de choses en se promenant avec un savant	152
Excursion aux ruines de l'ancien Bastion de France. — Les Arabes dans leur intérieur	159
Commissariats civils et bureaux arabes. — Organisation administrative des Indigènes	170
Aperçu de la Religion. Le Ramadan et le Beyram. — Les mariages et les enterrements des Arabes	178
Les Juifs de Tunis. — Traversée sur une balancelle. . .	192
De Bône à Guelma par la plaine de Dréan et Héliopolis. — Aspect des villages suisses et allemands en Afrique.	200
Guelma. — Les moulins et les meuniers en Algérie. — Chasses au lièvre et aux cailles	204
Visite des sources bouillantes de Hammam-Meskoutin. — La prolonge et les troupiers. — Le labourage des Arabes	211
En allant à Constantine, séjour à l'Oued-Zénati. — Ruines d'Announa. — Chasse au lion.	223
De l'Oued-Zenati arrivée à Constantine par El-Haria. — Aspect intérieur et extérieur de Constantine. — Les Aïssaouas	239
Départ pour Batna. — Deux jours à Lambesse. Ses ruines anciennes et sa ruine moderne. — Le pénitensier . .	265
Retour à Batna. — Conversations instructives sur le pays. Les colons et les militaires	276
Promenade dans la forêt des cèdres, où l'on verra qu'il vaut mieux qu'un guide sache le chemin que le français . .	291
De Batna à Biskra par les monts Aurès et la vallée de l'Abdi. Toute sorte de types. toute sorte de villages et toute sorte d'aspects complètement arabes. — Les Zaouia ou écoles indigènes	295
Biskra et ses oasis. — Promenades dans le désert. — Les gazelles. — Les danses arabes et mœurs curieuses des femmes Ouled-Nayl	327

	Pages
Jusqu'au Souf et à Tuggurt. — Les puits artésiens dans le grand désert. — Les dromadaires d'Afrique.—La chasse des autruches. — Les Touareg	366
Culture des palmiers. — Départ du Désert et Arrivée à El-Kantara	391
Retour à Constantine et départ pour Sétif. — La riche plaine de la Medjana. — Bordj-bou-Ariredj	403
A travers la grande Kabylie.— De Bordj-bou-Arriredj à la smala du Caïd Sidi Amoud-bou-Rennan.	412
Des tentes du Caïd Sidi Amoud-bou-Rennan jusqu'au pied du Jurjura, par Mansourah, les portes de fer, Sidi-Brahim et Beni-Mensor. — Aspect, mœurs et usages des Kabyles	424
Ascension au Tamgout, le plus haut des pics du Jurjura .	443
Départ de Beni-Mensor par Dain-el-Esmam, près d'Aumale et les Isser. — L'hospitalité des Kabyles lorsqu'on n'est pas recommandé	448
Nos guides s'égarent. Deux jours et une nuit dans l'Atlas. — Arrivée à Fondouk.	456
Arrivée à Alger. — La ville arabe et la ville française. — Le port, la casbah, les jardins et les monuments. — Aspect des Arabes et des Mauresses, des Juives et des Négresses d'Alger. — Les cafés Maures.	464
Visite aux mosquées et aux grands-prêtres, les Muphtis. — Le tribunal du Medjelès	481
Les Mozabites. — Les bains maures ou le supplice bienfaisant	487
Fêtes et bals des Nègres et des Négresses en Algérie . .	492
Environs d'Alger. — Blidah. Les gorges de la Chiffa et Blidah dans l'ancienne province de Titteri.	497
Retour en France.	502

ERRATA.

Pages 11, ligne 20, lisez *quelque temps.*
— 63, ligne 7, — *quelque belle.*
— 87, ligne 18, — *dessaler.*
— 100, ligne 12, — *rouge clair, rouge foncé.*
— 100, ligne 30, — *automoteur.*
— 108, ligne 9, — *remplacent.*
— 122, ligne 13, — *est bon.*
— 134, ligne 13, — *que payent.*
— 136, ligne 28, — *pécuniaire.*
— 157, ligne 18, — *dessus,* et ligne 19, lisez *dessous.*
— 168, ligne 27, — *cette.*
— 220, ligne 21, — *ses fonds.*
— 171, ligne 10, — *et ;* et ligne 1, lisez (*page* (137.)
— 314, ligne 6, — *leurs leçons.*
— 368, ligne 14, — *quels indices.*
— 383, ligne 1, — *est couverte.*
— 407, ligne 26, — *proprement tenu.*

Diverses incorrections ont encore échappé à la composition. L'auteur se contente d'en signaler l'existence. Le sens n'étant pas altéré, le lecteur rectifiera facilement ces erreurs.

Librairie de L. HACHETTE et Cie, rue Pierre-Sarrazin, 14, à Paris.

GRANDE COLLECTION
DE GUIDES ET D'ITINÉRAIRES

POUR LES VOYAGEURS

RÉUNISSANT

LES GUIDES-JOANNE, LES GUIDES-RICHARD

ET LES GUIDES
de la Bibliothèque des Chemins de fer.

Cette collection, qui comprend déjà
120 volumes,
EST CONTINUÉE SOUS LA DIRECTION
DE M. ADOLPHE JOANNE.

Les chemins de fer, en rendant toutes les communications plus faciles les ont rendues plus fréquentes. Le nombre des voyageurs augmente chaque année dans des proportions que personne n'avait su prévoir. Cette masse énorme de voyageurs, qui bientôt sillonnera la surface entière du globe, a besoin de livres tout à la fois instructifs et amusants dans lesquels elle puisse trouver les renseignements qui lui sont nécessaires ou agréables, et notamment les distances, le prix des places, l'indication des moyens de transport et des hôtels; les excursions à faire; la description des monuments, des musées, des collections; les souvenirs historiques ou littéraires; les documents statistiques; les combinaisons propres à économiser du temps ou de l'argent.

C'est pour répondre à ce besoin que MM. L. Hachette et Cie ont entrepris la publication d'une vaste collection de GUIDES ou ITINÉRAIRES, à laquelle une récente acquisition leur a permis de joindre les Guides-Joanne et les Guides-Richard, publiés par M. Maison, et qui étaient déjà en possession d'une réputation méritée. Cette collection se compose actuellement de plus de 120 volumes, parmi lesquels nous citerons : le *Paris illustré;* le *Guide en Italie*, par J. Du Pays; la *Belgique*, par F. Mornand; les *Musées d'Europe*, par L. Viardot, et les itinéraires de la *Suisse*, de l'*Allemagne*, de l'*Écosse*, des *Environs de Paris*, de *Paris à Bordeaux*, de *Paris à Nantes*, de *Paris à Lyon*, de *Versailles* et de *Fontainebleau*, par M. Adolphe Joanne, qui a mérité, pour ce genre de publications, une réputation sans rivale, et dont les ouvrages sont préférés aujourd'hui par les touristes aux célèbres *Hand-books* anglais.

C'est sous la direction de cet habile et consciencieux écrivain, que se continue cette collection, la plus riche de l'Europe. Les éditeurs ne négligent rien pour la maintenir au rang élevé où elle s'est placée dans l'estime publique. A peine un volume est-il épuisé, qu'il est revu, refait souvent avant d'être réimprimé. Les *Itinéraires illustrés* renferment plus de 1500 vignettes dessinées et gravées par nos meilleurs artistes. Les cartes et les plans de villes forment un atlas unique. Enfin, le mérite littéraire de chaque volume assure aux voyageurs un compagnon de route aussi agréable qu'instruit et exact.

1° ITINÉRAIRES.

ALGÉRIE.

Itinéraire historique et descriptif de l'Algérie, avec un Vocabulaire français-arabe des mots les plus usités, et un résumé historique des guerres d'Afrique; par *J. Barbier*. 1 vol. grand in-18, contenant une carte de l'Algérie. Broché. 5 fr.
La reliure se paye en sus. 1 fr.

L'Algérie en 1854. — Itinéraire de Tunis à Alger, par *Joseph Bard*. 1 vol. in-8. Broché. 5 fr. 50 c.

ALLEMAGNE ET BORDS DU RHIN.

Itinéraire historique et descriptif de l'Allemagne, divisé en deux parties, par *Adolphe Joanne*.

1° ALLEMAGNE DU NORD, comprenant : Le Rhin; la Moselle; le Weser; l'Elbe; le Haardt; la forêt Noire; l'Odenwald; le Taunus; l'Eifel; le Harz; le Thüringerwald; la Suisse franconienne; le Fichtelgebirge; la Suisse saxonne; Strasbourg; Bade; Carlsruhe; Heidelberg; Darmstadt; Francfort; Hombourg; Mayence; Wiesbaden; Creuznach; Luxembourg; Trèves; Coblenz; Ems; Bonn; Cologne; Aix-la-Chapelle; Dusseldorf; Hanovre; Brunswick; Münster; Brême; Hambourg; Lübeck; Rostock; Schwerin; Magdebourg; Pyrmont; Gœttingen; Cassel; Gotha; Erfurt; Weimar; Kissingen; Cobourg; Bamberg; Iéna; Nuremberg; Leipsick; Berlin; Potsdam; Stettin; Posen; Dantzick; Tilsitt; Kœnigsberg; Breslau; Dresde; Tœplitz. 1 beau vol. in-18 jésus, imprimé sur deux colonnes, contenant une carte routière générale, 14 cartes spéciales et 13 plans de villes. Broché. 10 fr. 50 c.
La rel. se paye en sus. 1 fr. 50 c.

2° ALLEMAGNE DU SUD, comprenant : Le Neckar; le Rhin; le Danube; l'Inn; l'Adige; la Drave; la forêt Noire; l'Alb-Souabe; le Vorarlberg; le Tyrol; les Alpes de la Bavière; le Salzkammergut; les montagnes des Géants; le Semmering; Strasbourg; Freiburg; Schaffhouse; Constance; Wildbad; Stuttgart; Cannstadt; Heilbronn; Tubingue; Ulm; Augsbourg; Lindau; Munich; Donauwœrth; Ingolstadt; Ratisbonne; la Walhalla; Passau; Linz; Mœlk; Kufstein; Bregenz; Innsbruck; Bormio; Meran; Brixen; Botzen; Trente; Roveredo; Bassano; Bellune; Brunecken; Salzburg; Berchtesgaden; Gastein; Gmunden; Ischl; Mariazell; Vienne; Brünn; Olmütz; Glatz; Hirschberg; Warmbrunn; Prague; Carlsbad; Marienbad; Franzenbad; Eger; Pilsen; Cracovie; Presbourg; Pesth; Gratz; Laibach; Adelsberg; Idria; Trieste; Pola; Fiume. 1 beau vol. in-18 jésus imprimé sur deux colonnes, contenant une carte routière, 10 cartes spéciales et 7 plans de villes et musées. Broché. 10 fr. 50 c.
La rel. se paye en sus. 1 fr. 50 c.

Itinéraire descriptif et historique des bords du Rhin, du Neckar et de la Moselle, par le même auteur. 1 fort vol. in-18, contenant 16 cartes et plans. Broché. 7 fr.
La reliure se paye en sus. 1 fr.

Les trains de plaisir des bords du Rhin, ou de Paris à Paris, par Strasbourg, Bade, Carlsruhe, Heidelberg, Mannheim, Francfort, Mayence, Coblenz, Cologne, Aix-la-Chapelle, Spa, Liége et Bruxelles, par le même auteur. 1 joli vol. in-18, contenant une carte et 4 plans de villes. Br. 2 fr. 50 c.
La reliure se paye en sus. 75 c.

Bade et la forêt Noire, contenant ; 1° la route de Baden-Baden; 2° la description de Bade et de ses bains; 3° celle des environs de Bade et de la forêt Noire, par le même auteur. 1 joli vol. in-18, contenant 5 cartes. Broché. 2 fr.
La reliure se paye en sus. 75 c.

Les bords du Rhin, par *Frédéric Bernard*. 1 vol. in-16, illustré de 80 vignettes par Daubigny, Lancelot, etc., et accompagné de cartes et plans.
Broché. 2 fr.
La reliure se paye en sus. 1 fr.

Voyage pittoresque des bords du Rhin, dessiné par Louis Bleuler et Federly, et accompagné d'un texte explicatif traduit librement sur le manuscrit allemand de Em. Zschokke, par *C. F. Girard*. 1 vol. grand in-8, contenant 28 belles gravures sur acier. Br. 6 fr.

Histoire et description des villes de Trente et d'Inspruck, par M. *Mercey*, illustrée de 9 gravures sur acier; et contenant des détails historiques très-intéressants sur l'origine de ces deux villes, leurs mouvements, les mœurs de leurs habitants, etc. 1 vol. grand in-8. Broché. 6 fr.

Guide du médecin et du touriste aux bains de la vallée du Rhin, de la forêt Noire et des Vosges, par le docteur *Aimé Ribert*. 1 vol. grand in-18 jésus. 3 fr. 50 c.

ANGLETERRE, ÉCOSSE ET IRLANDE.

Itinéraire descriptif et historique de la Grande-Bretagne (Angleterre, Écosse, Irlande), par *Richard* et *Ad. Joanne*; nouvelle édition, accompagnée de 3 cartes routières, du panorama de Londres et des plans d'Édimbourg, Glasgow et Dublin. 1 joli vol. in-18 jésus. Broché. 12 fr.
La reliure se paye en sus. 1 fr. 50 c.

Itinéraire descriptif et historique de l'Écosse, par *Ad. Joanne*, avec la carte routière de l'Écosse et les plans d'Édimbourg et de Glasgow. 1 vol. in-18. Broché. 7 fr. 50 c.
La reliure se paye en sus. 1 fr.

Guide du voyageur à Londres, par M. *E. Reclus*. 1 vol. in-18 jésus, contenant 1 plan de Londres, 1 plan des environs de Londres, 6 autres plans et la carte des chemins de fer. Broché. 10 fr.
La reliure se paye en sus. 1 fr. 50 c.

Londres tel qu'il est, précédé de l'itinéraire de Paris à Londres par les chemins de fer et bateaux à vapeur, suivi d'une description sommaire des environs de Londres; par *Lake* et *Richard*. 1 vol. in-18, contenant le panorama de Londres, la carte des routes de Paris à Londres, et des gravures sur acier. Broché. 2 fr.
La reliure se paye en sus. 1 fr.

BELGIQUE ET HOLLANDE.

Itinéraire descriptif, artistique, historique et statistique de la Belgique, par *A. J. Du Pays*. 1 volume in-18 jésus, contenant 3 cartes, 6 plans de ville et un plan de la bataille de Waterloo. Broché. 10 fr.
La reliure se paye en sus. 1 fr. 50 c.

Manuel du voyageur en Belgique et en Hollande. Itinéraire artistique et industriel de ces deux pays, par *Richard*. 1 fort vol. in-18, contenant une belle carte routière et les panoramas de Bruxelles, Anvers, Liége et Amsterdam. Broché. 5 fr.
La reliure se paye en sus. 1 fr.

Guide en Belgique, par *Richard*. 1 vol. in-18 avec carte. Broché. 6 fr.
La reliure se paye en sus. 1 fr.

Guide en Hollande. 1 vol. in-18 avec carte. (*Sous presse.*)

La Belgique, par *Félix Mornand*. 1 vol. in-16, contenant une belle carte. Broché. 2 fr.
La reliure se paye en sus. 1 fr.

Spa et ses environs, par *Ad. Joanne*. 1 joli vol. in-18, contenant une carte. Broché. 2 fr.
La reliure se paye en sus. 75 c.

CALIFORNIE.

Route de la Californie à travers l'isthme de Panama, par M. *Saint-*

Amand. 1 vol. in-18 jésus, contenant une carte de l'isthme de Panama. Broché. 2 fr. 50 c.

ESPAGNE ET PORTUGAL.

Nouveau guide du voyageur en Espagne et en Portugal, précédé de dialogues français-espagnols à l'usage des voyageurs, par *Germond de Lavigne*. 1 fort vol. in-18. Broché. 15 fr.
La reliure se paye en sus. 1 fr. 50 c.

Lisbonne. Guide des voyageurs. Histoire, monuments, mœurs, par *Olivier Merson*. 1 vol. Broché. 2 fr. 50 c.

EUROPE.

Guide du voyageur en Europe, par *Adolphe Joanne*. 1 fort vol. in-18 jésus imprimé à deux colonnes, et accompagné de cartes et plans. Broché. 20 fr.
La reliure se paye en sus. 1 fr. 50 c.

Tableau comparatif des monnaies d'Europe et des principales places du monde, comparées à la monnaie française. 1 vol. in-18. Broché. 1 fr.

Les bains d'Europe, par MM. *Ad. Joanne* et le Dr *A. Le Pileur*. 1 vol. in-18 jésus contenant une carte des bains d'Europe. Broché. 10 fr.
La reliure se paye en sus. 1 fr.

FRANCE.

1° GUIDES GÉNÉRAUX POUR LA FRANCE.

Guide du voyageur en France et en Belgique, par *Ad. Joanne*; 24° édition. 1 fort vol. in-18 jésus, imprimé à deux colonnes, contenant plusieurs cartes des chemins de fer et des plans de villes, etc. (*Sous presse.*)
La reliure se paye en sus. 1 fr. 50 c.

Guide du voyageur en France, comprenant en abrégé tout ce que contient l'édition in-18 jésus, avec une carte routière et la carte des chemins de fer, par *Richard*. 24° édition. 1 vol. in-18. Broché. 5 fr.
La reliure se paye en sus. 1 fr.

Conducteur du voyageur en France, par *Richard*. Abrégé du précédent; 2° édition. 1 joli vol. in-32, contenant une carte routière. Broché. 3 fr.
La reliure se paye en sus. 75 c.

Guide du voyageur dans la France monumentale, ou Itinéraire archéologique donnant la description de tous les monuments appartenant à l'ère celtique, à l'époque romaine ou gallo-romaine et au Moyen Age jusqu'à la Renaissance, avec une carte générale archéologique de la France, divisée par provinces et par départements, ornée de 48 vues de monuments antiques, et indiquant, au moyen de signes conventionnels, l'emplacement des monuments décrits dans le texte, par *Richard* et *E. Hocquart*. 1 fort vol. in-12, imprimé à deux colonnes, comprenant la matière de 3 vol. Br. 9 fr.
La reliure se paye en sus. 1 fr. 50 c.

Journal de voyage dans le midi de la France et en Italie, par *A. Asselin*. 1 vol. in-12, avec une carte routière. Broché. 3 fr.
La reliure se paye en sus. 1 fr. 50 c.

Atlas historique et statistique des chemins de fer français, avec un texte par *Adolphe Joanne*. 1 vol. in-4, contenant 8 cartes gravées sur acier et coloriées. Cartonné. 7 fr. 50 c.

2° GUIDES POUR PARIS ET SES ENVIRONS.

Paris illustré, son histoire, ses monuments, ses musées, son administration, son commerce et ses plaisirs, nouveau guide des voyageurs, où l'on trouve les renseignements pour s'installer et vivre à Paris, de toutes manières et à tous prix; publié par une société de littérateurs, d'archéologues et d'artistes. 1 beau vol. in-16 de 850 pages, contenant 280 vignettes par Lancelot et Thérond, un nouveau plan de Paris et 17 autres plans. Br. 7 fr.
La reliure se paye en sus. 1 fr.

Guide alphabétique des rues et monuments de Paris, à l'usage des voyageurs et des Parisiens, où l'on trouve

la situation et la description de chaque rue et de chaque monument, avec un grand nombre de renseignements utiles et d'une notice historique sur Paris, par *Frédéric Lock*. 1 vol. in-18 jésus, contenant un nouveau plan de Paris. Broché. 3 fr. 50 c.
La reliure se paye en sus. 1 fr.

Petit guide de l'étranger à Paris, par *Frédéric Bernard*, illustré de 40 vignettes par Lancelot et Thérond. Brochure in-4, contenant un nouveau plan de Paris. 75 c.

The illustrated English and American Paris-Guide, by *Charles Fielding*, A. M., with a new map of Paris. In-4. 1 fr.

Kleiner illustrirter Pariser Führer für deutsche Reisende, von *Wilhelm*, mit vierzig in den Text gedruckten Abbildungen und einem neuen Plan von Paris. In-4. 1 fr.

Petit guide de l'étranger à Paris, par *Frédéric Bernard*. 1 vol. in-32, avec un nouveau plan de Paris. Relié. 1 fr.

The English and American Paris-pocket-Guide, by *Charles Stuart Fielding*, A. M., with a new map of Paris. In-32. Relié. 1 fr.

Kleiner Pariser Führer für deutsche Reisende, von *Wilhelm*, mit einem neuen Plan von Paris. In-32. Relié. 1 fr.

Les environs de Paris illustrés, itinéraire descriptif et historique, par *Adolphe Joanne*. 1 vol. in-16 de 850 pages, contenant 220 gravures par Lancelot et Thérond, une grande carte des environs de Paris et sept autres cartes et plans. 7 fr.
La reliure se paye en sus. 1 fr.

Le nouveau bois de Boulogne et ses alentours, par *J. Lobet*. 1 vol., contenant un plan du bois et 20 vignettes par Thérond. 1 fr.
La reliure se paye en sus. 1 fr.

Versailles, son palais, ses jardins, son musée, ses eaux, les deux Trianons, Saint-Cloud, Ville-d'Avray, Meudon, Bellevue, Sèvres, par *Adolphe Joanne*; ouvrage illustré de 37 gravures par Thérond et Lancelot, et accompagné d'un plan de Versailles et du parc, et de 2 plans du château. 1 vol. in-16. Broché. 2 fr.
La reliure se paye en sus. 1 fr.

Versailles et les deux Trianons, Guide du visiteur, extrait du précédent. 1 vol. in-32, contenant 2 plans. Relié. 1 fr.

Le château, le parc, et les grandes eaux de Versailles, par *Fred. Bernard*. 1 vol. in-16, contenant 30 vignettes par Lancelot et 3 plans. Broché. 1 fr.
La reliure se paye en sus. 1 fr.

Le parc et les grandes eaux de Versailles. 1 vol. in-32, extrait du précédent et contenant 20 vign. Br. 30 c.

Guide to Versailles, Saint-Cloud, Ville-d'Avray, Meudon, Bellevue and Sèvres. A description of the palaces, gardens, museum, waters and the Trianons, translated in english language from *A. Joanne*. With numerous illustrations and three plans. Br. 2 fr. 50 c.
La reliure se paye en sus. 1 fr.

Fontainebleau, son palais, sa forêt et ses environs, par *Adolphe Joanne*. 1 vol. in-16, contenant 25 vignettes par Lancelot, une carte de la forêt et un plan du château. Broché. 2 fr.
La reliure se paye en sus. 1 fr.

3° GUIDES SPÉCIAUX POUR UNE PROVINCE OU POUR UNE VILLE.

Alsace (Voyage pittoresque en), par le chemin de fer de Strasbourg à Bâle, par M. *Th. de Rouvrois*; illustré de nombreuses gravures sur bois. 1 vol. grand in-8. Cartonné. 4 fr.

Balme (Guide du voyageur à la grotte de la), l'une des sept merveilles du Dauphiné, par M. *Bourrit* aîné. 1 volume in-18. Broché. 1 fr.

Biarritz (Autour de), par *A. Germond de Lavigne*. 2ᵉ édition. 1 volume in-18 jésus. Broché. 1 fr. 50 c.
La reliure se paye en sus. 75 c.

Cannes (Une saison à). 1 vol. grand in-32. 50 c.

Dieppe et ses environs, par *E. Chapus*. 1 vol. in-16, contenant 12 vignettes et 1 plan. Broché. 1 fr.
La reliure se paye en sus. 1 fr.

Luchon (Bains et courses de), par *Nérée Boubée*, ingénieur géologue. 1 vol. in-18 jésus contenant un plan de Luchon et une carte des environs de Luchon. Broché. 3 fr.

Mantes et ses environs, par *A. Moutié*. 1 vol. in-8, contenant une lithographie. Broché. 1 fr.

Mont-Dore (Guide aux eaux thermales du) et à celles de Saint-Alyre, de Royat, de la Bourboule et de Saint-Nectaire, avec la description de Clermont, par *L. Piesse*. 1 vol. in-16, illustré de 37 vign. par Lancelot, et accompagné d'une carte de l'Auvergne. 1 fr.
La reliure se paye en sus. 1 fr.

Normandie (Guide du voyageur en), comprenant les départements de la Seine-Inférieure, de l'Eure, du Calvados, de la Manche et de l'Orne, par *Edouard Frère*. 1 vol. in-18, illustré de 4 gravures et accompagné d'une carte. Broché. 3 fr.

Pau (Souvenirs historiques et description du château de), par *G. Bascle de Lagrèze*, conseiller à la cour impériale de Pau. 1 vol. in-18 jésus. Broché. 3 fr. 50 c.
Le même ouvrage avec la traduction en anglais, par le docteur *Taylor*, de la description du château. Broché. 4 fr.

Plombières et ses environs, guide du baigneur, par *Édouard Lemoine*. 1 vol. 2 fr.

Ports militaires de la France (Les), (Cherbourg, Brest, Lorient, Rochefort et Toulon), par *E. Neuville*. 1 vol. in-16, contenant 4 vignettes et 5 plans. Broché. 1 fr.
La reliure se paye en sus. 1 fr.

Pyrénées (Itinéraire descriptif et historique des), de l'Océan à la Méditerranée, par *Adolphe Joanne*. 1 fort vol. in-18 jésus, contenant 9 cartes panoramas dessinées d'après nature par Victor Petit, 6 cartes et 2 plans de villes. Broché. 10 fr.
La reliure se paye en sus. 1 fr.

Sainte-Marie d'Auch (Monographie de) histoire et description de cette cathédrale, par M. l'abbé *Canéto*, supérieur du petit séminaire d'Auch. 1 volume grand in-18. Broché. 4 fr.

Saône (Guide historique et pittoresque sur la) de Lyon à Châlon. 1 volume in-18, avec carte. Broché. 1 fr. 50 c.

Savoie (Itinéraire descriptif et historique de la), par *Ad. Joanne*. 1 vol in-18 jésus contenant 6 cartes et un panorama de la chaîne du Mont-Blanc. Broché. 7 fr. 50 c.
La reliure se paye en sus. 1 fr.

Seine (La) et ses bords, par *Charles Nodier*, illustrés de 54 gravures sur bois et de 4 cartes de la Seine; publiées par M. Alex. Mure de Pelanne. 1 vol. in-8. Broché. 5 fr.

Vichy et ses environs, par *L. Piesse*. 2e édition. 1 vol. in-18 jésus, contenant 22 vignettes et un plan. Br. 2 fr.
La reliure se paye en sus. 1 fr.

4° ITINÉRAIRES ILLUSTRÉS DES CHEMINS DE FER FRANÇAIS.

Lignes de l'Est:

De Paris à Strasbourg, par *Moléri*. 1 vol. in-16, contenant 80 vignettes par Chapuy, Renard, Lancelot, etc., et une carte. Broché. 2 fr.
La reliure se paye en sus. 1 fr.

De Strasbourg à Bâle, par *Fréd. Bernard*. 1 vol. in-16, contenant 50 vignettes et une carte. Broché. 1 fr.

De Paris à Bâle, par MM. *Moléri* et *Fréd. Bernard*. 1 vol. in-16, contenant 130 vignettes et 2 cartes. Broché. 3 fr.
La reliure se paye en sus. 1 fr.

De Paris à Mulhouse, par M. *G. Hequet*. 1 vol. in-18 jésus. Broché. 3 fr.
La reliure se paye en sus. 1 fr.

Lignes de Lyon et de la Méditerranée:

De Paris à Lyon et à Auxerre, par *Adolphe Joanne*. 1 vol. in-16, contenant 80 vignettes par Lancelot, une carte et 2 plans. Broché. 3 fr.
La reliure se paye en sus. 1 fr.

De Paris à Genève et à Chamonix, par *Ad. Joanne.* 1 vol. in-18 jésus contenant 8 cartes. Broché. 3 fr.
La reliure se paye en sus. 1 fr.

De Paris en Suisse par Dijon, Dôle, Salins et Besançon, par *Ad. Joanne.* (*Sous presse.*)

De Lyon à Marseille, à Cette et à Toulon, par *Frédéric Bernard.* 1 vol. in-16, contenant 80 vignettes par Lancelot, et une carte. Broché. 2 fr.
La reliure se paye en sus. 1 fr.

De Paris à la Méditerranée, comprenant de Paris à Lyon et à Auxerre, par *Adolphe Joanne*, et de Paris à Marseille, à Cette et à Toulon, par *Frédéric Bernard.* 1 fort vol. in-16, contenant 160 vignettes par Lancelot, et 2 cartes. Broché. 5 fr.
La reliure se paye en sus. 1 fr.

Lignes du Midi :

De Bordeaux à Bayonne, à Biarritz, à Arcachon et à Mont-de-Marsan, par *Adolphe Joanne.* 1 vol. in-16, contenant 12 vignettes par Daubigny, et une carte. Broché. 2 fr.
La reliure se paye en sus. 1 fr.

De Bordeaux à Toulouse, à Cette et à Perpignan, par *Adolphe Joanne.* 1 vol. in-16, contenant 32 grandes vignettes par Thérond, une carte et un plan. Broché. 3 fr.
La reliure se paye en sus. 1 fr.

Lignes du Nord :

Itinéraire de la Belgique, par *A. J. Du Pays.* Voyez p. 4, 2º col.

De Paris à Bruxelles, y compris l'embranchement de Saint-Quentin, par *Eugène Guinot.* 1 vol. in-16, contenant 70 vignettes par Chapuy et Daubigny, 5 plans et une carte. Br. 2 fr.
La reliure se paye en sus. 1 fr.

De Paris à Calais, à Boulogne et à Dunkerque, par *Eugène Guinot.* 1 volume in-16, contenant 60 vignettes, 5 plans et une carte. Broché. 2 fr.
La reliure se paye en sus. 1 fr.

Promenades au château de Compiègne et aux ruines de Pierrefonds et de Coucy, par *Eugène Guinot.* 1 vol. in-32, contenant 11 vignettes. Broché. 50 c.

Enghien et la vallée de Montmorency, par *Eug. Guinot.* 1 vol. in-32, contenant 18 vignettes. Broché. 50 c.

Ligne d'Orléans et prolongements :

De Paris à Bordeaux, par *Adolphe Joanne.* 1 volume in-16, contenant 120 vignettes par Champin, Lancelot et Varin, et 3 cartes. Broché. 3 fr. 50 c.
La reliure se paye en sus. 1 fr.

De Paris à Nantes et à Saint-Nazaire, par *Ad. Joanne.* 1 vol. in-16, contenant 100 vignettes par Champin, Thérond et Lancelot, et 3 cartes. Broché. 3 fr.
La reliure se paye en sus. 1 fr.

Petit Itinéraire de Paris à Nantes. 1 vol. in-32, contenant 16 vignettes et une carte. Broché. 50 c.

De Paris au centre de la France, contenant : 1º *De Paris à Corbeil et à Orléans;* 2º *d'Orléans à Nevers, à Châteauroux et à Varennes,* par *Moléri* et *A. Achard.* 1 vol. in-16, contenant 90 vignettes par Champin et Lancelot, et une carte. Broché. 2 fr.
La reliure se paye en sus. 1 fr.

De Paris à Orléans, par *Moléri.* 1 vol. in-16, contenant 45 vignettes par Champin et Thérond, et une carte. Broché. 1 fr.
La reliure se paye en sus. 1 fr.

De Paris à Corbeil. 1 vol. in-16, contenant 40 vignettes par Champin, et une carte. Broché. 50 c.

De Poitiers à la Rochelle et à Rochefort, par *Ad. Joanne.* (*Sous presse.*)

Lignes de l'Ouest :

De Paris à Dieppe, par *Eugène Chapus.* 1 vol. in-16, contenant 60 vignettes, 2 plans et une carte. Broché. 2 fr.
La reliure se paye en sus. 1 fr.

De Paris au Havre, par *Eugène Cha-*

pus. 1 vol. in-16, contenant 80 vignettes, 2 plans et une carte. Broché. 2 fr.
La reliure se paye en sus. 1 fr.

Petit itinéraire du chemin de fer de Paris au Havre. 1 vol. in-32, contenant 55 vignettes et une carte. Broché. 50 c.

Petit itinéraire de Paris à Rouen. 1 volume in-32, contenant 33 vignettes et une carte. Broché. 50 c.

De Paris à Rennes et à Alençon, par *A. Moutié.* 1 vol. in-16, contenant 170 vignettes par Thérond, et une carte. Broché. 3 fr.
La reliure se paye en sus. 1 fr.

De Paris à Caen et à Cherbourg, par *L. Énault.* 1 v. in-18 jésus. Broché. 3 fr.
La reliure se paye en sus. 1 fr.

De Paris à Saint-Germain, à Poissy et à Argenteuil, par *Adolphe Joanne.* 1 vol. in-16 illustré de 24 vignettes par Thérond et Lancelot. Broché. 1 fr.
La reliure se paye en sus. 1 fr.

Ligne de Sceaux :

De Paris à Sceaux et à Orsay, par *Adolphe Joanne.* 1 vol. in-16, contenant 21 vignettes par Thérond et Lancelot, et une carte. Broché. 1 fr.
La reliure se paye en sus. 1 fr.

ITALIE.

Itinéraire descriptif, historique et artistique de l'Italie et de la Sicile, par *A. J. Du Pays.* 1 beau vol. in-18 jésus de 800 pages imprimées sur deux colonnes, contenant 2 cartes spéciales et 18 plans de villes et de musées. 2ᵉ édition, corrigée et augmentée. Broché. 11 fr. 50 c.
La reliure se paye en sus. 1 fr. 50 c.

Itinéraire de l'Italie septentrionale, contenant la Savoie, le Piémont, la Lombardie et la Vénétie, par *Adolphe Joanne* et *A. J. Du Pays.* 1 vol. in-18 jésus contenant 5 cartes et 8 plans de villes. Broché. 5 fr.
La reliure se paye en sus. 1 fr.

Les curiosités de Rome et de ses environs, itinéraire complet de Rome et de l'*Agro romano*, dans un rayon de 40 à 50 kilomètres ; monuments, antiquités païennes et chrétiennes ; l'art à ses différentes époques ; origines, faits historiques et anecdotiques, par *G. Robello.* 1 vol. in-12, contenant plusieurs cartes et plans. Broché. 7 fr. 50 c.
La reliure se paye en sus. 1 fr.

Manuel du voyageur en Sicile, par le comte *Fedor de Karaczay.* 1 volume in-18, avec une carte. Broché. 3 fr.

Sardaigne (Histoire et description des sources minérales de la) et de celles des contrées voisines, par le comte *Davet de Beaurepaire,* docteur en médecine. 1 vol. in-8. Broché. 6 fr.

Le midi de la France et l'Italie, journal de voyage d'un touriste dans le midi de la France et en Italie, par *A. Asselin,* avec une carte routière. In-18. Broché. 3 fr.
La reliure se paye en sus. 1 fr.

De Paris à Venise, notes au crayon, par *Charles Blanc,* ancien directeur des Beaux-Arts. 1 vol. Broché. 3 fr.

ORIENT.

Itinéraire descriptif, historique et archéologique de l'Orient, contenant Malte, la Grèce, la Turquie d'Europe, la Turquie d'Asie, la Syrie, la Palestine, l'Égypte, l'Arabie Pétrée et le Sinaï, par *Isambert* et *Ad. Joanne.* 1 vol. in-18 jésus orné de 20 cartes ou plans, imprimé sur deux colonnes. Broché. 20 fr.

Itinéraire descriptif et historique de Paris à Constantinople, avec les environs de cette dernière ville, par *Ph. Blanchard.* 1 vol. grand in-18, contenant un plan de Constantinople et d'une partie du Bosphore. Broché. 7 fr. 50 c.
La reliure se paye en sus. 1 fr.

SUISSE.

Itinéraire descriptif et historique de la Suisse, du Jura français, du Mont-Blanc, de la vallée de Chamonix, du

grand Saint-Bernard et du mont Rose; par *Adolphe Joanne*. 1 vol. grand in-18 de plus de 700 pages imprimées sur deux colonnes, contenant 10 cartes, 10 vues et 7 panoramas; 3ᵉ édition refondue et augmentée. Broché. 13 fr. 50 c.
La reliure se paye en sus. 1 fr. 50 c.

Nouvel-Ebel, Manuel du voyageur en Suisse et dans la vallée de Chamonix; 12ᵉ édit., par *Adolphe Joanne*, Broché. 8 fr. 50 c.
La reliure se paye en sus. 1 fr.

Berne (Histoire et description de la ville de), par M. *P. A. Stapfer*, ancien ministre de l'instruction publique de la république helvétique, illustrée de 6 gravures sur acier. 1 vol. grand in-8. Broché. 6 fr.

Vaud (Tableau du canton de), par *L. Vuillemin*. 1 v. gr. in-18. Broché. 7 fr. 50 c.

2° GUIDES DE LA CONVERSATION.

Français-allemand, par *Richard* et *Wolters*. 1 vol. in-32. Cart. 1 fr. 50 c.

Français-anglais, par *Richard* et *Quétin*. 1 vol. in-32. Cart. 1 fr. 50 c.

Français-espagnol, par *Richard* et *de Coróna*. 1 vol. in-32. Cart. 1 fr. 50 c.

Français-italien, par *Richard* et *Boletti*. 1 vol. in-32. Cart. 1 fr. 50 c.

Anglais-allemand, par *A. Horwitz*. 1 vol. in-32. Cart. 1 fr. 50 c.

Anglais-italien, par *Wahi* et *Brunetti*. 1 vol. in-32. Cart. 1 fr. 50 c.

Anglais-espagnol, par *de Coróna* et *Laran*. 1 vol. in-32. Cart. 1 fr. 50 c.

L'Interprète français-anglais pour un voyage à Paris, ou conversations dans les deux langues sur les points les plus essentiels et les plus curieux du voyage, par *C. Fleming*. 1 vol. in-16. Br. 1 fr.
La reliure se paye en sus. 1 fr.

L'interprète anglais-français, pour un voyage à Londres, ou conversations dans les deux langues sur les points les plus essentiels et les plus curieux du voyage, par *C. Fleming*. 1 vol. in-16. Broché. fr.
La reliure se paye en sus. 1 fr.

L'interprète français-allemand pour un voyage à Paris, ou conversations dans les deux langues sur les points les plus essentiels et les plus curieux du voyage, par MM. *de Suckau*. 1 vol. in-16. Broché. 2 fr.
La reliure se paye en sus. 1 fr

3° LES MUSÉES D'EUROPE,

par L. VIARDOT, 5 vol. in-18 jésus.

Les Musées de France. (Paris.) 1 vol. Broché. 3 fr. 50 c.

Les Musées d'Italie. 1 volume. Broché. 3 fr. 50 c.

Les Musées d'Espagne. 1 volume. Broché. 3 fr. 50 c.

Les Musées d'Allemagne. 1 vol. Broché. 3 fr. 50 c.

Les Musées de Belgique, de Hollande, de Russie. 1 vol. Broché. 3 fr. 50 c.

La reliure de chacun de ces volumes se paye 1 fr. en sus.

4° CARTES ET PLANS.

Allemagne (Carte routière de l') et des pays limitrophes, donnant les routes, les chemins de fer et la navigation, dressée par A. Dufour, et tirée sur colombier. En feuille. 1 fr.
Cartonnée. 1 fr. 50 c.

Allemagne (Plans des principales villes de l') :
1° Plans gravés sur acier et tirés sur 1/4 de carré : Berlin, Dresde, Hambourg, Heidelberg, Leipsick, Munich, Nuremberg, Prague, Stuttgart, Trieste. Prix de chaque plan, en feuille. 50 c.
2° Plans gravés sur acier et tirés sur 1/8 de carré : Aix-la-Chapelle, Coblentz, Cologne, Francfort, Mayence. Prix de chaque plan, en feuille. 25 c.

Angleterre (Carte routière de l'), contenant l'Écosse et l'Irlande, avec les chemins de fer et la navigation à vapeur. Tirée sur colombier. En feuille. 1 fr.
Cartonnée. 1 fr. 50 c.

Belgique (Carte de la), indiquant les chemins de fer et leurs stations, les routes, les canaux et les bureaux de douane, dressée par A. Vuillemin, et tirée sur couronne. En feuille. 50 c.
Cartonnée. 75 c.

Belgique et Hollande (Nouvelle carte routière de), indiquant toutes les routes, les chemins de fer, les canaux, les limites des deux États, dressée par Dufour. Imprimée sur colombier. En feuille. 1 fr.
Cartonnée. 1 fr. 50 c.

Belgique et Hollande (Plans des principales villes de), lithographiés et tirés sur 1/4 de carré : Bruxelles, Anvers, Liége, Amsterdam. Prix de chaque plan, en feuille. 50 c.

Boulogne (Bois de), avec les environs. Plan topographique et historique, comprenant les embellissements exécutés ou en cours d'exécution, dressé par J. Lobet, et tiré sur demi-raisin. En feuille. 30 c.
Cartonné. 50 c.

Constantinople (Plan de), avec ses faubourgs et une partie du Bosphore, dressé par A. H. Dufour, et tiré sur grand raisin. En feuille. 2 fr.
Cartonné. 2 fr. 50 c.

Dublin (Plan de), gravé sur acier et tiré sur 1/4 de jésus, en feuille. 75 c.

Écosse (Carte routière de l'), avec les chemins de fer et la navigation à vapeur, dressée par A. H. Dufour. Tirée sur demi-jésus. En feuille. 1 fr.
Cartonnée. 1 fr. 50 c.

Édimbourg (Plan d'), gravé sur acier et tiré sur 1/4 de jésus, en feuille. 75 c.

Espagne et Portugal (Carte routière), indiquant les routes royales et secondaires, dressée par A. Fremin, et encadrée de gravures. Tirée sur jésus. En feuille. 1 fr.
Cartonnée. 1 fr. 50 c.

Europe. Carte routière dressée par A. Dufour. Tirée sur colombier. En feuille. 2 fr. 50 c.
Cartonnée. 3 fr.

Europe (Carte des chemins de fer de l') et des lignes de bateaux à vapeur, dressée par A. H. Dufour. Tirée sur raisin. En feuille. 1 fr.
Cartonnée. 1 fr. 50 c.

France (Carte archéologique de la), avec des vues de monuments antiques et du moyen âge; publiée pour la première fois, dressée par E. Hocquart. Tirée sur colombier. En feuille. 1 fr. 50
Cartonnée. 2 fr.

France (Carte des chemins de fer de la), indiquant tous les chemins de fer en construction, ainsi que les lignes de bateaux à vapeur, dressée par A. H. Dufour. Tirée sur demi-raisin. En feuille. 50 c.
Cartonnée. 1 fr.

France (Atlas historique et statistique des chemins de fer de la) contenant 8 cartes gravées sur acier, accompagnées d'un texte, par Ad. Joanne. 1 vol. in-4. Cartonné. 7 fr. 50 c.

France (Nouvelle carte routière et administrative de la), indiquant toutes les routes des postes avec les distances en kilomètres, les chemins de fer, les

canaux, etc., dressée par Charles, géographe. Tirée sur colombier. En feuille. 1 fr. 50 c.
Cartonnée. 2 fr.

France (Plans des principales villes de la):
1° Plans gravés sur acier et tirés sur 1/4 de carré. Arles, Bordeaux, Lille, Lyon, Marseille, Nantes, Rouen, Strasbourg. Prix de chaque plan, en feuille. 50 c.
2° Plans gravés sur acier et tirés sur 1/8 de carré : Clermont, Orléans, Poitiers, Tours. Prix de chaque plan, en feuille. 25 c.
3° Plans lithographiés et tirés sur 1/4 de jésus : Bagnères-de-Bigorre et ses environs, Bagnères-de-Luchon et ses environs, Cauterets et ses environs, Eaux-Bonnes et ses environs. Prix de chaque plan, en feuille. 50 c.
4° Plan du Havre, gravé sur acier et tiré sur 1/4 de raisin, en feuille. 75 c.
5° Plan de Vichy, gravé sur pierre, tiré sur 1/4 de raisin et colorié, en feuille. 50 c.
6° Plans lithographiés et tirés sur 1/8 de carré : Abbeville, Amiens, Arras, Boulogne, Dunkerque et Valenciennes. Prix de chaque plan, en feuille. 20 c.

Irlande (Carte routière de l'), avec les chemins de fer et la navigation à vapeur, dressée par A. H. Dufour, et tirée sur demi-jésus. En feuille. 1 fr. 50 c.
Cartonnée. 2 fr.

Italie (Carte routière de l'), comprenant la Sicile, avec les plans de Rome, Naples et Pozzuoli, dressée et gravée par Ambroise Tardieu. Tirée sur grand raisin. En feuille. 2 fr.
Collée sur toile, avec étui. 3 fr.

Italie (Plans des principales villes d'), gravés sur acier et tirés sur 1/4 de carré : Bologne, Florence, Gênes, Milan, Naples, Parme, Pise, Rome, Turin, Venise, Vérone. Prix de chaque plan, en feuille. 50 c.

Londres (Plan de), gravé sur pierre et tiré sur grand raisin. En feuille. 50 c.
Cartonné. 1 fr.

Londres (Carte des environs de). En feuille. 2 fr.

Paris (Nouveau plan de) avec les vingt arrondissements contenus dans l'enceinte des fortifications, avec une liste alphabétique, indiquant avec renvoi au plan, les avenues, les barrières, les boulevards, les cités, les cours, les galeries, les impasses, les marchés, les passages, les places, les ponts, les rues de la ville de Paris et des communes environnantes, et comprenant toutes les nouvelles voies de communication et tous les embellissements exécutés jusqu'à ce jour. Dressé par Vuillemin, et tiré sur grand monde. En feuille, seul. 1 fr. 50 c.
Le même, cartonné, avec la liste alphabétique. 2 fr. 50 c.
Relié en percaline dorée. 3 fr. 50 c.
Collé sur toile et relié en percaline dorée. 4 fr. 50 c.
Le même, sauf les communes environnantes, tiré typographiquement et cartonné. 50 c.

Paris (Carte des environs de), indiquant les chefs-lieux de département, d'arrondissement et de canton, les communes, les hameaux et les châteaux, toutes les routes et tous les chemins de fer, et comprenant, en totalité ou en partie, les départements de la Seine, de Seine-et-Oise, de Seine-et-Marne, de l'Aisne, de l'Oise, de l'Eure et d'Eure-et-Loir, dressée par A. H. Dufour, et tirée sur jésus. En feuille. 75 c.
Cartonnée, rouge. 1 fr. 25 c.
Reliée en percaline dorée. 2 fr.

Pyrénées (Carte des), tirée sur demi-raisin oblong. En feuille. 75 c.
Cartonnée. 1 fr. 25 c.

Rhin (Panorama des bords du), depuis Cologne jusqu'à Mayence, se déroulant sur près de trois mètres de long. In-8, cartonné. 2 fr.

Rhin (Cours du), de Schaffhouse jusqu'à son embouchure dans la mer du Nord, et de la Moselle depuis son embouchure jusqu'à Trèves. Tiré sur raisin et cartonné. 2 fr.

Savoie (Carte routière du duché de). Tirée sur cavalier et collée sur toile, avec étui. 2 fr.

Sicile (Carte routière de la), tirée sur demi-carré. En feuille. 75 c.
Cartonnée. 1 fr. 25 c.

Suisse (Carte de la), par Keller, tirée sur carré. En feuille. 2 fr.
Cartonnée. 3 fr.

www.ingramcontent.com/pod-product-compliance
Lightning Source LLC
Chambersburg PA
CBHW071612230426
43669CB00012B/1917